최신시사상식

237집

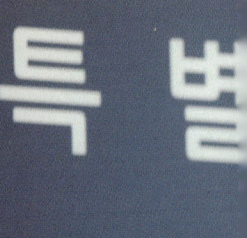

Contents

최신시사상식 237집

초판인쇄: 2026. 1. 2.　**초판발행:** 2026. 1. 5.　**등록일자:** 2015. 4. 29　**등록번호:** 제2019-000137호　**발행인.** 빅 응　**편저자:** 시사상식편집부
교재주문: (02)6466-7202　**주소:** 06654 서울시 서초구 효령로 283 서경빌딩　**표지 디자인:** 정재완　**발행처:** (주)박문각출판
이메일: team3@pmg.co.kr　**홈페이지:** www.pmg.co.kr

이 책의 무단 전재 또는 복제 행위는 저작권법 제136조에 의거, 5년 이하의 징역 또는 5000만 원 이하의 벌금에 처하거나 이를 병과할 수 있습니다.

정가 11,000원　ISBN 979-11-7519-663-6

사진 출처: 연합뉴스, 위키피디아

잠깐! 무슨 일이 있었지?
최신시사 뉴스 브리핑

3대 특검 종료 | 핵추진 잠수함 | 중일 갈등 | 내란전담재판부 설치법 | 론스타 소송 | 코스피 4000 |
쿠팡 개인정보 유출사태 | 종묘 앞 개발사업 | 노란봉투법 | YTN 소송 | 2026년 북중미 월드컵 | 누리호

3대 특검 종료, 그 다음은?
#12·3 비상계엄 #김건희 #채상병

6월 이재명 정부 출범과 함께 막을 올린 3대 특검(내란, 김건희, 채상병)이 12월 28일 김건희 특검을 끝으로 모두 마무리됐습니다. 이로써 각 특검이 남긴 기록과 공소장은 경찰청 국수본으로 넘어가고, 본안 판단은 법원으로 이어지게 됐습니다.

👍 더 알아보기 10p

핵잠? 우리도 줄 서요!

한미 양국이 11월 14일 관세·안보협의 결과물인 「조인트 팩트시트」를 발표했어요. 무엇보다 이 팩트시트에서 주목되는 것은 한국의 「핵추진 잠수함(핵잠) 승인」인데, 현재 핵잠을 보유하고 있는 국가는 6개국에 불과하다고!

👍 더 알아보기 43p

대만 꺼낸 일본 vs 칼을 빼든 중국
#다카이치 사나에 #한일령 #하나의 중국

다카이치 사나에 일본 총리가 11월 7일 「대만 유사시 무력 개입」 발언을 내놓으며 중국의 거센 반발을 일으켰습니다. 중국은 다카이치 총리가 해당 발언을 철회하지 않자 일본 여행·유학 자제 권고 등 잇따른 「한일령(限日令)」을 발동했고, 중일관계는 급속히 냉각기에 들어섰습니다.

👍 더 알아보기 24p

내란 사건, 전담재판부가 맡는다

국회가 12월 23일 본회의에서 「내란전담재판부 설치법」을 통과시켰습니다. 이에 서울중앙지법과 서울고법 판사회의가 전담재판부 구성 기준을 마련한 뒤, 대법원 규칙에 따라 설치된 사무분담위원회가 판사를 배치하게 된다고 합니다.

👍 더 알아보기 37p

정부 vs 론스타 20년 소송, 승리는 어디에?
#론스타 사태 #ISDS

미국계 사모펀드 론스타와 우리 정부 간에 20년 넘게 이어진 소송이 11월 18일 한국 정부의 완승으로 종료됐어요. 이날 국제투자분쟁해결센터(ICSID)의 기존 판정 취소에 따라 약 4000억 원 규모의 정부의 배상 책임은 모두 소급해 소멸됐습니다.

👍 더 알아보기 49p

AI 바람 타고 코스피 4000 훨훨!
#코스피 #AI #반도체 사이클

코스피가 10월 27일 4,042.83으로 거래를 마치며 사상 처음으로 4000선 고지를 돌파했습니다. 특히 코스피는 올해만 68% 상승하면서 주요 20개국(G20) 대표 주가지수 중 올해 상승률 1위라는 기록도 남기게 됐지요.

👍 더 알아보기 52p

'혹시 나도?' 의미 없어졌다! 3370만 건은 어디로?

국내 최대 이커머스 플랫폼 쿠팡에서 이름·전화번호·집주소 등을 포함한 3370만 명의 개인정보가 유출되는 일이 벌어졌습니다. 무엇보다 이번 정보 유출이 해킹도 아닌 내부에서 이뤄진 데다, 쿠팡이 정보 유출 사실을 5개월간 몰랐던 것으로 드러나며 심각성을 높이고 있습니다.

👍 더 알아보기 52p

종묘 앞 개발사업, 정부가 제동 건 이유는?

#종묘 #세계문화유산

서울시가 10월 30일 세운 4구역 높이 제한을 완화하는 재정비 계획 결정을 고시한 가운데, 정부가 유네스코 세계문화유산인 「종묘」의 조망권을 훼손할 수 있다며 제동을 걸고 나섰지요. 이에 개발과 유산 보존 주장이 정면 충돌하며 논란이 이어질 전망입니다.

👍 더 알아보기 60p

노조 교섭도 맞춤형 시대, 따로 또 같이!

#노란봉투법 #교섭단위

고용노동부가 11월 24일 현행 교섭창구 단일화 절차 내에서 교섭단위 분리제도를 활용하는 내용의 「노란봉투법」 시행령 개정안을 2026년 1월 5일까지 입법예고한다고 밝혔습니다. 이에 따르면 대기업 원청노조와 하청노조는 각각 따로 교섭하도록 하고, 하청노조의 경우 특성과 상황에 따라 합쳐 교섭하게 됩니다.

👍 더 알아보기 61p

둘이서 내린 결정, 법원은 'NO'

#방송통신위원회 #YTN

법원이 11월 28일 방통위의 YTN 최다출자자 변경 승인 처분을 취소해달라며 제기된 소송에서 원고 승소 판결을 내렸습니다. 이는 2인 체제 방통위에서 의결돼 승인된 것은 절차상 하자가 있어 위법하다는 원고의 주장이 수용된 결과입니다.

👍 더 알아보기 77p

韓, 해발 1571m에서 첫 골 쏜다?

#2026 북중미 월드컵

한국 축구대표팀이 12월 6일 열린 월드컵 조추첨 결과 개최국 멕시코, 남아공, 유럽 플레이오프(PO) 패스D 승자와 함께 A조에 편성됐습니다. 한국은 조별리그 3경기를 모두 멕시코에서 치르게 되면서, 멕시코의 고지대에 적응해야 하는 과제가 부상했지요.

👍 더 알아보기 80p

GPU 26만 장, 통 큰 선물?

#엔비디아 #GPU #블랙웰

젠슨 황 엔비디아 최고경영자(CEO)가 10월 31일 한국 정부와 주요 기업에 인공지능(AI) 개발에 필요한 그래픽처리장치(GPU) 26만 장을 우선 공급하겠다고 밝혔어요. 이에 우리나라는 미국·중국에 이어 세계 3위 GPU 확보국으로 등극하는 성과를 이루게 됐습니다.

👍 더 알아보기 93p

밤하늘 뚫은 누리호, 하늘 위 600km 안착!

#뉴스페이스 #차세대 중형위성 3호

11월 27일 새벽 전남 고흥군 나로우주센터에서 누리호 4차 발사가 성공적으로 이뤄졌지요. 누리호는 이날 주탑재 위성인 차세대 중형위성 3호와 부탑재 큐브위성 12기 등 총 13기 위성을 모두 계획 궤도에 분리·사출하는 데도 성공했습니다.

👍 더 알아보기 92p

Infographics

월평균 근로일수, 근로시간, 임금총액 | 남성 대비 여성 임금 비율 | 산업재해 현황 | 출생 사망 추이 |
국외안장선열 유해봉환 현황 | 해외파병 현황 | GDP 대비 공교육비 비율

❶ 월평균 근로일수, 근로시간, 임금총액

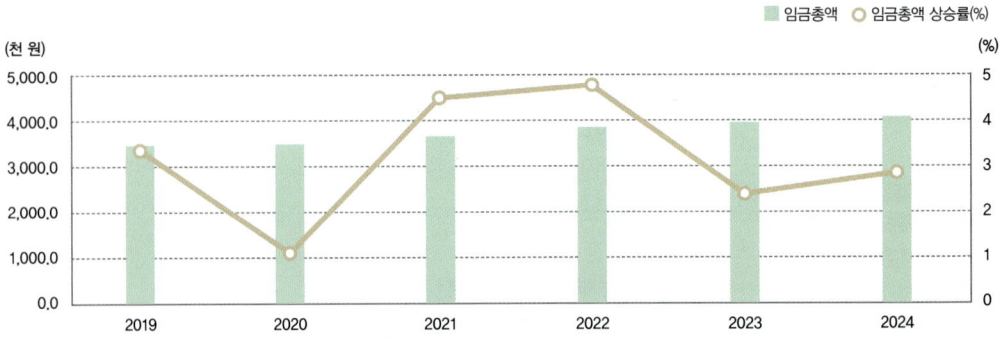

출처: 고용노동부 「사업체노동력조사」

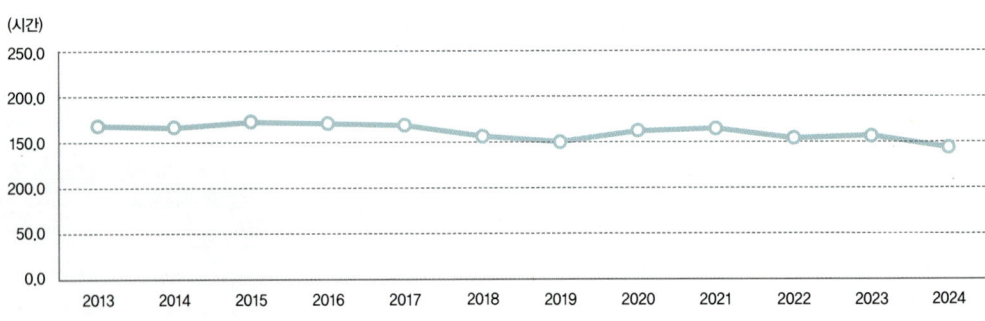

출처: 고용노동부 「사업체노동력조사」

🔺 **지표분석**

> 2024년 전체 근로자 월평균 근로일 수는 19.2일, 근로시간은 154.9시간, 임금총액은 4,079,000원으로 나타났다. 임금 총액은 전년 대비 2.9% 상승했고, 근로시간은 전년 대비 0.8시간 감소했다. 전년 대비 근로일수도 0.2일 줄었다.

❷ 남성 대비 여성 임금 비율

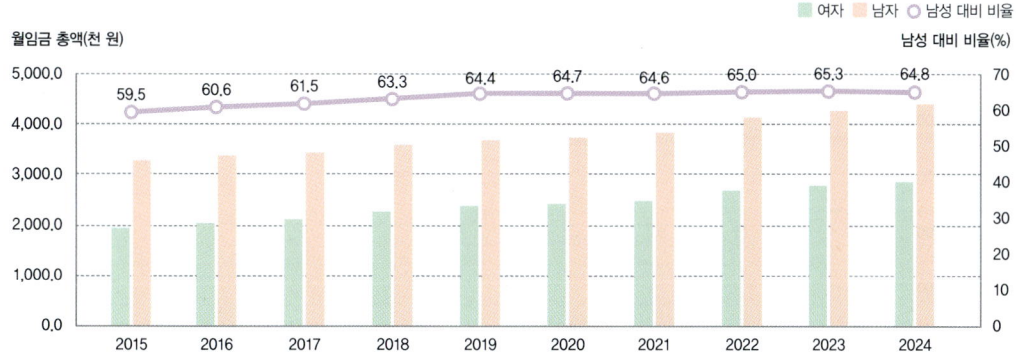

출처: 고용노동부, 「고용형태별 근로실태조사」(1인 이상 기준)

🔺 지표분석

남성 대비 여성 임금비율은 우리나라 여성의 경제적 지위와 UNDP 여성권한척도를 나타내는 중요 지표로, 남성 근로자의 임금을 100으로 볼 때 여성 근로자의 임금이 차지하는 비율을 의미한다. 2024년 여성 월임금총액은 2,851,000원, 남성 월임금총액은 4,398,000원으로 매년 남녀 임금액은 소폭 상승했지만, 남성 대비 여성임금 비율은 64.8%에 불과해 그 격차는 줄어들지 않고 있음을 알 수 있다. 특히 2022년 기준 OECD 주요 회원국 중 한국은 남녀임금 격차가 가장 크며, 한국 여성은 남성보다 31.2% 정도 임금을 덜 받는 것으로 나타났다(OECD 평균 12.1, 일본 21.3, 캐나다 17.1, 호주 9.9, 영국 14.5, 미국 17.0)

❸ 산업재해 현황

출처: 고용노동부, 「산업재해 현황분석」

🔺 지표분석

산업재해통계는 근로자가 업무와 관련하여 사망 또는 부상을 입거나 질병에 걸린 근로자(재해자)를 집계한 것으로, 재해자 수, 재해율, 사망자 수, 사망만인율 등 여러 지표가 사용된다. 2024년 전체 재해율은 0.67로 전년 동기 대비 0.01%p 증가했다. 300인 미만 사업장 재해율은 0.70%로 전년 동기 대비 같다. 업무상사고 사망만인율은 2024년 현재 0.39로 전년 동기 대비 같은데, 업무상사고 사망만인율은 산재보험 적용근로자 수 1만 명당 발생하는 업무상사고 사망자 수의 비율을 말한다. 그리고 업무상 질병자 수는 26,998명으로 전년 동기 대비 3,667명 늘었다.

❹ 출생 사망 추이

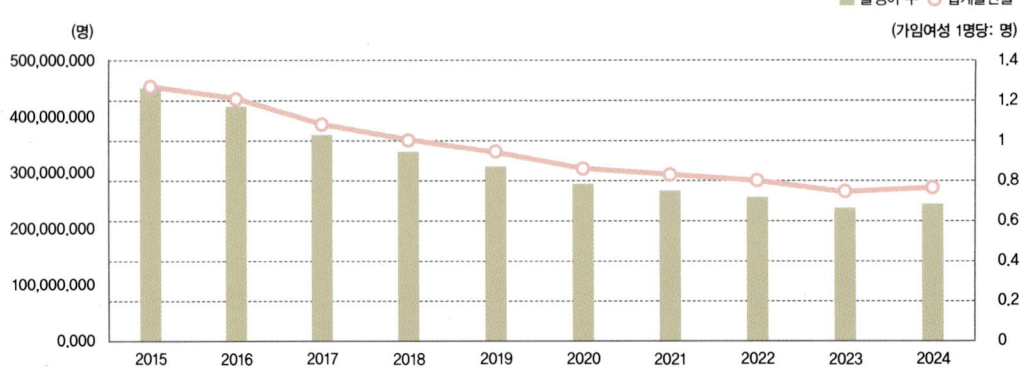

출처: 국가데이터처, 「101003호, 인구동향조사」

⚠ **지표분석**

2024년 총 출생아 수는 23만 8,300명으로 전년 대비 8,300명(3.6%) 증가했다. 조(粗)출생률(인구 1,000명당 출생아 수)은 4.7명으로 전년 대비 0.2명 증가했고, 합계출산율(여성 1명이 평생 낳을 것으로 예상되는 평균 출생아 수)은 0.75 명으로 전년(0.72명)보다 0.03명 증가했다. 또 2024년 총 사망자 수는 35만 8,600명으로 전년 대비 6,100명(1.7%) 증가했으며, 조(粗)사망률(인구 1,000명당 사망자 수)은 7.0명으로 전년 대비 0.1명 증가했다.

❺ 국외안장선열 유해봉환 현황

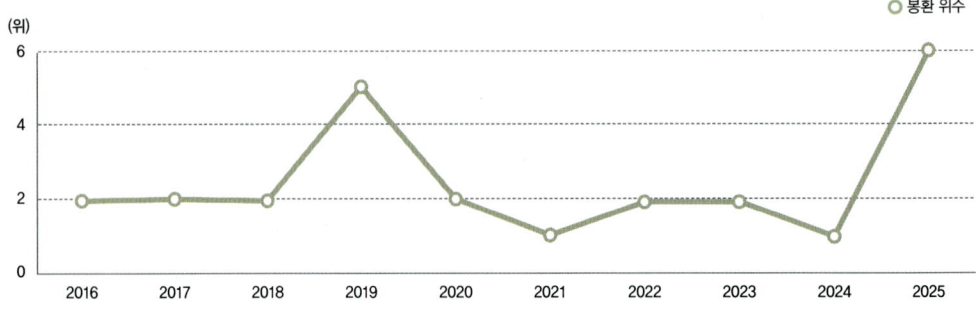

출처: 국가보훈부(내부행정자료)

⚠ **지표분석**

국외안장선열의 봉환 대상자는 독립유공자로 포상 또는 추서되신 분으로, 국외에서 사망해 현지에 안장돼 있는 자이다. 지난 10년간(2016~2025년) 국외 안장된 독립유공자 유해봉환 현황을 살펴보면 2016~2018년은 모두 각각 2명씩 봉환됐고, 2019년에 5명으로 늘었다. 이후 2020년 2명, 2021년 1명, 2022~2023년 각각 2명, 2024년 1명, 2025년 6명 이다. 따라서 2019년과 2025년에 가장 많이 안장됐음을 알 수 있다. 특히 2021년 8월에는 카자흐스탄 크즐오르다에 안 장돼 있던 홍범도 장군이 봉환된 바 있다.

❻ 해외파병 현황

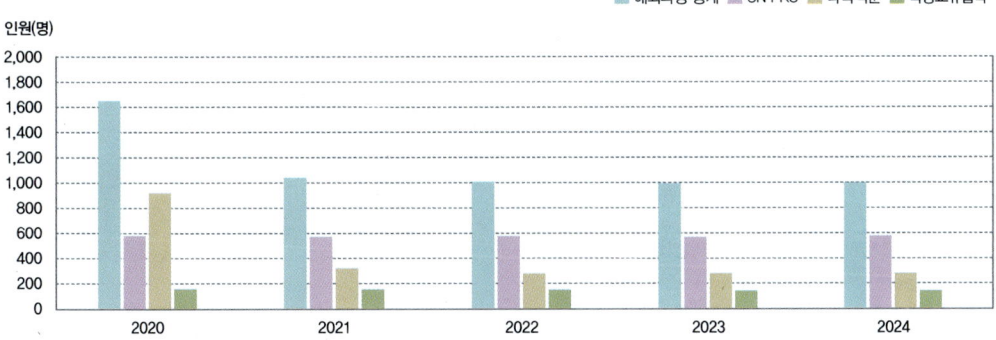

출처: 국방부(내부행정자료)

🔺 지표분석

2024년 해외파병 규모(998명)는 2023년 해외파병 규모(991명)에 비해 7명이 증가했다. 이는 2020년 1,648명에 비해 650명이나 줄어든 규모로, 2023년까지 매년 소폭 감소 추세가 이어져 왔다.

- UN PKO(United Nation Peace Keeping Operation, 유엔 평화유지활동): 유엔 안보리 결의안에 따라 권한을 위임받아 분쟁지역에서 정전 감시, 선거 지원 등 분쟁 확산 방지 및 평화 정착을 돕기 위한 활동
- 다국적군: 특정 목적을 위하여 동맹이나 연합 형태로 2개 국가 이상의 군으로 결성돼 평화 유지를 추진하는 활동

❼ GDP 대비 공교육비 비율

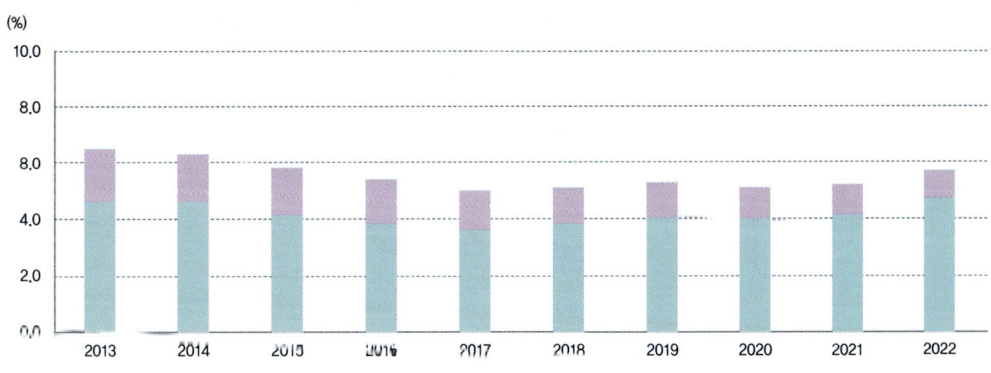

출처: OECD, 'Education at a Glance'

🔺 지표분석

공교육비 비율은 한 해 동안 지출한 공교육비를 당해 연도 GDP에 대한 비율로 나타낸 것으로, 공교육비는 부담 주체에 따라 ▷정부부담 공교육비 ▷민간부담 공교육비 ▷해외부담 공교육비로 구분된다.

2022년 기준 GDP 대비 총 공교육비 투자는 5.0%로 OECD 국가 평균인 4.7%를 상회한다. 같은 기간 미국 5.8%, 영국 6.1%, 프랑스 5.4%, 핀란드 5.2%, 일본 3.9%다. 정부재원 비율은 지속적으로 증가하는 추세에 있으나, 민간재원 비율은 소폭 감소하고 있다.

내란·김건희·채상병
3대 특검 종료

▲ 내란 특검팀의 조은석 특검이 12월 15일 최종 수사 결과를 발표하고 있다. (출처: 연합뉴스)

지난 6월 이재명 정부 출범과 함께 막을 올린 3대 특검(내란, 김건희, 채상병)이 12월 28일 완료된 김건희 특검을 끝으로 모두 마무리됐다. 윤석열 전 대통령 재임 시기 발생한 주요 의혹들을 수사하기 위한 3대 특검은 이재명 대통령이 취임 후 첫 1호 법안으로 이를 재가하면서 즉각 시행에 들어갔다. 여기에 9월 11일에는 특검의 수사기간 연장과 인력을 증원하는 3대 특검법 개정안이 통과되면서 각 특검의 수사기간 연장과 인력 증원이 이뤄진 바 있다.

이처럼 특검 수사가 종료되면서 각 특검이 남긴 기록과 공소장은 경찰청 국가수사본부로 넘어갔으며, 본안 판단은 법원으로 이어지게 됐다. 경찰은 11월 29일 「순직 해병(채상병) 특검」 종료 직후 1호 사건을 인계받았고, 이후 내란·김건희 특검도 종료되면서 해당 사건들도 순차적으로 넘겨받았다.

한편, 특별검사는 고위 공직자의 비리나 위법 혐의가 드러났을 때 방증 자료를 수집, 기소하기까지 독자적인 수사를 할 수 있는 독립 수사기구를 말한다. 우리나라에서는 1999년 9월 「한국조폐공사 노동조합 파업 유도 및 전(前) 검찰총장 부인에 대한 옷로비 의혹사건 진상규명을 위한 특별검사 등의 임명에 관한 법률」이 제정되면서 처음 특검제가 도입된 바 있다.

📋 본문 내용은 수사 종료 순으로 배치했습니다.
채상병 특검(11. 28.) – 내란 특검(12. 15.) – 김건희 특검(12. 28.)

채상병 특검
출범부터 수사 마무리까지(11. 28.)

채상병 특검팀(순직 해병 수사 방해 및 사건 은폐 등의 진상규명을 위한 특별검사)은 2023년 집중호우가 발생한 경북 예천군 내성천 일대에서 실종자 수색 중 숨진 채상병 사건을 두고, 윤석열 전 대통령 등 용산 대통령실과 국방부의 수사 외압 의혹을 규명하기 위해 출범했다. 이재명 대통령은 6월 12일 채상병 특검으로 이명현 전 국방부 검찰단 고등검찰부장을 지명했다. 이후 특검은 150일간 ▷채상병 순직 사건 ▷순직 사건에 대한 수사 외압 의혹 ▷이종섭 전 국방부 장관의 주호주 대사 임명 도피 의혹 ▷고위공직자범죄수사처(공수처)의 수사 방해 의혹 ▷임성근 전 해병대 1사단장 구명로비 의혹 등을 수사했다. 수사팀은 이 과정에서 대통령실·국가안보실 등에 대한 압수수색을 총 185차례 실시했고, 약 300명의 피의자와 주요 참고인도 조사했다. 그리고 11월 28일 3대 특검 중 가장 먼저 수사를 마무리하며 그 결과를 발표했다.

채상병 특검, 수사 결과 발표 해병대 채상병 순직 및 수사 외압 사건을 수사한 이명현 특별검사가 11월 28일 33명을 기소(임성근 전 해병대 1사단장 구속기소, 32명은 불구속 기소)하며 수사를 마무리했다. 이로써 채상병 특검은 3대 특검 중 가장 먼저 수사를 마무리하게 됐다. 채상병 특검팀은 지난 7월 2일 정식으로 수사를 개시했으며, 이후 3차례의 연장을 통해 150일 동안 수사를 이어왔다. 특히 이 과정에서 윤석열 전 대통령은 채상병 순직 수사외압과 이종섭 전 장관 호주 도피 의혹의 정점으로 지목돼 총 두 차례 기소됐다.

채상병 순직 사건 특검팀은 채상병의 사망에 임성근 전 사단장의 무리한 작전 통제·지휘가 결정적 원인이었다고 판단, 임 전 사단장을 업무상과실치사상 및 군형법상 명령위반죄로 구속기소했다. 그리고 박상현 전 7여단장(대령, 당시 제2신속기동부대장) 등 해병대 현장 지휘관 4명을 업무상과실치사상 혐의로 불구속 기소했다.

대통령실 수사 외압 채상병 특검의 출범 계기가 된 대통령실의 수사 외압에 대해서는 윤 전 대통령과 이종섭 전 장관 등 핵심 피의자 12명을 직권남용 등의 혐의로 재판에 넘겼다. 특검팀은 수사를 통해 2023년 7월 31일 국가안보실회의에서 윤 전 대통령의 격노가 있었다는 사실을 밝혀냈고, 이를 계기로 대통령실과 국방부 관계자들이 임 전 사단장을 혐의자에서 빼기 위해 조직적인 직권남용 범행을 저지른 사실을 확인했다. 특검팀은 또 박정훈 해병대 수사단장(대령)에 대한 항명 수사도 윤 전 대통령의 지시로 시작된 일종의 보복성 조처였다는 결론을 내렸다. 이에 특검팀은 박 대령에 대해 허위사실로 구속영장을 청구했던 군검사 2명을 허위공문서 작성 및 행사, 직권남용 감금 혐의로 불구속 기소했다.

박정훈 대령은 누구?

2023년 7월 채상병 순직사건의 초동조사를 지휘한 인물로, 당시 조사를 통해 임성근 전 해병대 1사단장 등 8명을 업무상 과실치사 혐의자로 특정한 조사 보고서를 작성했다. 그러나 군 수뇌부가 해당 보고서의 경찰 이첩 보류 지시를 내리자, 그는 이를 수사 외압으로 판단하고 경찰 이첩을 강행했다가 항명 혐의로 기소됐다. 박 대령은 지난 1월 열린 1심에서 무죄를 선고받았으나, 검찰이 이에 항소하면서 서울고법에서 항소심 재판을 받았다. 그러나 특검이 7월 9일 박 대령에 대한 항소 취하 결정을 내리면서 소송 절차는 자동 종료됐고, 박 대령의 1심 무죄 판결이 확정됐다. 이후 박 대령은 해병대 수사단장에 복직한 데 이어 8월 1일에는 군 사경찰 병과장으로 임명됐다.

이 전 장관의 주호주 대사 임명 도피 의혹 특검팀은 이종섭 전 장관의 도피성 주호주 대사 임명은 이 전 장관에 대한 공수처의 수사가 본격화될 경우, 윤 전 대통령 본인에까지 수사가 확대될 것을 우려한 데 따른 것이라는 결론을 내렸다. 특검팀은 대통령실·외교부·법무부가 조직적으로 역할을 분담해 윤 전 대통령의 지시를 실행했고, 이 과정에서 법령에 명시된 절차와 요건은 모두 무시됐다고 판단했다.

공수처 수사 지연 특검팀은 특검 출범 전 채상병 수사외압 사건을 수사한 공수처가 신속한 수사와 증거 확보에 지장을 초래해 사건의 실체 규명을 어렵게 만들었다며, 오동운 공수처장과 이재승 차장 등을 직무유기 혐의로 기소했다. 하지만 윤 전 대통령이 수사외압을 행사한 배경에 임 전 사단장에 대한 구명 로비가 작용한 것이 아니냐는 의혹은 규명하지 못했다.

내란 특검
출범부터 수사 마무리까지(12. 15.)

내란 특검(윤석열 전 대통령 등에 의한 내란, 외환 행위의 진상규명을 위한 특별검사)은 2024년 12월 3일 윤 전 대통령의 비상계엄 선포와 관련된 내란·외환 행위, 군사 반란, 내란 목적 살인 예비음모 등의 혐의를 수사 대상으로 하여 출범했다. 이재명 대통령은 6월 12일 내란 특검으로 조은석 전 감사원장 권한대행을 지명했으며, 내란 특검팀은 6월 18일 김용현 전 국방부 장관을 추가 기소하고 추가 구속영장 발부를 요청하면서 3대 특검 중 가장 먼저 수사를 개시했다. 이후 특검은 법원의 구속취소 결정으로 석방돼 있었던 윤 전 대통령의 재구속을 비롯해 이상민 전 행정안전부 장관, 조태용 전 국가정보원장 구속 등 27명을 기소하며 180일간 이어진 수사를 12월 15일 마무리했다.

채상병 특검 최종 수사 결과

수사 대상	수사 주요 내용	결과
채상병 사망 책임	임성근 당시 사단장의 무리한 작전 통제·지휘를 사고 원인으로 판단	임성근 전 사단장 구속기소, 여단장·대대장 등 해병대 지휘관 4명 불구속 기소
윤석열 전 대통령 수사 외압	윤석열 격노, 대통령실·국방부 조직적 사건 은폐	윤 전 대통령, 이종섭 전 국방부장관, 조태용 전 국가안보실장 등 12명 불구속 기소
이종섭 호주대사 임명 및 출국	• 윤석열 전 대통령, 이종섭 전 국방부 장관 호주대사로 임명 • 대통령실·외교부·법무 공모해 이 전 장관 호주 도피 지원	윤 전 대통령, 박성재 전 법무부 장관 등 6명 불구속 기소
임성근 전 사단장 구명 로비	임 전 사단장과 이종호 전 블랙펄인베스트먼트 대표 친분 및 국회 위증 확인 등	기소자 없음
공수처 수사 지연 및 방해	공수처, 채상병 수사 외압 사건에 대한 수사를 고의 지연·축소	오동운 공수처장 등 5명 불구속 기소

채상병 특검, 출범부터 종료까지

6. 12.	이재명 대통령, 이명현 전 국방부 검찰단 고등검찰부장을 채상병 특검으로 지명
7. 2.	공식 수사 개시
8. 26.	특검, 수사 기간 1차 연장
10. 24.	법원, 임성근 전 해병대 1사단장 구속(이종섭 등 6인 영장은 기각)
28.	특검, 수사 기간 3차 연장
11. 11.	특검, 윤 전 대통령 1차 피의자 조사
21.	특검, 윤 전 대통령 등 수사외압 피의자 12명 기소
28.	특검 수사 종료, 윤 전 대통령 포함 총 33명 기소 발표

12·3 비상계엄 사태

2024년 12월 3일 오후 10시 27분경 당시 윤석열 대통령이 긴급 담화를 통해 비상계엄을 선포하면서 시작돼 12월 4일 오전 4시 30분까지 이어진 계엄령이다. 이는 대한민국 정부 수립 이후 17번째의 계엄령 선포로, 1979년 10월 26일 이후로는 45년 만이자 1987년 민주화 이후로는 처음 있는 비상계엄 선포였다. 윤 대통령의 비상계엄 선포에 국회는 12월 4일 새벽 1시께 본회의를 열어 비상계엄 해제 결의안을 만장일치(재적 190명, 찬성 190명)로 가결시켰고, 이에 윤 대통령이 비상계엄 해제를 발표하며 선포 6시간 만에 비상계엄은 종료됐다. 그리고 윤 전 대통령은 계엄 선포에 따라 국회에서 탄핵소추됐고, 지난 4월 4일 헌재의 탄핵소추안 인용으로 파면되면서 헌정 사상 두 번째(첫 번째는 박근혜 전 대통령)로 탄핵으로 물러난 대통령이 됐다.

내란 특검, 수사 결과 발표 내란 특검팀의 조은석 특검은 12월 15일 총 27명(윤석열 전 대통령과 정부 관계자 8명, 대통령실 관계자 9명, 군 관계자 6명, 정치인 3명)에 대한 공소를 제기했다고 밝혔다. 다만 주요 인물 구속은 실패하고 외환죄 등의 핵심 혐의를 입증하지 못한 점 등은 한계로 지적된다.

비상계엄 선포 이유 특검은 윤 전 대통령의 12·3 비상계엄 선포는 「더불어민주당 등 정치적 반대 세력을 제거하고 권력을 독점·유지하기 위한 것」이라고 결론 내렸다. 윤 전 대통령이 행정권력에 이어 군을 이용한 계엄 선포로 입법권·사법권까지 거머쥐며 사실상 권력 독점에 나서려 했다는 것이다. 그리고 특검팀은 윤 전 대통령의 비상계엄 준비 시기를 2023년 10월 이전으로 특정했다. 이는 윤 전 대통령이 취임 초기부터 비상대권을 염두에 두고 여러 차례 주변에 이를 언급했으며, 2023년 10월 군 인사 이전에 「계엄 시기를 총선 전후 언제로 할 것인지」를 검토한 점 등

을 근거로 제시했다. 무엇보다 해당 판단의 결정적 단서는 노상원 전 정보사령관의 수첩 메모였는데, 방첩사령관·육군참모총장·지상작전사령관 등 2023년 10월 이뤄진 군 인사 내용이 앞선 시기에 작성된 노 전 사령관의 수첩 메모와 그대로 일치한 데 따른 것이다.

한편, 특검은 윤 전 대통령의 부인 김건희 씨가 비상계엄에 관여한 정황은 없었지만 비상계엄 배경에 김 씨의 사법리스크가 있다고 판단했다. 김 씨는 비상계엄 선포 직후 윤 전 대통령과 다투며 「너 때문에 다 망쳤다」고 화를 낸 것으로 확인됐다.

계엄 날짜(12월 3일) 선택 이유 특검은 비상계엄 선포일이 12월 3일로 결정된 것은 당시 정권 교체기이던 미국의 외교적 개입 최소화를 노린 것이라고 밝혔다. 특검은 미국 대선 일정과 조태용 전 국가정보원장이 미 중앙정보국(CIA) 국장과 면담하기 위해 12월 4일 출국하기로 한 점 등을 고려할 때 미국의 국내 정치 개입이 어려운 시기를 비상계엄 선포 시기로 잡은 것으로 봤다. 그러면서 비상계엄 시기 결정과 관련해 항간에 떠도는 무속 개입 흔적은 발견하지 못했다고 밝혔다.

북한 도발 유인과 선관위 점거 목적 특검은 윤 전 대통령이 비상계엄의 명분 및 여건 조성을 위해 비정상적인 군사작전으로 북한의 무력 내응을 유발하려 했으나, 북한이 군사 대응을 하지 않아 실패했다고 밝혔다. 또 윤 전 대통령 등이 비상계엄 당시에 중앙선거관리위원회에 무장군인을 투입하고 야구방망이, 송곳, 망치 등까지 준비시킨 것은 2024년 총선을 부정선거로 조작해 국회 기능을 정지시키려는 의도였다고 판단했다.

내란 특검 최종 수사 결과

계엄 선포 동기	사법권·입법권 장악해 정치적 반대 세력 제거하고 권력 독점 및 유지
계엄 일자 선택 이유	미국의 개입 차단하기 위해 취임 선 혼란한 시기 이용
중앙선거관리위원회 섬거	무장군인 진입시키고 고문 기구 동원해, 총선이 부정선거였다고 조작해 국회 기능 정지 시도
북한 무력도발 유인 목적	비정상적 군사작전으로 무력대응 유발해 비상계엄 여건 조성하려 했으나 실패

총 27명 기소–34건은 국수본 이첩　내란 특검팀은 수사기간 중 윤석열 전 대통령과 정부 관계자 8명, 대통령실 관계자 9명, 군 관계자 6명, 정치인 3명 등 총 27명을 기소했다. 특히 윤 전 대통령은 특수공무집행방해(7월), 일반이적(11월), 위증(12월) 혐의로 세 차례 기소했다. 아울러 특검팀은 총 249건의 사건을 접수해 215건을 처리했으며 남은 34건은 국가수사본부로 이첩했는데, 이 34건에는 심우정 전 검찰총장 고발사건 10건 등 1명에 대한 동일 내용 다수사건이 포함됐다고 설명했다. 다만 특검은 조희대 대법원장을 필두로 한 사법부의 비상계엄 관여 의혹, 지귀연 부장판사의 윤 전 대통령 구속취소 결정, 대검과 국정원의 선관위 파견 의혹 등에 대해서는 무혐의 처분을 내렸다.

김건희 특검
출범부터 수사 마무리까지(12. 28.)

김건희 특검은 윤 전 대통령 부인 김건희 씨와 관련한 다양한 의혹을 수사하기 위해 출범했다. 김 씨와 관련된 의혹은 ▷도이치모터스 주가조작과 명품가방 수수 의혹 ▷대통령실 관저 이전 개입 의혹 ▷정치 브로커 명태균 씨가 연루된 공천 개입·불법 여론조사 의혹 등 총 16가지 의혹이 수사 대상으로 명시됐다. 그리고 이재명 대통령이 6월 12일 김건희 특검으로 민중기 전 서울중앙지방법원장을 지명하면서 7월 2일 정식 수사를 개시했다. 이후 특검은 8월 자본시장법 및 정치자금법 위반, 특정범죄 가중처벌법상 알선수재 혐의 등으로 김건희 씨를 구속했다. 이로

내란 특검, 총 27명 기소

사건	대상	수사 결과
비상계엄 선포	윤석열 전 대통령, 김용현 전 국방부 장관, 이상민 전 행안부 장관, 조태용 전 국가정보원장	구속기소
	한덕수 전 국무총리, 박성재 전 법무부 장관	불구속 기소
평양 드론 작전	윤 전 대통령, 김용현 전 장관, 여인형 전 국군방첩사령관, 김용대 전 드론사령관	
계엄해제 표결 방해	추경호 전 국민의힘 원내대표	
헌법재판관 졸속 임명 및 검증	한덕수 전 국무총리, 최상목 전 부총리 겸 기획재정부 장관, 김주현 전 대통령민정수석비서관, 정진석 전 대통령비서실장, 이원모 전 대통령공직기강비서관	
내란 선동	황교안 전 국무총리	

내란 특검, 출범부터 수사 종료까지

6. 12.	이재명 대통령, 내란 특검에 조은석 전 감사원장 권한대행 지명
18.	내란 특검, 수사 개시 → 3대 특검 중 가장 먼저 수사 개시
7. 6.	특검, 윤 전 대통령 구속영장 청구
10.	서울중앙지법, 윤 전 대통령 구속영장 발부 → 윤 전 대통령, 4개월 만에 재구속
19.	특검, 윤 전 대통령 특수공무집행 방해 등 혐의 구속기소
28.	특검, 이상민 전 장관 구속영장 청구
8. 1.	서울중앙지법, 이상민 전 장관 구속영장 발부
29.	특검, 한덕수 전 국무총리 내란 우두머리 방조 등 혐의 불구속 기소
11. 10.	특검, 윤 전 대통령 등 일반이적 및 직권남용 혐의 기소
12. 4.	특검, 윤 전 대통령 위증 혐의 추가 기소
7.	특검, 추경호 국민의힘 의원 내란 중요임무 종사 혐의·황교안 전 국무총리 내란선동 등 혐의 불구속 기소
11.	특검, 박성재 전 법무부 장관 내란 중요임무 종사·부정청탁금지법 위반 등 혐의 불구속 기소

써 김 씨는 전직 영부인 중 범죄 혐의로 구속된 첫 사례가 됐으며, 특히 김 씨에 앞서 윤 전 대통령이 내란 특검에 구속된 바 있어 헌정 사상 첫 전직 대통령 부부의 동시 구속이 이뤄졌다.

김건희 특검, 수사 결과 발표

김건희 특검팀이 지난 7월 2일 공식 수사를 개시한 지 180일째인 12월 28일 수사를 마무리하고, 29일 최종 수사 결과를 발표했다. 특검은 김건희 씨와 무속인 전성배 씨 등 20명을 구속기소하는 등 총 76명을 기소했다고 밝혔다. 특검은 수사를 통해 김건희 씨를 ▷도이치모터스 주가조작(자본시장법 위반) ▷명태균 씨와 관련된 공천개입(정치자금법 위반) ▷건진법사 전성배 씨를 통한 통일교 금품 청탁(특정범죄 가중처벌법의 알선수재) 혐의로 구속했으며, 통일교의 국민의힘 집단입당 사건과 관련한 개입 정황을 포착해 정당법 위반 혐의로도 기소했다. 또한 김 여사의 추가 금품수수 의혹에 대해서는 특가법의 알선수재 혐의를 적용해 일괄 기소했다. 여기에 윤석열 전 대통령에 대해서는 명 씨 관련 공천개입(정치자금법 위반)과 허위사실공표(공직선거법 위반) 혐의로 각각 불구속 기소했다. 아울러 통일교 금품 수수 의혹을 받는 권

성동 국민의힘 의원, 로저비비에 가방을 김 씨에게 선물했다는 의혹이 불거진 김기현 국민의힘 의원, 양평 공흥지구 도시개발사업 특혜 의혹을 받는 김선교 국민의힘 의원 등 현직 의원들도 재판에 넘겨졌다.

도이치·삼부토건 주가조작 사건 종결 특검팀은 수사 대상 1호 사건이었던 각종 주가조작 사건을 종결했는데, 이 가운데 도이치모터스 사건은 2020년 4월부터 검찰 수사가 시작됐지만 김건희 씨에 대한 조사가 제대로 이뤄지지 않았다. 이에 특검팀은 녹취파일 등 객관적 증거를 새롭게 확보해 김 씨를 지난 8월 29일 구속기소했다. 특검은 또 삼부토건 주가조작과 관련해서는 13명을, 웰바이오텍 주가조작과 관련해서는 3명을 재판에 넘겼다.

각종 금품 수수 의혹 특검팀은 김 씨의 각종 내관매직 의혹도 규명하는 성과를 냈는데, 특검 수사 결과 김 씨가 7건의 금품수수 사건을 통해 받은 금품은 총 3억 7725만 원에 달했다. 특검은 김 씨가 통일교 한학자 총재 등으로부터 교단 민원을 들어주는 명목으로 샤넬 가방 2점·그라프 목걸이를 받은 것을 비롯해 이봉관 서희건설 회장, 이배용 전 국가교육위원장, 김상민 전 부장검사로부터 청탁 명목으로 금품을 받았다고 밝혔다.

특검은 해당 사건에 대해 「영부인이 대통령의 권력을 등에 업고 부정부패의 전형인 매관매직을 일삼으면서 국가 시스템을 무너뜨렸다」고 규정, 김 씨에게 금품을 수수했다는 관련인 5명을 구속기소하고 7명을 불구속 기소했다. 다만 특검은 김 씨가 공천에 개입하는 과정에서 윤 전 대통령이 이를 인지하거나 사전 무의했다는 직접적인 증거를 발견하지 못했으며, 이에 김 씨에 대해서만 특정범죄가중처벌법상 알선수재 혐의를 적용했다고 밝혔다.

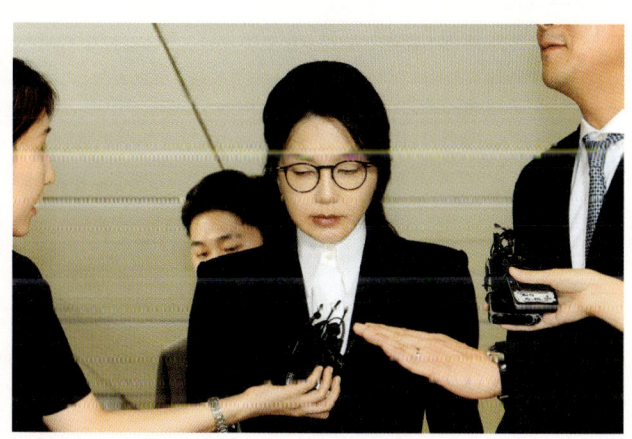

▲ 윤석열 전 대통령의 부인 김건희 씨가 8월 6일 김건희 특검의 첫 소환조사에 출석했다.

일부 의혹은 규명 못해 특검은 양평고속도로 노선 변경 의혹에 대해서는 「약 1조 7000억 원 규모의 대형 국책사업이 인수위의 노선 변경 지시에 의해 합리적 이유 없이 변경됐음을 규명했」면서도, 이 과정에서 윤 전 대통령이나 김 씨가 어떻게 개입했는지는 규명하지 못했다. 또 IMS모빌리티의 특혜성 투자 의혹에 대해서는 회사 관계자들을 별건인 배임 또는 횡령으로 기소하는 데 그쳤다.

10여 건은 국수본 이첩 특검은 16개의 수사 대상 의혹 중 10여 건의 사건에 대해 추가 수사가 필요하다고 보고, 경찰청 국수본으로 이첩하기로 했다. 이에 윤 전 대통령의 금품 수수 및 공천 개입 의혹을 비롯해 ▷코바나컨텐츠 뇌물성 협찬 ▷대통령 관저 이전 부당개입 의혹 ▷세관 마약 등 구명로비 의혹 등에 대해서는 국수본이 수사를 이어가게 된다.

> **국가수사본부(國家搜査本部, 국수본)**
>
> 자치경찰제 시행 등 경찰제도의 대대적 개편에 따라 경찰의 수사 업무를 총괄하기 위해 설립된 독립 수사기구로, 2021년 1월 1일 출범했다. 이는 「국가경찰과 자치경찰의 조직 및 운영에 관한 법률」을 설립 근거로 하며, 기존에 국정원이 담당하던 대공수사권도 2024년 1월 국수본으로 이관된 바 있다.

김건희 특검 최종 수사 결과

혐의	기소
도이치모터스 등 주가조작	김건희 씨 및 관련자, 자본시장법 위반 기소
청탁 목적 각종 금품 수수 의혹	• 김건희 씨, 특가법상 알선수재 혐의 기소 • 5명 구속기소, 7명 불구속 기소
불법 여론조사 수수 의혹	김건희, 윤석열, 명태균 씨 등 정치자금법 위반 혐의 기소
통일교 정교유착 의혹	김건희 씨, 권성동 의원, 한학자 통일교 총재, 건진법사 전성배 씨 등 관련자 기소
대통령 관저 이전 특혜 의혹	대통령실 고위직, 21그램 대표 등 기소
양평고속도로 노선 변경 의혹	한국도로공사 관계자 등 기소
양평 공흥지구 개발 특혜 의혹	김선교 의원, 최은순 씨(김건희 씨 모친), 김진우 씨(김건희 씨 오빠) 등 관련자 6명 기소

김건희 특검, 출범부터 수사 종료까지

6. 12.	이재명 대통령, 민중기 전 서울중앙지방법원장을 김건희 특검으로 임명
7. 2.	김건희 특검, 수사 공식 개시
8. 1.	특검, 삼부토건 주가조작 이일준·이응근 씨 1호 구속기소
5.	법원, 이종호 전 블랙펄인베스트먼트 대표 구속
7.	특검, 김건희 씨 구속영장 청구
12.	법원, 김건희 씨 구속
9. 16.	법원, 권성동 국민의힘 의원 구속
10. 10.	특검, 통일교 한학자 총재 구속기소
12. 9.	특검, 「통일교 금품 수수 의혹」 국수본에 이첩
26.	• 특검, 「허위사실 공표」 윤석열 전 대통령 기소 • 특검, 「매관매직」 김건희 씨·이봉관 서희건설 회장·이배용 전 국가교육위원장·최재영 목사 등 7인 기소
28.	특검 수사 종료(구속 20명 등 총 76명 기소)

특검제도 출범부터 2025년 3대 특검 종료에 이르기까지

사건	연도	수사 대상
조폐공사 파업 유도	1999년	1998년 한국조폐공사 노조 파업 당시의 검찰 개입 의혹
옷로비 사건	1999년	최순영 전 신동아그룹 회장 부인 이형자 씨의 로비 의혹
이용호 게이트	2001년	이용호 전 지앤지그룹 회장의 정관계 로비 의혹
대북송금	2003년	현대상선의 대북지원 과정에서의 정권실세 개입 의혹
노무현 전 대통령 측근 비리	2004년	노 전 대통령 핵심 측근인 최도술 전 총무비서관 등의 금품 수수 의혹
러시아 유전 개발사업	2005년	철도공사의 사할린 유전개발사업 추진 과정에서의 정치적 외압 의혹
삼성 비자금	2008년	삼성그룹의 검사 후원 및 비자금 조성 등의 의혹
BBK 의혹	2008년	이명박 당시 대통령 후보의 BBK 차명 소유 등의 의혹
스폰서 검사 의혹	2010년	부산 지역 건설업자 정용재 씨의 검사 후원 의혹
디도스 공격	2012년	2011년 10월 26일 서울시장 보궐선거 당일 선거관리위원회 홈페이지 등에 발생한 디도스 공격 의혹
내곡동 사저부지 의혹	2012년	이명박 당시 대통령이 퇴임 후 사용하기 위한 내곡동 사저부지 매입 의혹
박근혜–최순실 게이트	2016년	박근혜 정부의 최순실 등 민간인에 의한 국정농단 의혹
드루킹 의혹	2018년	김동원 씨 등이 매크로 프로그램을 이용, 포털사이트 여론을 조작하려 한 의혹
세월호 참사 의혹	2020년	4·16 세월호 참사 시 증거자료의 조작 의혹(상설특검법에 따른 첫 특검)
故 이예람 중사 사망사건	2022년	공군 성폭력 피해자 故 이예람 중사의 사망 의혹
윤석열 전 대통령 내란	2025년	윤석열 전 대통령 등에 의한 내란·외환 행위
김건희 씨 의혹		김건희 씨와 명태균·건진법사 관련 국정농단 및 불법 선거 개입 의혹
채상병 사망 사건		순직 해병 수사 방해 및 사건 은폐 의혹

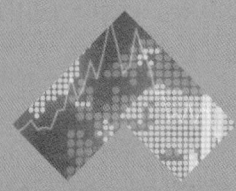

최신 주요 시사 ···

최신시사상식 237집

최신
주요 시사

10월 / 11월 / 12월

정치시사 / 경제시사 / 사회시사 / 문화시사

스포츠시사 / 과학시사 / 시시비비(是是非非)

2026년 달라지는 것들 / 시사용어 / 시사인물

정치시사

트럼프 2기 첫 국가안보전략 공개
대만 방어 강조-北 언급은 無

도널드 트럼프 미 행정부가 12월 5일 외교·경제·군사 분야를 아우르는 최상위 대외전략 지침인 「국가안보전략(NSS)」을 처음으로 공개했다. 이번 NSS에는 대만 방어를 인도·태평양 지역의 최우선 과제로 설정, 동맹국(한국, 일본 등)의 방위비 증액과 군사 역량 강화를 촉구하는 내용 등이 담겼다. 반면 북한은 이번 NSS에 한 차례도 언급되지 않았는데, 앞서 2022년 조 바이든 행정부 NSS에서는 3번, 2017년 트럼프 1기 행정부 NSS에서는 17번 북한이 언급된 바 있다.

💡 NSS(National Security Strategy of the United States of America)는 미국 정부의 외교안보전략에 관한 최상위의 문서로, 이를 토대로 국방·외교·안보정책 등과 관련한 다양한 정책 문서들이 만들어진다. 이 NSS 보고서는 지난 1986년 제정된 골드워터-니콜스법(Goldwater-Nichols Act)에 따라 매년 대통령이 의무적으로 작성하고 공개하도록 돼 있으며, 의회에 제출해야 할 의무가 있다.

국가안보전략(NSS) 주요 내용 트럼프 행정부는 이번 NSS에서 「미국이 아틀라스처럼 전 세계 질서를 떠받치던 시대는 끝났다」며 미국 우선주의(아메리카 퍼스트)가 트럼프 행정부 외교정책의 핵심 원칙임을 명확히 했다. 그러면서 동맹국들이 자국 방위에 GDP(국내총생산)의 훨씬 더 많은 부분을 지출해 그동안 누적된 막대한 불균형을 메우기 시작할 것을 기대한다고 밝혔다.

> **도련선(島鏈線, Island Chain)** 태평양의 섬(島)을 사슬(鏈)처럼 이은 가상의 선(線)으로, ▷제1도련선은 「일본 규슈~일본 오키나와~대만~필리핀」을 연결하며 ▷제2도련선은 「일본 혼슈~괌~사이판~팔라우」로 연결된다. 이는 1951년 6·25 전쟁 당시 존 덜레스 미국 국무장관이 처음 제시한 것으로, 미국은 이 섬들에 군사기지를 두거나 동맹국을 배치해 중국 해군 진출을 막는 봉쇄선으로 활용하고 있다.

NSS의 아시아 분야에서는 제1도련선 어디에서든 침략을 저지할 수 있는 군대를 구축할 것이라며, 이를 위해 동맹국들이 지출을 늘리고 행동을 취해야 한다고 강조했다. 또 대만 분쟁을 억제하는 것이 최우선 과제라면서 「미국은 대만의 일방적 지위 변경을 지지하지 않는다」고 명시했다. 아울러 NSS에서는 중국을 명시적으로 거명하는 것은 전반적으로 자제했으나, ▷약탈적이고 국가 주도의 보조금 및 산업전략 ▷불공정한 무역 관행 ▷대규모 지식재산권 도용 및 산업스파이 ▷희토류 등 미국의 핵심자원 공급망에 대한 위협 ▷펜타닐 원료 수출 등을 종식해야 한다며 사실상 중국을 견제하는 내용들을 담았다.

트럼프 2기 행정부 NSS 주요 내용

중국 견제	제1도련선 어디서든 공격을 막을 수 있는 군사력 구축 및 대만 방어 중요성 강조
동맹 관계	• 동맹국에 국방비 지출 증액 요구 • 제1도련선과 대만 방어 동참 강조
미국 우선주의	「미국이 아틀라스처럼 전 세계 질서를 떠받치는 시대는 끝났다」 선언

트럼프, 베네수엘라 정권 「해외 테러조직」 지정
제재 유조선 완전 봉쇄 명령

도널드 트럼프 미국 대통령이 12월 16일 베네수엘라의 니콜라스 마두로 정권을 「해외 테러조직 (FTO)」으로 지정하고, 베네수엘라를 출입하는 모든 제재 유조선에 대한 「전면적이고 완전한 봉쇄」를 명령했다. 이번 조치는 미국이 베네수엘라 해안에서 제재 대상 유조선을 나포한 지 약 7일 만에 나온 것으로, 사실상 마두로 정권 고사작전에 돌입한 것으로 분석된다.

지정 배경 트럼프 대통령은 마두로 정권이 미국으로부터 훔친 석유를 이용해 정권 유지와 마약 테러, 인신매매, 살인, 납치 자금을 지원한다고 주장하고 있다. 따라서 훔쳐간 모든 석유와 토지, 기타 자산의 반환이 이뤄질 때까지 이번 조치가 지속될 것이라고 강조했다. 미국은 앞서 지난 9월 베네수엘라 마약 카르텔과의 전쟁을 선포한 이후 지상전을 염두에 두고 베네수엘라 인근 해역에 핵 추진 항공모함과 구축함, 전략폭격기, 스텔스 전투기 등 약 2만 명의 병력을 전개한 상태다.

여기에 미국은 이번 조치에 앞서 12월 10일에는 베네수엘라 국영 석유회사인 PDVSA의 원유를 운반 중이던 「스키퍼호」를 나포해 억류 중에 있다. 이 유조선은 바이든 정부 때인 2022년 이란 및 레바논의 친이란 무장정파 헤즈볼라와의 연관성 때문에 미국 정부의 제재 대상이 된 바 있다. 미국의 해당 유조선 나포는 베네수엘라의 핵심 자금줄을 차단하려는 의도로 분석되는데, 세계 최대 원유 매장량을 가진 베네수엘라는 수출의 약 80%를 석유에 의존하고 있나. 하시만 미국의 제재로 글로벌 식유시장에 판매할 수 없어 주로 중국에 저렴한 가격으로 공급하고 있다.

이 밖에 미국은 11월 13일 미주 지역에서의 마약 소탕을 목표로 하는 「서던 스피어 (Southern Spear)」 작전을 발표한 데 이어, 24일에는 베네수엘라의 「카르텔 데 로스 솔레스(Cartel de los Soles, 태양의 카르텔)」를 FTO로 지정했다.

미국과 베네수엘라의 갈등 일지

1. 도널드 트럼프 재집권 시작
2. 美, 베네수엘라 마약조직 「외국 테러단체」로 지정
8. 美, 베네수엘라 해역에 이지스 유도미사일 구축함 3척 배치
9. 美, 베네수엘라 연안에서 마약 운반선 첫 격침
11. 美 제럴드포드함, 카리브해 배치
12. 9. 트럼프, 「마두로의 날 얼마 안 남아」 경고
 10. 美, 베네수엘라 연안에서 대형 유조선 나포
 16. 트럼프, 「베네수엘라 정권, 해외 테러조직으로 지정」

베네수엘라의 반응은? 베네수엘라 정부는 미국이 주장하는 범죄 연루 의혹을 일관되게 부인하고 있다. 베네수엘라는 오히려 미국이 막대한 석유 등 천연자원을 보유한 자국을 통제하기 위해 정권 교체 시도에 나섰다는 주장이다. 특히 12월 미국의 베네수엘라 유조선 억류 이후에는 「노골적인 강도 행위이자 국제 해적 행위」라며 강하게 반발했다.

트럼프, 해군력 증강 「황금함대」 구축 발표
첫 전함은 「USS 디파이언트」

도널드 트럼프 미국 대통령이 12월 22일 중국과의 격차가 벌어지고 있다는 평가를 받는 해군력 증강을 위해 「황금함대(Golden Fleet)」를 구축히겠다고 밝혔다. 특히 트럼프 대통령은 이닐 황금함내에 포함될 신형 호위함 사업 계획을 설명하던 중 국내 기업인 한화를 직접 언급했는데, 이에 한미 조선협력 프로젝트인 「마스가(MASGA·미국 조선업을 다시 위대하게)」가 탄력을 받게 될 것이라는 관측이 나온다.

황금함대 구상 주요 내용 트럼프 대통령은 현재 주력인 9500톤급 「알레이버크급」을 대신할 황금함대를 이끌 3만~4만 톤 초대형 전함을 「트럼프급(Trump Class)」으로 명명하고, 첫 전함은 「USS 디파이언트(Defiant)」가 될 것이라고 밝혔다. 디파이언트는 트럼프 일가가 설립하겠다고 밝혔던 가상자산 플랫폼(더 디파이언트 원스(The DeFiant Ones)) 이름과 동일한 것이기도 하다. 또 트럼프 대통령은 대형전함 2척을 우선 건조하고 향후 20~25척으로 늘릴 것이라고 예고했다. 아울러 대형 항공모함 3척을 건조 중이며, 잠수함 12~15척도 확보할 예정이라고 밝혔다. 이처럼 황금함대에는 트럼프급 전함을 포함해 신형 항공모함, 신형 호위함, 유조선·수송선 등 지원함 등이 포함될 것으로 보인다.

황금함대 구축 어떻게 이뤄지나?

기함	3만~4만 톤 도입(현재 미 해군 주력함 알레이버크급 구축함의 배수량은 약 9500톤)
항공모함	대형 3척(건조 중)
대형전함	• 트럼프급 새 대형전함 건조, USS 디파이언트로 명명 • 2척 우선 건조 후 20~25척으로 확대
기타	• 신형 프리깃함(호위함) • 신형 잠수함(12~15척 건조 예정) • 기타 지원선(유조선, 수송선 등) 49척 이상
주요 무장	함포, 미사일, 극초음속 무기, 전자기 레일건, 고출력 레이저, 핵무기 등 탑재

황금함대 구축, 왜? 트럼프 대통령이 발표한 황금함대 구상은 미소 냉전시대 이후 퇴장했던 거대 전함을 다시 도입하려는 것으로, 미국에서 대형 전함은 항공모함과 구축함 미사일에 밀려나면서 1994년 이후 건조되지 않고 있다. 트럼프 대통령의 해당 구상은 해군력을 복원함으로써 중국의 「해양굴기(중국이 바다로 세력을 확장해 해양 강국으로 부상하려는 전략)」를 견제하려는 시도로 분석된다. 미국은 제2차 세계대전 때만 해도 매일 군함 4척씩을 건조할 정도로 압도적 조선 생산능력을 보유하고 있었으나, 이후 조선업 쇠락과 함께 군함 건조능력도 하락한 상태다.

💡 트럼프 대통령의 이번 구상에 따라 한미 조선협력이 본궤도에 올랐다는 평가인데, 이에 반해 대중 외교에서는 부담이 커졌다는 전망이 나온다. 중국은 미국과의 무역 갈등이 한창 심했던 지난 10월 필리조선소 등 한화의 미국 자회사 5곳에 대해 중국 기업과의 거래를 금지하는 등의 제재 조치를 발표했다가, 이후 미국과 해빙 무드가 조성되면서 해당 조치를 1년간 유예한 바 있다.

美, 국방수권법안 공식 발효
주한미군 일방 감축 견제

주한미군 규모를 현 수준으로 유지해야 한다는 내용이 담긴 2026회계연도(2025년 10월~2026년 9월) 미국 국방수권법안(NDAA) 최종안이 12월 18일 공식 발효됐다. 법안에는 한국에 배치된 미군 병력을 현 수준인 2만 8500명 미만으로 감축하는 데 예산을 사용할 수 없다는 내용이 명시됐다. 이와 같은 조항은 전임 바이든 정부에서 사라졌다가 트럼프 집권 2기 들어 5년 만에 다시 등장한 것이다.

> **국방수권법(NDAA·National Defense Authorization Act)** 미 국방부의 예산 지출과 정책을 승인하는 연례 법안이다. 그해 미국이 당면한 주요 국방 과제를 제시하고 필요 예산을 책정해 상·하원이 통과시키면 대통령이 서명해 발효된다. 이번 NDAA에 담긴 미 국방 예산은 9010억 달러(약 1330조 원) 규모로, 이는 정부 요청보다 80억 달러 늘어난 것이다.

법안에는 또 한미연합사령부의 전시작전통제권을 미군지휘사령부에서 한국지휘사령부로 이양하는 것을 양측이 합의된 계획에서 벗어나는 방식으로 완료하는 데 사용할 수 없다는 내용도 명시됐다. 다만 미국의 국가안보 이익에 부합하거나 한국, 일본, 유엔군사령부에 군사적으로 기여한 국가를 포함한 동맹들과 적절히 협의했다는 내용을 소관 상임위원회에 제출하면 60일 후 금지를 해제한다는 단서를 달았다.

트럼프, 미 입국 금지·제한 20개국 추가 발표
「아프리카와 중동 국가들이 다수」 비판

도널드 트럼프 미국 대통령이 12월 16일 기존 미국 여행(입국) 금지 및 제한 국가를 20개국 추가하는 행정명령에 서명했다. 트럼프 대통령은 지난 6월에는 19개국에 대해 입국 금지 및 제한령을 내린 바 있다. 이로써 이민·입국 제한 조치의 대상이 되는 국가는 기존 19개국에서 총 39개국으로 2배 가까이 늘어나게 됐는데, 해당 조치는 2026년 1월 1일부터 시행된다. 그러나 해당 조치 대부분이 아프리카·중동 국가에 몰려 있어, 이에 대한 비판의 목소리가 나온다.

전면 입국 금지국 이번 행정명령에서는 전면 입국 금지국에 부르키나파소, 말리, 니제르, 남수단, 시리아 등 5개국이 추가됐다. 여기에 지난 6월 행정명령 당시 전면 입국금지 국가로 지정된 이란·예멘·아프가니스탄·미얀마·차드·콩고공화국·적도기니·에리트레아·아이티·리비아·소말리아·수단 등 12개국에 대한 조치는 그대로 유지했다. 그리고 기존 부분 제한국이었던 라오스·시에라리온은 전면 입국 금지국으로 재분류했으며, 이에 더해 팔레스타인 자치정부(PA)가 발급한 여행문서를 소지한 개인의 입국도 전면 제한했다.

입국 부분 제한국 앙골라, 앤티가 바부다, 베냉, 코트디부아르, 도미니카, 가봉, 감비아, 말라위, 모리타니, 나이지리아, 세네갈, 탄자니아, 통가, 잠비아, 짐바브웨 등 15개국이 입국 부분 제한국으로 추가 지정됐다. 또 베네수엘라, 부룬디, 쿠바, 토고 등 기존 4개국 부분 제한국 조치는 그대로 유지된다. 투르크메니스탄의 경우 비이민 비자에 대한 금지는 해제됐지만, 이민자에 대한 제한 조치는 유지돼 부분 제한국은 20곳에 달하게 됐다.

태국-캄보디아, 무력충돌 재개 20일 만에 휴전 합의
「트럼프 중재는 단기봉합 불과」 비판 목소리

도널드 트럼프 미국 대통령의 중재로 지난 7월 휴전협정을 맺었던 태국과 캄보디아가 12월 7일 무력충돌을 재개한 가운데, 충돌 20일 만에 휴전에 합의했다. 다만 양국의 충돌이 휴전 합의로 종료되기는 했으나, 현재 트럼프 대통령이 중재를 통해 성과를 냈다고 주장한 다른 국제 분쟁들의 경우 최근 교전이 격화되거나 휴전이 유지되지 못하는 상황에 놓여 있다. 이에 국제사회에서는 경제적 압박과 보상 등을 앞세운 트럼프식 평화협정이 갈등의 근본적 해결이 아닌 미봉책에 불과하다는 비판이 높아지고 있다.

한편, 트럼프 대통령은 자신이 취임 후 10개월간 ▷가자전쟁 ▷태국·캄보디아 충돌 ▷아르메니아·아제르바이잔 분쟁 ▷르완다·민주콩고 평화협정 ▷인도·파키스탄 카슈미르 분쟁 ▷이스라엘·이란 분쟁 ▷이집트·에티오피아 분쟁 ▷세르비아·코소보 분쟁 등 8개 분쟁을 해결했다고 자평해 왔다.

트럼프 대통령이 해결 자평한 국제 분쟁 현황은?

태국-캄보디아 분쟁 태국과 캄보디아는 지난 7월 일부 국경지대 영유권을 놓고 무력충돌을 벌였는데, 트럼프 대통령이 양국과의 관세협상을 중단하겠다며 휴전을 촉구하면서 5일 만에 교전을 멈췄었다. 양국은 이후에도 간헐적 충돌을 이어갔으나 10월 아세안(ASEAN) 정상회의가 열린 말레이시아 쿠알라룸푸르에서 트럼프와 함께 휴전협정문에 공동 서명했다. 그러나 지난 11월 캄보디아군이 매설한 지뢰에 태국군 2명이 중상을 입자 태국은 휴전협정을 이행하지 않겠다고 선언했으며, 결국 12월 7일 무력충돌이 다시 시작된 바 있다.

가자전쟁 이스라엘과 팔레스타인 무장단체 하마스는 트럼프 대통령의 중재로 개전 2년 만인 올 10월 1단계 휴전 합의를 이뤘으나, 국경선 문제가 부상하면서 2단계 합의는 이루지 못하고 있다. 여기에 2단계 휴전에서 논의될 하마스 무장해제 방안도 난제로 꼽히는데, 이스라엘은 하마스의 완전 무장해제를 주장하는 반면 하마스는 「일정 기간 무장 동결·보관」을 내세우고 있기 때문이다.

민주콩고-르완다 충돌 민주콩고와 르완다는 12월 4일 트럼프 대통령의 중재로 30여 년간 이어진 콩고에서의 무력충돌을 끝내기 위한 평화협정에 서명했다. 그러나 협상 하루 만인 12월 5일 르완다의 지원을 받는 것으로 의심되는 민주콩고 내 투치족 반군 M23이 정부군을 공격했다. 이어 펠릭스 치세케디 민주콩고 대통령이 「르완다가 약속을 위반하고 있다」고 비난하면서 양국 갈등이 다시 촉발됐다.

우크라이나 전쟁(현재 중재 중) 트럼프 대통령이 중재에 나선 우크라이나 전쟁의 휴전협상도 접점을 찾지 못하고 있는데, 해당 협상에서 가장 중요한 것은 영토 문제이다. 러시아는 러시아계가 많이 거주하는 우크라이나 동부 돈바스(도네츠크주와 루한스크주) 전체를 자국 영토로 합병하겠다는 입장인 반면, 우크라이나는 현재 돈바스의 30%를 자국이 점유하고 있는 만큼 현 전선을 바탕으로 영토 협상이 진행되어야 한다는 입장이다. 그런데 트럼프 대통령이 최근 러시아의 우크라이나 점령지 영유권 인정, 우크라이나 병력 축소 등 러시아에 일방적으로 유리한 「28조(條) 평화안」을 제시하면서 논란이 일었다.

> **트럼프 대통령의 28조 평화안** 트럼프 대통령이 3년 9개월째 이어지고 있는 우크라이나 전쟁을 끝내겠다며 내놓은 28개 항으로 구성된 종전안이다. 트럼프는 11월 21일 볼로디미르 젤렌스키 우크라이나 대통령에게 해당 방안에 대한 합의를 종용했다. 이 종전안에는 크림반도, 루한스크, 도네츠크 등 우크라이나 동부 돈바스 지역 대부분을 러시아에 넘겨주고, 헤르손과 자포리자 지역은 현 전선에서 동결한다는 내용이 담겨 있다. 또 우크라이나는 나토에 가입하지 않을 것임을 헌법에 명시해야 하며, 군대 규모를 기존 80만 명에서 60만 명으로 줄여야 한다는 내용도 담기는 등 러시아의 요구를 대부분 수용했다. 이에 국제사회는 물론 미국 내에서도 해당 방안이 전쟁을 일으킨 러시아에 보상하는 항복 문서이자 불평등 조약이라는 비판이 거세다.

日「대만 유사시 개입」 발언으로 중일 갈등 촉발
중국의 한일령 본격화

다카이치 사나에 일본 총리가 11월 7일 「대만 유사시 무력 개입」 발언을 내놓은 뒤 중국의 반발이 거세지며 중일 관계가 급속히 냉각기에 접어들었다. 이후 중국은 주오사카 중국 총영사가 SNS를 통해 일본 총리 참수 발언을 내놓는 등 연일 강도 높은 비판을 이어갔으나, 일본 정부는 해당 발언을 철회하지 않았다. 이에 중국은 일본 여행 및 유학 자제 권고, 일본 수산물 수입 금지 등 잇따른 제재 조치를 내놓으며 「한일령(限日令)」 분야가 확산됐다.

중일 갈등 전개는?　중국과 일본은 중국의 신장위구르 인권 탄압 등을 강하게 비판해온 다카이치 일본 총리가 취임한 이후부터 갈등을 빚어왔다. 특히 지난 10월 31일 시진핑 주석과 다카이치 총리가 경주 APEC 정상회의를 계기로 회동했지만, 센카쿠 열도와 대만 문제 등을 두고 첨예한 입장 차만 확인한 바 있다. 이러한 상황에서 다카이치 총리가 11월 7일 대만 유사시 일본이 집단자위권을 발동해 개입할 가능성을 거론하면서 갈등이 본격화됐다. 그러자 11월 8일 쉐젠(薛劍) 주오사카 중국 총영사가 소셜미디어(SNS)에 다카이치 총리를 향해 「더러운 목을 베어 버릴 것」이라는 극언을 남겨 논란이 일기도 했다.

이후 중국은 11월 13일 주중 일본대사를 심야에 초치했고, 14일에는 주일 중국대사가 일본 외무성 사무차관을 만나 항의했다. 하지만 다카이치 총리가 해당 발언을 철회하지 않자, 중국 외교부는 일본 여행 자제 권고 방침을 내리며 제재 조치를 단행하기 시작했다. 이어 10월 16일에는 함포를 탑재한 중국 해경선 4척이 일본과의 영토분쟁 지역인 센카쿠(尖閣·중국명 댜오위다오(釣魚島)) 인근 영해에 진입해 군사적 긴장이 고조되기도 했다. 센카쿠 열도는 일본이 실효 지배하고 있으나, 중국이 영유권을 주장하는 지역이다.

중국의 한일령(限日令) 확산　중국은 센카쿠열도 영유권 분쟁, 2023년 일본 후쿠시마 원자력발전소의 오염수 방류 등 일본과 갈등을 빚을 때마다 강도 높은 경제 보복을 가해 왔다. 이번에도 중국은 일본 여행 및 유학 자제령에 이어 일본 수산물 수입 금지, 일본 문화교류 차단 등을 시행하는 등 일본 제재 조치를 이어갔다.

中, 일본 여행 및 유학 자제 권고　중국 외교부가 11월 14일 통지문을 통해 일본 방문을 주의하라고 경고한 데 이어 16일에는 교육부가 일본 유학 자제 공지를 내렸다. 여기에 중국국제항공을 포함한 6개 중국 항공사는 정부 방침에 맞춰 연말까지 이미 구매한 일본행 항공권의 취소·변경 시 수수료를 면제하겠다고 발표했다. 일본 정부 관광국에 따르면 올해 1~9월 중국인 방일객은 약 748만 명으로, 한국(679만 명)·대만(503만 명)·미국(239만 명)보다 훨씬 많다. 또 일본학생지원기구(JASSO)에 따르면 2024년 5월 기준 일본 내 중국인 유학생은 12만 3485명으로, 전체 유학생의 36.7%를 차지하고 있다.

中, 日 수산물 수입 금지　중국 외교부 마오닝 대변인이 11월 19일 브리핑을 통해 일본 정부에 수산물 수입 중지를 통보한 사실을 확인했다. 중국은 지난 2023년 8월 후쿠시마 제1원자력발전소 오염수 해양 방류가 개시되자 일본산 수산물 수입을 전면 금지했다가, 지난 6월 후쿠시마현 등 일부를 제외한 지역의 수산물 수입을 재개하기로 한 바 있다. 이에 11월 5일 2년여 만에 일본 수산물의 실제 수입이 이뤄졌으나, 불과 15일 만에 다시 금지되게 됐다.

📎 **다카이치 총리 취임 후 중일 관계는?**

- 10. 21.　다카이치 사나에, 일본 총리 취임
-     31.　중일 정상회담 개최
- 11. 7.　다카이치, 「대만 유사시 자위권 발동」 발언
-      8.　주오사카 중국 총영사, SNS서 「총리 참수」 발언
-     13.　中, 기니쓰키 겐지 ○○ 일본대사 심야 초치
-     14.　日, 우장하오 주일 중국대사 초치
-     15.　中, 일본 여행 자제령
-     16.　中, 일본 유학 자제 공지
-     19.　中, 일본 정부에 수산물 수입 중지 통보

📍 도쿄도가 12월 16일 일본 도쿄 우에노동물원에 있는 쌍둥이 자이언트 판다 샤오샤오(수컷)와 레이레이(암컷)를 오는 1월 하순 중국으로 반환한다고 밝혔다. 이는 현재 일본에 있는 마지막 판다인데, 중일 판세 냉각으로 양국의 새로운 판다 내여 논의는 중단된 상태다. 따라서 이 판다들의 중국 반환이 이뤄지면 일본은 54년 만에 판다 없는 나라가 된다.

美 법원, 트럼프의 투표 결과 뒤집기 시도 기각
트럼프 대통령 사법 리스크 모두 해소

미국 조지아주 법원이 11월 26일 현지 검찰이 도널드 트럼프 대통령의 조지아주 선거 결과 뒤집기 시도 혐의에 대한 공소를 철회함에 따라 재판 절차를 종결한다고 밝혔다. 트럼프 대통령은 지난 2020년 대선 당시 조지아주에서 1만 1000표 차이로 조 바이든 민주당 후보에게 패하자, 주 총무장관에게 전화해 「내 표를 더 찾아내라」며 압력을 행사한 혐의로 기소된 바 있다.

이로써 트럼프 대통령은 집권 1기 종료 후 기소됐던 ▷성추문 입막음 돈 지급 ▷2020년 대선 패배 뒤집기 시도 및 1·6 의회 폭동사태 개입 ▷백악관 기밀 유출 ▷조지아주 투표 결과 뒤집기 시도 혐의 등 4건의 형사사건이 모두 종결되며 사법 리스크를 해소하게 됐다. 이처럼 트럼프 대통령이 사법 리스크에서 벗어나게 된 데에는 전직 대통령의 재임 중 공적 행위에 대해 형사상 면책특권을 폭넓게 인정한 2024년 7월 연방대법원의 결정이 핵심적 영향을 미쳤다는 평가다.

트럼프, 「대만 보장 이행법」 서명
접촉 제한 완화에 초점-중국은 거센 반발

도널드 트럼프 미국 대통령이 12월 2일 대만과의 관계를 강화하는 내용의 「대만 보장 이행법 (Taiwan Assurance Implementation Act)」에 서명했다. 이 법은 앞서 2020년 제정된 「대만 보장법」의 후속 조치로, 미 국무부가 5년마다 미국과 대만과의 교류 지침을 검토하고 의회에 제한을 완화할 수 있는 개선 방안 등을 보고하도록 의무화하는 내용을 담고 있다. 미국은 지난 1979년 중국과 수교하며 대만과는 공식적으로 단교했다. 이후 대만과 실질적 교류 관계는 유지했으나 중국을 자극하지 않기 위해 미국 현직 고위 공직자의 대만 방문과 같은 공식 교류를 엄격히 제한해 왔는데, 이를 완화하는 것이 해당 법안의 목적이다.

한편, 트럼프 행정부는 1기 집권 때부터 미중 갈등이 본격화하자 대만과의 관계 확대를 모색했고, 퇴임 직전인 2021년 1월에는 대만 관계지침 무효화를 선언하고 미국-대만 간 접촉 제한을 해제한 바 있다.

대만과 중국의 반응은? 대만 총통실 궈야후이 대변인은 해당 법이 미국의 대만과의 교류 가치를 재확인하고 대만·미국 관계 강화를 지지하는 것이라고 평가하며 환영하는 입장을 냈다. 반면 중국 국무원 대만사무판공실 장한 대변인은 중국의 내정에 간섭하는 것이라며, 「하나의 중국 원칙과 중미 3개 공동성명(수교 성명)에 규정된 정신을 심각하게 위반한다」며 반발했다.

아르헨티나 중간선거, 집권당 승리
트럼프, 29조 원 통화스와프 약속 등 선거 개입

10월 26일 치러진 아르헨티나 중간선거에서 「아르헨티나의 트럼프」라 불리는 하비에르 밀레이 대통령의 여당 자유전진당(LLA)이 압승을 거두면서, 수세에 몰렸던 밀레이 정부가 임기 4년 중 남은 2년여 간 국정 운영의 동력을 되찾게 됐다. 이번 선거 결과는 당초의 예측을 뒤집은 것으로, 밀레이

정부는 전기·교통 보조금 삭감과 공공지출 축소, 밀레이 대통령 여동생의 비위 의혹 등으로 민심의 반발을 받고 있기 때문이다. 이 여파로 밀레이 정부는 지난 8월 7일 실시된 지방선거에서는 참패한 바 있다.

트럼프의 개입이 승리 요인?　밀레이 대통령의 승리에는 도널드 트럼프 미국 대통령이 아르헨티나에 금융 지원을 약속하면서 그 전제조건으로 여당의 승리를 내건 것이 주요 요인이 됐다는 분석이다. 트럼프 행정부는 아르헨티나를 위해 200억 달러(약 29조 원) 규모의 통화스와프를 포함해 최대 400억 달러(약 56조 원)를 지원하겠다고 밝혔었다. 그러면서 선거에 지면 아르헨티나를 돕기 어렵다며 노골적으로 밀레이 대통령을 지지했고, 이 발언을 두고 내정간섭이라는 논란이 일기도 했다.

세계 최고령 폴 비야 카메룬 대통령 8선 성공
99세까지 통치 전망

카메룬 헌법위원회가 10월 27일 폴 비야(92) 대통령이 지난 12일 치른 대선의 공식 개표 결과, 53.66%의 득표율로 당선이 확정됐다고 발표했다. 이번 카메룬 대선은 야권의 유력 후보였던 아프리카신독립민주주의운동(MANIDEM)의 모리스 캄토(71)의 출마가 무산된 가운데, 비야 대통령을 비롯해 총 12명이 출마한 바 있다. 이번 대선 결과에 따라 1982년부터 43년간 장기 집권을 이어오고 있는 비야 대통령은 또다시 7년 임기를 확보하게 됐으며, 임기를 모두 마칠 경우 99세까지 대통령직을 수행하게 된다. 그는 2008년 헌법 개정을 통해 대통령 임기 제한을 폐지, 사실상 무제한 연임이 가능하도록 한 바 있다.

코트디부아르, 83세 우아타라 대통령 4선　10월 25일 치러진 서아프리카 코트디부아르 대선에서는 알라산 우아타라(83) 현 대통령이 승리하며 4선에 성공했다. 우아타라 대통령의 압승은 앞서 주요 야권 후보들의 출마가 무산되면서 사실상 예견돼 왔다.

中, 한시적 무비자 조치 2026년까지 연장
2026년에도 비자 없이 중국 여행 가능

중국이 11월 3일 한국 등을 대상으로 시행 중인 한시적 무비자 조치를 2026년 말까지 연장한다고 발표했다. 이번에 무비자 정책이 연장된 국가는 우리나라를 포함해 일본, 프랑스, 독일, 이탈리아, 네덜란드, 스페인 등 45개국이며, 스웨덴의 경우 이번에 새롭게 무비자 대상국에 포함됐다. 이번 조치에 따라 해당 국가의 일반여권 소지자는 사업, 관광, 친지 방문 등이 목적인 경우 최장 30일간 중국에서 무비자 체류가 가능해진다

앞서 2024년 11월 중국 정부는 한국을 포함한 일부 국가에 대해 15일간 무비자 정책을 시행한다고 발표한 바 있다. 중국이 한국을 무비자 대상국에 포함시킨 것은 1992년 한·중 수교 이후 32년 만이었다. 이에 화답해 한국 정부도 지난 9월 말부터 3인 이상 중국인 단체 관광객들에게 무비자 입국을 허용하고 있다.

李 대통령, 경주 APEC 계기 정상외교 슈퍼위크
美와 관세협상 타결-中과 관계 개선 성과

경주 아시아태평양경제협력체(APEC) 정상회의가 11월 1일 「경주선언」 발표를 끝으로 폐막한 가운데, 이재명 대통령의 정상외교 슈퍼위크도 막을 내렸다. 특히 이번 APEC을 계기로 우리 정부는 도널드 트럼프 미국 대통령과 시진핑 중국 국가주석을 나란히 국빈으로 초청해 각각 정상회담을 가졌다. 이 대통령은 첫 다자무대를 주도하며 최대 난제였던 한미 관세협상 타결은 물론 한국의 「핵추진 잠수함」 승인을 미국으로부터 얻어냈고, 중국과는 양자관계 회복이라는 성과를 이뤄냈다. 여기에 APEC 기간 엔비디아로부터 최신 그래픽처리장치(GPU) 26만 개를 확보(※ 과학시사 참조)하고 아마존웹서비스(AWS) 등으로부터 총 90억 달러(약 13조 원)의 투자를 유치하는 등 경제 외교에서도 성공을 거뒀다는 평가다.

경주 APEC, 「경주선언」 채택으로 폐막 APEC 21개 회원국 정상들이 11월 1일 회의를 마치고 ▷APEC 정상 경주선언(Leaders' kyeongju Declaration) ▷APEC 인공지능(AI) 이니셔티브 ▷APEC 인구구조 변화 대응 공동 프레임워크 등 3개 부속문서에 만장일치로 합의했다.

우선 경주선언은 무역·투자, 디지털·혁신, 포용적 성장 등 핵심 현안에 대한 주요 논의를 포괄했는데, 특히 「문화창조산업」을 아시아·태평양 지역의 신성장 동력으로 인정하고 협력 필요성을 명문화했다. 그리고 APEC AI 이니셔티브에는 모든 회원이 AI 전환 과정에 참여하고 AI 기술 발전의 혜택을 공유할 수 있도록 하자는 내용이 담겼는데, 이는 미국과 중국이 모두 참여한 AI에 관한 최초의 정상급 합의문이라는 의의다. 마지막으로 APEC 인구구조 변화 대응 공동 프레임워크는 저출생·고령화 등 인구구조 변화가 역내 공통의 도전과제라는 인식에 따라 마련됐다.

다만 이번 경주선언에는 다자주의와 자유무역을 확산하는 APEC의 설립 취지에 따라 공동선언문에 포함돼 왔던 「다자무역 체제 지지」라는 표현은 빠졌다. 이는 자국 우선주의와 보호무역 기조 확산 속에 미국의 반대 목소리가 반영된 데 따른 것이다.

APEC 3개 부속문서 주요 내용

APEC 정상 경주선언	• 무역·투자, 디지털·혁신, 포용적 성장 등 핵심 현안에 대한 주요 논의 포괄 • 인공지능(AI) 협력 및 인구구조 변화 대응에 대한 공동 인식·협력 의지 집약 • 문화창조산업을 아태지역 신성장 동력 인정, 협력 필요(첫 명문화)
APEC AI 이니셔티브	AI 혁신 통한 경제성장 촉진, 역량 강화 및 AI 혜택 확산, AI 인프라 투자 확대 등
APEC 인구구조 변화 대응 공동 프레임워크	회복력 있는 사회시스템 구축, 인적자원 개발의 현대화, 기술기반 보건·돌봄 서비스 강화, 5대 중점 분야별 정책 방향 제시

한미 정상회담_ 관세협상 타결 이재명 대통령이 10월 29일 도널드 트럼프 미국 대통령과의 정상회담을 계기로 3달 여간 교착 상태에 놓여 있던 관세협상을 타결하면서 대미 리스크를 제거하는 데 성공했다.

투자 규모와 이익 배분 대미 금융 패키지 3500억 달러(약 501조 원)는 현금투자 2000억 달러와 한미 조선업 협력(마스가 프로젝트) 1500억 달러로 구성된다. 이 가운데 현금 투자(2000억 달러)는 연간 투자 상한을 200억 달러로 정했는데, 이는 우리 외환시장에 미칠 충격을 최소화하기 위한 장치다. 또 마스가 프로젝트에 투입되는 1500억 달러는 한국 기업 주도로 집행하고, 투자 외에 보증도 포함하는 것으로 합의했다.

이 밖에 원금 회수 가능성을 높이기 위해 원리금이 보장되는 상업적 합리성이 있는 프로젝트만 추진하고, 미국 측이 일방적 투자를 요구할 경우 조정을 협의할 수 있는 안전장치도 마련했다. 여기에 원금 상환 전까지 발생하는 수익은 양국이 5 대 5로 배분하는데, 다만 20년 내에 원리금 회수가 어렵다고 판단될 경우 양국 협의로 해당 비율을 조정할 수 있도록 했다.

관세율 미국이 우리나라에 부과하는 상호관세는 15%로 유지되며, 현행 25% 관세를 부과받는 자동차 및 부품 관세는 15%로 인하된다. 의약품과 목재의 경우 최혜국 대우를 받기로 했고, 반도체 관세는 주요 경쟁국인 대만과 비교해 불리하지 않은 관세를 적용받는다. 또 항공기 부품·제네릭 의약품·미국 내에서 생산되지 않는 천연자원 등에는 무관세를 적용한다.

💡 무엇보다 이 대통령은 이날 한미 정상회담 공개 모두발언에서 핵추진 잠수함의 연료 사용 허가를 트럼프 대통령에게 건의했다. 그리고 트럼프 대통령이 다음 날(10월 30일) 트루스소셜에 직접 한국의 핵추진 잠수함 건조 승인 사실을 공식화하면서 한국의 핵잠 추진이 탄력을 받게 됐다.

한미 정상회담 주요 내용

총투자규모와 이익 배분	3500억 달러: 현금 투자 2000억 달러(연간 200억 달러 상한) + 조선업 협력 1500억 달러 • 원리금 상환 전 투자수익 한미 5 대 5 배분(20년 내 미회수 시 배분 비율 조정) • 원리금 보장, 상업적 합리성 있는 프로젝트만 추진하기로 MOU 명시
관세율	• 상호관세 15% 유지 • 자동차 및 부품 관세 25% → 15% 인하(일본·EU와 동일) • 의약품, 목재 등 최혜국 대우 • 쌀, 쇠고기 등 농업 분야 추가 개방 없음 • 반도체 관세는 대만 대비 불리하지 않은 수준 적용
안보협상	• 美, 한국의 핵추진 재래식 잠수함 건조 수용 • 한미 국가안보실(NSC) 간 조선협력 협의체 출범

한중 정상회담_ 한중 관계 일부 복원 이재명 대통령이 11월 1일 APEC 정상회의 참석을 계기로 11년 만에 방한한 시진핑(習近平) 중국 국가주석과 정상회담을 가졌다. 양국 정상은 이번 회담을 통해 10여 년간 이어지고 있는 「한한령(限韓令·한류 제한령)」 해제에 물꼬를 트며 한중 관계를 일정 부분 복원하는 성과를 냈다. 한중 관계는 2016년 사드(THAAD·고고도미사일 방어체계) 배치 사태에 이어 전임 윤석열 정부 때 최악으로 치달으면서 경색된 바 있다. 아울러 한중 양국은

한중 정상회담 주요 내용
- 5년 만기 70조 원(4000억 위안) 규모 통화스와프 계약서 체결
- 한중 자유무역협정(FTA) 서비스, 투자 협상 진전 위한 양해각서 체결
- 한화오션 미국 내 자회사 제재 및 한한령 해제 진전 기대
- 보이스피싱 및 온라인사기 범죄 대응 공조
- 양국 고위급 정례 소통채널 가동

중앙은행 간 5년 만기 약 70조 원(약 4000억 위안) 규모의 통화스와프 계약서를 체결하고, 경제·치안 분야와 관련한 6가지 양해각서(MOU)도 체결했다. 이 6가지 MOU에는 ▷실버경제 분야 협력 ▷혁신 창업 파트너십 프로그램 공동추진 ▷한국산 감 생과실의 중국 수출 식물검역 요건 ▷2026 ~2030 한중 경제협력 공동계획 ▷서비스 무역 교류 협력 강화 ▷보이스피싱·온라인사기 범죄 대응 공조 등이나.

💡 11월 16일 대통령실에 따르면 이재명 정부가 동북아 3국의 공식 표기를 「한중일(한국·중국·일본)」 순서로 통일하기로 했다. 이는 윤석열 정부 당시 「한일중」과 「한중일」 표기를 혼용했던 것을 원상 복구하겠다는 취지다. 윤석열 정부는 지난 2023년 9월 동남아시아국가연합(ASEAN·아세안) 정상회의를 계기로 「한중일」 대신 「한일중」 표기를 채택한 바 있다.

트럼프-시진핑, 부산에서 한중 정상회담 도널드 트럼프 미국 대통령과 시진핑 중국 국가주석이 경주 APEC 정상회의를 계기로 10월 30일 부산에서 정상회담을 갖고, 상대를 겨냥한 강경한 무역 조치를 완화하기로 합의했다. 이에 따르면 중국은 희토류 수출 통제 조치를 유예하고 펜타닐(※ 시사용어 참조)의 미국 유입 차단에 협조하기로 했으며, 미국은 중국에 적용하던 「펜타닐 관세」를 기존 20%에서 10%포인트 즉각 인하하기로 했다. 아울러 두 나라는 서로 상대 선박에 부과하던 입항 수수료도 유예하기로 했다. 다만 양국 간의 무역 갈등을 근본적으로 해결하는 수준의 합의는 이뤄지지 않았고 잠재적 위험 요소도 많아, 미중 무역전쟁이 언제든 재점화될 수 있다는 관측도 나온다.

미중 정상회담 결과 주요 내용

구분	미국 → 중국	중국 → 미국
펜타닐 협력	• 펜타닐 관세 20% → 10%로 인하 • 중국에 상호관세(25%) 유예 조치 1년 연장	• 미국으로 유입되는 합성마약 펜타닐 전구 물질 등 차단 협력 동의 • 보복 관세 조정 예정
수출 통제 관련	중국, 미국의 대두 등 농산물 즉시 구매	중국의 희토류 수출 통제 1년간 유예

北, APEC 앞두고 SRBM 발사-북미 정상회담은 무산 북한이 10월 22일 황해북도 중화 일대에서 단거리 탄도미사일(SRBM) 수 발을 동북부 내륙으로 발사했다. 합동참모본부에 따르면 이날 오전 8시 10분경 중화 일대에서 발사된 수 발의 미사일이 약 350km를 날아가 함경북도 내륙 지역에 떨어졌다. 북한의 이번 미사일 발사는 5개월여 만으로, 이번 발사에 대해서는 경주 APEC 정상회의를 겨냥한 무력시위이자 경주 APEC을 계기로 이뤄질 도널드 트럼프 미국 대통령의 방한을 앞두고 존재감을 과시한 것이라는 해석이 제기됐다.
한편, 경주 APEC 정상회의를 계기로 관심이 모아졌던 트럼프 미국 대통령과 김정은 북한 국무위원장 간의 만남은 결국 무산됐다.

李 대통령, 7박10일 G20·중동 순방
UAE·이집트·남아공·튀르키예 등 4개국 연쇄 정상외교

주요 20개국(G20) 정상회의 참석차 아프리카·중동 4개국 순방 일정에 나선 이재명 대통령이 7박 10일의 순방 일정을 마치고 11월 26일 귀국, 올해 다자외교 일정을 마무리했다. 이번 순방은 11월 17일 서울공항 출발을 시작으로 ▷UAE 국빈 방문(17~19일) ▷이집트 공식 방문(19~21일) ▷남아공 G20 정상회의 참석(21~23일) ▷튀르키예 국빈 방문(24~25일) 순으로 진행됐다. 이 대통령은 이번 일정에서 방산·원전·인공지능(AI)·보건·보훈 등의 분야에서 12건의 양해각서(MOU)를 맺고, 실용외교의 영향권을 「글로벌 사우스」로 확장했다. 또 아프리카 대륙에서 처음으로 열린 남아공 G20 정상회의에 참석해 다자무역체제 기능 회복 등을 강조하며 글로벌 책임강국으로서의 위상을 강화하는 데도 앞장섰다.

> **글로벌 사우스(Global South)** 북반구의 저위도나 남반구에 위치한 아시아·아프리카·남미·오세아니아의 개발도상국과 신흥국들을 총칭하는 말이다. 이는 미국·유럽·일본·호주·한국 등 선진국을 일컫는 「글로벌 노스(Global North)」와 구분해 사용하는 개념이다. 글로벌 사우스에 속한 국가들은 과거 서구열강의 식민통치를 겪고 독립한 지 얼마 되지 않은 신생국가들이 많은데, 인도를 비롯해 동남아시아·아프리카·중남미 120여 개 국가가 이에 해당한다.

李 대통령 순방 주요 내용

한·UAE, 30조 원 스타게이트 추진 아랍에미리트(UAE)를 국빈 방문한 이재명 대통령이 11월 18일 아부다비 대통령궁에서 모하메드 빈 자이드 알 나흐얀 UAE 대통령과 정상회담을 갖고 UAE와「특별 전략적 동반자 관계」를 불가역적인 수준으로 심화시키는 공동선언문을 채택했다. 또 양국 정상은 ▷전략적 인공지능(AI) 협력 프레임워크 ▷원자력 신기술, AI 및 글로벌시장 협력 파트너십 등 7개 양해각서(MOU)를 체결했다. 이를 통해 양국은 향후 투자, 국방·방산, 원전, 에너지 등 기존 4대 핵심 분야에 더해 AI, 바이오, 우주 등을 포함한 첨단기술 분야로 협력 범위를 넓히기로 했다. 방산과 관련해서는 공동개발, 현지생산, 제3국 공동수출을 추진하기로 했으며, 원전 사업에서는 한국의 첫 해외 수주 원전인 UAE의 바라카 원전을 사례로 세계 원전시장 공동 진출을 모색하기로 했다. 그리고 인공지능(AI) 분야에서는 한국 정부와 기업이 UAE AI 대규모 데이터센터인「스타게이트 프로젝트」에 참여하기로 했다.

> **스타게이트 UAE** UAE 아부다비에 조성되는 최대 5GW 규모의 데이터센터 클러스터로, 2026년 첫 200MW급 AI 데이터센터 가동을 목표로 한다. 이는 초기 투자금만 200억 달러(약 30조 원)에 달하는 대규모 프로젝트다.
>
> **바라카 원전(Barakah nuclear power plant)** 아랍에미리트(UAE) 수도 아부다비에서 서쪽으로 270km에 위치한 원자력발전소로, 한국수력원자력의 고유 기술로 만든 한국형 원전 APR1400 4기로 구성돼 있다. 운영 주체는 UAE 원자력공사와 한국전력이 82-18 비율로 합작해 설립한「나와 에너지(Nawah Energy Company)」이다. 이는 한국의 첫 해외 수출 원전으로, 한국전력은 2009년 12월 프랑스·일본 측과 경합한 끝에 해당 사업을 수주하면서 세계 6번째 원전 수출국이 됐다. 바라카 원전은 2012년 건설을 시작했으며, 2024년 4호기의 상업운전이 시작되면서 12년간 이어진 공사가 완료된 바 있다.

한·이집트, CEPA 추진 합의 이재명 대통령은 11월 20일 압델 파타 알시시 이집트 대통령과 정상회담을 갖고「한·이집트 포괄적 경제동반자협정(CEPA)」을 추진하기로 했다. CEPA는 국가 간 전반적인 관세철폐를 목표로 하는 FTA(자유무역협정)와 비슷하지만 산업협력 및 투자보호 협력의 내용까지 포괄해 FTA보다 적용범위가 더 넓은 것으로 여겨진다. 아울러 이 대통령은 이날 카이로대 연설에서 대한민국이 이집트, 중동과 함께할 비전으로 안정과 혁신, 네트워크를 중심으로 한「샤인(SHINE) 이니셔티브」를 제안했다. 샤인의 ▷S는 Stability(안정)을 ▷H는 Harmony(조화)를 ▷I는 Innovation(혁신)을 ▷N은 Network(네트워크)를 ▷E는 Education(교육)을 뜻하며, 이를 토대로 중동과 한반도가 상생하는 미래를 열어가겠다는 의지를 담고 있다.

남아공 G20 정상회의 참석 이재명 대통령은 이번 순방의 계기가 됐던 남아공 G20 정상회의에 참석, 3개 세션 발언에서 글로벌 AI 질서 마련과 포용성장 구상을 강조했다. 또 WTO(세계무역기구)의 중요성을 강조하면서 다자무역체제 복원 필요성을 촉구했다. 특히 2028년 G20 정상회의 한국 개최가 확정되면서 이 대통령은 유엔 안전보장이사회와 APEC 정상회의 등 3대 다자무대 의장직을 맡는 대한민국 첫 대통령이 될 전망이다. 아울러 이 대통령은 올해 우리가 의장국을 맡은 믹타(MIKTA·멕시코, 인도네시아, 한국, 튀르키예, 호주) 정상급 인사들과의 회동을 주재하며 다자주의 강화와 국제협력 촉진을 위한 믹타의 가교 역할도 재확인했다.

> **다자주의(多者主義, Multilateralism)** 여러 국가가 국제기구·협의체를 통해 규범·절차를 정하고 이를 준수하며 협력하는 것을 말한다. 대표적으로 무역문제에서의 다자주의는 국가 간 협력 촉진을 위해 범세계적 협의체를 두고 규범·질서를 만들어 이를 준수하도록 하자는 접근방식을 말한다. 예컨대 세계무역기구(WTO)나 우루과이라운드(UR), 도하개발어젠다(DDA) 등이 이에 속한다.

한·튀르키예, 「전략적 동반자」 격상　이재명 대통령은 11월 24일 마지막 순방지인 튀르키예를 국빈 자격으로 방문해 레제프 에르도안 대통령과 정상회담을 가졌다. 양국 정상은 두 나라의 관계를 「전략적 동반자」로 격상하는 공동성명을 발표했으며, 원자력 협력 양해각서(MOU)를 포함해 3건의 협력문서를 채택하며 에너지·경제 협력 기반을 확대했다. 이번 양해각서는 튀르키예가 신규 추진 중인 원전사업에 한국 기업이 초기 단계부터 참여할 수 있는 기반을 확보한 것으로, 향후 사업 수주로 이어질 발판을 마련했다는 평가다. 튀르키예는 2050년까지 시놉 지역에 20GW(기가와트) 규모의 원전 건설을 추진 중인데, 한국전력은 지난 2023년 시놉 원전사업 참여를 위해 발전용량이 1400MW에 달하는 APR1400 원자로 4기를 건설하는 예비사업 제안서를 제출한 바 있다.

이재명 대통령의 중동·아프리카 4개국 순방 주요 성과

방문국	주요 성과
아랍에미리트(UAE)	• 한–UAE 전략적 AI 협력 프레임워크, UAE 스타게이트 프로젝트 참여 • 방산 관련 완성형 가치사슬 협력모델 구축: 150억 달러 규모 수주 가능성
이집트	한–이집트 CEPA 본격 추진 위한 공동선언 준비
남아프리카공화국	• 2028년 G20 정상회의 의장직 수임 • MIKTA 의장국으로 회동 주재 → 다자주의 강화 의지 재확인
튀르키예	• 양국 경제공동위원회 10년 만에 재개 • 대한민국과 튀르키예 간 「전략적 동반자」 관계에 대한 공동성명 채택

남아공, 아프리카 대륙 첫 G20 정상회의
개막 첫날 선언문 이례적 채택

11월 22일 남아프리카공화국 요하네스버그에서 열린 주요 20개국(G20) 정상회의에서 자유무역, 기후위기 대응을 강조하는 「남아공 정상선언」이 채택됐다. 정상들은 이를 통해 세계무역기구(WTO) 규범에 모순되는 일방적 무역 관행에 대응하고, 재생에너지 확대 등 기후변화 대응을 강화하기로 했다. 특히 우리나라는 이 정상선언을 통해 2028년 G20 정상회의 개최국으로 공식 확정됐는데, 이로써 한국은 2010년 이후 18년 만에 G20 의장국을 맡게 된다. 2026년 G20은 미국에서, 2027년에는 영국에서 개최될 예정이다.

> **G20(Group of 20)**　서방 선진 7개국의 모임인 G7을 20개국으로 확대한 세계경제 협의기구로, 1999년 12월 정식으로 발족됐다. 이후 2009년 9월 G20 정상회의를 정기적·계속적으로 열기로 합의하면서 세계경제 문제를 다루는 최상위 포럼으로 격상됐다. 현재 회원국들은 G20 회원국이 참여하는 재무장관 및 중앙은행 총재회의와 정상회의를 각각 연 1회 개최하고 있다.

첫날부터 정상선언문 채택, 왜?　그간 정상선언을 회의 폐막 직전에 채택하던 관례를 고려하면 첫날부터 이뤄진 것은 이례적이다. 이는 이번 G20 회의를 보이콧하며 정상선언 채택에 반대했던 미국에 맞선 결정이라는 해석이다. 도널드 트럼프 미국 대통령은 지난 1월 취임 직후부터 남아공 흑인 정권이 「아프리카너(남아공에 사는 네덜란드계 백인)」를 박해한다며 올해 G20 불참을 예고한 데 이어 결국 11월 7일 불참을 선언했다. 이에 올해 G20 정상회의는 1999년 창설 이래 처음으로 미국·중국·러시아 3국 정상이 모두 불참하는 이례적인 상황 속에서 개최됐다.

北, 16일 만에 탄도미사일 발사
美 제재에 반발 분석

북한이 11월 7일 동해상으로 탄도미사일을 발사한 가운데, 합동참모본부가 이날 오후 12시 35분께 북한 평북 대관 일대에서 동해상으로 발사된 미상 탄도미사일로 추정되는 발사체 한 발을 포착했다고 밝혔다. 북한의 탄도미사일 도발은 지난 10월 22일 이후 16일 만으로, 올해 6번째이자 이재명 정부 출범 후로는 두 번째다.

이번 미사일 발사는 최근 미국 정부가 연달아 대북제재 조치를 취한 데 대한 반발로 분석된다. 미 국무부는 앞서 11월 3일 북한산 석탄·철광석의 대중국 수출에 관여한 제3국 선박 7척에 대해 유엔 제재 대상 지정을 추진한다고 밝혔다. 특히 이는 트럼프 2기 들어 처음 추진되는 데다, 트럼프 대통령의 희망과 달리 북미 정상회동이 무산된 직후 이뤄졌다는 점에서 관심이 모아졌다. 이어 미 재무부도 11월 4일 북한 정권의 사이버 범죄 수익자금 세탁에 관여한 북한 국적자 8명과 북한 소재 기관 2곳을 제재 대상으로 새롭게 지정했다.

내란특검, 尹 전 대통령 「일반이적죄」 기소
계엄 명분 위해 北에 드론 투입

12·3 비상계엄 관련 내란·외환 의혹을 수사하는 내란 특검팀이 11월 10일 「평양 무인기 작전」 등의 외환 의혹과 관련해 윤석열 전 대통령과 김용현 전 국방부 장관, 여인형 전 국군방첩사령관을 일반이적·직권남용 등의 혐의로 추가 기소했다. 김용대 드론작전사령관 또한 위계에 의한 공무집행 방해 및 허위공문서 작성 교사 등의 혐의로 불구속 기소됐다. 일각에서는 특검팀이 외환유치 혐의도 적용할 것이라는 예상이 있었으나, 특검팀은 현행법상 외환유치죄의 요건인 적국과의 「통모」는 찾지 못했다며 일반이적 혐의를 적용했다. 이처럼 전직 대통령이 외환 혐의로 재판에 넘겨진 것은 헌정 사상 처음 있는 일이다.

> **외환죄[外患罪]** 외국(적국을 포함)에 군사상 편의를 제공하거나 자국에 치명적인 위협이 될 만한 행위를 함으로써 성립하는 범죄이다. 제02조에서 규정하는 외환유치죄는 외국과 통모하여 전단을 열게 하거나 외국인과 통모하여 대한민국에 항적함으로써 성립한다. 여적죄(제93조)는 적국과 합세하여 대한민국에 항적하는 죄로, 형법에서 규정하고 있는 죄 중 유일하게 절대적 사형으로 처벌하고 있다. 모병이적죄(제94조)는 적국을 위하여 모병하거나 그러한 모병에 응한 죄를 말하며, 간첩죄(제98조)는 적국을 위하여 국가적인 기밀을 탐지하거나 조사하는 자에 적용되는 죄이다.

일반이적죄, 왜 적용됐나 일반이적죄는 대한민국의 군사상 이익을 해하거나 적국에 군사상 이익을 공여할 경우 적용되는 것으로, 그 혐의가 인정되면 부기징역 또는 3년 이상의 징역에 처해진다. 윤 전 대통령 등은 북한을 군사적으로 도발해 비상계엄 명분을 마련하기 위해 2024년 10월께 드론작전사령부에 평양 무인기 투입 작전 등을 지시한 혐의를 받고 있다.

💡 더불어민주당 부승찬 의원이 윤석열 정권이 평양 무인기 작전 등으로 전쟁 유발을 시도했음에도 현행법(제92조 외환유치죄)상 외국과의 통모(通謀) 요건에 막혀 외환유치죄로 기소하지 못했던 점을 보완하기 위해 외환유치죄 개정안을 대표 발의했다고 12월 2일 밝혔다. 개정안은 통모하지 않고 대한민구에 대하여 외구 또는 이에 준하는 단체가 전단을 열게 한 경우에도 외환유치죄로 처벌하도록 하는 것이 취지다. 또한 종전의 「외국과 통모」를 「외국 또는 이에 준하는 단체」로 바꿔 북한의 국가성과 관련한 형식적 논란을 피하도록 했다.

2026년 1월 16일, 尹 전 대통령 첫 선고　　12월 16일 법원에 따르면 윤석열 전 대통령의 「고위공직자범죄수사처(공수처) 체포 방해 혐의」 등에 대한 1심 판결이 2026년 1월 16일 나올 전망이다. 서울중앙지법 형사합의35부(부장 백대현)은 이날 윤 전 대통령의 특수공무집행방해·직권남용 권리행사방해 등의 혐의 공판에서 「특검법에 따르면 1심 판결 선고는 공소제기일(재판에 넘겨진 날짜)로부터 6개월 안에 이뤄져야 한다」며 이와 같이 밝혔다. 현재 윤 전 대통령은 내란 특검과 채상병 특검이 기소한 혐의와 관련해 6개 재판부에서 재판을 받고 있다. 이로써 윤 전 대통령은 1월 18일 구속기간이 만료되기 전에 법원의 첫 번째 판단을 받게 됐다.

윤석열 전 대통령 관련 재판 상황은?

재판부	혐의	선고 시기
서울중앙지법 형사25부 (재판장 지귀연)	내란 우두머리, 직권남용 권리행사방해	2026년 2월 중순 예정(2026년 1월 12일 결심)
서울중앙지법 형사35부 (재판장 백대현)	체포영장 집행 방해 등에 따른 특수공무집행방해, 직권남용 권리행사방해 등	2026년 1월 16일
서울중앙지법 형사36부 (재판장 이정엽)	외환 사건에 따른 일반이적, 직권남용 권리행사방해	미정(12월 1일 첫 공판준비기일)
서울중앙지법 형사27부 (재판장 우인성)	채상병 수사 외압사건에 따른 직권남용 권리행사방해 등	미정(12월 19일 첫 공판준비기일)

김건희 특검, 김건희 징역 15년 구형
기소 96일 만에 1심 재판 변론 종결

윤석열 전 대통령의 부인 김건희 씨와 관련된 의혹을 수사해 온 김건희 특검팀이 12월 3일 서울중앙지법 형사27부(재판장 우인성)에서 열린 김 씨의 결심공판에서 징역 15년, 벌금 20억 원을 구형했다. 특검은 김 씨의 ▷도이치모터스 주가조작(자본시장법 위반)과 통일교 측으로부터 청탁과 함께 금품을 받은 혐의(특가법상 알선수재)에 대해 징역 11년, 벌금 20억 원, 추징금 8억 1144만 원을 ▷정치 브로커 명태균 씨로부터 무상으로 여론조사 결과를 받은 혐의(정치자금법 위반)에 대해 징역 4년에 추징금 1억 3720만 원을 선고해달라고 요청했다.

한편, 김 씨는 해당 혐의들로 지난 8월 전직 영부인 최초로 구속 기소됐으며, 이번 결심공판에 따라 12·3 비상계엄 사태가 발생한 지 1년 만이자 기소된 지 96일 만에 변론 절차를 마무리하게 됐다.

김건희 씨의 혐의는?　　김 씨는 지난 2010~2012년 도이치모터스 주가조작에 가담해 8억 1000여 만원의 부당 이득을 챙긴 혐의를 받고 있다. 특검팀은 김 씨에 대해 단순 전주(錢主)가 아닌 주가조작의 공모자로 보고, 시세조종행위에 직접 가담했다고 판단했다. 또 공천개입 의혹은 지난 2021년 6월부터 2022년 3월까지 김 씨가 명태균 씨로부터 총 2억 7000여 만원 상당의 여론조사 58회를 무상으로 제공받은 혐의다. 여기에 김 씨는 윤 전 대통령 당선 직후 통일교 현안을 들어주는 대가로 건진법사 전성배 씨를 통해 8000만 원대 금품을 받은 혐의도 받고 있다.

📎 김건희 씨 수사부터 재판까지

7. 2.	김건희 특검 수사 개시
8. 6.	특검, 김건희 첫 피의자 신분 조사
7.	특검, 김건희 구속영장 청구
12.	김건희 구속영장 발부
29.	특검, 김건희 구속기소
9. 24.	김건희 첫 형사재판
12. 3.	김건희 1심 결심공판

대장동 개발비리 1심, 민간업자 전원 구속
검찰 항소 포기에 검사장 집단항명 사태

서울중앙지법 형사22부가 10월 31일 「대장동 개발비리 의혹」에 연루된 민간업자들을 전원 법정구속하며 중형을 선고했다. 이들은 2014년 8월부터 이듬해 3월까지 대장동 개발사업 추진 과정에서 성남시와 성남도시개발공사의 내부 비밀을 주고받으며 부당 이득을 취한 혐의를 받았는데, 이번 판결은 2021년 10월 대장동 사건 관련 첫 기소가 이뤄진 지 4년 만이다.

> **대장동 개발비리 의혹** 경기도 성남시 분당구 대장동 개발사업 당시 화천대유자산관리라는 민간업체에 막대한 이익을 챙기도록 기회가 제공됐다는 의혹을 말한다. 성남시 대장동 일대는 본래 공업단지 및 도시개발 대상지였던 곳으로, 성남도시개발공사와 민간사업자가 함께 참여하는 방식으로 개발이 추진됐다. 그런데 이 과정에서 개발사업을 설계·승인한 관계자가 공공기관에 손해를 끼치고 민간사업자에게 부당이익을 주었다는 업무상 배임 혐의가 제기됐고, 민간사업자 또는 브로커가 개발 권한·승인절차에 영향을 미쳤다는 특혜 및 부정청탁 의혹도 일었다.

판결 주요 내용 법원은 이날 특정경제범죄가중처벌법상 배임, 업무상 횡령 등 혐의를 받는 화천대유자산관리 대주주 김만배 씨와 유동규 전 성남도시개발공사 기획본부장에 각 징역 8년을 선고했다. 여기에 김 씨는 추징금 428억 원이, 유 전 본부장은 벌금 4억 원과 추징금 8억 1000만 원이 선고됐다. 또 ▷정영학 회계사는 징역 5년 ▷남욱 변호사는 징역 4년 ▷정민용 변호사는 징역 6년에 벌금 38억 원과 추징금 37억 2200만 원이 선고됐다.
이들은 2014년 8월~2015년 3월 대장동 사업을 추진하는 과정에서 성남도시개발공사의 내부 비밀을 이용해 총 7886억 원의 부당이익을 거둔 혐의로 기소됐으며, 공사에 4895억 원의 손해를 끼친 혐의도 받았다. 그리고 재판부는 이들이 금품 제공 등으로 유착 관계를 형성하면서 민간업자들이 사실상 사업시행자로 내정되는 특혜를 받았다고 판단했다.

검찰 항소 포기-항명 검사장들 피고발 서울중앙지검이 해당 판결에 대한 항소를 포기하며 검찰 내부에서 반발이 일어난 가운데, 특히 전국 검사장 18명이 11월 10일 노만석 검찰총장 직무대행(※ 당시 기준, 11월 14일 퇴임)에게 항소 포기 이유를 추가로 설명해달라며 입장 표명을 요구하고 나섰다. 다만 유 전 본부장 등 피고인 전원이 항소 절차를 마침에 따라 항소심은 진행될 예정이다. 그러나 검찰이 항소를 하지 않았기 때문에 항소심에서는 1심보다 더 무거운 형량을 선고할 수 없으며, 1심에서 무죄가 선고된 부분에 대해서도 다툴 수 없다.
한편, 국회 법제사법위원회 소속 더불어민주당·조국혁신당·무소속 등 범여권 의원 10명은 11월 19일 항소 포기에 집단항명한 검사장 18명에 대해 정치적 중립성을 지키지 않았다며 국가공무원법 위반 혐의로 고발했다. 민주당은 이에 앞서 11월 14일에는 검찰총장을 포함한 검사를 탄핵 절차 없이 일반 공무원처럼 파면시킬 수 있도록 하는 「검찰청법 개정안」과 「검사징계법 폐지안」을 발의한 바 있다.

패스트트랙 충돌 1심, 전원 벌금형
검찰 항소 포기로 국힘 의원직은 전원 유지

서울남부지법 형사합의11부가 11월 20일 지난 2019년 국회 패스트트랙(신속처리안건) 충돌 사건으로 기소된 국민의힘(국힘) 나경원 의원과 송언석 원내대표 등 현역 의원 6명에 대해 모두 벌금형을 선고했다. 이는 2019년 4월 사건 발생 약 6년 7개월 만에 나온 법원의 첫 판단으로, 2012년 도입된 국회선진화법이 처음으로 적용된 사례다. 다만 이번 선고에서 나 의원을 비롯한 국민의힘 의원 6명 모두는 의원직은 유지하게 됐다. 현직 국회의원은 일반 형사사건에서는 금고 이상, 국회법 위반으로는 벌금 500만 원 이상이 확정되면 의원직을 상실하는데, 1심에서 이들에게 선고된 벌금액이 500만 원을 넘지 않았기 때문이다.

여기에 검찰이 11월 27일 해당 사건에 대한 항소를 포기하면서 벌금형을 받은 현직 국회의원인 6명의 의원직 유지가 확정됐다. 이는 검찰이 항소를 포기할 경우 1심보다 더 높은 형을 선고할 수 없기 때문이다.

판결 주요 내용　2019년 국회 패스트트랙 충돌 사건은 그해 4월 고위공직자범죄수사처 신설과 연동형 비례대표제 도입을 패스트트랙으로 상정할지를 두고 여야가 충돌하면서 발생했다. 이 과정에서 나경원 의원을 포함해 당시 자유한국당 의원과 보좌진 등 27명은 의안과 사무실 및 국회 회의장 등을 점거한 혐의로 2020년 1월 기소됐다.

재판부는 이날 현직 의원 6명을 포함한 모든 피고인에 특수공무집행방해 등의 혐의에는 벌금형을 내렸고, 국회선진화법 위반 혐의도 400만 원 이하의 벌금형을 선고했다. 나 의원(사건 당시 자유한국당 원내대표)의 경우 특수공무집행방해 2000만 원·국회법 위반 400만 원 등 총 2400만 원의 벌금을 선고받았으며, 송 원내대표는 총 1150만 원(특수공무집행방해 1000만 원, 국회법 위반 150만 원)의 벌금을 선고받았다.

헌재, 조지호 경찰청장 파면
재판관 전원 일치 의견

헌법재판소가 12월 18일, 2024년 윤석열 전 대통령이 선포한 12·3 불법계엄에 가담한 혐의로 탄핵소추된 조지호 경찰청장에 대한 탄핵심판에서 재판관 9인 전원 일치 의견으로 파면 결정을 내렸다. 조 청장은 12·3 비상계엄 당시 국회 봉쇄와 출입 통제를 지시하고, 중앙선거관리위원회 과천청사와 수원 선거연수원에 경찰을 배치해 계엄군의 활동을 지원하는 등 헌법과 법률을 중대하게 위반했다는 이유로 지난 2024년 12월 12일 탄핵소추된 바 있다. 헌재가 경찰청장에 대한 국회의 탄핵소추를 인용해 파면 결정을 내린 것은 이번이 처음으로, 헌재는 「피청구인(조 청장)은 위헌·위법한 대통령 지시에 따라 명백히 위헌인 계엄 실행에 가담했고 이는 경찰청장에게 부여된 헌법 수호의 사명과 책무를 포기한 것」이라며 파면을 선고했다.

한편, 이번 판결에 따라 12·3 비상계엄과 관련해 국회에서 탄핵소추된 고위공직자 4명의 탄핵심판이 모두 마무리됐다. 앞서 윤 전 대통령은 지난 4월 파면됐고, 한덕수 전 국무총리와 박성재 전 법무부 장관의 탄핵안은 기각된 바 있다.

헌재, 「13세 미만 강제추행 최소 징역 5년」
전원일치로 합헌 결정

11월 30일 법조계에 따르면 헌법재판소가 지난 27일 13세 미만 미성년자에 대한 강제추행죄를 범한 사람을 5년 이상의 유기징역에 처하도록 한 현행 성폭력처벌법이 헌법에 어긋나지 않는다는 판결을 내렸다. 헌재는 이날 재판관 9인 전원일치 의견으로 「성폭력범죄의 처벌 등에 관한 특례법」 제7조 제3항에 대해 합헌 결정을 내렸다.

해당 조항은 13세 미만 미성년자에게 강제추행을 한 경우 벌금형 없이 5년 이상의 유기징역만 선고하도록 하고 있다. 이에 대해 형의 하한이 과도하게 높고, 가벼운 추행까지 동일하게 중형으로 처벌하는 것은 형벌 비례성·평등원칙·법관의 양형재량권을 침해한다는 이유로 위헌법률심판이 제청됐다. 하지만 헌재는 13세 미만 아동은 성적 자기결정권을 온전히 행사하기 어렵고, 범죄 위험을 인지하거나 저항할 능력이 매우 취약한 존재라며 이를 받아들이지 않았다.

아동·청소년 대상 친족 성폭력 공소시효 폐지
13세 이상 19세 미만까지 확대

국회가 12월 2일 아동·청소년 대상 친족 성폭력 범죄에 대한 공소시효를 완전히 없애는 「아동청소년의 성보호에 관한 법률」 개정안을 가결했다. 현행법은 13살 미만 아동 혹은 장애가 있는 피해자를 대상으로 한 성범죄에 대해서만 공소시효를 적용하지 않는데, 이번 개정안은 그 적용 범위를 19살 미만 청소년까지 확대한 것이다. 이는 친족관계 특성상 피해자의 신고가 늦어지면서 범죄가 은폐돼온 현실을 반영한 조치다.

이 밖에 개정안에는 아동·청소년 성착취물 제작 목적의 아동·청소년 알선죄, 아동·청소년 매매행위, 알선영업행위 등 처벌 규정에서 「알면서」라는 문구를 삭제해 범죄 입증 부담을 낮췄다.

내란전담재판부 설치법, 국회 통과
서울중앙지법·고법에 각 2개 이상 재판부 설치

국회가 12월 23일 본회의를 열고 더불어민주당이 발의한 「내란전담재판부 설치법(내란·외환·반란 범죄 등의 형사절차에 관한 특례법안)」을 통과시켰다. 윤석열 전 대통령의 내란죄 사건 등을 전담하는 내용을 담은 특례법안은 앞서 12월 3일 국회 법제사법위원회를 통과한 「12·3 윤석열 비상계엄 등에 대한 전담재판부 설치 및 제보자 보호 등에 관한 특별법안」의 수정안이다.

💡 대법원은 앞서 12월 18일 민주당의 내란전담재판부 설치법 수정안이 발표되자 「국가적 중요사건에 대한 선남 새반부 설치 및 심리절차에 관한 예규」를 제정한다고 밝혔다. 이에 민주당은 대법원의 방침과는 별개로 국회 차원의 내란전담재판부 설치 입법을 변함없이 추진하겠다고 밝혔는데, 당 일각에서는 대법원이 당이 본격적인 입법 절차에 착수하자 뒤늦게 예규 제정 계획을 발표한 것을 두고 이를 비판하는 목소리가 나온 바 있다.

내란전담재판부 설치법 주요 내용　서울중앙지법과 서울고법 판사회의가 선남새판부 구성 기준을 마련한 뒤, 내법원 규칙에 따라 실치된 사무분담위원회가 판사를 배치한다. 이후 판사회의 의결을 거쳐 각급 법원장이 전담재판부를 임명하게 된다. 또 전담재판부 구성과 관련한 사항은 모두 대법원 예규로 정할 수 있다는 내용도 담겼다. 아울러 전담재판부는 원칙적으로 1심부터 설치되지만, 법 시행 당시 이미 재판이 진행 중인 사건에 대해서는 해당 재판부가 계속 심리한다는 부칙을 뒀다. 이에 따라 윤 선 내동탕 내란혐의 사건의 경우 현재 지귀연 1심 재판부가 계속 담당하게 된다.

위헌 논란에 수정 거쳐 최종안　국회를 통과한 내란전담재판부 설치법은 지난 12월 3일 국회 법제사법위원회를 통과한 「12·3 윤석열 비상계엄 등에 대한 전담재판부 설치 및 제보자 보호 등에 관한 특별법안」의 명칭과 내용을 수정한 것이다. 기존 민주당의 안은 법원 내부 인사로 구성된 전담재판부 추천위원회를 구성하고 여기서 추천한 판사를 대법원장이 최종 임명하는 것이었다. 그러나 이에 대해 위헌 시비가 일며 논란이 일자, 민주당은 재판부 구성의 1차 권한을 법원 사무분담위원회에 주고 그에 대한 판사회의의 의결 절차를 도입하는 쪽으로 선회했다. 또 내란·외환·반란죄의 구속기간을 6개월로 하고 심급마다 3개월 단위로 2차에 한해 갱신할 수 있도록 하는 조항도 위헌 논란에 부딪히며 수정 과정에서 삭제됐다.

내란전담재판부 설치법, 더불어민주당 법안과 대법원 예규 주요 내용

구분	원안	최종안	대법원 예규
재판부 구성 방식	법무부 장관 등 외부 추천위원회 추천 후보 중 대법원장이 임명	서울중앙지법·서울고법 판사회의 및 사무분담위원회 통해 보임	서울중앙지법·서울고법 판사회의 및 사무분담위원회 통해 보임
구속기한	최대 1년	없음	없음
사면 및 복권 제한	원칙적 금지	없음	없음

정부, 「공무원 복종 의무」 삭제
해당 조항 76년 만에 폐지 전망

인사혁신처와 행정안전부가 11월 25일 공무원의 복종 의무를 명시한 법 조항을 폐지하는 내용의 국가공무원법과 지방공무원법 개정안을 입법예고했다. 복종 의무 조항은 1949년 국가공무원법 제정과 함께 도입돼 76년간 유지돼 왔지만, 지난 2024년 12·3 비상계엄 사태 당시 상관의 명령이 부당해도 반드시 이행해야 하는 사례가 발생한 데 대한 비판이 제기되며 개정 논의가 본격화된 바 있다.

개정안 주요 내용 개정안에 따르면 국가공무원법 제57조에 규정된 「복종의 의무」가 삭제되고, 그 표현이 「지휘·감독에 따를 의무」로 변경된다. 여기에 상관의 위법한 지휘·감독에 대해 의견을 제시하거나 이행을 거부할 수 있도록 하고, 이를 이유로 불리한 처우를 금지하는 내용도 담겼다. 또 공무원의 「성실 의무」를 규정한 제56조는 「법령 준수 및 성실 의무」로 변경하고, 공무원이 국민 전체의 봉사자로서 법령을 준수하며 성실히 직무를 수행해야 한다고 규정했다.

이처럼 위법 지시에 대한 거부 권한이 명문화되면 권력형 비리나 위법 행정의 사전 차단 기능이 강화될 것이라는 평가가 나온다. 하지만 위법 판단 기준이 구체화되지 않은 상황에서 해당 조항이 삭제될 경우 현장에서 혼선이 발생할 수 있다는 우려도 있다.

국가공무원법 개정안 주요 내용

조항		현행		개정안
제56조	성실의무	법령을 준수하며 성실히 직무 수행	법령 준수 및 성실 의무	국민 전체의 봉사자로서 법령을 준수하며 성실히 직무를 수행
제57조	복종의 의무	직무를 수행할 때 소속 상관의 직무상 명령에 복종	지휘·감독에 따를 의무 등	• 소속 상관의 지휘, 감독에 따라 직무를 수행 • 구체적인 지휘, 감독에 대한 의견 제시 • 위법한 지휘, 감독에 대한 이행 거부 • 의견 제시·이행 거부를 이유로 불리한 처우 금지

조국 전 조혁당 비대위원장, 당대표로 공식 복귀

조국 전 조국혁신당 비대위원장이 11월 23일 열린 전국당원대회에 당대표 후보로 단독 출마해 98.6%의 찬성률로 조혁당 대표에 선출됐다. 조 대표는 자녀 입시비리 혐의 등으로 징역 2년형을 선고받아 복역했다가 지난 8월 이재명 정부 첫 광복절에 특별 사면·복권된 바 있다. 이후 당내 성 비위 사건이 불거지자 비상대책위원장을 맡아 혼란 수습에 나섰고, 이번 전당대회에 단독 출마해 당대표로 공식 복귀하게 됐다.

한편, 이날 최고위원 2명을 선출하는 선거에서는 신장식 의원과 정춘생 의원이 각각 당선됐다. 이에 차기 지도부는 조 대표와 서왕진 원내대표, 신장식·정춘생 최고위원, 그리고 지명직 최고위원 1명 등 총 5명으로 꾸려지게 됐다.

내란특검, 尹 전 대통령 체포방해 등 혐의 징역 10년 구형

조은석 내란 특별검사팀이 12월 26일 서울중앙지법 형사합의35부(백대현 부장판사) 심리로 열린 윤석열 전 대통령의 특수공무집행방해, 직권남용 권리행사방해 등 혐의 사건 결심공판에서 윤 전 대통령에게 징역 10년을 구형했다. 앞서 특검팀은 지난 7월 윤 전 대통령을 ▷체포영장 집행 지지 ▷계엄 국무회의 관련 국무위원 심의권 침해 ▷사후 계엄 선포문 삭성 ▷비화폰 기록 삭제 ▷계엄 관련 허위 공보 등의 5가지 혐의로 구속 기소한 바 있다.

특검은 윤 전 대통령의 ▷체포 방해 관련 혐의에 징역 5년을 ▷국무위원 심의·의결권을 침해하고 외신 기자들에게 허위 사실을 전파한 혐의, 비화폰 관련 증거인멸 혐의에 징역 3년을 ▷사후 비상계엄 선포문 작성 부분에 대해서는 징역 2년을 구형했다.

민주당, 통일교 특검 수용 「여야 정치인 예외 없이 모두 포함」

더불어민주당이 12월 22일 통일교의 정치권 금품 로비 의혹과 관련해 「여야 정치인 누구도 예외 없이 모두 포함해서 특검을 하자」고 제안했다. 그동안 국민의힘·개혁신당을 중심으로 통일교 특검 추진 목소리가 제기됐지만, 민주당 지도부가 공개적으로 수용 입장을 밝힌 것은 이번이 처음이다. 앞서 12월 21일 국민의힘과 개혁신당은 통일교와 여야 정치권 모두를 수사하고, 제3자가 특검을 추천하는 「통일교 특검」 추진 방식에 합의한 바 있다. 그리고 민주당의 전격 수용으로 통일교 특검 형식에 대한 여야 협의가 이뤄질 것으로 보이지만, 특검 추천 주체 등에서는 입장이 달라 향후 진통이 예상된다.

與, 신천지도 포함한 「통일교 특검법」 발의 민주당이 12월 26일 정치권 전반을 둘러싼 「통일교 로비 의혹」과 관련한 사제 특검법안(통일교와 신천지의 정치권 유착 및 비리 의혹 사건 등 진상규명을 위한 특별검사 임명 등에 관한 법률안)을 발의했다. 민주당 특검안은 정당을 특검 추천 주체에서 배제하고, 대통령이 대한변협·한국법학교수회·법전원협의회 등 제3자 추천에 따라 특검을 임명하도록 했다. 이때 당적 보유자나 보유 이력이 있는 자, 통일교·신천지 교인 등은 결격 사유로 정했다. 특검 수사 대상으로는 ▷통일교·신천지 및 관련 단체·관계자의 정치권 상대 불법 금품·향응 제공 및 부정청탁 의혹 ▷공적개발원조 및 한일 해저터널 사업 등 불법 관여 의혹 ▷교인 등을 동원한 조직적 당원 가입 및 정당·공직선거 불법 개입 의혹 ▷시설 인허가 과정에서의 특혜 의혹 등이 명시됐다.

서해 공무원 피격 사건,
문재인 정부 안보라인 전원 무죄

서울중앙지법 형사합의25부(부장판사 지귀연)가 12월 26일 지난 2020년 9월 서해에서 발생한 공무원 피격사건과 관련해 직권남용 권리행사방해 등의 혐의로 기소된 서훈 전 청와대 국가안보실장, 서욱 전 국방부 장관, 박지원 전 국가정보원장, 김홍희 전 해양경찰청장, 노은채 전 국정원장 비서실장 등 문재인 정부 당시 안보라인 인사 5명에 대해 무죄를 선고했다.

주요 내용 서해 공무원 피격사건은 2020년 9월 해양수산부 공무원 고(故) 이대준 씨가 서해상에서 실종됐다가 북한군에 의해 피살된 사건으로, 당시 국방부와 해경 등은 「이 씨가 월북했다」고 발표한 바 있다. 그러다 윤석열 정부 출범 이후인 2022년 6월 감사원이 이 사건에 대한 감사에 착수하면서 조사가 시작됐는데, 감사원은 「이 씨가 자진 월북했다는 증거가 없다」며 검찰에 수사를 요청했다. 이후 검찰은 이들 5명이 남북관계에 악재가 될 것을 우려해 사건을 축소·은폐했다며 같은 해 12월 재판에 넘겼다. 그리고 검찰은 지난 11월 5일 결심 공판에서 ▷서 전 실장에게 징역 4년 ▷서 전 장관과 김 전 청장에게 징역 3년 ▷박 전 원장에게 징역 2년 및 자격정지 2년 ▷노 전 실장에게 징역 1년 및 자격정지 1년을 구형한 바 있다.

北, 「핵동력 전략유도탄 잠수함」 건조 공개
전략핵잠수함(SSBN)으로 추정

북한 노동신문이 12월 25일 김정은 국무위원장이 8700t급 「핵동력 전략유도탄 잠수함」 건조 사업을 현지지도했다고 보도했다. 8700t급은 서구권의 전략핵잠수함(SSBN)보다는 규모가 작고 공격용 핵추진잠수함(SSN)보다는 큰 것이다. 북한은 또 해당 잠수함 동체의 전체 모습도 처음 공개했는데, 이 잠수함은 핵연료로 추진하면서 핵탄두가 탑재된 탄도미사일을 발사하는 SSBN으로 추정되고 있다. 북한은 2021년 제8차 당대회에서 제시한 국방력 발전 5개 중점과업 중 하나로 해당 잠수함 건조 사업을 추진하고 있다.

핵추진 잠수함 보유국 현황(※ 추정치)

미국	70척
러시아	30척
중국	15척
영국	10척
프랑스	9척
인도	2척

한편, 김 위원장은 한국의 핵추진 잠수함 추진을 두고 「우리 국가의 안전과 해상 주권을 엄중히 침해하는 공격적인 행위」라며 첫 반응을 나타냈다. 앞서 지난 11월 북한 조선중앙통신이 한국의 핵잠 도입 추진을 비난하는 논평을 냈으나, 김 위원장이 이를 직접 언급한 것은 이번이 처음이다.

💡 다카이치 사나에 일본 총리가 취임 후 첫 언론 인터뷰에서 핵추진 잠수함 도입 가능성에 대해 「모든 선택지를 배제하지 않고 억지력·대처력 향상을 위한 정책을 검토할 것」이라고 말했다고 요미우리신문이 12월 24일 보도했다. 다카이치 총리가 핵잠수함 보유 시사 발언을 한 것은 취임 후 처음인데, 다카이치 내각은 출범 이후 군사력 강화에 총력을 기울이고 있다.

李 대통령, 12월 29일 청와대 첫 출근
3년 7개월 만에 청와대 시대

이재명 대통령이 12월 29일 청와대로 처음 출근하면서, 지난 2022년 5월 윤석열 정부가 대통령실을 용산으로 옮긴 지 약 3년 7개월 만에 청와대 시대가 다시 열리게 됐다. 이에 12월 29일 오전 0시 용산 대통령실에 걸려 있던 봉황기가 내려가고 동시에 청와대에 게양됐다. 봉황기는 한국 국가수반의 상징으로, 대통령의 주 집무실이 있는 곳에 상시 게양된다. 아울러 대통령실의 공식 명칭도 「청와대」로 환원되며, 업무표장(로고) 역시 과거 청와대 것으로 돌아가게 됐다.

청와대(靑瓦臺) 　서울 종로구 청와대로 1번지에 위치한 대한민국 대통령의 집무 및 생활공간으로, 이승만(1~3대) 전 대통령을 시작으로 문재인 전 대통령(19대)까지 총 12명의 대통령들이 거주하며 국정을 운영해 왔다. 그러다 2022년 5월 취임한 윤석열 전 대통령(20대)이 대통령 집무실을 용산으로 이전하면서 일반 시민에 전면 개방되기도 했으나, 이재명 대통령 취임 6개월여 만에 청와대 복귀가 이뤄졌다. 한편, 청와대라는 명칭은 윤보선 전 대통령에 의해 처음 사용된 것으로, 이후에는 실제 건물뿐 아니라 대통령의 국정 수행부서 전반을 가리키는 말로 확대돼 사용됐다.

청와대 이전 주요 일지

2022년 3월 20일	윤석열 전 대통령, 당선인 시절 용산 이전 발표
5월 10일	윤 전 대통령, 용산청사 첫 출근
2025년 4월 4일	헌법재판소, 윤 전 대통령 탄핵 인용 선고
6월 4일	이재명 대통령 취임
12월 9일	대통령실, 청와대 이사 시작
29일	이 대통령 첫 출근, 청와대 시대 재개막

李 대통령, 「한미 팩트시트」 발표
상호관세 15% 등 한미 관세·안보협의 최종 타결

한미 양국이 관세협상과 안보협의 결과물인 「조인트 팩트시트(Joint Fact Sheet, 공동 설명자료)」를 11월 14일 발표했다. 이재명 대통령은 이날 용산 대통령실에서 브리핑을 열고 「한미 양국이 합의한 내용이 담긴 공동 설명자료인 조인트 팩트시트 작성이 마무리됐다」고 밝혔으며, 미 백악관 역시 같은 시간 홈페이지에 팩트시트를 공개했다.

이는 지난 10월 29일 경주 한미 정상회담에서 이 대통령과 도널드 트럼프 미국 대통령이 관세 및 안보 관련 주요 쟁점에 합의한 지 16일 만이다. 이날 공개된 한미 팩트시트에는 한국의 핵추진 잠수함 추진과 우라늄 농축과 재처리 권한 확보 등 그간 한국이 미국에 요구했던 사안들을 비롯해 ▷반도체·장비 관세 최혜국 대우 ▷대미 투자 연 200억 달러 상한 ▷한국산 자동차 관세율 15% 인하 등이 명시됐다.

팩트시트 주요 내용 ① _ 관세 및 통상 분야

15% 상호관세와 3500억 달러의 대미 투자　앞서 한미 정상회담에서 합의한 대로 미국이 한국에 대한 상호관세를 15%로 확정하고 한국은 총 3500억 달러 규모의 대미투자를 진행한다는 내용이 명시됐다.

- **2000억 달러 대미 투자:** 2000억 달러 대미투자 펀드는 한국 외환시장 안정을 위해 연간 200억 달러의 상한이 명시됐다. 이는 트럼프 대통령 임기가 끝나는 2029년 1월 19일까지 투자할 프로젝트를 선정하기로 합의했으며, 투자 수익은 원금 회수 때까지는 5 대 5, 이후에는 1(한국) 대 9(미국)로 배분하기로 했다. 만약 20년 안에 원리금 회수가 어려우면 한미의 수익 배분을 조정하는 등 한국이 조달 금액과 시점의 조정을 요청할 수 있다는 「안전장치」를 확보했다.
- **1500억 달러 대미 투자:** 3500억 달러 중 나머지 1500억 달러는 「마스가(MASGA) 프로젝트」로 불리는 한미 양국 조선 협력에 투입된다. 2000억 달러 투자펀드가 전액 직접 현금 투자인 반면 마스가 펀드는 한국 기업의 대미 직접투자(FDI)와 이에 대한 금융기관의 대출보증 등도 포함되며, 모든 수익은 우리 기업에 귀속된다.

💡 우리나라의 3500억 달러 대미 투자를 두고, 일본보다 훨씬 유리한 협상을 도출해 냈다는 평가가 나왔다. 우선 한국은 트럼프 행정부 임기 종료 시까지 투자처 선정 및 투자 납입 계획을 완료하기로 한 반면 일본은 해당 시점까지 「투자」를 완료하기로 했다는 점에서 차이가 있다. 또 우리나라는 일본 MOU에는 없는 연간 투자금 한도(200억 달러)도 설정하는 성과를 이뤄냈다.

> **마스가(MASGA·Make American Shipbuilding Great Again)** 「다시 미국 조선업을 위대하게」라는 의미로, 도널드 트럼프 미국 대통령이 2016년 대선에서 내걸었던 슬로건인 「MAGA(Make America Great Again, 다시 미국을 위대하게)」에서 착안한 한미 간 조선 협력 프로젝트다. MASGA는 ▷미국 조선사에 투자하고 ▷미국 내에 신규 조선소를 설립하며 ▷조선 인력을 양성하고 ▷한국 정부가 정책금융기관을 통해 금융지원을 제공하는 등 한미 간 조선업 협력을 골자로 한다.

품목별 관세율 관세 부문에서 가장 관심을 모았던 한국산 자동차에 대한 관세율은 기존 25%에서 15%로 인하하기로 했으며, 자동차 부품을 비롯해 원목과 목재제품 관세도 25%에서 15%로 낮췄다. 특히 핵심 전략산업인 반도체의 경우 다른 나라보다 불리하지 않은 조건을 한국에 적용하려 한다는 점을 명시하면서 사실상의 최혜국 대우를 보장받았다는 평가다. 의약품 관세의 경우 15%를 초과하지 않는 선에서 조율하기로 했고, 복제 의약품이나 미국에서 생산되지 않는 천연자원 등에 대해서는 추가 관세를 없애며, 항공기와 부품은 관세를 철폐했다. 다만 50% 관세율을 적용받고 있는 철강·알루미늄 분야는 이번 관세협상에서 제외되면서 향후 난관이 예상된다.

팩트시트 주요 내용 ② _ 안보 분야

한미동맹 현대화 주한미군의 지속적인 주둔을 통한 대한방위공약의 중요성에 대해 양측이 공감대를 이뤘으며, 한국은 법적요건에 맞춰 주한미군에 330억 달러 상당의 포괄적 지원을 제공하기로 했다. 또 한국의 국방비 지출을 국내총생산(GDP)의 3.5%로 증액하고, 우리나라가 2030년까지 미국산 군사장비 구매에 250억 달러(약 36조 원)를 지출하기로 한다는 계획도 명시됐다. 아울러 전시작전통제권 전환을 위해 동맹 차원의 협력을 지속하겠다는 양국의 방침 역시 팩트시트에 담겼다.

> **전시작전통제권(전시작전권)** 한반도 유사시 군의 작전을 통제할 수 있는 권리로, 현재 한미연합사령관(주한미군사령관)이 이를 행사한다. 전작권은 2007년 2월 열린 한미 국방장관 회담에서 2012년 4월 17일부로 우리 군에 환수하기로 합의가 이뤄졌으나, 이후 2010년 열린 한미정상회담에서 그 이양 시점이 2015년 12월 1일로 조정된 바 있다. 그러나 2014년 10월 열린 한미 연례안보협의회(SCM)에서는 전작권 전환을 확정적 시기가 아닌, 한반도의 안보상황이 개선되고 한국군의 대북 억지능력이 적정 수준으로 강화되었을 때 등 3가지 조건(한반도 및 역내 안보환경, 전작권 이후 한국군의 핵심군사능력, 북한 핵·미사일에 대한 한국군의 필수대응능력)을 평가해 결정하기로 합의가 이뤄졌다. 이에 한·미는 2019년 1단계인 미래연합사의 최초작전운용능력(IOC) 검증을 성공적으로 마치고 현재 2단계 완전운용능력(FOC) 검증을 하고 있다.

한국의 핵잠 건조 승인 지난 10월 29일 한미 정상회담에서 이재명 대통령이 공식 의제로 제기했던 한국의 핵추진 잠수함 건조를 미국이 승인한다는 내용이 명시됐다. 특히 이와 관련해 위성락 국가안보실장은 「정상 간 논의는 처음부터 끝까지 한국에서 선소하는 것」을 선제로 신행이 됐나며, 핵잠을 한국 내에서 긴조할 계획임을 분명히 했다. 이는 현재 핵잠을 보유하고 있는 국가가 미국·중국·러시아·영국·프랑스 등 5개 공인 핵보유국(P5)과 사실상 핵보유국인 인도 등 6개국에 불과하다는 점에서 놀랄 만한 성과로 평가된다. 또 관심이 집중됐던 우라늄 농축 및 사용후핵연료 재처리 권한 확대도 팩트시트에 명시됐다.

핵추진 잠수함 vs 디젤 잠수함

구분	핵추진 잠수함	디젤 잠수함
추진기관	소형 원자로	디젤기관 및 연료전지
수중 속도	시속 46~47km	시속 15~16km
수중 작전 능력	수개월 이상	최대 3주(하루 한 차례 이상 부상 필요)
무장능력	대형 선체에 다양한 무기 탑재	소형 선체로 무기 장착 제약
최대 작전 기간	이론상 무제한	2~3주

> **핵추진 잠수함(Nuclear-powered submarine)** 디젤 엔진을 돌려 움직이는 잠수함과는 달리 선체 내에 있는 원자로(핵연료 사용)를 동력원으로 운용되는 잠수함을 말한다. 핵추진 잠수함은 소형원자로를 탑재해 장시간 잠항이 가능하고, 기동성과 작전 범위도 디젤 잠수함보다 우위인 전략 자산으로 꼽힌다. 다만 건조·유지보수·폐기 비용이 매우 높고, 원자로 유지·운용을 위한 전문 인력과 지상 지원이 필요하다는 복잡성이 있다. 또 사고 시 방사능 유출·해양오염 가능성이 높고, 핵연료·기술 확산 우려에 대한 국제적 갈등 요소도 갖고 있다. 핵추진 잠수함은 그 용도에 따라 ▷핵무기를 탑재하지 않은 공격핵추진잠수함(SSN) ▷핵무기를 탑재한 전략핵잠수함(SSBN) ▷순항미사일을 탑재한 잠수함(SSGN)으로 구분하기도 한다. 이 가운데 우리나라가 미국의 승인을 받은 잠수함은 원자력을 동력으로 삼되 재래식 무기를 탑재한 SSN으로, 이는 핵무기를 싣는 SSBN과 구분된다. 한편, 노무현 정부 때 핵잠 확보를 위한 362사업이 극비리에 추진되기도 했다. 하지만 언론에 관련 내용이 알려지고, 국제원자력기구(IAEA)가 2010년 한국원자력연구원의 우라늄 농축 비밀 실험에 대한 사찰을 통보하는 등의 여파로 무산된 바 있다.

한국의 핵잠 건조, 향후 전망은? 한국의 핵잠 건조에 대한 미국의 승인이 이뤄지기는 했으나, 핵잠 건조 장소와 시기, 연료 공급 방안 등은 구체적으로 담기지 않아 과제로 남게 됐다. 우선 핵추진 잠수함의 연료인 저농축 우라늄을 안정적으로 확보하기 위해서는 한미 원자력협정 개정이 필요하다. 2015년 개정된 현행 협정은 미국의 서면 합의가 있어야만 한국이 우라늄을 20% 미만으로 농축할 수 있도록 하고, 연구 목적의 사용후핵연료 재처리만 가능하도록 하고 있다.
또 건조 장소도 걸림돌로 꼽히는데, 만약 미국 필리조선소에서 건조할 경우 잠수함 건조 설비가 전무한 데다 한국에서 제작한 부품 반입 및 유지·보수·운영(MRO) 문제 등 고려해야 할 변수가 적지 않기 때문이다. 무엇보다 한국 핵잠을 미국에서 건조할 경우 양국의 가장 민감한 보안 규정이 상충할 수 있다는 우려가 있다.

> **사용후핵연료** 원자로에서 연료로 사용된 뒤 배출되는 고준위 방사성폐기물로, 사용후연료에는 연료로 다시 사용할 수 있는 우라늄 235와 플루토늄 239가 1%가량 남아 있다. 이 플루토늄 239는 우라늄 235와 같이 핵분열을 하므로 이것을 빼내어 다시 사용하면 우라늄의 효율성이 높아지게 된다. 그리고 이처럼 사용후연료에 남아 있는 유효성분을 다시 활용하기 위해 분리하는 작업을 「재처리」라고 한다. 그러나 사용후핵연료에 포함된 우라늄과 플루토늄을 이용하기 위한 재처리 기술은 농축기술과 함께 군사적으로 매우 민감한 기술이기 때문에, 일부 선진국에서만 독점하고 있다.

💡 국방부가 11월 11일 핵잠 용어 재변경과 관련해 정부 차원의 논의를 통해 「핵잠」으로 사용하기로 결정했다면서, 이에 대해 국민들이 익숙하게 인식하고 있는 용어를 사용하기 위한 취지라고 밝혔다. 당초 정부는 지난 10월 29일 한미 정상회담에서 핵잠 도입을 처음 공식화하면서 핵잠이라는 용어를 사용했으나, 그로부터 1주일 뒤인 11월 5일 안규백 국방부 장관이 국회 국방위원회 전체회의에 출석해 「정부 공식 용어는 원잠」이라고 정정한 바 있다.

한미 팩트시트 주요 내용

대미 투자	• 총액 3500억 달러 투자: 현금투자 2000억 달러(연간 200억 달러 한도) + 조선업 협력 1500억 달러 • 5:5(원리금 상환 전 수익 배분) → 1:9(상환 후 한미 수익 배분) • 투자 약정 기한: 2029년 1월(트럼프 대통령 임기)
관세	• 자동차 및 자동차 부품: 25% → 15% • 의약품: 15% 이하 • 반도체: 한국보다 교역량 많은 국가 대비 불리하지 않은 조건 • 항공기 및 항공기 부품, 제네릭(복제약) 의약품: 15% → 관세 철폐
안보	• 한국의 핵추진 잠수함 건조 승인 • 미국, 한국의 민간 우라늄 농축 및 사용후핵연료 재처리 절차 지지 • 한국, 국방비 GDP 대비 3.5%로 증액 • 전시작전통제권 전환 위한 동맹 협력 지속

트럼프, 美 의회 통과 예산안에 서명
역대 최장 43일 셧다운 종료

도널드 트럼프 미국 대통령이 11월 12일 밤 임시예산 법안에 서명하면서 43일간 지속된 미국 역사상 최장기 셧다운(일부 기능 정지)이 종료됐다. 오바마 케어 보조금 연장에 대한 공화당과 민주당 간 이견으로 지난 10월 1일부터 시작된 이번 셧다운은 기존의 역대 최장 기록(35일)보다 8일이나 길었다.

> **셧다운(Shut down)** 미국 연방정부 일시폐쇄제도를 말한다. 이는 새해 예산안 통과 시한까지 정당 간의 예산안 합의가 이뤄지지 못하는 경우 정부기관이 잠정 폐쇄되는 상태로, 이 기간 정부는 일부 필수적인 기능만 유지된 채 업무를 잠정 중단하게 된다. 그러나 일부 필수 기능 이외의 공무원들은 강제 무급휴가를 떠나야 하며, 예산이 배정될 때까지 자발적 무보수 근무도 할 수 없다. 아울러 핵심기관 공무원들도 일은 하지만 예산안 의결 전까지 보수를 받지 못한다.

임시예산 법안 주요 내용 이번에 타결된 임시예산안은 2026년 1월 30일까지 기존 수준으로 연방정부·기관의 자금을 임시 복원하는 내용을 담고 있다. 다만 상원 표결에 앞서 공화당과 민주당이 초당적으로 합의한 농무부·식품의약국·재향군인부 예산과 군용 건설 프로젝트, 의회 자체 예산은 이번 임시예산안을 통해 1년치가 처리됐다. 또 트럼프 대통령이 셧다운 등을 이유로 추진했던 공무원 대량 해고는 중단하고, 민주당이 셧다운 명분으로 삼았던 건강보험 「오바마케어 보조금(ACA)」 연장안에 대한 상원 표결을 보장한다는 내용도 합의안에 담겼다. 이와 함께 셧다운 장기화에 따른 재원 고갈로 지난 11월 1일부터 중단된 저소득층 식비 지원 프로그램(SNAP)과 관련한 보조금 집행이 재개된다.

> **오바마 케어(Obama care)** 버락 오바마 전 대통령이 주도했던 미국의 의료보험 시스템 개혁 법안으로, 민영보험에만 의존하는 기존 의료보험 시스템을 바꾸고 전 국민의 건강보험 가입 의무화를 핵심으로 하고 있다. 즉, 미국 내 3200만 명 저소득층 무보험자를 건강보험에 가입시키고 중산층에 보조금을 지급해 의료비 부담을 낮추고자 하는 취지에서 나온 것이다. 이는 2010년 3월 승인돼 2014년 1월부터 시행됐다.

中, 20개국과 희토류 동맹
中 주도 글로벌 공급망 확보-美 주도 공급망 견제

11월 24일 중국 관영 신화통신에 따르면 리창 국무원 총리가 지난 22~23일 남아공 요하네스버그에서 열린 주요 20개국(G20) 정상회의에 참석해 「녹색 광물 국제경제·무역협력 이니셔티브(녹색 광물 이니셔티브)」를 발표했다. 여기에는 인도네시아·남아공·캄보디아·나이지리아·미얀마를 포함한 20여 개 국가와 국제기구인 유엔무역개발회의(UNCTAD) 등이 참여한다. 중국 상무부에 따르면 해당 이니셔티브는 여러 나라가 다자 혹은 집단 행동방식으로 협력해 희토류를 포함한 핵심광물에 관한 협력 네트워크 구축을 목표로 한다.
중국의 이번 선언은 글로벌 핵심광물 시장을 주도하고 있는 기존 지위를 공고히 하는 동시에 미국이 주도하는 탈(脫)중국 희토류 공급망을 견제하기 위한 전략으로 분석된다. 대표적으로 도널드 트럼프 미국 대통령은 지난 10월 20일 중국외 희토류 수출 통제 강화에 맞서 호주의 희토류 핵심광물 협력을 강화하기로 한 바 있다.

> **희토류(稀土類, Rare Earth Elements)** 원소주기율표 상에서 제3족인 스칸듐(Sc)과 이트륨(Y), 란타넘족(원자번호 57~71)의 15종을 포함하는 17개 원소를 총칭한다. 지각 내 총 함유량이 300ppm(100만 분의 300) 미만인 희유금속의 일종으로, 화학적으로 안정되면서도 열을 잘 전달하는 성질이 있어 첨단산업의 소재로 사용된다. 희토류는 전 세계에 풍부하게 매장돼 있으나, 문제는 여러 원소가 뒤섞인 상태의 희토류를 분리·정제해 순도 높은 제품으로 만드는 가공 공정이다. 희토류는 광물과 토양에서 분리하는 과정에서 강력한 산성 용액이 사용되며, 방사능이 유출되는 환경오염 문제 등이 있다. 이에 환경 비용을 감당하기 어려웠던 서방 생산국들이 잇달아 희토류 가공에서 철수한 데 반해, 중국은 1990년대부터 희토류를 중국의 석유로 개발하는 계획을 추진해 현재 희토류의 세계 공급망을 완전히 장악한 상태다.

中, 한화오션 미국 자회사 제재 유예
미중 부산합의 이행

중국 상무부가 11월 10일 미중 무역전쟁 확전 자제 합의에 따라 한화오션의 미국 자회사 5곳에 대한 제재를 향후 1년 동안 유예한다고 발표했다. 중국은 앞서 지난 10월 14일 자국의 해운·물류·조선업을 겨냥한 미국무역대표부(USTR)의 무역법 301조 조사에 협력했다는 이유로 한화오션의 미국 자회사 5곳(한화필리조선소, 한화쉬핑, 한화오션USA인터내셔널, 한화쉬핑홀딩스, HS USA홀딩스)을 중국 기업과의 거래를 금지하는 제재 목록에 올린 바 있다. 그러다 지난 10월 30일 경주 아시아태평양경제협력체(APEC) 정상회의를 계기로 부산에서 만난 미중 정상은 희토류 수출 통제, 펜타닐 관세 등 무역전쟁 확전 자제에 합의했고, 한화오션에 대한 제재도 유예하기로 결정했었다.

중국의 한국 기업 제재 의도는? 당시 중국의 제재 조치를 두고 한국이 미국의 조선 협력 최대 파트너국으로 부상한 데다, 특히 한화오션이 이를 주도하면서 중국의 경계심을 자극했다는 분석이 제기됐다. 실제로 한화오션은 국내 조선 3사 중 유일하게 미국 내 생산 거점(한화필리조선소)을 확보하고 대규모 투자계획 추진을 발표하는 등 한미 조선 협력인 「마스가(MASGA)」의 핵심으로 부상한 상태다.

한국, 미국 주도 「팍스 실리카」 동참
반도체·광물 등 공급망 구축 공조

미국 국무부가 12월 11일 미국 주도로 8개국이 참여하는 새로운 경제 협력체 「팍스 실리카(Pax Silica)」가 출범한다고 밝혔다. 팍스 실리카는 평화를 뜻하는 라틴어 「팍스(Pax)」와 반도체 핵심 소재인 「실리카(Silica)」를 합친 명칭이다. 국무부에 따르면 팍스 실리카는 핵심광물 및 에너지 투입재부터 첨단 제조, 반도체, 인공지능(AI) 인프라, 물류에 이르기까지 안전하고 번영하며 혁신 주도적인 실리콘 공급망을 구축하기 위한 것이다.

팍스 실리카 주요 내용 팍스 실리카의 미국 외 참여국은 한국을 비롯해 일본, 싱가포르, 네덜란드, 영국, 이스라엘, 아랍에미리트(UAE), 호주다. 참여국의 협력 분야로는 ▷소프트웨어 애플리케이션·플랫폼 ▷프런티어 파운데이션 모델 ▷정보 연결성·네트워크 인프라 ▷컴퓨팅·반도체 ▷첨단 제조 ▷운송 물류 ▷광물 정제·가공 ▷에너지 등이 명시됐다. 각국은 향후 우선순위 핵심광물, 반도체 설계·제조·패키징, 물류·운송, 컴퓨팅, 에너지 그리드·발전 분야에서의 AI 공급망 관련 기회와 취약점의 공동 해결을 위한 프로젝트를 추진하기로 했다. 이는 중국이 희토류를 비롯한 핵심 공급 망에 대한 강력한 통제력을 가진 가운데, 미국이 자국 주도의 인공지능 공급망 생태계를 구축하기 위해 핵심 동맹국들을 규합하고 나선 데 따른 것이다.

💡 미국 국무부가 12월 12일 수도 워싱턴DC에서 팍스 실리카 참여국들과 함께 첫 「팍스 실리카 서밋」을 개최했다. 이날 9개 참가국 중 UAE와 네덜란드를 제외한 7개국은 「팍스 실리카 선언」을 채택했는데, 이들은 선언을 통해 에너지·광물·제조· 반도체·인프라 등 공급망 협력의 중요성에 인식을 같이했다.

EU, 2035년 내연기관 퇴출 전격 철회
2035년 100% 무공해차 → 90%로 하향

유럽연합(EU) 집행위원회가 2035년 신차 탄소 배출량을 100% 감축하는 내연기관차 퇴출 계획을 수정해 2021년 대비 탄소 배출량을 90% 감축하도록 하향 조정하는 개정안을 12월 16일 공개했다. 개정안은 2035년부터 전기차 판매만 허용하겠다는 본래의 방침에서 한발 물러나 플러그인하이브리 드차(PHEV)부터 디젤차에 이르기까지 일부 내연기관 차량의 판매도 가능하도록 하는 내용을 담고 있다. 대신 차량 제조사들은 이로 인한 탄소 배출량을 저탄소 방식으로 생산된 유럽산 철강 사용, 친환경 연료 사용 등으로 상쇄해야 한다.
EU는 지난 2021년 「핏 포 55(Fit for 55)」 패키지를 발표하고 이 일환으로 2035년까지 신차 탄소 배출 100% 감축(사실상 내연기관 퇴출) 목표를 제안, 제도화를 진행해 왔다. 그러나 중국 전기차 브랜드의 공세가 이어지면서 주요 자동차 업체들을 비롯해 자동차를 주력 산업으로 하는 독일·이 탈리아 등이 해당 정책에 강하게 반발해 왔다.

고려아연, 美에 10조 규모 제련소 건립
2029년 상업가동 전망

고려아연이 미국 전쟁부(국방부) 및 상무부와 전략적 파트너십을 체결하고, 미국 테네시주 클락스빌 에 대규모 제련소 건설을 위한 공동 투자에 나선다고 12월 15일 밝혔다. 이는 고려아연의 미국 내 종속회사인 「크루서블 메탈즈(Crucible Metals)」를 통해 추진되며, 총 투자 규모는 74억 3200만 달 러(약 10조 9000억 원)이다. 이는 고려아연과 미국 정부, 현지 방산업체 등이 출자한 합작법인(크루 시블 JV)을 통해 19억 4000만 달러(약 2조 8600억 원)를 조성하고, 나머지 54억 9300만 달러(약 8조 1000억 원)는 미국 정책금융 지원대출 및 재무 투자자 대출, 미 상무부 보조금, 고려아연의 직 접 투자 등으로 이뤄진다.

고려아연의 미국 제련소 건설은 어떻게? 미국 제련소 건설은 2026년 테네시주 부지 조성을 시작으로 착수돼, 2029년부터 단계적 가동과 상업 생산에 들어가게 된다. 테네시 제련소에서는 연간 약 110 만 톤의 원료를 처리해 54만 톤 규모의 최종 제품들을 생산할 계획이다. 생산 품목은 아연·연·구 리 등 주요 비칠금속과 금·은 등 귀금속을 비롯해 안티모니, 게르마늄, 인듐, 비스무트, 텔루륨, 카 드뮴, 팔라듐, 갈륨 등 미국 지질조사국이 지정한 핵심광물 11종을 포함해 총 13종의 금속과 반도 체용 황산 등이다.

영풍·MBK, 신주발행금지 가처분 신청 고려아연은 이날 미국 정부와의 프로젝트 계획을 공개하며 미국 합작법인(크루서블 JV)을 대상으로 2조 8500억 원 규모의 제3자 배정 유상증자 계획도 함께 발표했다. 제3자 배정 유상증자란 자금 조달 과정에서 신주를 발행해 특정 개인·법인 또는 투자기관 등 제3자에게 배정하는 것을 말한다. 이에 현재 고려아연과 경영권 분쟁을 벌이고 있는 영풍과 MBK 파트너스는 12월 16일 「주주가치 훼손 및 재무안전성 악화를 초래할 수 있는 심각한 사안」이라며 신주발행금지 가처분을 신청했다. 영풍·MBK는 유상증자가 자금조달 목적보다는 경영권 분쟁 상황에서 우호 지분을 확보하기 위한 지배구조 개입 목적으로 설계됐다며, 미국 제련소 투자를 위한 자금 조달은 주주 배정으로 진행해야 한다고 주장했다.

728조 원 규모 「2026년도 예산안」 통과
올해보다 8.1% 증가−5년 만에 시한 내 처리

국회가 12월 2일 올해보다 8.1%(54조 7000억 원) 증가한 728조 원 규모의 2026년도 예산안을 통과시켰다. 국회가 예산안 처리 시한을 넘기지 않고 법정시한을 준수한 것은 2020년 이후 5년 만이다. 여야는 이번 예산안의 정부 원안에서 4조 3000억 원 수준을 감액하고, 감액 범위 내에서 증액해 총지출 규모를 정부안 대비 늘어나지 않도록 했다. 그리고 지역사랑상품권 발행 지원, 국민성장 펀드 등 이재명 정부의 핵심 국정과제 예산은 원안대로 유지됐다.

2026년도 예산안 주요 내용 인공지능(AI) 지원, 정책 펀드, 예비비 등은 일부 감액됐는데, AI 지원 예산의 경우 전체 약 10조 원 중 국민의힘 요구에 따라 약 2064억 원을 감액했다. 또 대통령실 운영비도 원안 대비 1억 원 삭감됐다. 대미 투자지원 정책금융 패키지는 원안이 1조 9000억 원 규모였지만 약 8000억 원을 감액하고, 한미전략투자공사에 대한 출자예상 1조 1000억 원을 예산에 반영하기로 했다.

> **예비비(豫備費)** 용도를 결정하지 않고 예산에 계상하는 지출항목으로, 예상하지 못한 재난·재해나 경제적 위기 등에 대응하기 위해 편성된다. 즉, 지출항목 중에서 예측이 불가능한 예산 외의 지출 또는 회계연도의 모든 지출예산보다 필요한 경비가 증가할 때를 대비. 이를 충당하기 위해 용도를 결정하지 않고 미리 예산에 계상하는 것이다.

반면 국가정보자원관리원 재해복구시스템 구축, 분산전력망 산업 육성, AI 모빌리티 실증사업 등을 위한 예산은 증액됐다. 또 도시가스 공급배관 설치 지원, 국가 장학금 지원, 보훈유공자 참전명예 수당 등에 대한 예산도 증액했다.

배당소득 분리과세 특례 등 예산부수법안도 처리 국회는 이날 본회의에서 배당소득 분리과세와 법인세·교육세 인상 등 예산부수법안도 함께 처리했다. 예산부수법안은 정부와 의원들이 발의한 세법 개정안 가운데 국회의장이 다음 해 세입 규모에 큰 변동을 줄 수 있다고 판단해 지정한 법안을 말한다. 국회의장은 매년 예산안 처리 시한인 12월 2일 직전 국회 예산정책처의 조언을 받아 예산부수법안을 지정한다.

배당소득 분리과세 특례 적용 2026년부터 고배당 상장기업에 투자해 받는 주식 배당소득의 분리과세에서 50억 원 초과 구간을 신설하고, 이 구간에 대한 최고세율을 30%로 적용하는 조세특례제한법(조특법) 개정안이 통과됐다. 현재는 배당소득이 2000만 원을 넘으면 금융소득종합과세로 합산돼 최고 45%의 누진세율이 적용되고 있다. 그러나 이번에 통과된 법안에 따르면 배당소득 분리과세 과표

구간은 배당소득 ▷2000만 원 이하 14% ▷2000만 원 초과~3억 원 이하 20% ▷3억 원 초과~50억 원 이하 25% ▷50억 원 초과 30%로 결정했다. 배당소득 분리과세는 2026년부터 즉시 시행하며, 2028년까지 3년 동안 한시적으로 적용된다. 그리고 배당소득 분리과세 대상 기업은 배당 성향 40% 이상 또는 배당 성향 25% 및 전년도 대비 10% 이상 증가한 경우에 적용하기로 했다.

> **배당소득 분리과세** 배당소득을 다른 소득과 합산하지 않고 별도로 과세해 투자자의 세부담을 줄이고 기업의 배당성향을 높이도록 유도하는 방안으로, 증시 활성화 방안으로 논의돼 왔다.

법인세, 전 구간 1%포인트 인상 법인세는 여야가 합의에 이르지 못하면서 정부안으로 확정됐으며, 이에 2026년부터 모든 기업이 1%포인트 인상된다. 이에 따라 2026년부터 법인세율은 과세표준 구간별로 ▷2억 원 이내 9→10% ▷2억~200억 원 19→20% ▷200억~3000억 원 21→22% ▷3000억 원 초과 24→25%로 상향된다.

기타 통과된 세제안 교육세의 경우 금융·보험회사의 수익금액 1조 원 이하분에는 현행 0.5%를 유지하되, 1조 원 초과분에는 1% 세율을 적용하는 누진 구조를 신설하기로 했다. 또 액상형 전자담배 원료의 대부분을 차지하는 합성니코틴에 대해 1ml당 370원의 세금을 부과하는(2년간은 50% 감면) 개별소비세법, 초등학교 2학년 이하 자녀의 예체능·체육 학원비를 공제 대상에 포함시키는 소득세법 등도 2026년부터 시행된다.

2026년 예산부수법안 주요 내용

배당소득 분리과세	• 2000만 원 이하: 14% • 2000만 원 초과~3억 원 이하: 20% • 3억 원 초과~50억 원 이하: 25% • 50억 원 초과: 30%
법인세	• 과세표준 2억 원 이하: 10% • 2억 원 초과~200억 원 이하: 20% • 200억 원 초과~3000억 원 이하: 22% • 3000억 원 초과: 25%
증권거래세율	• 코스피: 0.05%　　• 코스닥: 0.20%

한·영 FTA 개선협상 타결
차 관세 혜택 늘고 영국 고속철 개방

산업통상부가 12월 15일 2년여 간의 협상 끝에 한·영 자유무역협정(FTA) 개선 협상을 최종 타결했다고 16일 밝혔다. 이는 지난 2020년 영국의 유럽연합(EU) 탈퇴(브렉시트) 직후인 2021년 발효된 기존 협정을 개선한 것으로, ▷자동차 무관세 수혜 범위 확대 ▷영국의 고속철도 시장 개방 등이 새롭게 포함됐다.

한·영 FTA 개선협상 주요 내용

무관세 수혜 확대 2024년 한국의 대영 수출의 36%를 치지하는 자동차(관세 10%)의 경우 기존에는 당사국에서 55% 이상의 부가가치가 발생했음을 증명해야 무관세 혜택을 받을 수 있었지만, 이번 협상에서 이 기준이 25%로 낮아졌다. K-뷰티·K-푸드 등 수출 유망 품목의 원산지 기준도 완화했는데, 화장품 등 화학제품(관세 최대 8%)의 경우 화학반응, 정제, 혼합 및 배합 등의 공정이 당사국에서 수행되는 경우 무관세 혜택을 받게 된다. 또 가공식품(관세 최내 30%)도 지금은 밀가루·채소 등 원재료가 역내산이어야 무관세가 적용되지만, 이 요건이 삭제되면서 주요 재료를 제3국에서 수입해 국내에서 생산하는 경우도 무관세 혜택을 받을 수 있게 된다.

정부조달 外 　정부조달 시장에서는 영국이 고속철도 시장을 추가로 개방한다. 기존에는 한국만 일방적으로 이 시장을 개방했으나 이번에 불균형이 시정된 것이다. 서비스 시장에서는 한국 기업이 경쟁력을 지닌 온라인 게임 분야를 추가로 개방하기로 했다. 비자 제도도 정비해 영국 내 제조공장 설립 초기 한국 엔지니어, 기계·설비의 유지·보수 전문인력 등의 수월한 영국 입국을 가능하게 하도록 했다. 투자자 보호 부문에서는 새로운 규범을 도입, 「투자자−국가분쟁 해결제도(ISDS)」 남용을 방지할 수 있도록 하는 장치를 마련했다.

공급망 협력 체계화 　희토류·요소수·배터리 등 주요 원자재 공급 부족 사태에 대응하기 위해 공급망 협력 챕터를 신설하고, 연구개발 및 국제표준화 등에 협력하기로 했다. 공급망 교란이 발생한 경우에는 양국이 지정한 핫라인을 통해 10일 내 긴급회의를 열어 교란 품목 신속 수출, 대체 공급처에 관한 정보 공유 등에 나서기로 했다.

정부, 「먹튀」 논란 론스타에 배상금 0원 완승
13년 만에 분쟁 종료

국제투자분쟁해결센터(ICSID) 론스타 국제투자분쟁(ISDS) 취소위원회가 11월 18일 한국 정부가 론스타에 2억 1650만 달러(약 3173억 원)의 손해배상금과 지연이자를 지급해야 한다는 기존 판정을 취소한다고 선고했다. 이는 론스타가 한국 정부가 외환은행 매각 과정에 부당하게 개입했다며 국제투자분쟁을 제기한 지 13년 만에 나온 결론이다. 김민석 국무총리는 이날 브리핑을 통해 약 4000억 원 규모의 정부의 배상 책임은 모두 소급해 소멸됐다고 밝혔다.

론스타의 먹튀 논란과 소송 　론스타 사태는 미국 사모펀드(PEF) 론스타가 2003년 외환은행을 1조 3800억 원에 인수하고 2012년 1월 하나은행에 이를 매각하며, 4조 6635억 원의 차익을 거두고 국내에서 철수하면서 시작됐다. 이후 론스타의 먹튀 논란이 거세게 일었으나, 론스타는 오히려 2012년 11월 한국 정부가 외환은행 매각 과정에 부당하게 개입해 46억 7950만 달러(약 6조 1000억 원)의 손해를 봤다며 「투자자−국가분쟁 해결제도(ISDS)」를 통한 국제중재를 제기했다. 이후 2022년 8월 ICSID는 론스타 측 주장을 일부 인정, 한국 정부가 론스타에 2억 1650만 달러(당시 환율 2800억 원)의 배상금과 이자(당시 기준 185억 원)를 배상하라고 판정했다. 이에 론스타 측은 배상금이 충분하지 않다는 등의 이유를 들어 취소 신청을 제기했고, 법무부 역시 ICSID 협약상 취소사유에 해당하는 법리상 문제점을 발견했다며 취소 신청과 집행정지 신청을 냈다.

정부−론스타 분쟁 일지

2006년 1월 12일	론스타, 외환은행 매각 추진 발표	
2010년 11월 25일	하나금융, 론스타와 외환은행 지분인수 계약 체결	
2012년 1월 27일	금융위, 하나금융의 외환은행 인수 승인	
11월 21일	론스타, 「한국 정부 승인 지연으로 손해」 ICSID에 중재 신청	
2022년 8월 31일	ICSID, 한국 정부에 2억 1650만 달러 배상 명령	
2023년 7월 29일	론스타, ICSID에 판정 취소 신청 제기	
9월 1일	정부, ICSID에 판정 취소 신청 제기	
2025년 11월 18일	ICSID, 한국 승소 결정 → 배상금 및 이자 지급의무 취소	

韓·말레이시아, FTA 타결
방산·에너지 등 협력 강화

한·아세안(ASEAN) 정상회의 참석을 위해 말레이시아를 방문한 이재명 대통령이 10월 27일 안와르 이브라힘 말레이시아 총리와 정상회담을 갖고 한·말레이시아 자유무역협정(FTA)을 타결했다. 산업통상부에 따르면 한·말레이시아 FTA 체결에 따라 한국은 전체 품목의 94.8%를, 말레이시아는 92.7%를 자유화하게 됐다. 아울러 말레이시아는 682개 품목, 한국은 288개 품목의 관세를 인하하거나 철폐할 예정이다.

이 밖에 양국은 말레이시아의 FA-50 2차 도입에 우리 기업의 참여를 지원하는 등 방위산업 협력사업을 지속 확대하고, 인프라·건설 및 에너지 전환 분야의 협력도 강화하기로 했다.

150조 국민성장펀드 출범,
AI·반도체에는 50조 원 투자

인공지능(AI), 반도체 등 첨단산업에 5년간 총 150조 원을 투자하는 국민성장펀드가 12월 11일 출범했다. 금융위원회는 이날 국민성장펀드 출범식을 열고 구체적인 투자 운용계획을 발표했다. 국민성장펀드는 정부보증채권을 토대로 한 첨단전략기금 75조 원과 민간자금 75조 원을 합쳐 150조 원 규모로 조성된다.

국민성장펀드 운용 주요 내용

운용 방안 산업별로는 ▷AI 30조 원 ▷반도체 20조 9000억 원 ▷모빌리티 15조 4000억 원 ▷바이오·백신 11조 6000억 원 ▷2차전지 7조 9000억 원 등으로 지원이 이뤄진다. 특히 지역균형발전을 위해 펀드 자금의 40% 이상을 지역에 배분한다.

투자방식은 ▷직접투자 15조 원 ▷간접투자(펀드) 35조 원 ▷인프라 투·융자 50조 원 ▷초저리대출 50조 원 등이다. 직접투자는 회사채 발행 또는 저리대출이 어려운 중소·중견기업 증자나 대규모 공장 증설을 위한 특수목적법인(SPC)의 증자에 참여하는 방식이며, 간접투자는 정책 목적에 맞는 지분 투자를 진행하는 방식으로 이뤄진다. 인프라 투·융자는 첨단·기술 기업 등이 함께 활용할 수 있는 전력망·발전·용수시설 등 인프라 구축사업을 지원한다. 그리고 초저리 대출은 대규모 설비투자나 기술개발(R&D)에 나서는 기업들에 국고채 금리 수준인 2~3%대의 저금리로 자금을 제공한다.

운용 체계 산업경쟁력강화 관계장관회의(산경장)가 인허가 등 프로젝트 지원을 주도하고, 민관이 함께 참여하는 국민성장펀드 전략위원회가 펀드의 전체 운용방향과 자원전략 자문을 맡는다. 기업의 투자 요청은 산업·금융계 전문가로 꾸려진 「투자심의위원회」가 1차 심사를 하고, 각계에서 추천한 전문가 9인으로 구성된 「기금운용심의회」가 최종 결정을 내린다.

정부, 국민성장펀드에 2026년 30조 투입 정부가 12월 16일 산업경쟁력강화 관계장관회의에서 국민성장펀드에서 30조 원 이상을 2026년에 투입하는 내용 등을 담은 「2026년 국민성장펀드 운용방안」을 발표했다. 산업별로 보면 ▷인공지능(AI) 6조 원 ▷반도체 4조 2000억 원 ▷미래차·모빌리티 3조 1000억 원이 배정된다. 지원 방식별로는 직접투자 3조 원, 간접투자 7조 원, 인프라투·융자 10조 원, 초저리 대출 10조 원으로 구성된다. 그리고 일반 국민이 직접 참여하는 국민참여형 펀드는 6000억 원 규모로 조성된다.

코스피, 사상 첫 4000선 돌파
2025년 상승률은 G20 가운데 1위

코스피가 10월 27일 전 거래일 대비 2.57% 오른 4,042.83으로 거래를 마치며 사상 처음으로 4000선 고지를 돌파했다. 이는 2021년 1월 7일 처음으로 종가 기준 3000을 넘은 이후 4년 9개월여 만이자, 100포인트로 잡은 코스피 기준점인 1980년 1월 4일 이후로는 45년 만이다.

특히 코스피는 올해만 68% 상승하면서 미 나스닥 종합지수(20.2%), 일본 닛케이 225(26.7%), 홍콩 항셍지수(31.7%) 등 주요 20개국(G20)의 대표 주가 지수 중 2025년 상승률 1위를 기록했다. 이러한 지

국내 주식시장 역사

1956년 3월	첫 거래 시작(12개 상장사로 개장)
1983년 1월 4일	코스피 지수 산출
1989년 3월 31일	1000선 돌파
2007년 7월	2000선 돌파
2017년 10월	2500선 돌파
2020년 3월	1500선으로 하락(코로나19 등의 영향)
2021년 1월	3000선 돌파
2024년 12월	2300선으로 하락(12·3 비상계엄 사태 등)
2025년 6월	3000선 재돌파(이재명 정부 출범 후 증시 부양책에 대한 기대감)
10월 27일	4000선 돌파

수 상승세에는 반도체 투톱 삼성전자와 SK하이닉스 주가도 영향을 미쳤는데, 특히 삼성전자는 이날 전 거래일 대비 3.24% 오른 주당 10만 2000원으로 장을 마치며 첫 10만 전자 고지를 밟았다.

SK하이닉스, 사상 첫 10조 클럽 SK하이닉스가 10월 29일 실적발표회를 열고 올해 3분기 매출액 24조 4489억 원, 영업이익 11조 3834억 원의 경영실적을 기록했다고 밝혔다. 이로써 하이닉스는 창사 이래 처음으로 영업이익이 10조 원을 넘어섰는데, 이는 D램과 낸드 가격 상승세가 본격화된 데다 AI 서버용 고성능 제품 출하량이 급증하는 데 따른 것이다. SK하이닉스는 지난 9월 개발을 완료하고 양산 체제를 구축한 6세대 HBM4를 4분기부터 출하하기 시작해 2026년에는 본격적인 판매 확대에 나선다는 계획이다.

> **반도체 슈퍼사이클** 수요 폭증 등에 따른 가격 및 수익성 급등으로 반도체 산업이 맞는 장기적인 호황기를 가리킨다. 그동안 ▷1990년대 중반의 PC ▷2000년대 중반의 인터넷 ▷2010년대의 스마트폰 ▷2017~2018년의 AI와 사물인터넷 ▷2020~2021년 데이터센터 수요 증가 등의 상황에서 반도체 슈퍼사이클이 형성된 바 있다. 특히 2020년 이후에는 오픈AI가 대화 전문 인공지능 챗봇인 챗GPT를 공개(2022년 11월)한 것을 시작으로 본격적인 변화가 시작됐다. 챗GPT 출시 이후 생성형 인공지능(Generative AI)이 잇따라 출시된 가운데, 이러한 생성형 AI의 학습·추론에 있어 필수적인 메모리 반도체가 급성장하면서 반도체 슈퍼사이클이 본격화할 수 있다는 관측이 일었다. 여기에 고대역폭메모리(HBM) 수요가 급증하고 데이터센터 투자가 확대된 것도 이러한 관측을 뒷받침하고 있다.

쿠팡 고객정보 유출사태,
3370만 명분 대규모 정보 유출

국내 최대 이커머스 플랫폼 쿠팡에서 이름·전화번호·집주소·이메일 등을 포함한 3370만 명의 개인정보가 유출된 가운데, 이들 정보를 활용한 보이스피싱·스미싱 등 2차 피해 우려가 높아지고 있다. 무엇보다 이번 정보 유출이 해킹이 아닌 내부 직원(퇴사한 중국인 직원에 의한 것으로 추정)에 의해 이뤄진 데다가 쿠팡이 정보 유출 사실을 5개월간 몰랐던 것으로 드러나는 등 명백한 인재로

추정되면서, 외부 해킹 사례보다 더욱 심각하다는 지적이다. 또 쿠팡이 당초 11월 18일에는 유출 계정이 4500여 건이라고 밝혔다가 29일에는 7500배로 늘어난 3370만 개로 밝히면서 쿠팡에 대한 신뢰 저하도 급증하고 있다. 한편, 정부는 이번 쿠팡 사태 수사를 위한 민관합동조사단을 꾸리고 원인 규명과 피해 확산 차단에 나섰다.

쿠팡 정보 유출 사실 드러나기까지 쿠팡은 11월 18일 고객 개인정보 4500개가 무단 노출된 사실을 인지하고 20일 개인정보보호위원회(개인정보위)에 해당 사실을 신고했으며, 이후 후속 조사를 통해 지난 6월 24일부터 대규모 유출이 계속돼 온 점을 확인했다. 쿠팡은 11월 25일에는 「중국 국적 직원이 쿠팡의 해외 서버를 통해 국내 메인 서버에 무단 접근해 고객 정보를 유출했다」고 경찰에 신고했다. 쿠팡에 따르면 지난 10월 퇴사한 해당 직원은 11월 16일 일부 고객에게 개인정보를 보유하고 있다는 협박성 이메일을 보냈고, 쿠팡은 해당 소

쿠팡 정보 유출사고 일지
6. 24. 개인정보 유출 시작 추정일
11. 16. 용의자, 쿠팡 회원들에게 이메일 발송/ 쿠팡, 개인정보 유출 고객민원 접수
18. 쿠팡, 4500개 개인정보 유출 확인·신고
25. 쿠팡, 유출 용의자 경찰 고소
29. 쿠팡, 3370만 개 계정 정보 유출 발표
30. 과학기술정보통신부, 민관합동조사단 출범 발표
12. 17. 국회 과방위, 쿠팡 개인정보 유출사태 관련 청문회 개최
25. 쿠팡, 퇴사 직원 접촉해 조사 결과 발표
28. 김범석 쿠팡Inc 의장 사과
30~31. 국회 6개 상임위, 쿠팡 연석 청문회 개최

비자들의 신고를 받고 나서야 정보 유출 사실을 인지했다. 쿠팡은 11월 29일에는 고객 계정 3370만 개가 무단 노출된 사실을 개인정보위에 신고했다고 밝혔는데, 이는 앞서 4500개보다 무려 7500배 늘어난 것이라는 점에서 논란이 커졌다.

한편, 과학기술정보통신부는 11월 30일 사고 조사와 피해 확산 방지를 위해 민관합동조사단 가동을 시작했다. 여기에 앞서 11월 20일 쿠팡이 4536건의 개인정보 유출을 신고한 이후 개인정보보호위원회도 유출 규모·경위 등을 조사 중이다.

쿠팡 정보 유출에 따른 피해는? 쿠팡의 이번 정보 유출에서는 공동현관 비밀번호가 기재된 배송 요청 메시지가 포함됐을 가능성이 제기되면서 단순한 정보 유출을 넘어 자택 침입 등의 물리적 범죄로 이어질 수 있다는 우려가 제기된다. 또한 유출된 주소를 기반으로 한 배송오류 안내문자나 악성 애플리케이션(앱) 설치 유도 등 스미싱·피싱 피해 사례도 늘 수 있어 주의가 필요하다. 이에 한국인터넷진흥원은 이번 사태와 관련해 ▷출처가 불분명한 문자 바로 삭제 ▷통신사에 「번호도용 문자 차단」 서비스 신청 ▷결제내역 수시 확인 등의 주의 사항을 발표했다.

국내 주요 개인정보 유출 사건은?

구분	유출 규모(개)	유출 정보
네이트·싸이월드(2011년 7월)	약 3500만	이름, 주민등록번호, 생년월일, 전화번호, 주소 등
SK텔레콤(2025년 4월)	약 2324만	단말기 고유식별번호(IMEI) 비롯해 이름, 생년월일, 전화번호 등
롯데카드(2025년 9월)	약 297만	• 카드번호, 비밀번호(2자리), CVC, 주민등록번호 등 28만 개의 민감 정보 • 나머지 269만 개는 주민번호, 가상 결제코드 등
쿠팡(2025년 11월)	약 3370만	이름, 이메일, 배송시 주소, 전화번호, 일부 주문정보 등

정부, ISMS-P 전면 개편 쿠팡은 2021년과 2024년 두 차례에 걸쳐 정보보호 및 개인정보보호 관리체계 인증(ISMS-P)을 받았는데, ISMS-P는 기업이 정보보호를 체계적으로 관리하고 있는지 평가하

는 제도이다. 그러나 쿠팡을 비롯해 앞서 해킹 사고가 발생한 KT와 롯데카드 등도 ISMS, ISMS-P 인증을 받은 것이 알려지면서 인증 무용론이 대두됐다.

이에 과학기술정보통신부와 개인정보보호위원회는 12월 7일 ISMS, ISMS-P 인증의 실효성 강화를 위해 관련 제도를 전면 개편하기로 했다고 밝혔다. 정부는 먼저 예비심사 단계에서부터 핵심항목을 검증하고 기준을 충족하지 못하면 본심사에 진입할 수 없도록 한다는 방침이다. 본심사에서는 서면·샘플링 점검에서 벗어나 코어 시스템 중심의 현장 실증형 심사를 강화한다. 또 인증기업에서 개인정보 유출 사고가 발생하면 특별 사후심사를 통해 인증 기준 충족 여부를 확인하고, 이 과정에서 중대한 결함이 드러나면 인증위원회의 심의·의결을 거쳐 인증을 취소하기로 했다. 아울러 정부는 대형 온라인 플랫폼이나 통신사 등에 ISMS, ISMS-P 인증을 의무화하는 개인정보보호법·정보통신망법 개정도 추진한다는 방침이다.

쿠팡 상대 소송 확산 법무법인·법률사무소들이 3370만 건에 달하는 고객정보가 유출된 쿠팡을 상대로 집단 손해배상소송에 나설 피해자들을 모집하고 나선 가운데, 시민단체와 소비자단체도 집단 자율분쟁조정(다수 소비자가 같은 피해를 보았을 때 소송 대신 당사자 간 합의로 피해를 구제하는 제도) 신청자 모집에 나서는 등 쿠팡 상대 소송이 확산되고 있다. 여기에 이번 사태를 계기로 대표 원고가 제기한 소송으로 다수 피해자도 일괄 배상을 받을 수 있는 집단소송제도 도입을 요구하는 목소리도 높아지고 있다. 집단소송제 관련 법안은 10년 전부터 국회에 발의됐으나, 기업의 부담이 가중되고 소송이 남발될 수 있다는 우려가 이어지며 연달아 폐기돼 왔다.

여기에 12월 17일 국회에서 열린 청문회에 창업주인 김범석 쿠팡Inc 의장이 불출석하는 등 쿠팡측의 무성의한 태도가 이어지면서 소비자들의 쿠팡 탈퇴 움직임이 가속화되는 가운데, 유통업계는 쿠팡을 탈퇴하는 탈팡족 흡수를 위한 경쟁에 나섰다. 아울러 더불어민주당은 4개의 국회 상임위원회가 쿠팡에서 일어난 문제를 총망라해 다루는 연석 청문회 추진 방침을 밝혔으며, 정부는 쿠팡 정보 유출사태의 조속한 해결을 위한 「범부처 태스크포스(TF)」 구성 방침을 내놓았다.

> **집단소송제도** 피해자 중 한 사람 또는 일부가 가해자를 상대로 소송을 하면, 다른 피해자들은 별도 소송 없이 그 판결로 피해를 구제받을 수 있는 제도를 말한다. 이는 개개인이 별도로 소송하면서 생기는 비용과 노력의 낭비를 막고, 소송 가액이 크지 않아 포기하기 쉬운 소액 피해자들에게 재판의 기회를 줄 수 있다.
>
> **징벌적 손해배상** 가해자의 불법행위에 대해 피해자가 입은 재산상의 손해 원금과 이자에 형벌적 요소로서의 금액이 추가적으로 포함돼 배상하도록 한 제도이다. 보상적 손해배상만으로는 예방적 효과가 충분하지 않기 때문에 고액의 손해배상을 하게 함으로써 장래에 그러한 범죄나 부당행위를 다시 반복하지 않도록 하는 데 목적이 있다.

쿠팡, 「3000명만 정보 유출」 기습 발표 쿠팡이 12월 25일 고객 3370만 명의 개인정보를 유출한 전 쿠팡 소속 직원을 특정하고, 범행에 쓰인 노트북과 하드드라이브 등의 장치를 회수했다고 밝혔다. 쿠팡에 따르면 이 유출자는 3300만 개 계정 정보에 접근했지만 약 3000개 계정에서만 관련 개인정보 등을 저장했다가, 이후 수사가 시작되자 증거 은폐를 위해 범죄에 쓰였던 노트북 등을 하천에 버렸다. 쿠팡은 이날 고객정보 중 제3자에게 유출된 정보는 일절 없다고 강조했지만, 과기정통부는 즉각 설명자료를 내고 「민관합동조사단이 조사 중인 사항을 쿠팡이 일방적으로 대외에 알린 것에 대해 쿠팡에 강력히 항의」했으며 「쿠팡이 주장하는 사항은 민관합동조사단에 의해 확인되지 않았음을 알린다」고 반박했다.

💡 쿠팡이 이번 개인정보 유출 사태와 관련해 12월 29일 「3370만 명 1인당 5만 원 상당의 구매 이용권을 지급하겠다」고 발표했다. 하지만 해당 발표에 대해 비인기 서비스 가입을 유도하는 판촉용 쿠폰에 불과하다는 비판과, 국회 청문회를 앞두고 급조한 면피용 대책이라는 지적이 일었다. 이에 유통업계에서는 쿠팡의 해당 방안이 오히려 탈팡 흐름을 가속화할 것이라는 전망을 내놓기도 했다.

대통령실, 긴급 장관급 회의 소집　대통령실이 12월 25일 쿠팡 개인정보 유출사태 관련 긴급 장관급 회의를 소집하고, 그동안 과기정통부 제2차관이 팀장을 맡았던 「쿠팡 개인정보 유출 범부처 태스크포스(TF)」를 과기정통부 총리 주재로 확대 운영하기로 했다. 또 이날 회의에서는 쿠팡의 정보유출 사태가 한미관계의 변수가 될 수 있다는 우려에 대한 대응도 논의된 것으로 알려졌다. 이는 최근 도널드 트럼프 1기 행정부 핵심 관계자들과 공화당 일각에서 쿠팡사태에 대한 한국 정부의 대응을 「미국 기업에 대한 차별」이라고 주장하는 것이 쿠팡의 대미(對美) 로비 때문이라는 분석이 나오고 있는 데 따른 것이다.

한편, 쿠팡 모회사는 미국 델라웨어주에 소재한 쿠팡Inc로, 쿠팡Inc는 미국 뉴욕증권거래소 상장사이기도 하다. 쿠팡 창업자인 김범석 의장은 쿠팡Inc 지분 8~9%를 보유하고 있지만, 차등의결권을 사용할 경우 실제 의결권 행사 지분이 70%에 이르는 실질적 지배자다. 쿠팡은 김 의장이 미국 국적 소유자인 데다 핵심 경영진 대부분도 미국인으로, 미국 워싱턴DC에 대관 조직을 두고 미국 의회와 행정부를 상대로 전방위 로비를 펼쳐왔다.

> **정부와 국회의 쿠팡 대응 조치는?**
> - 공정위, 쿠팡 영업정지 검토와 대규모 과징금 부과 추진
> - 서울청 조사4국 특별 세무조사 착수
> - 국회 6개 상임위원회, 연석 청문회 개최

네이버·두나무 합병 공식화
주식교환 비율 1대 2.54 확정-20조 원 「핀테크 공룡」 탄생

네이버가 11월 26일 국내 1위 가상자산거래소 업비트를 운영하는 두나무의 계열사 편입을 공식화했다. 네이버는 이날 금융자회사 네이버파이낸셜이 두나무 주주를 대상으로 신주를 발행하고, 두나무 주식 전량을 이전받는 포괄적 주식교환을 결의했다고 공시했다. 이는 두나무 주식 1주(43만 9252원)당 네이버파이낸셜 신주 2.54주(17만 2780원)를 배정히는 방식이다. 이처럼 네이버의 두나무 인수 결정으로 기업가치 20조 원에 달하는 핀테크 공룡이 탄생, 국내 금융업과 코인업계에 일대 지각변동이 전망되고 있다.

합병에 따른 변화는?　이번 합병에 따라 두나무는 네이버파이낸셜의 100% 완전 자회사이자 네이버의 손자회사가 된다. 이에 따라 송치형 두나무 회장은 네이버파이낸셜 지분 19.5%를 확보하며 네이버파이낸셜의 최대 주주가 됐으며, 네이버의 네이버파이낸셜 지분은 69%에서 17%로 낮아졌다. 네이버는 두나무 경영진에게서 네이버파이낸셜 주식에 대한 의결권을 위임받는데, 이렇게 되면 회계상 실질적 지배력이 인정돼 두나무의 실적이 네이버파이낸셜을 거쳐 네이버의 연결 재무제표에 반영된다.

> **스테이블코인(Stablecoin)**　비변동성 가상자산을 뜻하는 말로, 법정화폐 혹은 실물자산을 기준으로 가격이 연동되는 가상자산을 가리킨다. 가상자산이 특유의 가격변동성 때문에 통화로 사용되기에 안정성이 떨어지는 반면, 스테이블코인은 가격변동성을 줄인 것은 물론 법정화폐와 마찬가지로 가치의 척도 및 저장 기능까지 가지고 있다.

무엇보다 향후 원화 스테이블코인 발행이 이뤄질 것으로 예상되는 상황에서 결제 시스템을 가지고 있는 네이버와 가상자산 거래 플랫폼을 소유한 두나무가 차세대 결제 시스템 구축에 큰 역할을 할 것이라는 전망이 나온다. 또한 네이버 앱 하나로 쇼핑부터 부동산, 주식, 예·적금뿐 아니라 가상자산까지 아우를 수 있다는 점도 주목되고 있다.

💡 핀테크(FinTech)는 금융(Financial)과 기술(Technology)의 합성어로 모바일을 통한 결제, 송금, 대출, 자산 관리, 크라우드 펀딩 등 각종 금융 서비스와 관련된 기술을 말한다. 금융 창구에서 행해지던 업무가 인터넷뱅킹, 모바일뱅킹, ATM 등 전자금융 서비스로 대체되는 것 등이 여기에 포함된다.

美 법원, 테라사태 사기 혐의 권도형에 징역 15년 선고

미국 뉴욕 남부연방법원이 12월 11일 가상화폐 테라·루나 폭락사태의 핵심 인물인 권도형(34) 테라폼랩스 설립자에게 징역 15년을 선고했다. 테라폼랩스는 스테이블코인 테라를 발행하면서 「테라 프로토콜」이라는 알고리즘을 통해 미화 1달러에 연동하도록 설계했다고 주장해 왔다. 그러나 테라폼랩스 주장과는 달리 달러화 연동이 깨지면서 2022년 테라와 루나의 가치는 0에 수렴하며 폭락했고, 이에 약 400억 달러 규모의 천문학적 피해가 발생했다. 이 사태는 거래소 FTX 파산 등 업계 전반의 붕괴로 이어지는 피해까지 발생시켰다.

> **죽음의 소용돌이(Death Spiral)** 특정 자산의 가치 하락이 이와 연동된 다른 자산의 가치 하락으로 이어지는 현상을 일컫는 말로, 2022년 상반기 김치코인 테라와 루나가 서로의 가치를 끌어내리는 악순환을 가리키는 말로 사용됐다. 루나·테라 폭락사태는 2022년 5월 권도형의 테라폼랩스가 발행한 김치코인 테라의 가치가 1달러 이하로 떨어지면서 테라와 루나의 동반 폭락으로 이어진 사태를 말한다. 테라는 코인 1개당 가치가 1달러에 고정(페깅)된 스테이블 코인이었고, 루나는 테라의 가치를 뒷받침하기 위해 발행된 코인이었다.

美 법원 선고에 이르기까지 미국 검찰은 2023년 3월 증권 사기와 통신 사기, 상품 사기, 시세 조정 공모 등 총 9개 혐의로 권 씨를 재판에 넘겼는데, 권 씨에 대한 9개 혐의가 모두 인정될 경우 최대 130년 형에 처해질 수 있다는 분석이 나오기도 했다. 권 씨는 미국으로 신병 인도 직후 9개 혐의에 대해 모두 무죄를 주장했으나, 지난 8월 돌연 입장을 바꿔 사기 공모 및 통신망을 이용한 사기 혐의 등 2개에 대해 유죄를 인정한 바 있다.

📎 **테라·루나 사태 일지**

2018.	4.	권도형, 테라폼랩스 설립
2019.	4.	테라폼랩스, 가상화폐인 테라와 루나 발행 시작
2022.	5.	테라·루나 폭락
2023.	3.	권도형, 몬테네그로서 위조 여권 사용 혐의 체포 → 뉴욕 검찰, 권도형 기소
2024.	12.	몬테네그로, 권도형 미국 송환
2025.	1.	미 뉴욕 연방법원에서 재판 시작
	12.	법원, 권도형에 15년형 선고

미 법무부는 이와 같은 플리바겐(유죄 인정 조건부 형량 감경) 합의에 따라 권 씨가 최종 형량의 절반을 복역하고 플리바겐 조건을 준수할 경우 이후 국제수감자이송 프로그램을 신청하더라도 이를 반대하지 않기로 한 상태다. 이에 따라 권 씨는 최종 형량의 절반 복역 후 본인 요청에 따라 한국으로 송환될 가능성이 있는데, 권 씨는 미국 내 형사재판과 별개로 한국에서도 자본시장법 위반 등의 혐의로 입건돼 있다. 권 씨는 몬테네그로에서 체포된 후 미국이 아닌 한국으로 송환돼야 한다고 주장하며 법적 쟁송을 벌이다가 결국 미국으로 송환됐었다.

기재부, 해외 주식 양도소득세 감면 신설 등
「국내 투자·외환 안전 세제지원 방안」 발표

기획재정부가 12월 24일 국내 증시로 복귀하는 서학개미의 해외 주식 양도소득세를 감면하는 내용 등을 담은 「국내 투자·외환 안정 세제지원 방안」을 발표했다. 현재는 해외 주식을 매도해 발생하는 양도차익에 22%의 세금을 내야 하는데, 해당 방안에 따르면 개인투자자가 12월 23일까지 보유하고 있던 해외 주식을 매각한 뒤 원화로 환전해 국내 주식에 1년 이상 투자하면 해외 주식 양도소득세를 1인당 5000만 원 한도로 1년간 면제한다는 것이다.

세제 혜택을 받으려는 사람은 증권사에 국내시장 복귀계좌(RIA·Reshoring Investment Account)를 만들어 해외 주식을 이체해야 한다. 특히 국장에 빨리 복귀할수록 세제 혜택이 많이 부여되는데, 예를 들어 해외 주식을 매각하고 2026년 1분기에 국내 증시에 투자하면 양도소득세를 100% 면제하고, 2분기에 복귀하면 80%, 하반기는 50% 등과 같은 방식이다.

개인투자자용 선물환 매도상품 출시 정부는 서학개미들의 환리스크를 관리하면서 외환수급도 개선하는 방안도 내놓았다. 이는 주요 증권사들을 통해 개인투자자용 선물환 매도상품을 출시하고, 12월 23일까지 보유하고 있는 해외주식에는 환헤지(선물환 매도) 양도세 혜택을 부여하는 것이다. 여기에 국내 기업의 해외 자회사 배당 유입에 대한 세제지원도 확대하는데, 현재 국내 기업이 해외 자회사로부터 받은 배당금에 대한 95% 비과세(익금 불산입) 적용을 100%로 상향조정한다.

> **서학개미** 국내주식을 사모으는 「동학개미」에 빗대어 미국 등 해외 주식에 직접 투자하는 개인투자자를 일컫는 말이다. 여기서 개미는 한국에서 개인투자자를 비유적으로 부르는 말이며, 서학(西學)은 미국이니 유럽의 금융시장(서양)을 뜻한다.

코레일-SR, 2026년 통합 추진
2026년 3월부터 수서역에서도 KTX 탑승

국토교통부가 12월 8일 한국철도공사(코레일)와 에스알(SR)을 2026년 말 통합한다는 내용을 담은 「이원화된 고속철도 통합 로드맵」을 발표했다. 해당 로드맵이 실행되면 코레일과 SR은 2013년 12월 분리된 이후 약 13년 만에, 고속철도는 SRT가 2016년 12월 운행을 시작한 이래 10년 만에 하나로 합쳐지게 된다.

한편, 정부는 양사 통합 이유로 좌석 부족 해소에 따른 소비자 편익 증대 및 비용 절감 등을 들고 있다. 하지만 당초 경쟁체제 도입의 이유였던 막대한 부채와 잦은 안전사고 등이 문제가 해소되기 않았다는 지적도 제기된다.

통합 로드맵 주요 내용 정부는 우선 수서역 SRT의 좌석 부족 문제를 해결하기 위해 KTX와 SRT 열차 간 교차 운행을 실시하기로 했다. 이에 2026년 3월 SRT 출발·도착역인 수서역에 총 955석(20량) 규모의 KTX-1 열차를 투입하는데, 이는 총 410석(10량)인 SRT보다 좌석이 2배 이상 많은 것이다. 그리고 6월부터는 코레일과 SR의 고속차량이 통합 운영되는데, 이는 KTX와 SRT 열차를 구분 없이 복합 연결하고 서울·수서역 등에서 자유롭게 운행하는 것이다.

이와 함께 2026년 3월부터는 KTX·SRT 예매 앱에서 운영사와 상관없이 인접 역을 모두 조회할 수 있도록 할 계획이며, 2026년 말까지는 양사의 앱을 한 개의 앱으로 통합할 예정이다. 또 2026년 말까지 예·발매 시스템도 단계적으로 통합하는데, 이에 고객은 하나의 앱에서 KTX·SRT를 결제·발권할 수 있게 된다.

> **SRT[Super Rapid Train]** 2016년 12월 개통된 수서발 고속열차. 시속 300km로 운행하며, 수서역~동탄역~평택지제역까지는 SRT 전용 역사를 이용한다. SRT 개통으로 1899년 처음 철도 운영이 시작된 이래 117년 만에 간선철도가 경쟁체제에 돌입, 코레일과 경쟁하는 철도 운영사가 등장한 바 있다. 한편, SRT 운행을 위해 수서~평택 고속철로의 86% 구간 지하 40~50m에 길이 52.5km의 율현터널을 지었는데, 이 터널은 스위스 고트하르트 터널(57.1km), 일본 세이칸 터널(53.9km)에 이어 세계에서 세 번째로 길다.

GDP 대비 정부부채 비중, 6년 만에 첫 감소
국내총생산 대비 49.7%

기획재정부가 2024년 일반정부 부채(D2) 규모가 전년 대비 53조 5000억 원 증가한 1270조 8000억 원으로 집계됐다고 12월 11일 밝혔다. 다만 국내총생산(GDP) 대비 비율은 49.7%로 전년(50.5%)보다 0.8%포인트 내렸는데, 이 비율이 감소한 것은 2018년 이후 6년 만에 처음이다. D2는 중앙·지방정부 부채(D1)에 비영리 공공기관 부채를 더한 것으로, 국제통화기금(IMF)·경제협력개발기구(OECD) 등 국제기구가 국가별 재정건전성 비교를 위해 쓰는 기준이다.

한편, 우리나라의 국가부채 비율은 주요국에 견줘 아직 낮은 편으로, 지난 10월 IMF가 펴낸 「재정점검 보고서」에 따르면 2024년 주요 선진국(37개국)의 국가부채 비율은 109.1%로 한국의 2배를 웃돈다.

국가데이터처 「2023년 소득이동통계」
소득계층 이동성 역대 최저

국가데이터처가 15세 이상 국민 중 근로소득·사업소득이 있는 이들을 소득 1분위~5분위로 분석해 10월 27일 공표한 「2023년 소득이동통계 결과」에 따르면 한 해 동안 소득이 늘어 경제적 계층(소득분위)이 상승한 국민의 비율은 5명 중 1명에도 미치지 못했다. 또 소득이 늘거나 줄어 다른 분위로 옮겨가는 소득이동성은 3년째 줄어드는 것으로 나타났다. 이처럼 소득계층이 고착화되면서 한국 경제의 역동성이 떨어질 것이라는 우려가 높아지고 있다.

한편, 해당 통계는 근로소득과 사업소득만을 집계한 결과로, 임대·연금 소득은 포함되지 않았다. 대상은 2022년과 2023년에 소득이 있는 15세 이상 인구(2830만 명) 중 66.2%다.

「2023년 소득이동통계」 주요 내용

분위별 소득 이동성 2023년 소득 이동성(전년과 비교해 소득분위가 올라가거나 내려간 사람의 비율)은 34.1%로, 2020년(35.8%) 이후 3년 연속 감소세를 나타냈다. 소득분위 이동자 중 상승한 사람은 17.3%, 하락한 사람은 16.8%로 관련 통계 작성이 시작된 2017년 이후 최저치를 나타냈다. 이 가운데 2022년 소득 1분위(하위 20%)에서 벗어나 2023년 2~5단계로 상향 이동한 비율은 29.9%로 나타났는데, 이 비율이 30% 밑으로 떨어진 것은 처음이다. 여기에 2017년 소득 1분위에 속한 사람 중 27.8%는 2023년에도 1분위를 유지했다. 반면 소득 상위 20%인 5분위의 유지율은 85.9%

로 전체 소득계층 중 가장 높았는데, 이는 한번 상위계층으로 진입하면 하락 가능성이 낮다는 뜻으로 해석된다.

연령별·성별 소득 이동성 연령별로는 청년층(15~39세)의 소득 이동성이 40.4%로 가장 높고, 중장년층(31.5%), 노년층(25.0%) 순이었다. 청년층의 소득 1분위 탈출률은 38.4%로 전 연령대 중 가장 높았으나, 1분위가 되는 비율인 진입률은 65세 이상(12.9%)이 가장 높았다.

성별로 보면 여성(35.2%)이 남성(33.3%)보다 소득이동성이 높았다. 여성의 경우 상향 이동이 18.1%, 하향 이동이 17.1%로 나타났으며, 남성은 상·하향이 각각 16.6%로 조사됐다.

소득 1분위(하위 20%) **탈출률 변화**

시기	탈출률(%)
2017→2018년	31.9
2018→2019년	31.7
2019→2020년	32.2
2020→2021년	31.7
2021→2022년	30.9
2022→2023년	29.9

北 경제, 2년 연속 3%대 성장
남북한 GDP 격차는 59배

국가데이터처가 12월 23일 발표한 「2025 북한의 주요통계지표」에 따르면 북한의 2024년 경제성장률은 3.7%로, 2016년(3.9%) 이후 8년 만에 최고치를 기록하면서 2년 연속 플러스 성장을 나타냈다. 이러한 성장세는 건설업(12.3%)과 광공업(7.6%) 생산이 크게 늘어난 데 따른 것으로 분석됐다. 그러나 남북한의 실질 국내총생산(GDP) 격차는 59배, 1인당 소득 격차는 29배로 집계되는 등 큰 격차를 나타냈다. 2024년 북한의 명목 국민총소득(GNI)은 44조 4000억 원으로, 한국(2593조 8000억 원)의 1.7% 수준에 불과했다. 1인당 국민총소득은 171만 9000원으로 전년보다 8.2% 늘었지만, 한국(5012만 원)의 3.4%에 그쳤다. 이 밖에 북한의 2024년 대외무역은 27억 달러로 전년 대비 2.6% 감소했는데, 이는 한국(1조 3154억 달러)의 0.2%에 불과한 수준이다. 그리고 북한의 최대 교역국은 중국으로, 전체 무역의 98%를 차지했다.

국산 김, 올해 수출액 역대 최대
해수부는 「GIM」으로 국제표순화 추신

11월 3일 한국농수산식품유통공사(aT) 농식품수출정보에 따르면 올해 들어 3분기까지 김 수출액은 8억 8233만 달러(1조 2572억 원)로, 2024년 같은 기간(7억 7366만 달러, 1조 123억원)보다 약 14.0% 늘었다. 이는 10년 전인 2015년 1~3분기(2억 2225만 달러)의 4배에 이르는 것으로, 수출액을 국가별로 보면 일본이 1억 8975만 달러로 가장 많고 미국(1억 8325만 달러), 중국(8920만 달러)이 뒤를 이었다. 이처럼 김 수출액이 늘면서 올해 「김 수출액 10억 달러」를 달성할 수 있다는 기대감도 높아지고 있다.

여기에 해수부는 김의 수출 승가에 따라 K김을 한돈이나 한우처럼 브랜드화하기 위해 김의 명칭과 수출 규격 등에 대한 국제 표준화 작업도 추진 중인 것으로 전해졌다. 현재 국제 시장에서 김은 일본식 명칭인 「노리(Nori)」나 「씨위드(Seaweed)」로 불리고 있는데, 이를 GIM으로 표준화해 한국산 김을 세계적으로 인정받는 브랜드로 만들겠다는 것이다.

대법, 「문화유산 인근 개발규제 완화」 유효
종묘 맞은편 세운 4구역 재개발사업 논란

대법원 1부가 11월 6일 국가유산청(옛 문화재청)과의 협의 없이 역사문화환경 보존지역 바깥에서의 개발 규제를 완화한 서울시의 조례 개정이 유효하다는 판결을 내렸다. 법원은 이날 문화체육관광부 장관이 서울시의회를 상대로 낸 「서울특별시 문화재 보호 조례」 일부개정안 의결 무효확인 소송에서 원고 패소로 판결했다. 이는 소송이 제기된 지 약 2년 만으로, 지자체가 제정한 조례의 법령 위반 여부를 판단하는 소송은 대법원 단심제라는 점에서 이날 판결은 그대로 확정됐다. 무엇보다 이번 판결로 인해 서울시가 추진하는 종묘(宗廟) 맞은편 세운 4구역 재개발사업의 추진 가능성이 주목됐는데, 이를 둘러싼 국가유산청과 서울시의 입장차는 계속되고 있다.

국가유산청-서울시 소송, 왜? 문화유산법(옛 문화재보호법)상 시·도지사는 지정문화유산의 역사문화환경 보호를 위해 국가유산청장과 협의해 조례로 「역사문화환경 보존지역」을 정해야 한다. 현재 서울시 문화재 보호 조례는 보존지역 범위를 국가지정유산의 외곽경계로부터 100m 이내로 정하고 있다. 그런데 2023년 9월 서울시의회는 「보존지역 범위를 초과하더라도 건설공사가 문화재에 영향을 미칠 것이 확실하다고 인정되면 문화재 보존에 영향을 미치는지 여부를 검토한다」고 규정한 조례(19조5항)를 삭제하는 개정안을 의결했다. 당시 문화재청(현 국가유산청)은 문화재보호법에 따라 문화재청장과 협의를 거쳐야 한다고 반발했지만, 서울시가 이를 받아들이지 않고 개정 조례를 공포하면서 양측의 소송전으로 번지게 됐다.

세운 4구역 재개발사업 영향에 주목 대법원의 이번 판결은 종묘 맞은편 세운 4구역 재개발사업과 맞물려 주목받았다. 서울시는 지난 10월 30일 세운 4구역 높이 제한을 최고 71.9m에서 141.9m로 완화하는 내용의 재정비 계획 결정을 고시한 바 있다. 그런데 세운 4구역이 세계유산인 종묘에서 173~199m 떨어져 있다는 점에서 논란이 일었고, 앞서 경기 김포 장릉 주변 개발을 놓고 국가유산청과 시공사가 소송전을 벌인 이른바 「왕릉뷰 아파트」 사태가 재연되는 것이 아니냐는 우려가 제기됐다. 그런데 11월 6일 대법원이 서울시 승소 판결을 내리면서 해당 사업이 서울시의 계획대로 추진될 가능성이 높아지게 된 것이다.

국가유산청 vs 서울시 국가유산청은 종묘 전면에 고층 빌딩이 들어서면 종묘 정전에서의 시야와 경관이 훼손돼, 유네스코 세계유산 등재 근거인 「탁월한 보편적 가치」가 훼손될 수 있다는 입장이다. 실제 유네스코는 1995년 종묘를 세계유산에 등재하면서 「경관에 악영향을 미칠 수 있는 인근 고층 건물 인허가는 없음을 보장할 것」이라고 명시했으며, 최근 세운 재개발지구의 개발에 앞서 세계유산영향평가(HIA·Heritage Impact Assessment)를 받으라는 권고도 한 것으로 알려졌다. 하지만 서울시 측은 국가유산청이 제기하는 경관 훼손 문제는 없을 뿐더러, 세운 4구역이 종묘로부터 약 180m 떨어진 역사문화환경 보존지역(문화재 담장으로부터 100m) 밖이라 유산청과의 협의나 영향평가 대상이 아니라는 입장을 내세우고 있다.

세운 4구역 개발사업 둘러싼 서울시 vs 문체부·국가유산청 입장차

서울시	• 역사문화환경 보존지역(100m) 밖이라 강제 불가 • 합법적 조례 개정으로, 대법원도 판결로 인정 • 세운상가 낙후 심각 → 재정비로 활성화 필요
문체부·국가유산청	• 역사문화환경 보존지역 밖이라도 문화유산에 영향 있으면 규제 대상 • 종묘 조망 훼손 우려 • 문화유산법 취지에 어긋나므로 법률 제·개정 검토 필요

국가유산청, 종묘 일대 세계유산지구 지정 국가유산청이 12월 12일 정부 관보에 서울 종묘 일대 19만 4896m²(약 5만 8712평) 범위를 세계유산지구로 지정하는 내용의 고시를 11일 게재했다고 밝혔다. 국가유산청은 앞서 11월 13일 문화유산위원회 심의를 거쳐 세계유산지구 지정 안건을 통과시켰는데, 이날 관보를 통해 고시하면서 행정절차를 마무리한 것이다.

세계유산지구로 지정되면 「세계유산의 탁월한 보편적 가치에 부정적 영향을 미칠 우려가 있는 건축물 또는 시설물을 설치·증설하는 사업」을 할 때 세계유산영향평가(HIA)를 하도록 규정돼 있다. 이는 해당 사업이 세계유산에 어떤 영향을 미치는지 조사·예측·평가한 뒤 예상되는 부정적 영향을 사전에 막거나 제거 또는 감소시키기 위한 방안을 마련하려는 절차다. 다만 세운 4구역의 경우 종묘 세계유산지구 범위에는 포함되지 않는데, 국가유산청은 이와 관련해 「세계유산지구가 지정되면 세계유산영향평가의 공간적 범위 대상이 설정되므로 종묘에 영향을 미칠 수 있는 사업에 영향평가를 요청할 수 있다」고 설명한 바 있다.

> **종묘(宗廟)** 조선 역대 왕과 왕비의 신주가 있는 사당으로, 조선 건국 후인 1395년(태조 4) 「궁궐을 기준으로 왼쪽에 종묘, 오른쪽에 사직을 세운다」는 예에 따라 현재의 자리에 세워졌다. 조선시대 때에는 정전(正殿)에서 매년 각 계절의 첫 달에 대제를 지냈고, 영녕전(永寧殿)에서는 매년 봄·가을에 제향일을 따로 정하여 제례를 지냈다. 종묘는 정면이 매우 길고 수평선이 강조된 독특한 형식을 갖고 있는데, 이는 종묘 제도의 발생지인 중국에서도 그 유례를 찾아볼 수 없는 것이다. 특히 종묘는 1995년 석굴암·불국사, 해인사 장경판전과 함께 유네스코 세계문화유산에 등재됐다.

고용노동부, 노란봉투법 시행령 개정안 입법예고
교섭창구 단일화 유지하되 분리 허용

고용노동부가 11월 24일 현행 교섭창구 단일화 절차 내에서 교섭단위 분리 제도를 활용하는 내용의 「노란봉투법」(노동조합 및 노동관계 조정법 29·3조 개정안) 시행령 개정안을 2026년 1월 5일까지 입법예고한다고 밝혔다. 2026년 3월 시행되는 이번 개정안의 핵심은 교섭창구 단일화제도를 기본적으로 인정하되, ▷대기업 원청노조와 하청노조는 이해관계가 충돌하는 만큼 각각 따로 교섭(교섭단위 분리)하도록 하고 ▷하청노조는 특성과 상황에 따라 합쳐(창구 단일화) 교섭하도록 한 것이다.

> **노란봉투법** 　노사 관계에서 사용자와 쟁의행위의 범위를 넓히고 파업 노동자 등에 대한 손해배상 청구를 제한하는 내용 등을 담은 노동조합 및 노동관계조정법 2·3조 개정안을 말한다. 노조법상 교섭 의무가 있는 사용자 범위와 노동쟁의 정의 확대(2조), 쟁의행위에 대한 손해배상 책임 개별화(3조)를 주요 내용으로 한다. 이를 통해 노동자의 권리를 강화하고 기업의 과도한 손해배상 청구로 인한 쟁의권 위축을 방지하려는 목적을 갖고 있다.

노란봉투법 시행령 개정안 주요 내용

교섭창구 단일화는 유지 　현행 노조법은 하나의 사업장에 복수노조가 있을 경우 교섭창구를 단일화하도록 규정하고 있다. 노동부는 이번 시행령에서 하청노조와 원청노조 간 교섭창구 단일화 과정을 거치되, 하청노조가 원청노조와의 창구 단일화를 원하지 않을 경우 교섭창구를 분리해 원청과 직접 교섭할 수 있도록 제시했다. 이 교섭단위 분리는 노사 신청을 받아 노동위원회가 판단하는데, ▷근로조건 ▷고용 형태 ▷교섭 관행 등이 그 기준이 된다. 이 교섭단위가 분리된 후에도 각 단위별로 교섭창구 단일화 절차가 진행되는데, 정부는 이 과정에서 하청노조 간 공동교섭단 구성이나 위임·연합 방식의 협력도 적극 유도해 소수노조의 교섭 배제를 방지하겠다는 입장이다.

하청노조 간에도 교섭단위 분리 가능 　정부는 원청노조와 하청노조는 각 요건에서 서로 차이가 있으므로 원칙적으로 교섭 단위를 분리한다는 방침이다. 여기에 하청노조 간에도 직무나 이해관계, 노조 특성 등에 따라 교섭단위를 분리할 수 있도록 했다. 구체적인 분리 방식은 ▷개별 하청별(직무·이해관계·노조 특성 등이 현저히 다를 시) ▷직무 등 특성이 유사한 하청별 ▷전체 하청노조(특성이 모두 유사할 시)와 원청노조 분리를 제시했다.

원청 사용자의 사용자성 여부 판단 　하청노조의 교섭 요구와 관련해 원청 사용자의 사용자성 여부 판단도 중요한 의제 중 하나였는데, 정부는 이를 판단하기 위해 노동위원회의 직권조사 권한을 활용할 수 있도록 했다. 만약 원청이 정당한 이유 없이 교섭에 응하지 않는다면 지방고용노동관서의 지도 및 부당노동행위 사법처리를 받게 된다. 여기에 사용자성 범위를 두고 노사 의견이 일치하지 않으면 「사용자성 판단 지원 위원회」(가칭)가 교섭의무 여부 판단을 지원할 예정이다.

노란봉투법 시행 이후 교섭 절차는?

1	원청 사용자와 하청노조의 공동교섭 동의 시 교섭 진행
2	합의하지 못할 경우 노동위원회 교섭단위 분리
3	원·하청 노조는 원칙적으로 분리

4	하청 노조, 특성별로 분리		
	① 개별 하청별 분리	② 직무 등 유사 하청별 분리	③ 전체 하청노조로 분리
	원청노조 ┬ 하청노조 1 └ 하청노조 2	원청노조 ┬ 하청노조1~3(A직무) ├ 하청노조4~5(B직무) └ 하청노조6~7(C직무)	원청노조 – 전체 하청노조

경영계와 노동계, 개정안에 모두 반발 　이번 시행령 개정 방안에 대해 노사 모두 강하게 반발하고 있다. 경영계는 교섭단위 분리 기준을 너무 많이 확대해 교섭창구 단일화 제도가 사실상 무력화됐다는 주장이다. 그러면서 이번 시행령으로 인해 하청노조의 개별 교섭 요구가 급증해 산업 현장에 막대한 혼란이 발생할 것이라는 입장을 내세우고 있다.

반면 노동계는 시행령이 모든 절차에 창구 단일화를 적용한 데다 너무 많은 절차와 판단을 거치도록 해, 하청노조의 실질적 교섭권이 오히려 약화될 것이라고 비판했다. 특히 원·하청 간 교섭에도 창구 단일화를 의무화하면 하청노조가 원청과 교섭하는 과정에서 오히려 더 많은 절차적 장벽이 생길 것이라는 주장이다.

정부 노란봉투법 해석지침 발표　고용노동부가 12월 26일 노란봉투법을 둘러싼 원·하청 교섭범위와 노동쟁의 대상 등에 대한 구체적 판단기준을 담은 「개정 노조법 제2조 해석지침(안)」을 행정예고한다고 밝혔다. 이에 따르면 「사용자성」 판단의 핵심 기준은 근로조건에 대한 「구조적 통제」인데, 이는 원청이 하청의 영업일수, 작업시간, 근무방식 등을 결정하는 것을 말한다. 또 합법적 파업이 가능한 노동쟁의 범위를 근로조건의 결정뿐 아니라 「근로조건에 영향을 미치는 사업경영상 결정」과 「사용자의 명백한 단체협약 위반」으로 확대했다. 사업경영상 결정의 핵심은 「근로조건에 대한 실질적·구체적 변동을 초래하는지」로, 이는 기업조직 변동을 목적으로 하는 결정 과정에서 정리해고나 구조조정에 따른 배치전환 등 고용조정이 객관적으로 예상되는 경우 노동조합이 단체교섭을 요구할 수 있도록 한 것이다. 또 비정규직의 정규직 전환, 징계·승진 기준의 설정 및 변경 요구 등에 관한 이익분쟁도 노동쟁의 대상이 된다. 하지만 해당 지침이 공개된 이후 노사 모두 반발했는데, 노동계는 이 지침이 노란봉투법의 입법 취지를 훼손했다고 비판했으며, 경영계는 기준이 지나치게 포괄적이라며 반대 입장을 내놓았다.

교육부, 「AI 인재 양성 방안」 발표
학사~박사까지 5.5년-AI 인재 양성 속도전

정부가 인공지능(AI) 핵심 인재를 조기 육성할 수 있도록 학사부터 박사까지 5.5년 만에 완료하고, 초·중·고교의 AI 수업 시간을 확대하는 내용 등을 담은 「AI 인재 양성 방안」을 11월 10일 발표했다. 이를 위해 초중등교육에 9000억 원, 고등교육에 5000억 원 등 총 1조 4000억 원의 예산이 투입된다.

AI 인재 양성 방안 주요 내용

학·석·박사 통합 「AI 패스트트랙」 신설　현행 고등교육법은 학·석사와 석·박사 통합 과정만 두고 있는데, 정부는 AI 분야 학·석·박사 통합 과정을 운영할 수 있도록 법을 개정해 약 8년 이상 소요되던 박사과정을 5.5년 만에 마칠 수 있도록 한다는 계획이다. 또 AI 분야 우수 학부생을 약 400명 발굴해 연 2000만 원의 장학금 및 연구비를 지원한다.

AI거점대학 육성 및 국가석좌교수제 도입　AI 교육여건이 수도권에 집중됐다는 점을 감안해 거점국립대를 지역 AI거점대학으로 육성한다. 이는 2026년 중 3개교를 선정해 300억 원을 지원하고 이후 단계적으로 확대한다. 특히 AI 우수인재를 국·공립대 교원으로 확보하기 위해 우수교원이 정년을 마친 후에도 계속 교육·연구에 참여할 수 있는 「(가칭)국가석좌교수제」 도입도 검토하기로 했다.

초중고교, AI 기본교육 확대　일반 학교보다 정보 과목 시간이 더 많은 AI 중점학교를 현재 730개교에서 2028년까지 2000개교로 늘린다. AI 중점학교는 연간 정보 시간을 일반 학교(68시간)보다 34시간 더 많은 102시간(중학교)까지 편성할 수 있다.

담배 유해성분, 2026년부터 전면 공개
궐련·권련형은 44종·액상형은 20종

보건복지부와 식품의약품안전처가 11월 13일 「2025년 제1차 담배유해성관리정책위원회」를 열고 2026년부터 새롭게 공개될 담배 유해성분 목록 등을 의결했다. 이에 따르면 궐련·궐련형 전자담배에 적용될 유해성분은 타르와 니코틴, 일산화탄소, 벤젠 등 44종, 액상형 전자담배는 니코틴과 프로필렌글리콜, 포름알데히드 등 20종이 검사 목록에 포함됐다.

이는 11월 1일부터 시행된 담배유해성관리법에 따른 후속 조치로, 담배 제조·수입·판매업자는 2년마다 당해 6월 말까지 제품 품목별로 유해성분 함유량 검사를 받고 이를 식약처에 제출해야 한다. 식약처장은 제출받은 검사결과서 등을 토대로 담배의 유해성분 정보와 각 유해성분의 독성·발암성 등 인체에 미치는 유해성에 관한 정보를 홈페이지 등에 공개해야 하며, 검사 결과가 제출되지 않은 담배 제품은 회수 및 폐기될 수 있다.

💡 담배유해성관리법은 담배에 포함된 유해성분의 종류와 양을 공개하도록 하는 법으로, ▷제조자의 정기검사 ▷식약처의 담배 유해성분 지정·검토 및 정보공개 ▷유해성분 정보의 건강증진정책 활용 등의 내용을 담고 있다. 세계보건기구(WHO)에 따르면 담배에는 4000여 가지의 화학물질과 70종이 넘는 발암물질이 포함돼 있다.

2026년 9월부터 술병에 「음주운전」 경고 표시
그림·문구 가운데 선택 표기

보건복지부가 11월 29일 시중에서 판매되는 모든 주류 제품의 라벨에 음주운전의 위험성을 알리는 경고를 표시하는 「국민건강증진법 시행규칙 일부 개정령안」과 「과음 경고문구 표기 내용 전부개정 고시안」을 입법예고한다고 밝혔다. 이번 개정안은 입법예고 기간을 거쳐 국민과 관련 업계의 의견을 수렴한 뒤 확정되며, 주류업계가 라벨을 변경하고 재고를 소진할 수 있는 준비 기간을 고려해 2026년 9월 19일부터 본격 시행될 예정이다.

음주운전 경고 표시, 어떻게?

시각적 정보 강화 음주운전과 관련해서는 「음주운전은 자신과 다른 사람의 생명을 위태롭게 할 수 있습니다」라는 문구와 함께 술잔·술병·자동차가 그려진 금지 표지 그림이 추가된다. 임신 중 음주의 위험성은 기존 문구에도 언급돼 있었지만, 개정안은 「임신 중 음주는 태아의 기형 발생이나 유산의 위험을 높입니다」라는 직설적인 문구와 함께 임신부 실루엣 그림을 부착하도록 했다.

경고문구 글자 크기 확대 外 소비자들이 경고 내용을 더 쉽게 읽을 수 있도록 글자 크기가 술병의 용량에 따라 커진다. 300ml 이하의 작은 병이라도 최소 10포인트(p) 이상의 글자 크기를 확보해야 하며, 대용량인 1리터 초과 제품은 18p 이상의 큼직한 글씨로 경고문을 표기해야 한다. 특히 캔맥주처럼 표면이 전면 코팅된 용기는 기준보다 2p 더 크게 표기해야 한다는 세부 규정도 마련됐다. 또 경고문구의 글자체는 가독성을 높이기 위해 눈에 잘 띄는 고딕체로 통일된다. 아울러 경고문구가 배경에 묻혀 보이지 않는 꼼수를 막기 위해 배경색과 명확히 구분되는 색상(보색관계 등)을 사용하도록 했다.

「동성 배우자」, 인구주택총조사에 포함
2025년 인구주택총조사에서 첫 시행

인구주택총조사를 담당하는 국가데이터처(구 통계청)에 따르면 10월 22일부터 시작된 인구주택총 조사에서 처음으로 동성 배우자를 입력할 수 있게 됐다. 이번 조사에서는 성별이 같더라도 가구주 와의 관계를 「배우자」 또는 「비혼동거(함께 사는 연인 등)」로 응답할 수 있다.

이에 따라 동성 부부·비혼 동거 가구에 대한 국가 통계가 처음으로 마련될 전망인데, 이는 1925년 첫 인구주택총조사가 실시된 지 100년 만이다. 2020년 인구주택총조사까지는 가구 형태를 묻는 질문에서 동성 부부를 배우자로 응답할 수 없었는데, 이는 배우자의 성별을 동성으로 선택하면 아 예 데이터가 입력되지 않는 형태였다. 이에 관련 시민단체 등은 국가 통계에서 성소수자를 배제하는 것은 차별이라며 개선을 촉구해 왔다.

> **인구주택총조사(人口住宅總調査)** 일정한 주기로 전국의 인구와 거처를 동시(특정 조사시점을 기준) 개별적으로 각각 조사하는 총조사로, 국가의 인구와 주택의 규모 및 그 특성을 파악하여 나라살림 설계에 활용하는 국가기본 통계조사 이다. 일제 치하인 1925년 국세조사라는 이름으로 처음 시작됐으며 1970년 이후 5년마다 정기적으로 실시하고 있다. 이는 국민 전체를 대상으로 행정자료를 활용한 등록센서스 방식의 전수조사와, 국민 20%를 대상으로 하는 표본조사 (인터넷·전화 또는 심층 방문 조사)로 나뉜다.

「비대면 진료 허용」 의료법 개정안 국회 통과
지역의사제도 법제화

비대면 진료의 법적 근거가 될 의료법 개정안이 12월 2일 국회 본회의를 통과하면서 코로나19 시기부 터 약 5년 9개월 동안 시범사업 형태로 운영돼 온 비대면 진료가 제도화됐다. 이번 제도화는 2010년 18대 국회에서 관련 의료법 개정안이 처음 제출된 지 15년 만이다. 이번 개정안에는 ▷대면진료 원칙 ▷의원급 중심 ▷재진환자 중심 ▷전담기관 금지 등 의료계와 합의된 4대 원칙이 반영됐다.

비대면 진료, 어떻게 이뤄지나 비대면 진료가 가능한 환자는 기본적으로 해당 의료기관에서 일정 기 간 내 동일 증상으로 대면 진료를 받은 재진 환자다. 초진 환자의 경우 환자 거주지와 의료기관 소 재지가 동일 지역이면 비대면 진료를 받을 수 있다. 다만 희귀질환자와 제1형 당뇨병 환자는 지역 제 한 없이 초진·재진 모두 가능하다. 비대면 진료 수행 의료기관은 의원급으로 제한되지만, 다만 병 위급 이상 의료기관도 희귀질환자, 제1형 당뇨병 환자, 교정시설 수용자, 수술 후 경과 관찰이 필요 한 환자 등 특정 대상자에 한해 예외적으로 허용된다.

이 밖에 의료기관별로 비대면 진료 비율을 제한해 비대면 진료 전담기관을 금지하고, 비급여 진료 를 실시한 경우에는 의료인이 그 내역을 복지부장관에게 제출해야 한다. 그리고 마약류 등 특정 의 약품은 대면진료 기록 여부와 무관하게 비대면 처방이 제한된다. 다만 희귀질환자 등 필요성이 인정 되는 경우에는 예외적으로 허용되지만, 시각적 정보가 필수적인 질환은 화상 진료가 의무다.

지역의사제 도입도 법제화 국회가 12월 2일 지역의사제 도입 및 운영 방안을 담은 「지역의사의 양 성 및 지원 등에 관한 법률」(지역의사법) 제정안을 통과시켰다. 지역의사제는 지역 간 의료인력 수급 불균형과 의료 격차를 해소하기 위해 도입되는 제도로, 「복무형」과 「계약형」으로 나뉜다. 복무형은 의대 정원의 일정 비율을 지역의사 선발전형으로 뽑아 정부가 학비를 지원하고, 졸업 후 특정 지역에서 10년간 의무적으로 근무하는 제도다. 만약 제적, 자퇴, 3년 내 국가시험(국시) 불합격, 의무복무 불이행 등에는 받은 학비를 반환해야 한다. 또 지역 의무복무 기간을 채우지 않으면 보건복지부 장관이나 시도지사가 시정명령을 내릴 수 있고, 이를 이행하지 않으면 의사 면허가 정지된다. 계약형 지역의사는 기존 전문의 가운데 국가·지자체 의료기관과 계약을 맺고 특정 지역에서 5~10년 근무하는 제도다. 이들은 주거 및 직무교육 지원, 해당 지역 내 의료기관 우선 채용 등의 혜택을 받는다.

「필수의료 의료진 배상보험료 지원사업」 시행
필수 분야 의료사고 시 국가가 최대 15억 원 배상

보건복지부가 11월 26일 필수의료 분야에서 발생한 의료사고에 대해 최대 15억 원을 보장하는 내용 등을 담은 「필수의료 의료진 배상보험료 지원사업」을 시작한다고 밝혔다. 이는 의료진의 배상 부담을 줄이고 환자가 더 빨리 보상받도록 하기 위함으로, 대상은 필수의료 분야에서 일하는 전문의와 전공의다. 복지부는 앞서 보험사 공모와 심사를 거쳐 현대해상화재보험을 운영사로 선정한 바 있다.

필수의료 의료진 배상보험료 지원사업은? 산부인과나 소아외과 등 필수의료 분야 전문의·전공의의 의료사고 배상을 위한 보험을 신설해 국가가 보험료의 대부분을 지원하는 것이다. 이는 고액 배상 부담으로 의사들의 필수의료 기피가 심해지는 문제를 해소하고, 환자의 신속한 피해 회복을 돕는다는 취지로 추진됐다.

전문의 분만 실적이 있는 병원이나 의원급 산부인과 혹은 병원급 소아외과·소아흉부외과·소아심장과·소아신경외과에 근무해야 한다. 전문의 의료사고 배상액 중 2억 원은 의료기관 부담으로 하고, 2억 원 초과분부터 17억 원 사이는 보험사가 부담(최대 15억 원)한다. 이를 위한 보험료는 전문의 1인당 연간 170만 원을 내야 하는데, 이 중 150만 원을 정부가 부담한다.

전공의 수련병원에 근무하는 8개 필수의료 과목(내과·외과·산부인과·소아청소년과·심장혈관흉부외과·응급의학과·신경외과·신경과) 소속 레지던트다. 이들의 의료사고 배상액 중 3000만 원은 수련병원이 부담하고, 이를 초과한 3억 원까지는 보험사가 부담한다. 이를 위한 전공의 1인당 보험료(연 42만 원) 중 25만 원을 국가가 지원한다.

이주민 인구 비중, 1년 전보다 5.2% 증가
전체 인구 비중 5% 첫 돌파

국가데이터처가 12월 8일 지난 2024년 11월 1일 기준 이주배경인구가 271만 5000명으로, 1년 전보다 13만 4000명(5.2%) 늘었다고 발표했다. 이에 반해 1년간 전체 인구는 0.1% 늘어나는 데 그쳤다. 무엇보다 이주배경인구가 집계된 것은 이번이 처음으로, 국내 이주배경인구는 본인 또는 부모 가운데 한 명 이상이 이주 배경을 가진 사람을 말한다. 이번 조사에서는 ▷외국 국적의 3개월 이상 한국 거주자와 귀화한 사람 ▷이민자 2세 ▷한국 국적 판정을 받은 사할린 등 해외이주동포 1·2세 ▷해방 이후 북한이탈주민 등이 포함됐다.

이주배경인구 조사 주요 내용 이주배경인구의 구성을 보면 한국에 3개월 이상 장기 거주하는 외국인이 204만 3000명(75.2%)으로 가장 많았고, 이어 이민자 2세(14%·38만 1000명), 귀화·인지(9%·24만 5000명), 국적판정·탈북(1.7%·4만 6030명) 등의 순이었다. 특히 이주배경인구 중 81.9%(222만 3000명)가 한창 경제활동을 하는 15~64세(생산연령인구)였다. 지역별로는 이주배경인구의 절반 이상(56.8%)이 수도권에 거주했는데, 경기(32.7%)가 가장 많았다. 시·군·구별로는 경기 안산시(11만 3000명), 경기 화성시(8만 5000명) 등에 많이 거주했으며, 지역별 인구 대비 이주배경인구 비율은 전남 영암이 21.1%로 가장 높았다.

이주배경인구 현황(※ 2024년 11월 1일 기준. 기타는 국적 판정을 받은 해외이주동포 1·2세, 해방 후 북한이탈주민 등을 뜻함)

구분		인구 수(명)	전년 대비 증가율(%)
외국인		204만 2744명	5.6
내국인	이민자 2세	38만 928명	4
	귀화 및 인지	24만 5372명	4.7
	기타	4만 6030명	2.2
합계		271만 5074명	5.2

유방암, 2024년 암 환자수 1위
대장암은 위암 제치고 2위

국민건강보험공단이 10월 31일 발표한 「2024 지역별 의료 이용 통계연보」에 따르면, 지난해 국내 병원에서 진료받은 6내 주요 암 환자 중 유방암 환자가 인구 10만 명당 523명으로 가장 많았다. 이어 대장암(320명), 위암(314넁), 폐암(263넁), 간암(159명), 자궁경부암(98명) 순으로 나타났다. 무엇보다 2006년부터 집계를 시작한 해당 통계에서 대장암이 위암을 추월한 것은 이번이 처음이다.

한편, 암 종류별로 보면 인구 10만 명당 위암 환자는 경북(386명)에서 가장 많이 발생했다. 간암과 기관지 및 폐암은 전남이 각각 257명과 334명으로 가장 많았고, 대장암은 강원(410명)이 가장 많이 나타났다. 또 유방암과 자궁경부암은 각각 서울(598명)과 부산(125명)에서 인구 대비 가장 많은 환자가 발생했다.

국가데이터처, 「2024년 생명표」 발표
2024년 출생아 기대수명은 83.7년

국가데이터처가 12월 3일 발표한 「2024년 생명표」에 따르면, 2024년 출생아의 기대수명은 83.7년으로 전년 대비 0.2년 늘었다. 기대수명은 연령별 사망 빈도가 유지될 때 각 연령대의 사람들이 몇살까지 살 수 있는지를 추정한 통계로, 1970년 관련 통계 작성 이래 꾸준히 증가하다가 2022년 코로나19 영향으로 처음 감소(-0.9년)했다가 다시 증가세를 이어가고 있다. 한편, 생명표는 현재의 연령별 사망 수준이 유지될 경우 특정 연령의 사람이 몇 세까지 살 수 있는지 기대여명을 추정한 통계표를 말한다.

「2024년 생면표」 주요 내용 성별로 보면 2024년 데이닌 남자의 기대수명은 80.8년, 여자는 86.6년으로 집계돼 전년과 비교해 남녀 모두 0.2년씩 증가했다. 이는 경제협력개발기구(OECD) 가입국 평균 기대수명(남자 78.5년,

기대수명의 변화

연도	남녀 전체
1970년	62.3년
1980년	66.1년
1990년	71.7년
2000년	76.0년
2012년	80.9년
2021년	83.6년
2022년	82.7년
2023년	83.5년
2024년	83.7년

여자 83.7년)과 비교했을 때 한국 남자는 2.3년, 여자는 2.9년 더 오래 사는 것이다. 다만 오래 사는 것만큼 중요한 건강하게 사는 기간인 「유병기간 제외 기대수명」은 65.5년으로 나타났는데, 이는 전체 기대수명(83.7년) 중 약 18.2년은 질병이나 사고로 인해 아픈 상태로 보낸다는 의미다. 또한 이미 태어나 생존해 있는 사람들의 향후 생존 기간인 기대여명의 경우 60세 남성은 23.7년, 여성은 28.4년으로 추산돼 전년보다 0.2~0.3년 늘었다.

이 밖에 2024년 출생아가 향후 사망할 원인을 분석한 결과, 암에 의한 사망 확률이 19.5%로 가장 높았다. 이어 폐렴(10.2%), 심장질환(10.0%), 뇌혈관 질환(6.9%) 순으로 나타났다.

> **건강수명(健康壽命)** 평균수명에서 질병이나 부상으로 몸이 아픈 기간을 제외한 것으로, 단순히 얼마나 오래 살았는지 보다 실제로 건강하게 산 기간이 어느 정도인지를 나타내는 건강지표이다. 예컨대 평균수명이 75.9세이고 건강수명이 66.0세라면, 일생의 10여 년 동안 질병 및 부상 등으로 인한 고통을 겪고 있다는 뜻이 된다.

韓, 항생제 처방량 OECD 두 번째
정신질환자 퇴원 후 1년 내 자살률은 1위

보건복지부가 11월 26일 공개한 경제협력개발기구(OECD)의 「한눈에 보는 보건의료 2025」에 따르면 우리나라의 항생제 처방률이 OECD 국가 중 두 번째로 높았다. 한국의 외래 항생제 총처방량은 일평균 약제 처방인구 1000명당 25DDD(1DDD는 성인이 하루에 복용해야 하는 평균 용량)로, OECD 평균(16DDD)을 크게 상회하는 수치다.

여기에 우리나라 정신보건 의료의 질 역시 OECD 평균에 미치지 못했는데, ▷조현병 환자 사망률은 일반인 대비 4.9배(OECD 평균 4.1배) ▷양극성 정동장애(조울증) 사망률은 일반인 대비 4.3배(OECD 평균 2.7배) 높았다. 특히 지역사회 연계 수준을 보여주는 정신질환자의 퇴원 후 1년 내 자살률은 인구 1000명당 6.9명으로, OECD 평균(3.4명)의 2배에 달해 회원국 중 1위를 기록했다.

1인 가구 800만 넘어 사상 최대
전체 가구의 36% 차지, 5년 새 6%P 증가

국가데이터처가 12월 9일 발표한 「2025 통계로 보는 1인 가구」 보고서에 따르면 2024년 1인 가구는 804만 5000가구로 집계, 사상 최대를 기록했다. 이는 전년(782만 9000가구) 대비 2.8% 증가한 규모다. 전체 가구에서 1인 가구가 차지하는 비율도 36.1%로 역대 가장 높았는데, 이는 5년 새 6%포인트 가까이 오른 것이다. 지역별로는 서울이 39.9%로 1인 가구 비중이 가장 높았고, 연령대별로는 70세 이상이 19.8%로 가장 많았다.

1인가구 규모 및 비중 추이

연도	1인가구 수 (괄호는 전체 가구 대비 비중, %)
2019년	614만 8000(30.1)
2021년	716만 6000(33.4)
2024년	804만 5000(36.1)

이처럼 1인 가구가 가파르게 늘고 있는 것은 늦어지는 결혼과 기대수명 증가에 따른 영향이 큰 것으로 분석된다. 한국의 평균 초혼 연령은 1995년 남자 28.4세, 여자 25.3세에서 2024년 각각 33.9세, 31.6세로 높아졌다. 또 2024년 출생아의 남녀 기대수명은 각각 80.8년과 86.6년으로, 2000년(남자 72.3세, 여자 79.7세)과 비교하면 각각 8.5년과 6.9년이 늘었다.

1인가구 조사 기타 주요 내용

- **연간 소득:** 3423만 원 → 전체 가구 평균(7427만 원)의 46.1% 수준. 전체 1인 가구의 53.6%가 연 소득 3000만 원 미만으로 조사됨
- **월평균 소비지출:** 168만 9000원 → 전체 가구 평균(289만 원)의 58.4% 수준
- **자산:** 2억 2302만 원 → 전체 가구 평균(5억 6678만 원)의 39.3% 수준
- **부채:** 4019만 원 → 전체 가구 평균(9534만 원)의 42.2% 수준
- **주택 소유율:** 32.0% → 전체 가구 소유율 평균(56.9%)보다 25%P 가까이 낮음
- **거처 형태:** 단독주택(39.0%) 비중이 가장 높고, 아파트(35.9%), 연립·다세대(11.7%) 순

국가데이터처, 「2015~2023년 인구동태패널통계」
소득·직장·주거가 혼인·출산 좌우

국가데이터처가 12월 16일 발표한 「2015~2023년 인구동태패널통계」에 따르면 같은 32세를 맞이한 청년 세대여도 불과 5년 사이 혼인과 출산 비율이 확연히 낮아졌다. 해당 통계는 어떤 경제·사회적 특성을 가진 사람이 혼인과 출산을 선택하는지를 시간의 흐름에 따라 분석한 통계로, 데이터처는 혼인 비율이 가장 높은 남성 32세, 여성 31세를 기준으로 시기별 혼인·출산 변화 비율을 분석했다.

조사 주요 내용 분석 결과에 따르면 남녀 모두 최근 세대일수록 결혼을 하지 않은 비율이 더 높았다. 32세 남성을 기준으로 보면 미혼 비율은 1983년생은 57.1%였지만, 1988년생은 67.6%로 높아졌다. 31세 기준 여성도 1984년생은 미혼 비율이 43.5%였지만, 1989년생은 54.7%로 높아졌다.

같은 세대에서는 거주지, 고용 형태, 소득 수준에 따라 혼인과 출산 행태의 차이가 나타났다. 남녀 모두 거주지가 수도권인 경우 다른 지역보다 미혼 및 미출산 비율이 높았고, 출산으로 이어지는 변화 비율은 가장 낮았다. 종사상 지위로 보면 남성은 상시근로자가 아닌 경우 미혼·미출산 비율이 높은 반면, 여성은 상시근로자인 경우 미혼·미출산 비율이 높았다. 이는 남성은 일자리가 불안정하면 혼인과 출산을 미루는 반면, 여성은 안정적인 일자리가 있을 때 혼인과 출산을 선택하지 않는 경향이 높다는 뜻이 된다. 또 주택 소유 여부도 큰 영향을 미쳤는데, 남녀 모두 주택을 소유한 경우에는 기준연도 미혼 및 미출산 비율은 낮고 3년 후 혼인 및 출산 변화 비율은 더 높았다.

누적 혼인·출산율 변화(단위: %)

구분		2015년	2023년
남자 32세	혼인	42.8	24.3
	출산	27.1	13.5
여자 31세	혼인	56.3	33.1
	출산	38.4	19.7

가습기살균제 사건, 「참사」 첫 규정
국가 주도 배상·추모사업 시행

정부가 12월 24일 가습기살균제 사건을 「참사」로 공시 규정하고, 피해구제 체계를 국가 책임에 따른 배상체계로 전환하는 내용의 「가습기살균제 참사 피해자 종합지원대책」을 발표했다. 가습기살균제 참사는 1994년부터 판매된 가습기살균제 제품이 폐손상 등을 일으킨 사건이나, 이는 2011년 질병관리본부의 역학조사를 통해 가습기살균제와 피해의 인과관계가 최초로 확인됐는데, 정부가 이를 참사로 규정한 것은 처음이다.

정부 대책 주요 내용 정부는 종전까지 기업 분담금(2500억 원)과 정부 출연금(225억 원)을 바탕으로 참사 피해자에 피해구제 차원의 구제급여를 지급해 왔다. 그러나 이번 대책에서 국가배당체계로 전환하면서 참사 피해자의 치료비, 일실이익(사고 탓에 얻지 못하는 장래 수입), 위자료 등의 명목으로 배상금을 지급하게 된다. 손해배상 책임은 기존 기업 단독에서 기업과 국가가 공동으로 부담하는 방식으로 변경하며, 현재 환경부에 있는 피해구제위원회를 국무총리 소속 배상심의위원회로 개편한다.

피해자의 생애주기별로 지원책도 마련되는데, 피해자가 중·고등학교를 진학할 때 주거지 인접 학교를 희망하면 추첨하지 않고 우선 배정하고 대학교 등록금을 일부 지원한다. 병역 판정에서 피해자의 건강 특성을 고려해 현역 입대 시 총·박격포 등 신체활동이 많이 필요한 주특기는 부여하지 않는다. 아울러 진료비를 먼저 내고 사후 정산받아야 했던 지원 방식도 정부가 먼저 대납하는 방식으로 바꾼다. 이와 함께 「가습기살균제 피해구제를 위한 특별법」 목적에 「추모」를 추가하고 추후 피해자들과 협의를 통해 추모일을 지정해 공식 추모행사를 개최할 계획이다.

「고아 수출국」 오명 해외입양, 2029년까지 완전 중단

보건복지부가 12월 26일 해외입양을 2029년까지 완전히 중단하는 내용 등을 담은 「제3차 아동정책기본계획(2025~2029)」을 발표했다. 아동정책기본계획은 아동복지법에 따라 5년마다 수립하는 계획인데, 정부가 해외입양 중단을 선언한 것은 이번이 처음이다.

이에 따르면 정부는 늦어도 2029년까지 해외 입양을 완전히 중단하되, 「해외입양이 아동 권리보호에 더 나은」 불가피한 상황일 때는 복지부가 해외 당국과 상호 협의해 절차를 진행할 방침이다. 앞서 정부는 지난 7월 민간기관이 주도해온 입양을 국가·지자체가 관리하는 「공적 입양체계」를 도입했고, 10월에는 「헤이그 국제아동입양협약」을 비준한 바 있다. 정부는 또한 보호대상 아동이 일정 기간 가정에서 성장하는 「가정위탁 제도」를 기존 시군구 단위에서 국가 차원 관리체계로 개편한다. 아울러 위탁가정에 대한 지원을 늘리고, 특별한 보호가 필요한 아동을 보호할 전문 위탁가정도 확대한다는 방침이다.

美 빠진 유엔기후총회 폐막, 화석연료 퇴출 논의 결국 무산

브라질 벨렝에서 13일간 이어진 제30차 유엔 기후변화협약 당사국총회((UNFCCC COP30)가 11월 22일 화석연료 퇴출을 위한 진전된 합의에 끝내 실패하면서 막을 내렸다. 이번 총회에 참석한 194개국은 앞으로 10년간의 기후 대응 방향을 담은 「무치랑(Mutirao, 브라질 토착언어로 공동의 노력이라는 뜻) 결정문」을 포함한 「벨렝 정치 패키지」를 채택했다. 이번 회의는 기후위기 대응을 위해 화석연료의 사용을 단계적으로 감축하고 에너지 전환에 관한 사항을 합의문에 명문화할 수 있을지를 두고 주목을 받았지만, 합의 실패로 결국 무산됐다. 여기에 파리협정 탈퇴를 앞둔 미국이 유엔기후협약 당사국총회 처음으로 정부 대표단을 파견하지 않았고 주요 탄소배출국인 중국이 소극적 태도를 보이면서, 기후 리더십 부재를 드러냈다는 평가다.

> **유엔기후변화협약(UNFCCC) 당사국총회(COP·Conference of the Parties)** 1992년 유엔환경개발회의에서 체결한 기후 변화협약의 구체적인 이행방안을 논의하기 위해 매년 개최하는 당사국들의 회의로, 약자는 COP이다. 첫 번째 COP는 1995년 독일 베를린에서 개최됐으며, 2020년 코로나19로 개최되지 못한 것을 빼고는 매년 열리고 있다. 총회에서는 기후변화협약 당사국들이 모여 협약의 이행을 검토하고 이에 필요한 결정을 내린다. 실제로 주요국의 온실가스 감축목표를 합의한 1997년의 「교토의정서」, 지구 평균기온 상승을 1.5도 이내로 제한하기로 합의한 2015년의 「파리협정」은 각각 COP3과 COP21에서 체결됐다.

韓, 「2035년 온실가스 53~61% 감축」 공표 김성환 기후에너지환경부 장관이 11월 17일 브라질 벨렝에서 열린 제30차 유엔기후변화협약 당사국총회(COP30)에서 2035년 온실가스를 2018년 대비 53~61%까지 감축하는 국가온실가스 감축목표(NDC)를 제시했다. 이는 앞서 지난 11월 11일 국무회의에서 의결된 것으로, 이에 따라 우리나라는 2018년 7억 4230만t이었던 온실가스 배출량을 2035년까지 최소 3억 4890만t으로 절반 넘게 줄여야 한다.

주요국 2035년 국가온실가스 감축목표
(※ 국가별 최대 온실가스 배출량 대비)

유럽연합(EU)	66.25~72.5%
미국	61~66%
영국	81%
일본	60%
캐나다	45~50%
호주	62~70%

💡 국가온실가스 감축목표(NDC·Nationally Determined Contributions)는 국제사회에 감축 이행을 약속하는 구속력 있는 온실가스 감축목표로, 한국 등 파리기후협약 체결국은 2050년까지 탄소중립을 목표로 5년마다 탄소 감축목표를 유엔에 제출해야 한다.

석탄 발전 종식도 선언 우리 정부는 석탄발전의 단계적 폐지 달성을 목표로 하는 국제협력 이니셔티브인 「탈석탄동맹(PPCA·Powering Past Coal Alliance)」 동참도 선언했다. PPCA는 석탄발전 종식을 목표로 전 세계 180개 이상의 국가·지방자치단체·기업·시민사회가 참여하는 연합체로, 국가 단위로는 영국·미국 등 62개국이 참여 중이다. 이로써 우리나라는 아시아 국가로는 싱가포르에 이어 두 번째로 가입하게 됐는데, 그간 우리나라는 경제협력개발기구(OECD) 국가 중 PPCA에 가입하지 않은 4개국 중 하나였다. 정부는 PPCA 가입과 함께 신규 석탄화력발전소는 더 이상 짓지 않겠다고 밝혔으며, 현재 가동 중인 61기의 발전소 가운데 40기는 2040년까지 폐지하고 나머지는 공론화 절차를 거쳐 2026년까지 처리 방안을 마련하기로 했다.

〰〰〰〰〰〰〰〰〰〰〰〰〰〰〰〰〰〰〰〰〰〰〰〰〰〰

유네스코, 「김구 탄생 150주년」 2026년 「세계기념해」로 지정

외교부가 10월 31일 우즈베키스탄 사마르칸트에서 열린 제43차 유네스코 총회에서 백범 김구(1876~1949) 선생 탄생 150주년이 되는 2026년을 「유네스코 세계기념해」로 공식 지정했다고 11월 2일 밝혔다. 우리나라의 인물이나 역사적 사건이 유네스코 세계기념해로 지정된 것은 이번이 여섯 번째로, 그간 ▷1994년 서울 수도 지정 600주년 ▷1996년 한글 창제 및 반포 550주년 ▷2012년 다산 정약용 탄생 250주년 ▷2013년 《동의보감》 발간 400주년 ▷2021년 김대건 신부 탄생 200주년이 선정된 바 있다.

김구 선생 기념해 선정, 왜? 유네스코는 회원국이 제안한 역사적 사건이나 인물에 대해 교육·과학·문화를 통한 국가 간 협력 촉진과 평화와 안보에의 기여라는 유네스코의 목표와 가치에 부합하는 경우 「유네스코 기념해」로 지정한다. 외교부에 따르면 유네스코 총회는 김구가 대한민국임시정부 수반이자 한국 독립운동의 핵심적 인물이었으며, 광복 이후에는 문화를 통한 국가 발전을 주창했고, 저서 《나의 소원》을 통해 문화의 힘이 행복과 세계 평화를 촉진한다고 강조한 점에 주목했다.

> **백범 김구(白凡 金九)** 일제강점기 때의 독립운동가이자 광복 이후의 정치가이다. 대한민국임시정부 초대 경무국장에 선임된 이후 내무총장·국무령·주석 등을 역임했으며, 1926년에는 한인애국단을 조직해 이봉창과 윤봉길의 의거를 지휘했다. 1940년 임시정부 주석에 선출된 뒤에는 한국광복군 총사령부를 설치했으며, 광복 이후에는 남한 단독정부 수립에 불참하고 1948년 통일독립촉진회를 결성·활동했다. 그러나 1949년 6월 26일 서울 경교장에서 육군 소위 안두희에게 암살당했다.

박찬욱 감독의 〈어쩔수가없다〉, 청룡영화상 최우수작품상 등 6관왕

실직한 가장의 재취업을 향한 고군분투기를 그려낸 박찬욱 감독의 영화 〈어쩔수가없다〉가 11월 19일 열린 제46회 청룡영화상 시상식에서 최우수작품상을 비롯해 감독상·여우주연상·남우조연상·기술상·음악상 등을 수상하며 6관왕에 올랐다. 특히 박 감독은 이번 감독상 수상으로 2000년 〈공동경비구역 JSA〉, 2003년 〈올드보이〉, 2022년 〈헤어질 결심〉 이후 네 번째 청룡영화상 감독상을 받게 됐다.

이 밖에 안중근 의사의 하얼빈 의거를 다룬 영화 〈하얼빈〉은 남우주연상과 촬영조명상 등 2개 부문을 수상했다. 특히 현빈과 손예진이 나란히 남녀주연상을 받으면서, 부부 동시 주연상 수상이라는 한국 영화계에 이례적 기록을 남기게 됐다.

제46회 청룡영화상 주요 수상자·수상작

구분	수상자(작)	구분	수상자(작)
최우수작품상	어쩔수가 없다	편집상	남나영(하이파이브)
감독상	박찬욱(어쩔수가없다)	각본상	김형주, 윤종빈(승부)
남녀주연상	• 남자: 현빈(하얼빈) • 여자: 손예진(어쩔수가없다)	최다관객상	좀비딸
		신인감독상	김혜영(괜찮아, 괜찮아, 괜찮아!)
남녀조연상	• 남자: 이성민(어쩔수가없다) • 여자: 박지현(히든페이스)	신인남녀상	• 남자: 안보현(악마가 이사왔다) • 여자: 김도연(아메바 소녀들과 학교괴담: 개교기념일)
음악상	조영욱(어쩔수가없다)		

보이그룹 「스트레이 키즈」
미국 빌보드 앨범차트 8연속 1위 신기록

11월 30일 빌보드에 따르면 보이그룹 스트레이 키즈(Stray Kids)의 새 앨범 〈쓰기즈 잇 데이프 '두 잇'(SKZ IT TAPE 'DO IT')〉이 앨범 차트인 빌보드200 1위를 차지했다. 빌보드200은 실물 음반 판매량, 스트리밍 성적, 디지털 음원 다운로드 판매량 등을 기반으로 한 주 동안 미국 내 인기앨범 순위를 매기는 차트다.

> **빌보드 차트(Billboard Chart)** 미국의 유명 대중음악 순위 차트로, 1936년 처음으로 시작된 이래 매주 순위를 발표한다. 메인 차트로는 1958년부터 발표되고 있는 싱글 차트인 「빌보드 핫100」과 1963년부터 시작된 앨범 차트인 「빌보드200」이 있다.

스트레이 키즈는 지난 9월 정규 4집 〈카르마〉로 빌보드200 1위를 기록하면서 빌보드 역사상 처음으로 차트에 1위로 데뷔한 뒤 7장의 앨범을 연속해 정상에 올려놓은 최초의 아티스트가 된 바 있다. 여기에 이번에 〈두 잇〉으로 연속 1위 진입 횟수를 8회로 늘리면서 해당 기록을 자체 경신하게 됐다.

톰 크루즈, 첫 아카데미상 수상
데뷔 45년 만에 공로상

할리우드 스타 톰 크루즈(63)가 11월 16일 열린 「제16회 거버너스 어워즈(Governors Awards)」에서 아카데미 공로상(Academy Honorary Awards)을 수상했다. 거버너스 어워즈는 미 영화예술과학아카데미(AMPAS)가 매년 아카데미 시상식에 앞서 개최하는 공로상 시상식으로, 아카데미 공로상은 평생의 성취로 뛰어난 입직을 쌓거나 영화 예술·과학에 특별히 기여한 인물에게 수여된다.
크루즈의 이번 수상은 데뷔 45년 만의 아카데미상 수상이자 1990년 처음 아카데미상 후보에 오른 이후로는 35년 만이다. 크루즈는 그가 〈7월 4일생〉(1989), 〈제리 맥과이어〉(1996), 〈매그놀리아〉(1999)로 세 차례 아카데미 연기상 후보에 올랐고, 2023년에는 〈탑건: 매버릭〉 제작자로서 작품상 후보에 지명됐으나 수상은 한 번도 하지 못했다.

넷플릭스-파라마운트, 워너브라더스 인수 경쟁 돌입

넷플릭스와 파라마운트가 102년의 역사를 가진 할리우드의 상징적인 스튜디오 워너브라더스(워너)를 인수하기 위한 경쟁에 돌입했다. 이는 지난 12월 5일 넷플릭스가 720억 달러에 워너를 인수한다는 초대형 계약을 공개한 지 3일 만에 파라마운트가 적대적 인수를 선언한 데 따른 것이다.

> **넷플릭스(Netflix)** 미국의 온라인동영상 스트리밍 서비스 회사로, 1997년 영화 DVD 대여업체로 설립됐다. 이후 2007년부터 온라인 스트리밍 콘텐츠 사업을 본격화한 데 이어, 2009년에는 해당 분야를 회사의 주력 사업으로 성장시켰다. 2013년부터는 〈하우스 오브 카드〉를 시작으로 콘텐츠 제작에도 나서면서 글로벌 엔터테인먼트 기업으로 성장했다.
>
> **파라마운트(Paramount)** 1912년 설립된 미국의 영화 배급사이자 할리우드의 메이저 스튜디오로, 현재는 ▷타이태닉, 대부, 인디애나 존스 등을 제작한 파라마운트픽처스 ▷방송사 CBS ▷케이블 네트워크 니켈로디언 ▷MTV 등을 보유한 거대 미디어 그룹이 됐다. 그러나 최근 온라인동영상서비스(OTT) 등장으로 케이블TV 고객이 급감하고 광고 시장이 둔화되면서 이에 따른 어려움을 겪고 있는 것으로 전해졌다.

워너를 둘러싼 넷플릭스-파라마운트 경쟁 넷플릭스는 12월 5일 워너의 영화·TV 스튜디오와 HBO 채널, 스트리밍 서비스 HBO 맥스를 720억 달러(약 106조 원)에 인수하는 최종 계약을 체결했다고 발표했다. 그런데 해당 발표 3일 만인 12월 8일 파라마운트가 워너에 적대적 인수(M&A) 제안을 했다고 밝혔는데, 적대적 인수란 넷플릭스에 매각을 합의한 워너의 경영진이 아닌 워너 주주들에게 직접 회사를 팔라고 제안한 것이다. 파라마운트는 주당 30달러(넷플릭스는 27.75달러)로 계산해 전액 현금으로 사겠다고 밝히면서, 이는 넷플릭스의 제안보다 주주들에게 180억 달러 더 많은 현금을 제공한다고 설명했다.

한편, 양사 모두 워너 인수 시 반독점 당국의 심사를 받아야 한다는 점에서 정치적 리스크가 향후 변수로 전망되고 있다.

워너브라더스의 대표 IP 및 자산은?

영화·애니메이션	〈해리 포터〉 시리즈, 〈톰과 제리〉, 〈DC 코믹스〉 유니버스(슈퍼맨과 조커 등)
TV	〈프렌즈〉, 〈왕좌의 게임〉, 〈빅뱅이론〉
플랫폼	HBO 맥스, 케이블 채널 HBO

서산 보원사지·예천 개심사지 오층석탑 62년 만에 국보 승격

국가유산청이 12월 19일 서산 보원사지 오층석탑과 예천 개심사지 오층석탑을 국가지정문화유산 국보로 지정했다고 밝혔다. 두 석탑은 1963년 국가지정문화유산 보물로 지정된 바 있어, 62년 만에 국보로 승격됐다.

서산 보원사는 통일신라 말에서 고려 초에 창건된 것으로 추정되는 사찰로, 고려 태조(왕건)의 총애를 받은 승려 탄문(坦文·900~974)이 광종(4대)을 위해 불탑과 불상을 조성했다는 비문이 남아 있다. 예천 개심사지 오층석탑은 1011년에 건립된 고려시대 석탑으로, 탑에 새겨진 190자의 글을 통해 구체적인 건립 시기와 과정 등을 확인할 수 있다. 두 탑 모두 우리나라 석탑 조성 시기를 알 수 있는 편년(編年) 기준이 된다는 점에서 그 가치가 있다.

▲ 보원사지 오층석탑(좌)과 개심사지 오층석탑(우)

「김대중 대통령 노벨상」 등 근현대 유물 10건, 첫 예비문화유산으로 선정

국가유산청이 11월 12일 「근현대문화유산의 보존 및 활용에 관한 법률」에 따라 문화유산위원회가 최초의 예비문화유산 10건에 대한 선정안을 가결했다고 밝혔다. 이번에 가결된 예비문화유산 10건에는 대한민국 근현대사의 주요 순간과 인물, 사건, 이야기가 담긴 중요 유물들이 포함됐다.

예비문화유산은 건설·제작·형성된 지 50년이 지나지 않은 근현대문화유산 중 장래 등록문화유산으로서 보존 가치가 높은 것을 선정해 훼손·멸실을 막고, 지역사회 미래 문화자원의 기반을 마련하기 위해

▲ 김대중 전 대통령의 노벨평화상 증서

도입한 제도이다. 이 예비문화유산 도입 관련 내용을 담은 「근현대문화유산의 보존 및 활용에 관한 법률」은 지난 2024년 9월부터 시행됐는데, 이번에 처음으로 예비문화유산 선정이 이뤄진 것이다.

처음 선정된 예비문화유산(10건)은?

김대중 대통령 노벨평화상 메달 및 증서	김대중 전 대통령(1924~2009)이 한국과 동아시아 민주주의와 인권 신장, 특히 남북 평화와 화해를 위해 노력한 업적을 인정받아 2000년 한국인 최초로 수상한 노벨평화상 메달과 증서이다.
법정스님 빠삐용 의자	《무소유》의 저자 법정스님(1932~2010)이 1975년 송광사 불일암을 지은 후, 이듬해 땔나무를 이용해 직접 제작하여 수행할 때 사용한 의자이다.
소록도 마리안느와 마가렛 치료 및 간병도구	오스트리아 출신의 두 간호사가 전남 고흥 소록도에서 한센병 환자와 가족들의 치료와 간병을 위해 사용했던 도구들(1976~2005)이다.
의성 자동 성냥 제조기	성냥개비에 초와 두약(화약)을 찍어 자동 제작하는 기계로, 1982년 국내 정식 모델이 없던 당시에 의성 주민들과 국내 회사가 다년간의 연구 끝에 현지 공간에 맞게 합작한 제품이다.
이한열 최루탄 피격 유품	1987년 연세대학교 총궐기 시위 중 최루탄에 피격된 이한열 열사(1966~1987)의 유품이다.
제21회 캐나다 몬트리올 올림픽 양정모 레슬링 선수 금메달	1976년 대한민국 최초로 국제 하계올림픽에서 획득한 금메달이다.
제41회 지바 세계탁구선수권대회 남북단일팀 기념물	1991년 사상 최초로 구성된 남북단일팀 탁구선수단이 사용한 서명 탁구채와 삼각기(페넌트)이다.
한국남극관측탐험대 및 남극세종과학기지 관련 자료	1985년 한국인 최초로 추진한 남극대륙 탐사와 1988년 세종과학기지 준공에 이르기까지의 과정을 알 수 있는 일지와 조사기록, 장비 등이다.
77 에베레스트 등반 자료	1977년 9월 15일 한국인 최초로 에베레스트 최정상 등반에 성공한 당시의 등반 장비, 의복, 기록 등이다.
88 서울올림픽 굴림쇠와 의상 스케치	1988년 제24회 서울올림픽 개회식 「벽화」 공연에서 굴대동 소년이 사용한 굴림쇠와 착용 의상을 그린 그림이다.

김대중 전 대통령 동교동 자택, 국가등록문화유산 지정

국가유산청이 12월 16일 김대중(1924~2009) 전 대통령의 서울 마포구 동교동 자택(서울 동교동 김대중 가옥)을 국가등록문화유산 목록에 등재한다고 밝혔다. 동교동 가옥은 김 전 대통령이 1960년대 초반 입주한 이래 지난 2009년 타계할 때까지 40여 년간 살았던 거처이자 핵심적인 정치 본

거지였다. 이곳에서 군사정권이 50여 차례 자행한 고인의 가택연금 사태와 각종 시국사건이 벌어졌고, 김 전 대통령과 정치적 뜻을 같이한 이들은 「동교동계」로 불렸다. 현재 건물은 김 전 대통령의 2002년 퇴임에 대비해 기존 건물을 철거한 뒤, 그 자리에 사저와 경호용 건물을 신축한 것이다. 국가유산청은 문화유산으로서 가치를 보존하기 위해 소유자 동의를 얻어 사저 건물의 2층 생활 공간, 문패와 대문을 「필수보존요소」로 지정하기로 했는데, 필수보존요소를 변경하려면 국가유산청에 신고하거나 허가받아야 한다.

태안 앞바다서 새 난파선 흔적 또 발견
고려청자 등 발견-마도 5호선으로 임시 명명

국가유산청 국립해양유산연구소가 11월 10일 충남 태안 마도 해역에서 12세기 고려 선박으로 추정되는 고(古)선박의 흔적을 찾았다고 밝혔다. 이는 지난 2015년 마도 4호선 발굴 이래 10년 만으로, 연구소는 음파 탐사 후 잠수사를 투입한 결과 청자 다발 2묶음(총 87점)과 나무 닻, 밧줄, 볍씨, 선체 조각 등을 발견했다.
태안 앞바다는 예로부터 「난행량(難行梁)」이라 불릴 정도로 물살이 거칠고 풍랑이 심해 배 침몰 사고가 잦았다. 실제 마도 해역에서는 지난 2009~2011년까지 고려시대 배로 추정되는 마도 1~3호선이 차례로 발견됐고, 2014년에는 마도 4호선의 흔적이 발견된 바 있다.

마도 4호선 선체 인양도 마무리   연구소는 이날 마도 4호선 선체를 인양하는 작업도 모두 마무리했다. 마도 4호선은 국내 해역에서 발견된 유일한 조선시대 선박으로, 이 배에서는 「나주광흥창(羅州廣興倉)」이라는 글자가 남은 목간(木簡·글씨를 쓴 나뭇조각)과 분청사기, 다량의 곡물이 발견됐었다. 연구소는 방사성탄소연대 측정 결과, 이 배가 1420년경에 침몰했고 돛대 하나를 사용한 고려시대 선박과 달리 쌍돛대 구조라는 점을 밝혀냈다. 또 선체 수리에서는 쇠못을 사용한 흔적도 발견됐는데, 이는 우리나라 고선박에서 쇠못이 확인된 첫 사례다.

양주 대모산성에서 1500년 전 백제 목간 출토
현존 최고(最古) 추정

경기 양주시와 기호문화유산연구원이 양주 대모산성 15차 발굴조사에서 5세기쯤으로 추정되는 백제시대 목간(木簡) 3점이 새롭게 출토됐다고 11월 20일 밝혔다. 목간은 종이가 발명되기 전 동아시아 사회에서 널리 쓰인 기록자료로, 당대 사람들의 삶과 생활사를 담고 있어 귀한 자료로 평가받는다. 목간들은 성 안에서 쓸 물을 모아두던 집수 시설에서 나왔는데, 백제가 한성에 도읍을 둔 시기(기원전 18년~475년) 유적에서 흔히 볼 수 있는 토기조각 등이 백제 지층에서 함께 출토됐다.

출토된 3점의 목간   3점의 목간 가운데 특히 주목받는 것은 「기묘(己卯)」라는 글자가 보이는 목간으로, 함께 출토된 백제 토기와의 조합으로 볼 때 기묘년이었던 439년 혹은 499년 등을 지칭한 것으로 추정된다. 그간 학계에서는 서울 몽촌토성에서 출토돼 551년 이전에 제작된 것으로 추정하는 목간을 가장 오래된 것으로 여겨 왔다. 따라서 이번에 발견된 「기묘년」이 439년으로 특정된다면 몽촌토성 출토 목간보다 100년 정도 앞서게 되는 것이다.

그리고 주검이나 시체를 뜻하는 시(尸)자 아래 여러 글자를 새기거나 천(天)·금(金)을 나란히 쓴 목간도 출토됐는데, 이 목간이 발견된 주변에서는 점을 치는 데 쓰던 복골(卜骨)도 여럿 나왔다. 또다른 목간에서는 《삼국사기》 지리지에 기록된 고구려 지명인 「금물노(今勿奴·현재 충북 진천군 일대로 추정)」가 적혀 있는 것으로 확인됐다.

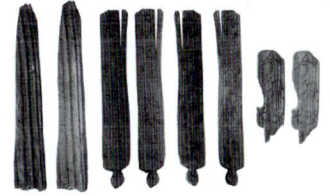

▲ 양주 대모산성 출토 목간

법원, 유진그룹의 YTN 인수 취소
방통위 2인 체제는 위법

서울행정법원 행정3부가 11월 28일 언론노조 YTN지부와 YTN우리사주조합이 방송통신위원회(방통위)의 YTN 최다출자자(최대주주)변경 승인 처분을 취소해달라고 제기한 소송에서 원고 승소 판결을 내렸다. 이는 유진그룹의 YTN 인수를 승인한 방통위의 결정에 위법 판단을 내린 것으로, 법원은 2인 체제 방통위에서 의결돼 승인된 것은 절차상 하자가 있어 위법하다는 원고의 주장을 수용했다.

지난 2023년 유진기업과 동양이 출자해 설립한 특수목적회사 유진이엔티는 한국KDN과 한국마사회가 보유하고 있던 YTN 지분(30.95%)을 인수한 뒤 그해 12월 방통위에 최대주주변경 승인을 신청했다. 그리고 방통위는 2024년 2월 위원 5인 중 위원장과 부위원장 2인만 있는 상태에서 승인 처분을 내렸다. 이에 언론노조 YTN 등은 방통위 2인 체제 의결의 절차적 위법성에 문제를 제기하며 본안소송과 집행정지 신청을 낸 바 있다. 이후 이들이 낸 집행신청은 각각 기각과 각하 결정을 받았으나, 이번 본안 소송에서는 승소 결론이 내려졌다.

> **방송미디어통신위원회** 10월 1일 방송미디어통신위원회설치법 제정안 공포(9월 30일)에 따라 기존 방송통신위원회(방통위)가 폐지되고 방송미디어통신위원회로 새롭게 출범했다. 방송미디어통신위원회는 기존 방통위의 5인 체제가 아닌 7인 위원회 체제로 운영되고 있다. 또 과학기술정보통신부(과기정통부)로부터 인터넷 케이블 TV 인허가, 뉴미디어 디지털 방송정책 등의 업무를 이관받아 이에 대한 업무도 수행하고 있다.

변동불거(變動不居),
《교수신문》 선정 올해의 사자성어

《교수신문》이 12월 8일 전국 대학교수 766명을 대상으로 설문조사한 결과 올해의 사자성어로 「세상이 잠시도 멈추지 않고 끊임없이 흘러가면서 변한다」는 뜻의 「변동불거(變動不居)」를 선정했다고 밝혔다. 교수신문은 이에 대해 「한국 사회가 거센 변동의 소용돌이 속에 놓여 있으며, 미래가 불확실한 시대에 안정과 지속 가능성을 고민해야 한다는 시대적 메시지를 상징한다」고 설명했다.

교수신문은 매년 12월 교수들의 추천과 투표를 거쳐 한 해를 상징하는 사자성어를 선정하는데, 지난 2024년에는 「제멋대로 권력을 부리며 함부로 날뛴다」는 뜻의 「도량발호(跳梁跋扈)」가 선정된 바 있다. 이 밖에 교수신문은 하늘의 뜻은 일정하지 않다는 뜻의 「천명미상(天命靡常)」과 오리떼처럼 우르르 몰려다닌다는 의미의 「추지약무(趨之若鶩)」를 2·3위로 선정했다.

2020년 이후 교수신문 선정 올해의 사자성어

연도	올해의 사자성어	의미
2020년	아시타비(我是他非)	같은 사안도 나는 옳고 남은 그르다는 내로남불(내가 하면 로맨스, 남이 하면 불륜)의 뜻을 한자로 번역해 새로 만든 신조어
2021년	묘서동처(猫鼠同處)	고양이와 쥐가 함께 있다는 뜻으로, 도둑을 잡아야 할 사람이 도둑과 한패가 됨
2022년	과이불개(過而不改)	잘못하고도 고치지 않음
2023년	견리망의(見利忘義)	이익을 보고 올바름을 잊어버림
2024년	도량발호(跳梁跋扈)	제멋대로 권력을 부리며 함부로 날뜀

日, 올해의 한자에 「熊」 선정 　일본한자능력검정협회가 12월 12일 올해 일본의 사회상을 반영하는 한자로 「곰 웅(熊)」자를 선정했다. 이는 올해 들어 일본 각지에서 곰이 출몰하며 그 어느 때보다 피해가 많이 발생해 일본 사회에 충격을 준 점이 선정 이유로 꼽혔다. 올해의 한자는 1995년에 시작돼 올해로 31번째인데, 「곰 웅(熊)」이 선정된 것은 이번이 처음이다. 발표는 일본 교토 소재 사찰 기요미즈데라(청수사)에서 주지승이 대형 종이에 휘호를 쓰는 방식으로 이뤄지는데, 지난 2024년에는 「금(金)」이 올해의 한자로 선정된 바 있다.

「Rage Bait」, 英 옥스퍼드 사전 선정 올해의 단어
美 메리엄웹스터는 「Slop」 선정

영국 옥스퍼드대 출판부(OUP)가 2025년 올해의 단어로 「Rage Bait(분노 미끼)」를 선정했다. 이 단어는 Rage(분노)와 Bait(미끼)의 합성어로, 조회수를 늘리기 위해 의도적으로 분노를 유발하는 온라인 콘텐츠를 일컫는 말이다. 옥스포드는 영어 사용 지역의 뉴스 기사에서 얻은 단어 빅데이터를 기반으로 2004년부터 「올해의 단어」를 선정하고 있다. 지난 2024년에는 온라인의 저질 콘텐츠 과잉소비로 인한 정신적·지적 상태의 퇴보를 일컫는 「뇌썩음(Brain Rot)」이 올해의 단어로 선정된 바 있다.
이 밖에 캠브리지 사전은 유명인과의 일방적 친밀감을 뜻하는 「Parasocial(패러소셜)」을, 콜린스 사전은 인공지능에게 설명만 하면 앱을 만들어주는 기술을 뜻하는 「Vibe Coding(바이브 코딩)」을 각각 2025년을 상징하는 단어로 선정했다.

「Slop」, 메리엄웹스터 선정 2025년 올해의 단어 　미국에서 가장 오래된 사전 출판사인 메리엄웹스터가 2025년 올해의 단어로 「Slop(슬롭)」을 선정했다. Slop은 본래 싸구려 음식 등을 지칭하는 의미로 사용되다가 점차 「가치가 거의 없는 것」이란 뜻까지 포함하는 단어로 확장됐고, 최근에는 「주로 인공지능(AI)을 이용해 대량으로 생산된 저품질 디지털 콘텐츠」라는 의미로 더 확장됐다.
한편, Slop은 최근 영국 시사주간지 《이코노미스트》가 선정한 2025년 올해의 단어에도 포함됐다.

Six Seven, 딕셔너리닷컴 선정 올해의 단어 　미국 대표 온라인 사전 사이트 딕셔너리닷컴(Dictionary.com)이 10월 28일 2025년 올해의 단어로 「67(Six Seven)」을 선정했다. 이는 10대들이 또래들과 공감을 표하며 대화를 이어갈 때 쓰는 일종의 감탄사로, 명확한 의미를 가지고 있지는 않다. 이는 우리나라로 치면 「헐」이나 「어쩔」 등과 유사한 맥락에서 사용된다. 딕셔너리닷컴은 올해 단어로 선정한 식스세븐의 가장 큰 특징에 대해 정의하기 어렵다는 점을 들었는데, 명확한 의미가 없는 감탄사형 표현이 선정된 것은 이번이 처음이다.

일본 소니, 스누피·찰리 브라운 「피너츠」
IP 인수 계약 체결

일본 소니가 12월 19일 캐릭터 스누피와 찰리 브라운으로 전 세계적 인기를 누린 미국 만화 시리즈 〈피너츠(Peanuts)〉의 지식재산권(IP)을 인수했다. 소니 그룹의 콘텐츠 관련 자회사인 일본 소니 뮤직 엔터테인먼트와 소니 픽처스 엔터테인먼트는 이날 캐나다 콘텐츠 기업 와일드브레인이 보유한 피너츠 홀딩스 지분 41%를 6억 3000만 캐나다달러(약 6770억 원)에 인수하는 계약을 체결했다고 밝혔다. 이번 계약이 마무리되면 소니는 기존 지분 39%에 추가 지분을 더해 총 80%의 피너츠 홀딩스 지분을 확보하게 되며, 나머지 20%는 원작자 찰스 M. 슐츠의 유족이 계속 보유한다.

한편, 〈피너츠〉는 1950년 미국 신문 네컷만화로 출발해 전 세계 75개국에 소개된 장수 콘텐츠로, 특히 주인공 스누피와 찰리 브라운은 캐릭터 상품·애니메이션 등으로 확장되며 글로벌 IP로 자리잡았다.

허위조작정보근절법 국회 통과
가짜뉴스에는 최대 5배 손배

국회가 12월 24일 불법·허위·조작정보 유포 행위에 손해액의 최대 5배까지 배상 책임을 물리게 하는 「허위조작정보근절법」(정보통신망법 개정안)을 통과시켰다. 해당 법률은 불법정보의 개념과 허위·조작정보의 판단 요건 등을 구체화하고, 정보통신망 내에서 이들 정보의 유통을 금지하는 내용을 핵심으로 한다.

허위조작정보근절법 주요 내용 허위조작정보근절법에 따르면 불법정보는 인종·국가·지역·성별·장애·연령·사회적 신분·소득수준 및 재산 상태 등을 이유로 ▷특정 개인·집단에 직접적인 폭력·차별을 선동하는 정보 ▷증오심을 심각하게 조장해 인간 존엄성을 현저히 훼손하는 정보 등으로 이의 유통을 금지한다. 또 손해를 가할 의도나 부당한 이익을 얻을 목적으로 타인의 인격권·재산권 및 공익을 침해하는 허위·조작정보의 유통 역시 금지되는데, 이를 어기면 징벌적 손해배상 책임이 부과된다. 언론 및 유튜버 등이 부당한 이익 등을 얻고자 의도적으로 불법·허위·조작정보를 유포해 타인에게 손해를 입히면 손해액의 최대 5배까지 부과하며, 증명이 어려운 손해도 5000만 원까지 배상액 부과가 가능하도록 했다.

이 밖에 법원 판결에서 불법·허위·조작정보로 확정된 정보를 두 번 이상 유통한 경우 방송미디어통신위원회가 최대 10억 원까지 과징금을 부과할 수 있도록 하는 내용도 포함됐다. 또 허위사실로 타인의 명예를 훼손하면 이와 관련해 취득한 재물을 몰수·추징할 수 있도록 하는 내용도 명시됐다.

스포츠시사

2025.
10.~ 12.

2026 북중미 월드컵 본선 48개국 중 42개국 확정
6개국은 2026년 3월 PO서 결정

2026년 FIFA 북중미 월드컵 본선 진출국 48개국 중 42개국이 11월 19일 확정됐다. 남은 6개 팀은 2026년 3월 치러질 대륙 간 플레이오프(PO)에서 결정되는데, 유럽 예선 PO에서 4개 팀, 대륙 간 PO에서 2개 팀이 확정된다.

한편, 2026년 미국·캐나다·멕시코에서 치러지는 제23회 북중미 월드컵은 참가팀이 기존 32개국에서 48개국으로 확대돼 치러지는 첫 월드컵이다. 이에 따라 조별리그는 8개 조에서 12개 조로 늘어나고, 토너먼트도 16강이 아닌 32강부터 시작된다. 이에 각 조 1·2위 24팀이 32강 토너먼트에 직행하고, 조 3위 12팀 중 성적이 좋은 8팀이 추가로 32강에 진출하게 된다.

2026년 월드컵 대륙별 예선 주요 내용 북중미 월드컵 대륙별 예선에서 개최국을 제외하고 가장 먼저 본선을 확정한 나라는 일본이며, 가장 마지막인 42번째는 파나마가 됐다. 「삼바군단」 브라질은 2026년 월드컵을 포함해 역대 월드컵 본선에 모두 진출하면서 월드컵 본선 연속 진

2026년 FIFA 북중미 월드컵 개관

개최국	미국, 멕시코, 캐나다 3개국 공동 개최
대회기간	2026년 6월 11일~7월 19일(총 39일)
참가팀과 경기 수	총 48팀(종전 32팀에서 확대), 104경기
개최 도시	16개 도시(미국 11개, 멕시코 3개, 캐나다 2개)
개막전	6월 11일, 멕시코 vs 남아프리카공화국(멕시코 아즈테카 스타디움)

출 최다 기록(23회)을 갖게 됐다. 또 「전차군단」 독일은 19회 연속, 스페인은 13회 연속, 우리나라는 11회 연속 본선 진출의 역사를 썼다. 본선 진출팀 확대에 따라 월드컵에 처음 출전하게 된 나라로는 아시아의 우즈베키스탄과 요르단, 아프리카의 카보베르데, 북중미의 퀴라소 등이 있다. 특히 인구 16만 명인 퀴라소의 경우 이번 월드컵 본선 진출로 2018년의 아이슬란드(32만 명)를 제치고 역대 최소 인구 월드컵 본선 진출 국가가 됐다. 이 밖에 노르웨이는 1998년 이후 28년 만에 월드컵 본선 진출을 이뤘으며, 아이티는 홈경기를 한 번도 치르지 못하고도 52년 만에 월드컵 본선행을 이뤄냈다.

💡 퀴라소(Curaçao)는 서인도제도 남부에 위치한 네덜란드령으로, 면적(444km²)은 제주도의 4분의 1 수준이며, 인구는 15만 명인 섬나라. 인구의 80% 이상이 스페인어·포르투갈어·네덜란드어·영어가 섞인 방언인 파피아멘투어(Papiamentu, 퀴라소어)를 사용한다.

韓, 멕시코·남아공·유럽 PO 승자와 한 조 홍명보 감독이 이끄는 한국 축구대표팀이 12월 6일 미국 워싱턴DC에서 진행된 월드컵 조추첨 결과 개최국 멕시코, 남아프리카공화국, 유럽 플레이오프(PO) 패스D(체코, 아일랜드, 덴마크, 북마케도니아 중 1개국) 승자와 함께 A조에 편성됐다. 우리나라는 2026년 6월 12일 멕시코 과달라하라 아크론 스타디움에서 유럽 PO 패스D 승자와 1차전을 치른

다. 이어 6월 19일 같은 곳에서 멕시코와 맞붙으며, 25일에는 몬테레이 BBVA 스타디움에서 남아공과 3차전을 치를 예정이다.

한국팀의 이번 대진운은 나쁘지 않다는 평가지만, 현지환경 적응이 중요한 요소로 작용할 것이라는 전망이다. 멕시코와 한 조에 속한 한국은 조별리그 3경기를 모두 멕시코에서 치르게 되는데, 멕시코의 고지대와 고온다습한 환경에 적응해야 하기 때문이다.

2026 북중미 월드컵 조별리그 A조 경기 일정(※ 한국시간 기준)

날짜	경기	장소
6월 12일 오전 4시	멕시코 vs 남아공	멕시코 멕시코시티 아즈테카 스타디움
6월 12일 오전 11시	한국 vs 유럽 PO 승자	멕시코 과달라하라 아크론 스타디움
6월 19일 오전 1시	유럽 PO 승자 vs 멕시코	미국 애틀랜타 메르세데스-벤츠 스타디움
6월 19일 오전 10시	멕시코 vs 한국	멕시코 과달라하라 아크론 스타디움
6월 25일 오전 10시	유럽 PO 승자 vs 멕시코	멕시코 멕시코시티 아즈테카 스타디움
6월 25일 오전 10시	남아공 vs 한국	멕시코 몬테레이 BBVA 스타디움

💡 **2026 북중미 월드컵 우승 상금은 739억 원** 국제축구연맹(FIFA)이 12월 17일 카타르 도하에서 열린 인터콘티넨털컵 결승을 앞두고 평의회를 열어 2026년 월드컵 총상금을 6억 5500만 달러(약 9680억 원)로 확정했다. 이는 종전 역대 최대 규모였던 2022년 카타르 대회(4억 4000만 달러)보다 48.9% 늘어난 금액이다. 그리고 이번 월드컵 우승팀은 앞서 카타르 대회에서 우승한 아르헨티나가 받았던 4200만 달러보다 19.0% 늘어난 5000만 달러를 받게 된다.

트럼프 美 대통령, 「FIFA 평화상」 수상 도널드 트럼프 미국 대통령이 12월 5일 열린 2026 북중미 월드컵 본선 조 추첨식에서 국제축구연맹(FIFA)이 신설한 「FIFA 평화상」을 수상했다. FIFA는 트럼프 대통령이 노벨평화상 수상에 실패한 직후 이 상을 신설했는데, 이로 인해 사실상 트럼프 대통령을 위해 만들어진 상이라는 지적을 받았다.

한편, 트럼프 대통령은 이날 조 추첨식에서 미국에서도 축구를 「사커(Soccer)」가 아닌 「풋볼(Football)」로 불러야 한다고 주장했다. 현재 전 세계 대부분 국가에서 축구를 풋볼로 지칭하지만, 미국인들에게 풋볼은 주로 손으로 경기하는 미식축구를 의미한다. 미국 외에도 자국 고유의 풋볼 종목이 있는 캐나다, 호주, 뉴질랜드 등에서도 축구를 사커로 지칭하고 있다.

프랑스 공격수 뎀벨레, 발롱도르 이어 FIFA 올해의 선수도 석권

프랑스 국가대표 공격수 우스만 뎀벨레(28)가 12월 17일 카타르 도하에서 열린 2025 FIFA(국제축구연맹) 시상식에서 「올해의 남자선수」로 선정됐다. 이로써 뎀벨레는 지난 9월 발롱도르에 이어 FIFA 올해의 선수까지 석권했다. 1991년부터 시작된 FIFA 올해의 선수는 발롱도르와 함께 세계 축구에서 가장 권위 있는 상으로 꼽힌다. 수상자는 2024년 8월부터 올해 8월까지의 활약을 기준으로 선정됐는데, 이 기간 뎀벨레는 파리생제르맹(PSG)의 창단 첫 유럽축구연맹(UEFA) 챔피언스리그 우승을 비롯해 프랑스 리그1과 프랑스컵 정상 등극을 이끌며 「트레블」 달성의 주역으로 활약했다.

이 밖에 올해의 감독상은 PSG의 2024~2025시즌 4관왕과 구단 첫 챔피언스리그 우승을 이끈 루이스 엔리케 감독이 차지했으며, 올해의 여자 선수상은 3년 연속 발롱도르를 수상한 아이타나 본마티(스페인·바르셀로나)가 수상했다.

💡 1991년 올해의 선수상을 제정한 FIFA는 2010년부터 프랑스 축구 전문지 《프랑스풋볼》이 선정하는 발롱도르와 통합해 「FIFA 발롱도르」라는 이름으로 시상을 진행했다. 그러다 2016년부터는 발롱도르와 분리해 「더 베스트 FIFA 풋볼 어워즈」라는 이름으로 시상식을 열고 있다.

PSG, 인터콘티넨털컵 우승-올해 6관왕　파리생제르맹(PSG·프랑스)이 12월 18일 열린 국제축구연맹(FIFA) 인터콘티넨털컵에서 플라멩구(브라질)를 꺾고 우승을 차지했다. 인터콘티넨털컵은 6개 대륙 클럽대항전 우승팀이 참가해 세계 최고의 클럽을 가리는 대회다. 이날 우승으로 PSG는 ▷프랑스 슈퍼컵인 트로페 데 샹피옹 ▷프랑스 리그1 ▷쿠프 드 프랑스 ▷유럽축구연맹(UEFA) 챔피언스리그 ▷UEFA 슈퍼컵에 이어 올해에만 6개 대회 정상에 오르는 기록을 썼다.

LA 다저스, 월드시리즈 우승
MLB 월드시리즈 25년 만에 2연패

로스앤젤레스(LA) 다저스가 11월 2일 캐나다 온타리오주 토론토의 로저스센터에서 열린 「2025 메이저리그(MLB) 월드시리즈(WS)」 7차전 토론토 블루제이스와의 원정 경기에서 연장 11회 접전 끝에 5-4로 승리했다. 이로써 다저스는 지난 2024년에 이어 2년 연속, 구단 통산 9번째 WS 챔피언에 올랐다. MLB에서 WS를 연속 제패한 팀이 나온 것은 뉴욕 양키스의 3연패(1998 ~2000년) 이후 25년 만이다. 이날 시리즈 최우수선수(MVP)

> **메이저리그 월드시리즈(MLB World Series)**　MLB 양대 리그인 내셔널 리그와 아메리칸리그의 챔피언 간에 7전4선승제의 경기를 치러 최종 우승팀을 가리는 경기로, 1903년 처음 시작돼 현재에 이르고 있다.

에는 다저스의 WS 4승 중 3승을 책임진 일본인 투수 야마모토 요시노부(27)가 선정됐다.
한편, 한국인 내야수 김혜성은 연장 11회 미겔 로하스를 대신해 2루수로 투입되며 WS 데뷔전을 치렀다. 이로써 김혜성은 김병현(2001년 애리조나 다이아몬드백스, 2004년 보스턴 레드삭스) 이후 21년 만에 WS 우승을 차지한 두 번째 한국인 선수가 됐다.

WS MVP 차지한 야마모토는 누구?　야마모토는 이번 월드시리즈에서 2차전 완투승(9이닝 1실점), 6차전 6이닝 1실점 승리, 7차전 2와 3분의 2이닝 무실점 투구로 3승을 챙겼다. 이처럼 단일 월드시리즈에서 3승을 거둔 것은 2001년 랜디 존슨(당시 애리조나 다이아몬드백스) 이후 24년 만이다. 일본 오카야마현 출신인 야마모토는 2017시즌에 오릭스에 입단했으며, 2021시즌부터 3년 연속 일본판 사이영상인 사와무라상과 퍼시픽리그 MVP를 휩쓸었다. 이후 2022년 오릭스의 일본시리즈 우승을 이끌었고, 2020 도쿄올림픽 금메달과 2023 월드베이스볼클래식(WBC) 우승 주역으로도 활약했다. 이러한 활약으로 2024시즌을 앞두고 LA 다저스와 역대 투수 최고액인 3억 2500만 달러(약 4650억 원)에 12년 계약을 맺으며 메이저리그에 진출한 바 있다.

오타니, 올해도 NL 만장일치 MVP
AL MVP 두 차례 포함해 4번째

미국야구기자협회(BBWAA)가 11월 14일 공개한 「미국프로야구 메이저리그(MLB) MVP 투표」 결과에 따르면 오타니 쇼헤이(31·LA 다저스)가 올해도 만장일치로 2년 연속 내셔널리그(NL) MVP로 선정됐다. 이로써 오타니는 LA 에인절스 시절이던 2021년과 2023년 아메리칸리그(AL) MVP를 포함해 통산 4번째 리그 MVP를 차지하게 됐으며, 이 네 번 모두 만장일치라는 기록도 남기게 됐다. 또한 오타니는 7번의 MVP를 차지한 배리 본즈(61·은퇴)에 이어 역대 두 번째로 MLB MVP 수상 횟수가 많은 선수이자 3시즌 연속 MVP도 됐다.

한편, AL에서는 애런 저지(33·뉴욕 양키스)가 2년 연속 MVP로 선정됐는데, MLB 양대 리그 모두 2년 연속 MVP가 나온 것은 이번이 처음이다. 여기에 저지는 2022년과 2024년에 이어 3번째 MVP라는 기록도 쓰게 됐다.

오타니와 저지의 2025시즌 기록은?

구분	오타니 쇼헤이(LA 다저스)	애런 저지(뉴욕 양키스)
2025시즌 성적	• 타자: 타율 0.282, 55홈런, OPS 1.014 • 투수: 14경기 1승 1패, 평균자책점 2.87	타율 0.331, 53홈런, OPS 1.145
통산 MVP 수상	4회(2021, 2023, 2024, 2025년)	3회(2022, 2024, 2025년)

오타니, 통산 4번째 AP통신「올해의 남자선수」 AP통신이 12월 10일 오타니 쇼헤이를 「올해의 남자선수」로 선정하면서, 오타니가 3년 연속이자 통산 네 번째(2021, 2023~2025) 선정 기록을 쓰게 됐다. 올 시즌부터 다시 투타 겸업을 시작한 오타니는 다저스의 월드시리즈 2연패를 이끌며 이도류의 부활을 알린 바 있다. 이전까지 이 상을 4번 받은 선수는 미국프로농구(NBA)의 르브론 제임스(41·LA 레이커스), 「골프 황제」 타이거 우즈(50), 「사이클 황제」 랜스 암스트롱(54) 등 3명에 불과하다. 한편, AP통신 올해의 선수상은 1931년부터 시작됐는데, 남녀 통틀어 최다 수상 기록은 1930~50년대 활약했던 베이브 디드릭슨 자하리아스(6회, 육상·골프)가 보유하고 있다.

스킨스, 만장일치 NL 사이영상
스쿠벌은 AL 2년 연속 수상

MLB닷컴이 11월 13일 공개한 미국야구기자협회(BBWAA) 사이영상 투표 결과에 따르면 폴 스킨스(23·피츠버그 파이리츠)가 만장일치로 「2025 미국프로야구 메이저리그(MLB) 내셔널리그(NL)」 사이영상의 주인공이 됐다. 지난 2024년 NL 신인왕에 오른 스킨스는 올해에는 32경기 10승 10패, 평균자책점 1.97, 216탈삼진을 기록하는 활약을 펼쳤다. 특히 스킨스는 올해 은퇴한 클레이턴 커쇼 이후 14년 만에 「23세 이하 사이영상 수상자」라는 기록도 남겼다.

태릭 스쿠벌, 2년 연속 AL 사이영상 2024년 만장일치로 사이영상을 수상했던 태릭 스쿠벌(29·디트로이트 타이거스)이 올해에도 수상자로 선정되면서 2년 연속 AL 사이영상의 주인공이 됐다. 스쿠벌은 올해 31경기 13승 6패, 평균자책점 2.21, 241탈삼진을 기록했다. 이번 수상에 따라 스쿠벌은 1999·2000년 페드로 마르티네스 이후 25년 만에 AL 사이영상 2회 연속 수상자가 됐다.

> **사이영상(Cy Young award)** 메이저리그 전설의 투수 덴튼 트루 영(Denton True Young)의 별명을 본떠 1956년 신설된 상으로, 그해 최우수 투수에게 수여하고 있다. 1956~66년까지는 아메리칸리그와 내셔널리그를 통틀어 1명의 수상자를 선정했으나, 1967년부터는 양 리그에서 따로 선정해 상을 수여하고 있다. 사이영상 선정 기준은 나눔과 망어눌로, 현재까지 최다 수상자는 7차례 수상한 로저 클레멘스(Roger Clemens, 1962~)이다. 특히 클레멘스는 2004년에는 42세의 나이로 이 상을 수상하면서 역대 최고령 기록도 갖고 있다.

메시의 인터 마이애미, MLS컵 우승
메시, 개인 통산 48번째 우승컵

리오넬 메시(38·아르헨티나)가 소속된 인터 마이애미가 12월 7일 미국 플로리다주 체이스 스타디움에서 열린 밴쿠버 화이트캡스와의 MLS(메이저리그사커)컵 결승전에서 3-1로 승리하며 정상에 올랐다. 이로써 2020년부터 MLS에 참가한 인터 마이애미는 구단 사상 처음으로 MLS컵 우승을 차지한 것은 물론, 메시 합류 이후 리그스컵 우승(2023), 정규리그 전체 1위에 주어지는 서포터스 실드(2024), 동부 콘퍼런스 우승(2025)에 이어 MLS컵까지 차지하게 됐다.

메시, 통산 48번째 우승 기록 　메시는 지난 2024년에 이어 올해도 MLS컵 최우수선수(MVP)로 선정됐는데, MLS 역사상 2년 연속 MVP를 차지한 것은 메시가 최초다. 여기에 역대 축구 선수 중 가장 많은 우승컵을 보유하고 있는 메시는 이번 MLS컵 우승으로 개인 통산 48번째 우승컵도 차지하게 됐다. 메시는 바르셀로나(스페인), 파리생제르맹(프랑스) 등의 클럽팀에서 43번의 우승을 차지했고, 아르헨티나 대표팀으로는 2022 카타르월드컵, 2021·2024 코파 아메리카(남미축구선수권), 2008 베이징올림픽 등에서 5차례 정상에 오른 바 있다.

LG, 2025 KBO 한국시리즈 우승
2년 만에 통합 우승도 달성

LG 트윈스가 10월 31일 치러진 한화와의 한국시리즈 5차전에서 4-1로 승리, 시리즈 전적 4승 1패로 한국시리즈 우승을 차지했다. LG가 한국시리즈 정상에 오른 것은 1990년과 1994년, 2023년에 이어 이번이 네 번째다. 또한 LG는 2023년 이후 2년 만에 정규시즌과 한국시리즈를 석권하는 통합 우승까지 달성했다. 반면 1999년 우승 이후 26년 만에 한국시리즈 패권 탈환에 도전한 한화는 2006년 이후 19년 만에 다시 준우승으로 시즌을 마치게 됐다.
한편, 한국시리즈 최우수선수(MVP)에는 5경기 17타수 9안타, 타율 0.529에 홈런 1개, 8타점으로 맹활약한 LG의 김현수가 선정됐다.

> **2025년 KBO 한국시리즈** 　10월 26일부터 31일까지 정규시즌 1위 LG 트윈스와 정규시즌 2위이자 플레이오프 승리팀인 한화 이글스가 맞붙은 역대 43번째 KBO 챔피언 결정전이다. 경기는 ▷1차전(10월 26일 서울) ▷2차전(10월 27일 서울) ▷3차전(10월 29일 대전) ▷4차전(10월 30일 대전) ▷5차전(10월 31일 대전)으로 이어졌으며, 그 결과 LG가 시리즈 전적 4승 1패로 한국시리즈 우승을 차지했다.

송성문, MLB 센디에이고 입단
포스팅 시스템 통한 역대 10번째 미국 진출

미국프로야구 메이저리그(MLB) 샌디에이고가 12월 23일 구단 인터넷 홈페이지를 통해 송성문(29·키움 히어로즈)과 4년 계약(총 1500만 달러)을 체결했다고 발표했다. 2025시즌 타율 0.315, 홈런 26개와 도루 25개, 90타점의 성적을 낸 송성문은 지난 11월 포스팅 절차에 돌입하며 30일간 MLB 30개 구단을 대상으로 협상을 진행해 왔다. 그리고 센디에이고 입단이 확정되면서 포스팅 시스템을 통한 역대 10번째 미국 진출 선수가 됐다.

포스팅 시스템은 자유계약신분(FA)이 아닌 선수의 MLB 진출을 열어주는 비공개 입찰 제도로, 국내에서 최소 7년간 활동하면 신청 자격을 갖추게 된다. 포스팅 절차를 거쳐 미국 무대에 진출한 KBO리그 출신 선수는 2009년 최향남을 시작으로 류현진, 강정호, 박병호, 김광현, 김하성, 이정후, 고우석, 김혜성 등이 있다.

폰세, 2025 프로야구 MVP
신인왕은 KT 안현민이 차지

한화의 외국인 투수 코디 폰세(31)가 11월 24일 열린 KBO(한국야구위원회) 시상식에서 MVP를 차지했다. 한화 선수가 MVP를 수상한 것은 2006년 류현진 이후 19년 만이자 외국인 투수로는 처음이다. 또한 빙그레 시절 장종훈(1991~1992년)과 구대성(1996년)에 이어 역대 5번째 수상이다. 올 시즌 처음 KBO리그에 입성한 폰세는 다승(17승), 평균자책점(1.89), 탈삼진(252개), 승률(0.944) 부문에서도 1위에 오르며 역대 외국인 투수 최초로 4관왕에 올랐나. 아울러 단일 시즌 죄다 탈삼진과 개막 최다 연승(17승)이라는 조유의 기록도 썼다.

한편, 신인상은 kt의 안현민이 차지했는데, kt의 신인왕 배출은 강백호(2018)·소형준(2020)에 이어 세 번째다. 또 안현민은 강백호 이후 7년 만에 나온 타자 신인왕이라는 기록도 남기게 됐다.

두산 양의지, 역대 최다 골든글러브 타이 두산 포수 양의지(38)가 12월 9일 열린 2025 KBO 골든글러브 시상식에서 포수 부문 골든글러브 수상자로 선정, 이승엽 전 두산 감독과 함께 골든글러브 최다 수상 기록(10회) 타이를 이뤘다. 양의지는 지명타자로는 1번, 포수로는 9번째 골든글러브 수상을 이뤘는데, 포수 부문 9회 수상은 단일 포지션 최다 수상 기록이다. 양의지는 올해 정규시즌 130경기에 출전해 타율 0.337, 홈런 20개, 89타점의 성적을 냈다.

이 밖에 투수 부문은 KBO MVP를 차지하며 메이저리그로 진출한 한화의 코디 폰세, 1루수 부문은 이인 최초 50홈런과 KBO 사상 단일 시즌 최초 150타점을 넘긴 삼성외 르윈 디아즈기 수상했디. 또 올해 처음 신설된 감독상은 올 시즌 통합 우승을 달성한 LG의 염경엽 감독, 페어플레이상은 SSG 투수 노경은이 수상했다.

2025 KBO 시상식 부문별 수상자

구분	부문	수상자
MVP		코디 폰세(한화)
신인상		안현민(kt)
투수	평균자책점(1.89)	코디 폰세(한화)
	탈삼진(252개)	코디 폰세(한화)
	승리(17승)	라일리 톰슨(NC)
	승률(0.944)	코디 폰세(한화)
	세이브(35)	박영현(kt)
	홀드(35)	노경은(SSG)
타자	타율(0.337)	양의지(두산)
	안타(187개)	빅터 레이예스(롯데)
	출루율(0.448)	안현민(kt)
	득점(106점)	구자욱(삼성)
	홈런(50개)	르윈 디아즈(삼성)
	타점(158점)	르윈 디아즈(삼성)
	도루(49개)	박해민(LG)
	장타율(0.644)	르윈 디아즈(삼성)

2025 골든글러브 수상자

부문	수상자(소속팀)
투수	코디 폰세(한화)
포수	양의지(두산)
1루수	르윈 디아즈(삼성)
2루수	신민재(LG)
3루수	송성문(키움)
유격수	김주원(NC)
외야수	안현민(KT), 구자욱(삼성), 빅터 레이예스(롯데)
지명타자	최형우(삼성)
감독상	염경엽(LG)
페어플레이상	노경은(SSG)

전북, K리그 조기 우승 이어 코리아컵도 제패
2020년 이후 5년 만에 더블 달성

프로축구 K리그1 전북 현대가 12월 6일 서울월드컵경기장에서 열린 코리아컵 결승전에서 광주FC를 2–1로 꺾으면서 승리, 코리아컵 우승을 달성했다. 이로써 올 시즌 K리그1 정규리그를 제패한 전북은 2020년에 이어 5년 만에 다시 더블(2관왕)을 달성했다. 아울러 전북은 이날 우승으로 포항스틸러스(6회)와 함께 대회 최다 우승 공동 1위 팀이 됐다.

한편, 광주는 지난 2010년 창단 이후 15년 만에 처음으로 코리아컵 결승에 진출했으나 준우승으로 대회를 마치게 됐다.

울산 이동경, 2025 K리그1 MVP 울산 현대의 이동경(28)이 12월 1일 열린 2025 K리그 대상 시상식에서 K리그1 최우수선수(MVP)를 차지했다. 또 이동경은 K리그1 베스트 일레븐 공격수 부문에서도 가장 높은 40.32점으로 2년 연속 선정됐다. 이동경의 MVP 수상으로 울산은 4회 연속 MVP 배출팀(2022년 이청용, 2023년 김영권, 2024년 조현우)이 됐는데, 비우승팀에서 MVP가 배출된 것은 2019년 준우승팀 울산 김보경 이후 처음 있는 일이다.

이 밖에 데뷔 3년 이내 만 23세 이하 국내 선수에게 수여하는 영플레이어상은 강원FC 미드필더 이승원(22)이 수상하면서, 강원은 지난 2024

2025년 K리그1 수상자

부문		수상자
MVP		이동경(울산)
감독상		거스 포옛(전북)
영플레이어상		이승원(강원)
최다득점상		싸박(수원FC)
최다도움상		세징야(대구)
공격수		이동경(울산), 싸박(수원FC)
베스트 11	골키퍼	송범근(전북)
	수비수	이명재(대전), 김문환(대전), 야잔(서울), 홍정호(전북)
	미드필더	송민규, 김진규, 박진섭, 강상윤(이상 전북)
	공격수	이동경(울산), 싸박(수원FC)

년 양민혁에 이어 2년 연속 영플레이어상을 배출하게 됐다. 그리고 감독상은 올해 전북에 우승컵을 안긴 거스 포옛 감독이 차지했다.

K리그 참가팀, 2027시즌부터 12→14개로 확대　한국프로축구연맹이 12월 1일 「2025년도 제6차 이사회 결과 2027시즌부터 K리그1 참가 팀 수를 기존 12개에서 14개로 확대하기로 했다」고 밝혔다. 그간 K리그2 팀 수는 2021시즌 10개에서 2026시즌 17개로 꾸준히 증가해온 반면, K리그1은 2014시즌 이후 12개 팀 체제를 유지해 왔다. 이에 따라 2027시즌부터 K리그1은 14개 팀 체제, 3라운드 로빈 방식으로 39라운드까지 운영될 예정이다.

부천FC, 창단 19년 만에 K리그1 승격　부천FC가 12월 8일 열린 2025 K리그 승강 플레이오프(PO) 2차전 수원FC와의 원정 경기에서 3-2로 승리, 승강 PO 합계 4-2로 2007년 창단 후 처음 1부에 진출했다. 이로써 2006년 2월 창단된 부천은 창단 19년 만에 K리그1으로 승격했으나, 수원FC는 6년 만에 2부로 강등됐다.

이에 앞서 11월 30일에는 대구FC가 K리그1 38라운드 최종전 FC안양과의 경기에서 2-2로 비기며 12개 팀 중 최하위를 기록, 10년 만에 K리그2로 강등됐다. 그리고 12월 7일 열린 K리그 2025 승강 PO 2차전 경기에서는 제주가 수원 삼성에 2-0으로 승리하며 K리그1 잔류를 확정한 반면, 2023년 K리그1 최하위에 머물러 자동 강등됐던 수원은 승격에 실패했다.

손흥민, 3년 연속 「KFA 올해의 골」 선정
볼리비아전 프리킥

축구협회가 지난 11월 14일 대전월드컵경기장에서 열린 볼리비아와의 친선전에서 나온 손흥민(로스앤젤레스FC)의 프리킥 골이 팬들이 직접 꼽은 올해의 골로 선정됐다고 12월 22일 밝혔다. 이로써 손흥민은 3년 연속 「대한축구협회(KFA) 올해의 골」 주인공으로 선정됐는데, 손흥민은 앞서 2023년 월드컵 2차 예선 싱가포르전에서 나온 중거리슛 득점, 2024년 호주와의 아시안컵 8강 연장전 프리킥 골로 수상의 영예를 안은 바 있다.

축구협회는 2022년부터 매년 연말 그해 열린 각급 대표팀 경기를 대상으로 「올해의 골」과 「올해의 경기」를 뽑는 팬 투표를 해오고 있다. 이에 따르면 「2025 KFA 올해의 경기」는 손흥민의 프리킥 득점과 조규성(미트윌란)의 1년 8개월 만의 A매치 복귀골이 터지며 2-0의 승리를 거둔 볼리비아전이 차지했다.

북한 여자축구, U-17 여자월드컵 2연패
통산 4번째 우승 기록

북한 17세 이하(U-17) 여자 축구대표팀이 11월 9일 모로코 라바트에서 열린 「2025 국제축구연맹 (FIFA) U-17 여자월드컵」 결승전에서 네덜란드를 3-0으로 꺾고 정상에 오르며 대회 2연패를 달성했다. 이로써 2008년 초대 대회 우승팀으로 2016년과 2024년 대회에서도 우승했던 북한은 대회 2연패와 함께 역대 최다 우승 횟수를 4회째로 늘리게 됐다. 특히 북한은 이번 대회 조별리그부터 결승전까지 7경기 전승 우승이라는 기록도 썼다. 여기에 북한의 유정향은 이번 대회 최다인 8골을 기록하며 골든볼(최우수선수)과 골든부츠(득점왕)를 받았으며, 7골을 기록하며 득점 2위에 오른 김위심은 실버볼과 실버부츠를 차지했다.

한편, 2024년 대회까지 2년 간격으로 열렸던 U-17 여자월드컵은 올해부터 매년 개최로 바뀌었으며, 출전국도 16개 팀에서 24개 팀으로 늘어났다.

김상식 감독의 베트남 축구대표팀,
올해 동남아 축구 3관왕

김상식 감독이 이끄는 베트남 23세 이하(U-23) 축구대표팀이 12월 18일 태국 방콕에서 열린 태국과의 동남아시안(SEA)게임 남자 축구 결승전에서 연장전까지 가는 접전 끝에 3-2로 승리하며 우승을 차지했다. 베트남이 이 대회에서 우승한 것은 2021년 이후 4년 만이다.

지난 2024년 5월 베트남 대표팀 지휘봉을 잡은 김 감독은 ▷올해 1월 열린 2024 동남아시아 축구선수권대회(미쓰비시컵) ▷7월 아세안축구연맹(AFF) U-23 챔피언십에 이어 SEA게임까지 석권하며 동남아 메이저대회 3관왕을 달성했다. 베트남 축구 역사상 이 3개의 대회에서 모두 우승을 이끈 사령탑은 김 감독이 처음으로, 이는 「쌀딩크」로 불린 베트남 축구의 영웅 박항서 전 베트남 대표팀 감독(재임 2017~2023)도 이루지 못한 기록이다.

셰플러, PGA투어 4년 연속 올해의 선수
타이거 우즈 이후 역대 두 번째

미국프로골프(PGA) 투어가 12월 16일 올해의 선수에게 주는 「잭 니클라우스 어워드」 수상자로 남자골프 세계랭킹 1위인 스코티 셰플러(29·미국)를 선정했다고 밝혔다. 1990년 창설된 잭 니클라우스 어워드에서 4년 연속으로 상을 받은 선수는 1999~2003년 5년 연속 수상한 타이거 우즈(50·미국)에 이어 셰플러가 두 번째다.

셰플러는 올 시즌 메이저 대회인 PGA 챔피언십과 디 오픈을 포함해 6번 정상에 올랐으며, 올해까지 3시즌 연속으로 평균 타수 1위(68.131타)를 기록했다. 특히 단 한차례도 컷 탈락하지 않은 데다, 톱 10 성적은 PGA투어 최다인 17차례를 달성했다.

티띠꾼, CME그룹 투어 챔피언십 우승
랭킹·상금·최저타수 모두 1위-올해의 선수상도 차지

여자골프 세계랭킹 1위 지노 티띠꾼(22·태국)이 11월 24일 폐막한 LPGA투어 시즌 최종전 CME그룹 투어 챔피언십에서 2년 연속 우승을 차지했다. 이 대회에서 2년 연속 우승한 선수는 2020~2021년 고진영 이후 티띠꾼이 두 번째다.

앞서 지난 8월 5일 넬리 코르다(미국)를 제치고 세계랭킹 1위로 올라선 티띠꾼은 이번 우승으로 시즌 3승, LPGA투어 통산 7승째를 기록했다. 여기에 LPGA투어의 ▷올해의 선수 ▷상금 ▷최저타수 부문 1위도 확정했는데, 한 선수가 LPGA투어의 이 3개 부문을 휩쓴 것은 2022년 리디아 고 이후 3년 만이다. 특히 올해 티띠꾼이 기록한 시즌 평균 68.681타는 2002년 안니카 소렌스탐(스웨덴)의 68.696타를 23년 만에 경신한 최저타수 신기록이다.

💡 2025시즌을 마무리한 LPGA투어는 2026년 1월 29일 미국 플로리다주 올랜도에서 개막하는 힐튼 그랜드 베케이션스 토너먼트 오브 챔피언스까지 약 2개월간 휴식 기간을 갖게 된다.

한국 U-16 여자배구 대표팀,
「2025 U-16 아시아선수권」 첫 출전에 우승

한국 U-16(16세 이하) 여자배구 대표팀이 11월 9일 요르단 암만에서 열린 「2025 U-16 아시아여자배구선수권대회」에서 대만을 세트 스코어 3-2로 물리치며 우승을 차지했다. 2023년 출범한 이 대회는 올해로 2회째인데, 한국은 첫 출전인 이번 대회에서 4강을 기록하면서 2026년 칠레에서 열리는 17세 이하(U-17) 세계여자배구선수권대회 출전권도 획득하게 됐다. 무엇보다 한국이 연령별 아시아선수권 정상을 차지한 것은 남녀 대회 통틀어 2004년 19세 이하(U-19) 남자대회 이후 21년 만이며, 여자대회로만 보면 1980년 U-19 대회 이후 45년 만이다.
한편, 이번 대회에서 총 141점을 기록한 손서연은 득점왕과 최우수선수(MVP), 베스트 아웃사이드 히터로 선정됐다.

페더러, 테니스 명예의 전당 입성
男 테니스 최초 메이저 20회 우승

국제테니스명예의전당(ITHF)이 11월 20일 「테니스 황제」 로저 페더러(44·스위스·은퇴)가 테니스 명예의 전당 헌액 대상자로 확정됐다고 밝혔다. 페더러의 헌액 행사는 2026년 8월 미국 로드아일랜드주 뉴포드의 테니스 명예의 전당에서 열릴 예정이다. 2022년 현역에서 은퇴한 페더러는 지난 10월 명예의 전당 헌액 후보로 선정됐고, 후보 자격을 얻은 첫해인 올해 명예의 전당 가입이 확실시돼 왔다.
페더러는 남자 선수 최초로 메이저 대회 단식 20회 우승 기록을 세운 인물로, 2009년에는 프랑스오픈을 제패하며 4대 메이저 대회를 모두 석권하는 「커리어 그랜드슬램」을 완성했다. 여기에 2004년 2월부터 2008년 8월까지 4년 6개월(237주) 연속 세계랭킹 1위를 지켰는데 이 기록은 아직도 깨지지 않고 있다. 또 올림픽에서는 2008년 베이징올림픽 남자복식 금메달, 2012년 런던올림픽 남자단식 은메달을 획득한 바 있다.

안세영, 월드투어 파이널 우승
올 시즌 11승-역대 단식 단일 시즌 최다승과 타이 기록

「셔틀콕 여제」 안세영(23, 세계랭킹 1위)이 12월 21일 중국 항저우에서 열린 세계배드민턴연맹(BWF) 월드투어 파이널 결승전에서 세계랭킹 2위 왕즈이(중국)를 접전 끝에 2-1로 꺾고 정상에 올랐다. BWF 월드투어 파이널은 한 해 동안 각 세부 종목에서 우수한 성적을 거둔 8명씩 출전해 우승자를 가리는 왕중왕전으로, 안세영은 이 대회에서 2021년에 이어 두 번째 우승을 차지했다.
무엇보다 안세영은 이 대회 우승으로 올 시즌을 11승으로 마무리했는데, 이는 2019년 모모타 겐토(일본)가 남자단식에서 세운 역대 단식 단일 시즌 최다승과 타이 기록이다. 또 안세영은 시즌 승률 94.8%(73승 4패)를 달성하며 역대 남녀단식에서 한 시즌 60경기 이상 소화한 선수 중 최고 승률도 기록했다. 아울러 안세영은 이번 대회 우승으로 올 시즌 상금 100만 3175달러(약 14억 8500만 원)를 기록, 배드민턴 역사상 최초로 단일 시즌 상금 100만 달러도 돌파했다.

💡 안세영이 12월 15일 중국 항저우에서 열린 세계배드민턴연맹(BWF) 시상식에서 3년 연속으로 여자단식 올해의 선수로 선정됐다. BWF 올해의 선수상은 지난 1년 동안 가장 뛰어난 활약을 펼친 배드민턴 선수에게 수여하는데, 안세영은 이날 「선수들이 뽑은 올해의 선수」로도 선정돼 2관왕을 차지했다.

한국, 대회 3종목 우승 차지　세계배드민턴연맹(BWF) 월드투어 파이널 여자복식에서는 이소희(31)-백하나(25)가 우승을 차지, 지난 2024년에 이어 대회 2연패를 달성했다. 또 남자복식 세계 1위 서승재(28)-김원호(26) 조도 우승을 차지했는데, 이들 조 역시 시즌 11승으로 역대 복식 조 시즌 최다승 기록을 새로 썼다. 이처럼 2018년 시작된 BWF 월드투어 파이널에서 한국이 세 종목 이상에서 우승한 것은 처음 있는 일이다.

랜도 노리스, F1 시즌 챔피언
페르스타펀 5연패 저지

영국 출신 드라이버 랜도 노리스(26·맥라렌)가 12월 7일 아랍에미리트(UAE)에서 열린 올 시즌 포뮬러원(F1) 최종전 아부다비 그랑프리를 3위로 마친 가운데, 시즌 포인트 423점으로 막스 페르스타펀(28·레드불·421점)의 추격을 제치고 F1 챔피언을 차지했다. 이로써 노리스는 2019년 F1 무대에 데뷔한 이후 7년 만에 생애 처음으로 드라이버 챔피언에 등극했다. 또한 영국 출신 드라이버로는 역대 11번째이자 2020년 루이스 해밀턴(페라리) 이후 5년 만에 드라이버 챔피언을 차지하는 기록도 남겼다. 여기에 노리스의 소속팀인 맥라렌도 1998년 대회 이후 27년 만에 드라이버 챔피언과 제조사(컨스트럭트) 챔피언을 모두 휩쓰는 더블을 달성하게 됐다.
한편, 5년 연속 드라이버 챔피언 등극에 도전한 페르스타펀은 올 시즌 최종전 우승과 함께 막판 3연승과 시즌 8승째를 차지했으나, 시즌 랭킹 포인트에서 노리스를 따라잡지 못하면서 챔피언 등극에는 실패했다.

💡 F1은 포뮬러 자동차 경기 중 하나로, 공식 명칭은 「FIA포뮬러원월드챔피언십(FIA Formula One World Championship)」이다. F1경주의 차량 규격은 배기량 1600cc, 6기통으로 포뮬러 경주 중 최고의 스피드를 자랑한다. 특히 올림픽·월드컵에 버금가는 세계 최대 빅 스포츠쇼 가운데 하나인 F1그랑프리는 F1으로 치러지고 있다.

임종훈-신유빈, WTT 홍콩 파이널스 우승
한국 선수 사상 첫 대회 정상

한국 탁구의 임종훈(28)-신유빈(21) 조가 12월 13일 홍콩에서 열린 월드테이블테니스(WTT) 홍콩 파이널스 2025 혼합복식 결승에서 중국의 왕추친-쑨잉사 조를 3-0으로 완파하며, 한국 선수로는 사상 처음으로 이 대회 우승을 차지했다. 이 대회는 WTT 시리즈인 그랜드 스매시와 챔피언스, 컨텐더 성적을 기준으로 랭킹 포인트가 높은 선수들만 초청해 치르는 왕중왕전 성격의 대회다.
임종훈·신유빈은 그간 남녀 단식 세계랭킹 1위 조합인 왕추친-쑨잉사 조에 6전 전패를 당했으나 7번째 대결에서 첫 승리를 기록하며, 이들의 30연승 행진도 저지했다. 여기에 2004년 아테네올림픽 남자단식 결승전에서 유승민이 중국의 왕하오를 꺾고 금메달을 차지한 이후 무려 21년 만에 한국이 중국을 이긴 기록도 쓰게 됐다. 한편, 임종훈과 신유빈은 2022 항저우 아시안게임과 2024 파리올림픽에서 연달아 동메달을 합작한 바 있다.

이창호 9단, 스승 조훈현 제치고 1969승
최다승 신기록

12월 1일 한국기원에 따르면 이창호(50) 9단이 서울 성동구 한국기원 바둑TV 스튜디오에서 열린 「2025 인크레디웨어 레전드리그 플레이오프 2차전」에서 김수장 9단을 159수 만에 흑 불계승으로 제압했다. 이로써 통산 전적 2784전 1969승 1무 814패가 된 이 9단은 종전 최다승 기록(조훈현 1968승)을 경신했다. 이 9단은 11세이던 1986년 8월 제62회 승단대회에서 첫 승리를 거뒀으며, 이후 2000년 10월 1000승(상대 안조영 6단), 2010년 1월 1500승(상대 최철한 9단) 고지에 오른 바 있다.

경기도, 전국체전 4회 연속 종합우승
수영 황선우는 4번째 MVP

경기도가 10월 23일 폐막한 제106회 전국체육대회(전국체전)에서 4년 연속 종합우승을 차지했다. 2002년부터 2018년까지 17년 연속 전국체전 우승을 차지한 경기도는 2019년 제100회 전국체전에서 당시 개최지 서울시에 1위를 내준 바 있다. 그러다 2022년에 정상을 탈환해 올해까지 4년 연속 1위를 지키게 됐다.
한편, 한국 수영 간판 황선우(강원도청)는 이번 대회에서 아시아신기록 1개를 포함해 한국 신기록 3개를 세우며 줄전한 4개 종목 모두에서 금메달을 차지했다. 이로써 2021~2023년에 3년 연속 최우수선수(MVP)에 올랐던 황선우는 올해 통산 4번째 전국체전 MVP로 선정됐다.

IOC, 성전환 선수의 올림픽 출전 제한 규정 추진
2026 동계올림픽 개막 전 확정 전망

국제올림픽위원회(IOC)가 11월 11일 성전환 선수들의 올림픽 여성 종목 출전을 제한하기 위한 규정 개정 작업에 착수했다. IOC는 그동안 성별 출전 규정을 각 종목의 국제연맹에 맡겨왔으며, 이에 다수 종목에서는 테스토스테론 수치를 일성 수준 이하로 낮출 경우 성전환 여성의 여성 종복 출전을 허용해 왔다.
그러나 성전환자뿐 아니라 남성 염색체(XY)를 가졌거나 일반 여성보다 남성호르몬 수치가 높은 이른바 성발달차이(DSD) 선수가 여성 종목에서 압도적 기량으로 우승하는 사례가 늘어나며 논란이 확산되자, 이번 방침을 내놓은 것이다. 여기에 2028년 로스앤젤레스(LA) 하계올림픽을 앞두고 도널드 트럼프 미국 대통령과의 마찰을 피하려는 정치적 결정이라는 분석도 있는데, 트럼프 대통령은 지난 2월 성전환 선수의 여성 종목 출전을 금지하는 내용의 행정명령에 서명한 바 있다.

과학시사

〰〰〰〰〰〰〰〰〰〰〰〰〰〰〰〰〰〰〰〰〰〰〰〰〰〰〰〰〰〰〰〰〰〰〰〰〰

누리호 4차 발사 성공
민간 주도 첫 누리호, 13기 위성 모두 궤도 안착

국내 우주 수송 능력을 확보하기 위해 독자 개발한 한국형발사체 누리호의 4차 발사가 11월 27일 성공했다. 누리호는 이날 새벽 1시 13분 제2발사대에서 이륙한 뒤 목표 고도 600km에 진입하는 데 성공했으며, 주탑재 위성인 차세대 중형위성 3호와 부탑재 큐브위성 12기 등 총 13기 위성을 모두 계획 궤도에 분리·사출하는 데 성공했다.

무엇보다 앞서 1·2·3차 누리호 발사에서는 발사체 총조립과 운용을 항공우주연구원(항우연)이 맡았으나, 이번 4차 발사에서는 민간기업인 한화에어로스페이스가 발사체 제작과 조립, 그리고 발사 운영 전체를 총괄했다. 따라서 이번 4차 발사를 계기로「올드 스페이스(국가·정부기관 주도의 우주개발)」를 넘어「뉴스페이스(민간 주도의 우주개발)」시대로 본격 진입하게 됐다는 평가가 나온다.

> **누리호** 한국항공우주연구원 등이 국내 독자 기술로 개발한 탑재 중량 1500kg(총중량 200톤), 길이 47.2m의 3단형 로켓이다. 이는 지상 600~800km 궤도에 위성을 쏘아 올릴 수 있는 발사체 개발을 위해 2010년부터 개발이 추진됐다. 누리호는 지금까지 ▷1차(2021년 10월 21일) ▷2차(2022년 6월 21일) ▷3차(2023년 5월 25일) ▷4차(2025년 11월 27일) 발사가 진행됐다. 특히 지난 2022년 누리호 2차 발사 성공으로 우리나라는 전 세계에서 7번째로 1톤급 실용위성을 우주 발사체에 실어 자체 기술로 쏘아올린 나라에 오른 바 있다.

누리호 야간발사, 왜? 이번 누리호 4차 발사는 처음으로 야간에 이뤄지는 발사에다 역대 가장 많은 위성을 실어 날라야 하는 고난도 임무까지 완수하며 우주개발 역량을 입증했다. 야간 발사의 경우 제한된 시야와 온도차, 바람의 변화 등 고려해야 할 요소가 많아 정밀한 제어가 필요하다. 그럼에도 야간에 발사한 것은 누리호의 주탑재 위성인 차세대 중형위성 3호가 우주 자기장과 플라즈마를 측정하고 오로라를 관측하는 임무를 수행해야 하기 때문이다. 해당 관측을 위해서는 600km 상공의 태양 동기궤도까지 진입해야 하는데, 전남 고흥 나로우주센터 발사장과 목표 궤도면이 정확히 일치하는 순간이 오전 0시 55분~1시 13분 사이였다.

누리호 4차 발사, 그 임무는? 누리호 4차 발사는 앞서 2023년 누리호 3차 발사와 비교했을 때, 위성 개수(7기→13기)는 물론 탑재체 무게(500kg→960kg)도 크게 늘었다. 탑재되는 큐브위성 12개 각각의 무게는 큰 차이가 없지만, 3차 발사 때 실린 차세대 소형위성 2호가 180kg였던 반면 이번 발사에 실린 차세대 중형위성 3호는 516kg에 달한다.

주탑재 위성인 차세대 중형위성 3호는 발사 후 ▷남극 세종기지 지상국 ▷대전 항우연 지상국 ▷노르웨이에 있는 미국 항공우주국(NASA) 지상국 등 총 3곳에서 모두 교신에 성공했으며, 앞으로 1년 동안 지구를 하루 15바퀴씩 돌면서 우주 오로라와 대기광 관측 임무를 수행하게 된다. 이를 위해 위성에는 오로라 관측, 우주 플라스마 관찰, 무중력 공간에서 줄기세포 생육을 목표로 하는 장비 등 총 3대가 장착됐다. 또 누리호에는 대학·기업·연구기관이 제작한 부탑재 위성인 큐브위성 12기도 실렸는데, 이들 위성은 ▷기상 관측 ▷의학 실험 ▷우주쓰레기 폐기 실험 등 각기 다른 임무를 수행하게 된다. 한편, 누리호 4차 발사체에 실린 위성 13기 모두 지상국과 교신에 성공한 것으로 12월 8일 확인됐다. 누리호 1~4차 발사 중 탑재된 국내 위성 모두가 교신에 성공한 것은 이번이 처음으로, 앞서 2021년 1차는 발사 자체가 실패했고 2~3차 발사에서는 일부 소형 위성이 교신에 실패한 바 있다.

누리호 4차 발사 주요 내용

발사 시간	11월 27일 오전 1시 13분(누리호 첫 야간 발사)
길이와 무게	길이 47.2m/무게 200t
탑재 중량	2.2t(위성 탑재 용량은 960kg)
제작·조립, 발사	한화에어로스페이스, 한국항공우주연구원
투입궤도	고도 600~800km(태양 동기궤도에 위성 운반 및 안착)
탑재 위성	• 주탑재 위성(중량 516kg): 차세대 중형위성 3호 1기(오로라, 대기광 관측) • 부탑재 위성: 큐브위성 12기
발사 과정(11월 27일)	• 오전 1시 13분: 발사(18분 연기) • 발사 후 122초: 1단 분리 및 2단 점화(고도 66km) • 발사 후 230초: 페어링 분리(고도 211km) • 발사 후 263초: 2단 분리(고도 263km) • 발사 후 741초: 3단 엔진 정지(고도 600km) • 발사 후 791초: 차세대 중형위성 3호 분리(고도 601km) • 발사 후 813~914초: 큐브위성 12기 사출(총 12기가 한 번에 2기씩 약 20초 간격으로 순차적 분리) • 발사 후 18분 25초(1105초): 비행 종료(오전 1시 31분 25초)

누리호, 2027년까지 총 6차 발사 예정 누리호 발사는 과기정통부와 항우연이 2027년까지 수행하는 「한국형발사체 고도화 사업」의 핵심으로, 이번 4차 발사를 포함해 총 6차 발사가 계획돼 있다. 5·6차 발사는 각각 2026년과 2027년에 진행되는데, 5차 발사에서는 초소형 위성 2~6호가, 6차 발사에서는 7~11호가 탑재될 예정이다. 정부는 향후 2회에 걸친 반복 발사를 통해 누리호의 신뢰도를 높이는 동시에 민간기업으로의 발사체 제작·운용 기술 이전을 마무리하겠다는 목표다.

누리호 역대 발사 이력 및 계획

구분	시기	주탑재 위성
1차	2021년 10월 21일 → 실패	위성모사체만 탑재
2차	2022년 6월 21일 → 성공	성능검증위성
3차	2023년 5월 25일 → 성공	1기(차세대 소형위성 2호: 근지구 궤도 우주방사선 관측 등)
4차	2025년 11월 27일 → 성공	1기(차세대 중형위성 3호: 오로라, 대기광 관측 등)
5차	2026년 계획	5기(초소형 군집위성 2~6호: 재난재해 모니터링 등)
6차	2027년 계획	5기(초소형 군집위성 7~11호)

韓 정부·기업-엔비디아 「AI 동맹」
엔비디아, 한국에 최신형 GPU 26만 장 공급

젠슨 황 엔비디아 최고경영자(CEO)가 10월 31일 한국 정부와 주요 기업에 인공지능(AI) 개발에 필요한 그래픽처리장치(GPU) 26만 장을 우선 공급하겠다고 밝혔다. 이는 기존에 국내에 보급된

GPU(약 4만 5000개)의 5배가 넘는 규모로, 금액으로 환산하면 104억 달러(약 14조 8000억 원)에 달하는 것이다. 무엇보다 이번 공급에 따라 우리나라는 미국(약 2000만 장)과 중국(약 150만 장)에 이어 세계 3위 GPU 확보국으로 등극, AI 강국으로 도약할 수 있는 발판을 마련했다는 평가다. 한편, 이번에 우리나라에 공급될 GPU는 엔비디아의 차세대 AI 칩인「블랙웰」일 것으로 예상된다.

> **GPU(Graphic Processing Unit, 그래픽처리장치)** 컴퓨터에서 그래픽 처리와 화면 출력 등을 담당하는 고성능 연산처리 장치다. 수백~수천 개의 코어(핵심 처리회로)를 통해 방대한 양의 데이터를 동시에 처리할 수 있어 대규모 데이터 학습이 필요한 AI 분야의 핵심 부품으로 주목받는다. 특히 엔비디아는 전 세계 데이터센터용 GPU 시장의 92%를 점유하며 사실상 AI칩 시장을 독점하고 있다.
>
> **블랙웰(Blackwell)** 엔비디아가 2024년 3월 공개한 신형 AI 반도체다. 2080억 개 트랜지스터가 집약된 역대 그래픽처리장치(GPU) 중 최대 크기로, 2개의 GPU(B200)를 연결해 하나의 칩처럼 작동하는 방식이 특징이다.

GPU 26만 장, 활용 방안은? 당초 우리나라는 2028년까지 GPU 5만 장을 확보한다는 목표를 세웠으나, 이번 엔비디아와의 협력으로 해당 목표를 조기 달성하게 됐다. 엔비디아의 GPU 26만 장은 2026~2030년까지 과학기술정보통신부(과기정통부)를 비롯해 삼성전자·SK그룹·현대차그룹에 각각 5만 장씩, 네이버클라우드에 6만 장이 공급된다. 이렇게 공급된 GPU는 인공지능(AI) 데이터센터 구축을 비롯해 AI 기술 연구·개발, 피지컬AI 및 소버린 AI 인프라 조성 등에 활용될 예정이다. 구체적으로 과기정통부는 확보한 GPU 5만 장을 독자 AI 파운데이션 모델 개발과 국가AI컴퓨팅센터 구축에 투입하고, 그동안 GPU 부족으로 어려움을 겪었던 대학·연구기관·스타트업에 AI 인프라를 지원한다는 방침이다. 삼성전자와 SK그룹·현대차그룹은 GPU를 활용해 AI 팩토리(현장 전반에 AI를 적용한 공장)를 구축, 반도체·로봇 등 핵심 산업의 생산성을 높이겠다는 계획이다. 그리고 국내 기업 중 가장 많은 GPU를 공급받는 네이버는 엔비디아와 함께 현실과 디지털 공간을 유기적으로 연결하는「피지컬 AI」플랫폼을 개발하고, 이를 국가 주력 산업현장에 도입하기로 했다.

> **피지컬 AI(Physical AI)** 로봇이나 스마트 기기 등의 물리적 하드웨어에 적용돼 외부 환경과 물리적·지능적으로 상호작용할 수 있는 인공지능(AI) 기술을 말한다. 로봇이 센서를 통해 수집한 외부 데이터를 AI가 분석하고, 최적의 행동을 계획·수행한 뒤 수행 결과를 스스로 학습해 이후 행동의 효율성을 향상시키는 방식으로 작동한다.
>
> **소버린 AI(Sovereign AI)** 자국의 데이터와 인프라를 기반으로 독자적으로 개발한 인공지능(AI) 기술로, 국가 차원에서 데이터·인프라·AI 모델 등을 직접 통제하고 관리할 수 있는 기술을 가리킨다. 이는 외국 기술에 대한 종속에서 벗어나 독립적으로 AI를 운영해 주도권을 가진다는 의미로, 미국 빅테크가 글로벌 시장을 겨냥해 내놓는 AI 모델과 대비되는 개념이다.

엔비디아와 한국 정부·기업의 주요 협력 내용

공급 대상	GPU 공급 규모	GPU 활용 방안
정부	5만 장	독자 AI 파운데이션 모델 개발 및 국가AI컴퓨팅센터 구축 등 산업 전반의 AI 개발 지원
삼성전자		• 디지털 트윈 기반 반도체 AI 팩토리 통해 제조 공정 속도·수율 개선 • 차세대 가정용 로봇 개발
SK그룹		반도체 개발·생산 가속 및 디지털 트윈·AI 에이전트 개발 위한 AI 팩토리 구축
현대차그룹		AI 팩토리 도입해 자율주행차·스마트공장·로보틱스 위한 피지컬 AI 모델 개발
네이버클라우드	6만 장	• 피지컬 AI 및 소버린 AI용 인프라 구축 • 현실 산업환경을 가상 공간에서 재현하는 피지컬 AI 플랫폼 구축

트럼프 美 대통령,
중국에 엔비디아 H200 수출 승인

도널드 트럼프 미국 대통령이 12월 8일 일련의 조건하에 엔비디아의 H200 칩을 중국 및 기타 지역의 승인된 고객에게 수출하는 것을 허용할 것이라고 밝혔다. 미국은 전임 조 바이든 행정부 시절인 2022년 최첨단 인공지능(AI) 칩을 중국에 수출하지 못하도록 막는 수출 통제 규제를 도입한 바 있다. 이어 트럼프 행정부도 블랙웰이 중국에 들어갈 경우 AI 분야에서 미국의 우위가 흔들릴 수 있다고 판단해 수출을 제한했다. 다만 엔비디아의 최첨단 AI 칩인 「블랙웰」과 곧 출시 예정인 「루빈」은 이번 합의에 포함되지 않는다고 트럼프 대통령은 설명했다.

H200은 무엇? 엔비디아가 생산하는 고성능 그래픽처리장치(GPU) 제품으로, 지난 세대 아키텍처인 호퍼를 적용한 칩 중 최고 성능을 갖췄다. 이는 최신 블랙웰 기반 GPU보다는 뒤처지지만, 현재 중국 수출이 승인돼 있는 저사양 칩 H20과 견주면 압도적인 성능 격차를 보인다. H200은 추론 등에 활용할 때 H20의 2배 성능을 보이고, AI 훈련에 쓰이는 텐서 코어 연산 성능은 6배 이상으로 알려졌다. 한편, 이번 결정이 삼성전자와 SK하이닉스 등 우리 기업에 긍정적인 영향을 미칠 것이라는 전망이 나온다. 이는 H200이 이들 기업에서 생산하는 고대역폭메모리(HBM)인 HBM3E를 사용해 생산하기 때문이다.

韓, ARM과 반도체 인재 1400명 양성
李 대통령, 손정의 소프트뱅크 회장과 관련 합의

이재명 대통령과 손정의 일본 소프트뱅크그룹 회장이 12월 5일 회담을 갖고 반도체 설계 전문 인재 1400명을 양성하는 「암(ARM) 스쿨」을 한국에 설립하기로 합의했다. ARM은 소프트뱅크가 약 90% 지분을 보유한 세계 최대 반도체 설계자산(IP) 기업으로, 모바일용 반도체 설계를 사실상 독점하고 있다. 이 대통령과 손 회장의 회담에 따라 산업통상부와 ARM은 이날 「한국 반도체 인공지능(AI) 산업 강화」를 위한 양해각서(MOU)에 서명했다.

> **초인공지능(ASI·Artificial Super Intelligence)** 인간의 지능을 훨씬 능가하는 수준의 인공지능(AI)으로, 임무 수행 분야가 제한적인 ANI(Artificial Narrow Intelligence, 약한 인공지능)와 범용 인공지능으로 부르는 AGI(Artificial General Intelligence, 강한 인공지능)를 초월하는 AI를 가리킨다. ASI는 창의력, 문제해결능력, 사회적 상호작용 등 인간의 모든 지적 활동을 훨씬 뛰어넘는 수준의 AI로, 현재 개발된 AI 기술의 최종 단계로 여겨진다.

MOU 주요 내용 산업부와 ARM은 해당 MOU를 통해 ▷산업 맞춤형 인재 양성(1400명) ▷기술교류 및 생태계 강화 ▷대학 간 연계 강화 ▷연구개발(R&D) 등을 통해 협력을 강화하기로 했다. 이는 국내 IP 전문 인력을 양성함으로써 우리가 상대적으로 취약한 팹리스·파운드리 등 시스템 반도체 분야의 경쟁력을 제고한다는 방침이다. 실제 우리나라는 메모리 반도체 분야에서는 삼성전자·SK하이닉스 등을 중심으로 전 세계 시장의 약 60%를 차지하고 있다. 하지만 세계 반도체 시장의 4분의 3 이상을 차지하고 있는 더 큰 시장인 비메모리 분야에서의 점유율은 3%대에 불과하다.

정부는 반도체특성화대학원 지정 등을 추진하며 ARM스쿨 설치 후보지로 광주과학기술원(GIST)을 우선 검토할 계획으로 알려졌다. GIST는 삼성전자 계약학과인 반도체공학과와 함께 AI융합학과, 전기전자컴퓨터공학과 등 반도체 관련 3개 학과를 운영하고 있다.

정부, 「국가과학자」 제도 신설
5년간 100명 선정해 연 1억 원 지원

과학기술정보통신부가 11월 7일 이재명 대통령 주재로 열린 과학기술 분야 국민보고회에서 「과학기술 인재 확보 전략 및 연구개발(R&D) 생태계 혁신 방안」을 발표했다. 이에 따르면 정부는 「국가과학자」 제도를 신설하고, 2030년까지 세계적 연구 성과를 낸 국내 연구자 100명을 선발해 연간 1억 원 규모의 연구비를 지원하기로 했다. 이와 함께 해외 인재 영입, 국내 인공지능(AI) 인재 육성 등 다양한 기술 인재 양성책도 제시했다. 이러한 방안은 전 세계의 기술패권 경쟁이 심화되는 가운데, 핵심 연구자가 해외로 이탈하지 않도록 국내 연구 환경을 강화하기 위함이다.

「과학기술 인재 확보 전략」 주요 내용

국가과학자 선발 정부는 2026년 상반기까지 국가과학자 선정 기준을 마련하고, 2030년까지 매년 20명씩 총 100명의 국가과학자를 선발하기로 했다. 구체적인 지원 규모 등은 정해지지 않았으나, 국가과학자에게는 대통령 인증서를 수여하고 10년간 연간 1억 원의 연구활동 지원금을 제공한다는 계획이다. 여기에 공항 패스트트랙과 국가 연구 프로젝트 기획 권한을 부여하는 방안도 검토 중이다. 선정된 국가과학자들은 국가 주요 R&D 프로젝트를 비롯해 국가 과학기술 정책 설계 과정에서도 핵심적인 역할을 수행할 것으로 전망된다.

해외 우수 인재 신규 유치 정부는 인공지능(AI) 등 핵심 전략기술 분야의 해외 우수 인재를 2030년까지 2000명 신규 유치하기로 했다. 유치된 해외 인재들에게는 연구 공간이나 정주 여건 등에 대한 다양한 지원이 제공될 예정이다. 아울러 기존에 반도체 등 일부 첨단산업 분야 종사자에게만 부여하던 「톱티어 비자」를 R&D 및 AI 분야 종사자 전체에게 확대 부여하겠다고도 밝혔다.

국내 AI 인재 육성 국내 AI 인재 육성을 위해서는 지방에 AI 과학영재학교를 신설하고, 이공계 대학원 장학금 수혜율을 현재 1.3%에서 2030년까지 10%로 확대하기로 했다. 여기에 정부출연 연구기관의 신진연구자 채용을 연 600명 내외로 늘리고, 이들이 정년 후에도 연구를 이어갈 수 있도록 정년 후 연구지원 사업도 신설할 방침이다.

💡 한편, 정부는 지난 윤석열 정부에서 크게 삭감되며 한 차례 논란을 빚었던 R&D 예산을 매년 정부 총지출의 5% 수준으로 유지하겠다고 밝혔다. 앞서 국회에 제출된 2026년도 R&D 예산에 따르면 올해보다 19.3% 증가한 35조 3000억 원이 편성됐는데, 이는 총지출의 4.8%로 역대 최대 인상폭이다.

과학기술 인재 확보 및 R&D 생태계 혁신 방안

국가과학자 제도 신설	5년간 100명 선발해 연 1억 원 연구활동 지원금 지급
해외 인재 유치	2030년까지 해외 우수 인재 2000명 유치
인공지능(AI) 인재 양성	• AI 과학영재학교 신설, 과학중점학교 내실화 • 지역 과학영재고–과학기술 특성화대 연계 • KAIST 등 4대 과학기술원을 지역 AI 혁신 허브로 전환
이공계 학생 지원	이공계 대학원 장학금 수혜율 확대(1.3%→10%)
R&D 생태계 지원	• R&D 예산 정부 총지출 대비 5% 수준으로 확대 • 연구비 관리체계를 연구자 자율·책임 중심으로 전환 • R&D 평가시스템 평가등급제 폐지

정부, AI생성물 표시 의무화 추진
정보 조작하면 징벌적 손배

정부가 12월 10일 인공지능(AI)을 활용한 허위·과장광고를 근절하기 위해 AI 생성물 표시제와 징벌적 손해배상제 등을 담은 전방위적 대응 방안을 발표했다. 이번 발표는 최근 식·의약품 분야를 중심으로 AI를 활용한 허위·과장광고가 범람하면서 국민의 피해가 우려된다는 판단에 따른 것이다.

표시와 과징금 온라인 플랫폼에 AI가 만든 콘텐츠를 올리는 모든 게시자들은 해당 게시물이 AI 생성물임을 표시해야 한다. 또 플랫폼 이용자가 AI 표시를 임의로 지우거나 훼손하는 것도 금지, 소비자가 AI로 만든 콘텐츠인지를 직관적으로 알 수 있도록 해야 한다. 그리고 허위·조작정보를 유통한 제작물은 적발 시 기존보다 최소 두 배 이상의 과징금을 부과하는 한편, 허위임을 알면서도 고의로 허위나 조작정보를 유통하면 실제 손해액의 최대 5배를 배상하는 징벌적 손해배상제가 도입된다. 또 불법 행위와 관련된 과징금도 현행 매출액의 최대 2%에서 상향하기로 했다.

심의 방송·통신 심의 과정에 서면 심의를 도입해, 식품·의약품 등 AI 허위·과장광고에 대해서는 요청 후 24시간 내 신속한 심의가 이뤄지게 된다. 특히 국민의 재산·생명에 대한 피해 발생이 임박한 사안에는 심의 전에 플랫폼 사업자에게 임시 차단과 같은 조치를 취할 수 있는 긴급 절차도 추진한다.

정부, 「자율주행 실증도시」 조성 방침
2027년 레벨4 상용화 목표

정부가 11월 26일 경제관계장관회의 겸 성장전략 TF(태스크포스)를 열고 2026년부터 도시 전체에서 자율주행차를 운행하는 「자율주행 실증도시」 조성 등의 내용을 담은 「자율주행차 산업 경쟁력 제고 방안」을 발표했다. 이를 통해 운전자 개입 없이 차량에 운전을 맡기는 레벨4 자율주행차 상용화를 2027년까지 이루겠다는 목표다.

완전자율주행차는 고속도로 등 특정 구간에서 운전자 개입 없이 자율주행을 하고 비상시에는 시스템이 자동으로 대응하는 차량으로, 미국자동차공학회(SAE) 기준 레벨4(고도 자동화) 수준에 해당한다. 현재 한국의 자율주행차 기술은 조건부 자동화인 레벨3 수준으로 평가되는데, 이번 방안을 통해 미국과 중국의 수준인 레벨4로 높이겠다는 것이다.

자율주행 기술 단계

레벨 0(비자동화)	운전자가 차량이 운전 및 속두 제어를 모두 담당해야 하는 단계
레벨 1(운전자 보조)	운전자가 핸들에 손을 대고 있는 것을 전제로 자율주행 시스템이 특정 주행 모드에서 조향 또는 감·가속 중 하나를 수행
레벨 2(부분 자동화)	운전자가 개입하지 않아도 시스템이 차량의 속도와 방향을 동시에 제어
레벨 3(조건부 자동화)	돌발 상황으로 자율주행 모드의 해제가 예상되는 경우에만 운전자의 조작 요청
레벨 4(고도 자동화)	시스템이 운행구간 전체를 모니터링하며 안전 관련 기능들을 스스로 제어
레벨 5(완전 자동화)	운전자가 필요 없는 무인 자동차 단계로, 사람의 개입 없이 시스템이 판단해 목적지까지 스스로 운전

「자율 주행차 산업 경쟁력 제고 방안」요지   정부는 2026년부터 미국 샌프란시스코나 중국 우한처럼 특정 도시를 자율주행 실증도시로 지정하고, 100대 이상의 자율주행차를 투입한다는 방침이다. 현재 전국에는 47곳의 자율주행 시범운행지구가 있지만, 노선과 구간이 제한적이어서 실증 범위가 작다는 지적을 받았다. 여기에 「선(先)허용, 후(後)관리」체계를 구축해 레벨4 상용화에 속도를 낸다는 계획으로, 연구개발(R&D)을 촉진하기 위해 데이터 활용 규제를 완화한다.

우선 현재는 기업이 영상데이터를 수집·활용하려면 「촬영사실을 표시한 차량」을 이용해 수집 후 가명처리해야 했지만, 앞으로는 원본 영상데이터를 사용할 수 있도록 한다. 또 개인차량일 경우에도 차주 동의하에 영상데이터를 익명·가명처리 후 쓸 수 있도록 할 방침이다. 아울러 운전자가 없는 레벨4 자율주행차에 대비해 기존의 운전자를 대체하는 법적 책임 주체를 도입하는 등 형사·행정제재 대상을 명확히 한다는 방침이다.

원안위, 고리 2호기 계속운전 승인
2033년까지 연장 가동

원자력안전위원회(원안위)가 11월 13일 전체회의를 열고 고리원자력발전소 2호기의 계속운전을 승인했다. 이에 따라 고리 2호기는 지난 2023년 4월 설계수명(40년) 만료로 운전을 멈춘 지 2년 7개월 만에 재가동 절차에 돌입, 2033년 4월 8일까지 수명이 연장됐다. 이 같은 결정에는 인공지능(AI) 데이터센터 확충에 따른 전력 수요 증가와 국가온실가스 감축목표(NDC) 달성을 위해 원전 비중을 높여야 한다는 판단이 작용한 것으로 보인다.

한편, 원안위는 현재 고리 2호기 외에도 2030년 이전에 설계수명이 종료되는 ▷고리 3·4호기 ▷한빛 1·2호기 ▷한울 1·2호기 ▷월성 2·3·4호기에 대한 안전성 평가를 진행 중에 있다. 이에 이번 고리 2호기의 승인 사례가 향후 다른 원전의 계속운전 허가에도 영향을 미칠지 주목된다.

고리 2호기 개요

위치	부산시 기장군 장안읍 고리
원자로	650MWe급 가압 경수로형
상업운전 개시	1983년 4월 9일
수명 연장	2023년 4월 설계수명 만료 → 2033년 4월 8일까지 연장

계속운전 심의 중인 국내 원전들

원전	위치	설계수명 만료	재가동 목표
고리 2호기	부산 기장군 장안읍	2023년 4월 → 2033년 4월(연장)	2026년 2월
고리 3호기		2024년 9월(가동 중단)	2026년 6월
고리 4호기		2025년 8월(가동 중단)	2026년 6월
한빛 1호기	전남 영광군 홍농읍	2025년 12월	2027년 3월
한빛 2호기		2026년 9월	2027년 3월
한울 1호기	경북 울진군 북면	2027년 12월	2028년 3월
한울 2호기		2028년 12월	2029년 3월
월성 2호기	경북 경주시 양남면	2026년 11월	수립 중
월성 3호기		2027년 12월	수립 중
월성 4호기		2029년 2월	수립 중

정부, 구글 고정밀지도 반출 보류
2026년 2월 반출 여부 결정

국토교통부와 국토지리정보원이 11월 11일 「측량성과 국외반출 협의체」 회의에서 지난 2월 구글이 신청한 고정밀(5000 대 1 축척) 디지털지도의 국외 반출 결정을 2026년 2월까지 유보하기로 했다. 구글은 앞서 정부가 요구한 보안시설 가림 처리, 좌표표시 제한 등에 대한 수용 의사를 밝힌 바 있으나 이를 반영한 보완 신청서는 제출하지 않은 것으로 확인됐다. 이에 협의체는 구글에 2026년 2월 5일까지 보완 신청서를 제출하도록 요청하고, 그때까지 심의를 중단하기로 했다.

고정밀지도 반출 요구는 무엇? 5000 대 1 축척 지도는 5000cm(50m) 거리를 지도상 1cm로 표시하는 고정밀 지도다. 정부는 2014년부터 2만 5000 대 1 축척 영문판 전자지도의 국외 반출은 허용하고 있으나, 이보다 정밀한 지도는 군사·보안상의 이유로 반출을 제한해 왔다. 이에 대해 구글은 자사 지도 서비스의 고도화를 목적으로 2007년부터 세 차례에 걸쳐 고정밀지도 반출을 요구해 왔으며, 애플을 비롯한 해외 빅테크들도 동일한 이유로 반출을 신청한 바 있다. 다만 우리 정부는 고정밀지도 반출을 허용하려면 ▷보안시설 가림(Blur) 처리 ▷좌표 삭제 ▷국내 데이터센터 운영 등 3가지 조건을 충족해야 한다는 입장이다. 구글은 과거 반출 요청 당시 좌표 삭제 등의 조건을 수용하지 않아 불허된 바 있는데, 지난 9월에는 국내 데이터센터 운영을 제외한 일부 조건을 수용하겠다고 밝힌 상태다.

오픈AI, 노래 가사 무단 사용으로
독일서 저작권 소송 패소

11월 11일 독일 뮌헨 지방법원이 독일음악저작권협회(GEMA)가 오픈AI를 상대로 제기한 소송에서 챗GPT가 독일 대중가수의 곡을 무단 학습한 행위가 저작권 침해에 해당한다고 판결했다. GEMA는 지난 2024년 11월 오픈AI가 사용료를 지불하지 않고 독일 노래 가사로 챗GPT를 학습시켰다며 소송을 제기한 바 있다. 이에 오픈AI는 가사를 이용한 훈련이 무단 복제에 해당하지 않으며, 실제 출력에 대한 책임은 사용자에게 있다고 반박했으나 법원은 이를 받아들이지 않았다. 재판부는 오픈AI에 손해배상 책임을 인정하면서, 챗GPT가 해당 가사를 어떻게 사용했는지에 대한 기록을 제출하고 이를 통해 얻은 수익까지 공개하도록 요구했다.
한편, 이번 판결은 오픈AI에 저작권 침해로 손해배상 책임을 인정한 첫 사례로, 향후 AI 학습 데이터 관련 분쟁에 중요한 선례가 될 것으로 평가된다. 다만 오픈AI는 판결에 불복해 항소 절차를 준비 중인 것으로 알려졌다.

호주, 12월 10일부터 16세 미만 소셜미디어 이용 차단
2024년 제정 「청소년 소셜미디어 금지법」 시행

오스트레일리아(호주)가 12월 10일부터 16세 미만 이용자의 소셜미디어(SNS) 이용 차단을 시행했다. 정부 차원에서 일정 연령의 청소년 전체를 대상으로 부모의 동의 여부와 관계없이 소셜미디어 계정 보유를 금지하는 것은 세계 최초로, 이는 2024년 제정한 청소년 소셜미디어 금지 법안에 따른 것이다. 해당 조치를 두고 유해 콘텐츠로부터 아이들을 보호하기 위해 필요하다는 입장과 청소년의 자유를 박탈하는 인권침해라는 비판이 맞서고 있는 가운데, 해당 조치가 가져올 효과에 대한 전 세계의 이목이 집중되고 있다.

호주의 청소년 SNS 금지법 주요 내용 호주가 2024년 통과시킨 관련 법은 16세 미만 이용자의 계정 보유를 막기 위해 합리적인 조치를 취하지 않는 소셜미디어 플랫폼에 최대 4950만 호주달러(약 485억 원)의 벌금을 부과하는 것을 핵심으로 한다. 적용 대상은 페이스북, 인스타그램, 스레드, 유튜브, 틱톡, 엑스(X·옛 트위터), 스냅챗, 레딧, 트위치, 킥 등 10개 소셜미디어인데, 향후 다른 소셜미디어도 추가될 수 있다. 이에 해당 플랫폼들은 16세 미만의 기존 계정을 삭제하거나 16세가 될 때까지 비활성화시키고 신규 계정 개설은 막게 된다. 다만 청소년이 소셜미디어를 완전히 이용할 수 없는 것은 아닌데, 로그인하지 않아도 볼 수 있는 공개 콘텐츠는 열람이 가능하다. 호주 정부는 이에 대해 로그인하지 않은 상태에서는 알고리즘에 따른 콘텐츠 추천이나 맞춤형 광고 등으로 인한 유해 요소에 노출될 가능성이 낮아진다는 설명이다.

세계 각국, 유사 규제 도입 추진 호주의 선례를 참고해 비슷한 조치를 도입하려는 각국의 움직임도 활발한데, 덴마크 정부의 경우 15세 미만의 소셜미디어 이용을 차단하기로 하고 관련 법안을 마련 중인 것으로 알려졌다. 또 말레이시아·뉴질랜드·스페인도 16세 미만 청소년의 이용을 차단하거나 제한하는 법안을 마련하거나 제정을 추진 중이다. 여기에 유럽의회는 11월 유럽연합(EU) 차원에서 16세 이상만 부모 동의와 상관 없이 소셜미디어·AI 챗봇에 접속할 수 있도록 하자는 결의안을 통과시킨 바 있다.

중국 과학계, 대기·산소 없는 달에서
산화철 광물 발견

중국과학원과 산둥대, 윈난대 공동 연구진이 11월 14일 국제학술지 《사이언스 어드밴시스(Science Advances)》를 통해 달 표면에서 산화철 광물을 확인했다고 발표했다. 이는 지난 6월 인류 최초로 달 뒷면 샘플 채취에 성공하고 귀환한 무인 탐사선 「창어 6호」가 월면에서 채집한 토양을 분석한 데 따른 것이다. 철 산화물은 반드시 산소가 있어야만 생성되는 물질인데, 산소는 물론 대기 자체가 존재하지 않는 달에서 철 산화물이 발견됐다는 점에서 귀추가 주목되고 있다.

산소 없는 달, 어떻게 산화철이? 연구진이 달 토양에서 찾아낸 것은 헤마이트(적철석)와 마그헤마이트(자철석)로, 이들은 철이 산소와 결합해 만들어지는 대표적인 철 산화물이다. 연구진은 철 산화물이 유독 「브레시아」라는 암석에서 나온다는 점에 주목했는데, 브레시아는 강력한 열과 압력으로 생성된 광물 조각의 결합체다. 이에 연구진은 과거 달에서 강한 운석 충돌이 있었고, 이때 생긴 고온의 열이 달의 암석 속에 갇혀 있던 산소 성분 방출을 유발했을 것이라고 봤다.
연구진은 창어 6호가 착륙해 철 산화물을 채취해 온 곳이 「남극 에이켄 분지」라는 점도 이러한 가설을 뒷받침한다고 설명했는데, 이 분지는 거대 운석이 42억 년 전 달 표면에 충돌하면서 만들어진 곳이다. 다만 이번 발견이 달에 생명체를 지탱할 수준의 산소가 있었다는 뜻은 아니지만, 진공 상태인 달에서 철을 녹슬게 할 정도로 상당한 양의 산소가 일시적이나마 생성됐다는 점을 보여준다는 점에서 의미가 있다는 평가다.

네이처, 딥시크 창업자 등
2025년 과학계 인물 10인 선정

국제 학술지 《네이처》가 12월 9일 올해 과학계에서 가장 중요한 순간을 만든 「네이처 10(Nature's 10)」으로 과학자를 비롯해 의사, 창업가, 아기 등 다양한 인물 10명을 선정했다. 네이처는 《사이언스》와 함께 과학계의 주요 학술지로, 2011년부터 매년 과학계에서 큰 성과를 냈거나 중요한 문제의식을 제기한 과학자 10명을 선정해 발표하고 있다.

2025년 《네이처》가 선정한 과학계 10대 인물

인물	직책	성과
토니 타이슨(미국)	미국 데이비스 캘리포니아대 (UC데이비스) 교수	베라 루빈 천문대 망원경의 디지털 카메라 기술 연구 주도
KJ 멀둔(미국)	–	세계 최초로 개인 맞춤형 유전자 교정 기술로 치료를 받은 아기
량원펑(중국)	중국 AI(인공지능) 스타트업 딥시크의 창업자	딥시크 출시로 인공지능(AI) 업계에 큰 충격
이팟 메르블(이스라엘)	이스라엘 와이즈만과학연구소 연구원	세포 내 단백질 대부분을 분해한다고 알려진 「프로테아좀」의 새로운 능력 발견
두멍란(중국)	중국과학원 심해과학 및 공정 연구소 연구원	해수면 아래 9000m 지점을 잠수정으로 탐험해 새로운 심해 생태계 발견
사라 타브리즈(영국)	영국 런던대 교수	치명적인 유전 질환인 「헌팅턴병」이 발병을 늦추는 치료법 개발
아찰 아그라왈(인도)	과학자	논문 표절·조작 추적하는 「인디아 리서치 워치」 설립
루시아노 모레이라(브라질)	브라질 오스왈도 크루즈 재단 농업 연구원	뎅기열 확산을 막기 위해 유전적 결함이 있는 모기의 개발 및 방사
프레셔스 마초소(남아프리카공화국)	세계보건기구(WHO) 정부간 협상기구(INB) 공동 의장	백신·치료제 20% 의무 공급 등 글로벌 팬데믹 조약 합의 주도
수잔 모나레즈(미국)	미국 전 질병통제예방센터장	트럼프 정부의 백신 정책에 대한 정치적 압력을 과학자적 양심으로 거부

美 타임, 올해의 인물에 AI 설계자 8인 선정
머스크·젠슨 황 등 글로벌 빅테크 CEO 대거 선정

미국 시사주간지 타임이 「올해의 인물」로 「인공지능(AI)의 설계자들」을 선정했다고 12월 11일 밝혔다. 타임은 「올해는 AI의 잠재력이 완전히 드러난 해」라며 「이제는 AI 이전 시대로 되돌아갈 수도, AI를 포기할 수도 없다」고 진단했다. 타임은 1927년 이래 매년 올해의 인물을 선정해오고 있는데, 지난 2024년에는 4년 만에 백악관에 복귀한 트럼프 대통령이 선정된 바 있다.

이날 공개된 타임 표지에는 ▷마크 저커버그(메타) ▷리사 수(AMD) ▷일론 머스크(테슬라) ▷젠슨 황(엔비디아) ▷샘 올트먼(오픈AI) ▷데미스 허사비스(구글 딥마인드) ▷다리오 아모네이(앤스로픽) ▷페이페이 리(월드랩스) 등 AI 관련 기업 최고경영자(CEO) 8명이 등장했다. 특히 이들 8명이 미국 뉴욕 맨해튼 빌딩이 내려다보이는 고층빌딩 철골 보에 앉아 있는 사진이 실렸는데, 이는 1932년 뉴욕시 록펠러센터를 건설하던 노동자들을 촬영한 유명한 사진인 「마천루 위의 점심」을 본뜬 것이다.

▲ 1932년 촬영된 사진 「마천루 위의 점심」

사실적시 명예훼손죄 폐지 vs 유지, 그 향방은?

이재명 대통령이 11월 11일 열린 국무회의에서 법무부에 「사실적시 명예훼손죄」 폐지 검토를 지시하면서 이에 대한 논란이 다시 점화됐다. 「사실적시 명예훼손죄」는 형법 제307조 1항에 규정된 것으로, 「공연히 사실을 적시하여 사람의 명예를 훼손한 자는 2년 이하의 징역이나 금고 또는 500만 원 이하의 벌금에 처한다」는 내용이다. 다만 같은 법 310조는 「적시된 내용이 진실한 사실로서 오로지 공공의 이익에 관한 때에는 처벌하지 않는다」며 예외 사유를 정하고 있다. 따라서 폭로가 사실이어도 공공의 이익에 부합하지 않는 경우가 처벌 대상이 되며, 이에 법원의 공공 이익에 대한 판단에 따라 처벌 여부가 갈리고 있다.

이 사실적시 명예훼손죄는 그 존폐를 둘러싸고 오랜 기간 논쟁이 돼 왔는데, 특히 2018년 미투(#MeToo) 운동 국면에서 피해 사실을 폭로한 피해자에게 가해자가 명예훼손 혐의로 맞고소하는 사례가 발생하면서 논란이 거세졌다. 또 양육비를 주지 않는 부모의 실명을 공개했던 시민단체 활동가들이 사실적시 명예훼손으로 수사·재판을 받아야 했던 「배드파더스」 사례도 사실적시 명예훼손죄 폐지를 둘러싼 논란을 일으킨 대표적 사건으로 꼽힌다. 사실적시 명예훼손죄는 폐지나 축소를 골자로 한 법안이 수차례 발의됐지만, 개인 사생활의 비밀이 침해될 우려가 있다는 우려가 이어지면서 국회 문턱을 넘지 못하고 모두 폐기됐다. 여기에 헌법재판소도 지난 2021년 「명예는 회복이 어려운 인격적 가치이며 형사처벌이 예방 효과를 가진다」며 사실적시 명예훼손죄에 대한 헌법소원에서 합헌 결정을 내린 바 있다.

한편, 국제 인권기구들은 사실적시 명예훼손죄에 대한 형사처벌은 과도한 위축 효과를 초래한다는 입장을 나타내고 있다. 이에 2011년 유엔인권위원회와 2015년 유엔 산하 시민적·정치적 권리에 관한 국제규약위원회는 우리나라의 사실적시 명예훼손죄 규정 폐지를 권고하기도 했다. 또 대다수 선진국에서도 사실에 대해서는 명예훼손죄를 인정하지 않는데, 미국의 경우 대부분의 주에서 명예훼손 처벌조항이 위헌 처분되거나 주의회에 의해 자발적으로 폐기되고 있다. 또 독일·프랑스·스위스·일본 등은 사실적시 명예훼손 처벌규정이 있기는 하지만, 적시된 내용이 사실인 경우에는 처벌을 면할 수 있는 규정을 두고 있다.

Tip

명예훼손죄

형법상 사실적시·허위사실적시·출판물·사자 명예훼손과 정보통신망법상 명예훼손죄 등으로 나뉜다. 이 가운데 허위사실적시 명예훼손죄의 경우 공연히 허위사실을 적시할 경우 성립하는 범죄로, 5년 이하 징역·10년 이하 자격정지 또는 1000만 원 이하의 벌금에 처해진다.

사실적시 명예훼손죄 폐지, 찬성한다

 사실적시 명예훼손죄 폐지, 반대한다

사실적시 명예훼손죄 폐지를 찬성하는 측에서는 사실을 말하는 행위가 형사처벌 대상이 되는 것은 표현의 자유를 과도하게 제한하며, 명예가 훼손돼 생기는 피해보다 한 사람이 형사처벌을 받음으로써 생기는 해악이 더 크다는 입장이다. 즉, 사실적시 명예훼손에 대한 형벌이 존재하면 사람들은 진실을 폭로하는 것을 두려워할 수 있고, 이는 결국 권력 감시, 언론 자유, 내부 고발 기능을 약화시킬 수 있다는 것이다. 특히 범죄 피해자의 경우 명예훼손에 따른 피소 우려로 가해자를 폭로하기 쉽지 않고, 오히려 가해 사실을 폭로하면 역으로 고소당해 2차 가해의 구조를 만든다는 비판이 있다.

여기에 형법이 보호하는 「명예」란 사람의 인격적 가치에 대한 사회적 평가로서 그 평가의 저하 여부를 객관적으로 측정하기 어렵다는 점을 들어 폐지를 찬성하는 의견도 있는데, 이들은 명예라는 사적 법익을 국가가 과도하게 형벌로 보호한다는 비판이다. 또 미국·유럽 등 대부분의 민주국가들이 사실적시 자체를 처벌하지 않거나 명예훼손을 형사범으로 다루지도 않는다는 점을 폐지 근거로 제시하는 의견도 있다.

사실적시 명예훼손죄 폐지를 반대하는 측에서는 개인의 인격권과 사생활을 보호할 수 있는 근거가 사라질 수 있다는 우려를 제기한다. 즉, 공익성도 없는데 한 개인의 드러내고 싶지 않은 과거를 노출시킨 행위를 처벌하지 못하게 될 경우 오히려 사생활을 침해하는 결과를 낳을 수 있다는 것이다. 예컨대 공표된 사실이 객관적 진실에 부합하더라도 개인이 숨기고 싶은 병력, 성적 지향, 가정사 등의 사생활은 개인의 명예는 물론 사회 공동체의 안전과 존엄까지 침해하는 것이라는 주장이다.

또 명예는 개인 인격의 핵심이자 기본적 법익이기 때문에, 단순한 사실이라도 훼손될 경우 형사처벌이 필요하다는 주장도 있다. 즉, 민사적 구제만으로는 즉각적인 억제력이나 경고 효과가 약할뿐더러 시간과 비용이 많이 들어, 약자가 대응하기 어려운 경우가 발생할 수 있다는 것이다. 이 밖에 정보가 복잡한 사안에서는 사실 여부가 법원 판단 전까지 불명확하다는 점에서, 사실적시 명예훼손죄가 존재해야 민감한 사안을 쉽게 폭로하지 못하고 신중한 발언을 유도할 수 있다는 목소리도 있다.

나는 이렇게 생각한다

2026 달라지는 것들

2026년 병오년(丙午年)부터 세제·금융 분야에서는 법인세가 전 구간 1% 포인트씩 상향되고, 고배당기업 주식에 대한 배당소득 분리과세가 시행된다. 부동산 분야에서는 주말부부처럼 주소지가 다른 무주택 근로자에게도 월세 세액공제가 적용되며, 공인중개사의 매매계약 신고 시 계약서와 계약금 입금 증빙자료 제출이 의무화된다. 그리고 2026년 최저임금은 전년 대비 약 2.9%(1만 30원) 인상돼 시급 기준 1만 320원이 적용되며, 지난 9월 국회를 통과한 「노동조합·노동관계조정법 개정안(노란봉투법)」은 3월 10일부터 시행된다.

🏦 세제·금융

납부지연 가산세 산정방법 변경 _ 납세자 또는 원천징수의무자가 납부고지서에 따른 지정납부기한까지 국세 등을 완납하지 않은 경우, 지정납부기한 다음 날부터 1개월이 경과할 때마다 납부지연가산세를 산정한다. 또한 납세자가 체납된 국세를 지정납부기한까지 완납하지 않아 관할 세무서장이 국세징수법에 따라 독촉하는 경우, 해당 독촉에 드는 비용을 납부지연가산세에 포함한다. 이는 7월 1일 이후 지정납부기한이 도래하는 분부터 적용된다.

법인세 전 구간 1%포인트 인상 _ 일반 내국법인의 법인세율이 ▷과세표준 2억 원 이하 10% ▷2억 원 초과 200억 원 이하 20% ▷200억 원 초과 3000억 원 이하 22% ▷3000억 원 초과 25%로 각각 1%포인트씩 인상된다. 특히 부동산임대업을 주된 사업으로 하는 내국법인 등은 ▷과세표준 200억 원 이하 20% ▷200억 원 초과 3000억 원 이하 22% ▷3000억 원 초과 25%로 각각 1%포인트씩 인상한다.

현금영수증 의무발행업종 확대 _ 기념품·관광민예품·장식용품 소매업, 사진 처리업, 낚시장 운영업, 기타 수상오락 서비스업 등 4개 업종이 현금영수증 의무발행업종에 추가되면서, 의무발행업종이 138개에서 142개로 늘어난다.

고배당기업 주식 배당소득 분리과세 _ 1월부터 거주자가 배당성향이나 배당금액 증가 등 일정 요건을 충족하는 고배당기업으로부터 받는 배당소득은 종합소득 과세표준에 합산하지 않고, 14~30%의 세율로 분리과세한다.

증권거래세율 0.05%포인트씩 상향 _ 금융투자소득세(금투세) 시행을 전제로 단계적으로 인하된 증권거래세율은 2023년 수준으로 환원(0.05%P 인상)된다. 이에 코스피 시장 거래세율은 현재 0%에서 0.05%로 조정되는데, 다만 농어촌특별세(0.15%)는 유지된다. 코스닥·K-OTC 시장(농특세 없음)의 경우 0.15%에서 0.20%로 각각 조정된다. 이 조치는 2026년 1월 1일 이후 양도분부터 적용된다.

해외 주식 양도소득세 감면 신설 _ 국내 증시로 복귀하는 서학개미의 해외 주식 양도소득세를 감면하는데, 이는 개인투자자가 2025년 12월 23일까지 보유하고 있던 해외 주식을 매각한 뒤 원화로 환전해 국내 주식에 일정 기간 투자하면 1인당 5000만 원 한도로 1년간 면제한다. 이 세제 혜택을 받으려는 사람은 증권사에 「국내

시장 복귀계좌(RIA·Reshoring Investment Account)를 만들어 해외 주식을 이체해야 한다.

유류세·자동차 개소세 인하 연장 _ 유류세 인하 조치와 유가연동보조금은 2월 말까지, 자동차 개별소비세 인하 조치는 6월 말까지 연장된다. 유류세 인하 연장 조치에 따라 인하 전 세율 대비 L당 휘발유는 57원, 경유 58원, LPG 부탄은 20원의 가격인하 효과가 2개월간 유지된다. 또한 자동차 개소세 인하 조치에 따라 소비자들은 6월 30일까지 기존 5%에서 3.5%로 감면된 개소세(100만 원 한도)를 적용받을 수 있다.

실손보험료 인상 _ 2026년 실손의료보험 보험료가 평균 7.8% 인상되는데, 상품 세대별 인상률은 ▷1세대 3%대 ▷2세대 5%대 ▷3세대 16% ▷4세대 20%대이다. 실손보험은 가입 시기에 따라 1~4세대로 분류되는데, 1세대는 2009년 9월까지, 2세대는 2017년 3월까지, 3세대는 2021년 6월까지 판매된 바 있다.

사망보험금 유동화 상품 확대 _ 현재 5개 대형 생명보험사만 운영하고 있는 사망보험금 유동화 상품이 1월 2일부터는 19개 전체 생보사로 확대되고, 월 지급 연금형 상품도 3월경 출시된다.

청년미래적금 출시 _ 중소기업 재직자·소상공인에게 우대 혜택을 제공하는 비과세상품인 청년미래적금이 6월 출시된다. 총급여 기준 개인소득 6000만 원(종합소득 기준 4800만 원) 이하이면서 동시에 가구 중위소득 200% 이하인 만 19~34세 청년이 가입할 수 있는데, 청년이 소상공인인 경우에는 연 매출 3억 원 이하이어야 한다. 이는 월 납입금에 대해 정부가 일반형 6%, 우대형 12%의 기여금을 매칭하는 식이다. 월 납입한도는 50만 원·만기는 3년으로, 원금 1800만 원과 별개로 108만~216만 원의 정부 기여금을 받을 수 있다.

12세 미만 미성년자도 본인 명의 체크카드 사용 _ 현재 체크카드는 만 12세 이상만 발급받을 수 있지만, 카드 사용이 보편화됨에 따라 체크카드 발급 연령 제한이 폐지된다. 또 미성년자 후불교통카드 이용 한도도 월 5만 원에서 10만 원으로 상향된다.

금융 접근성 낮은 지역은 우체국 통한 대출 가능 _ 은행 지점이 줄어 금융 접근성이 낮아진 지역에서는 2분기부터 우체국을 통해 은행 서비스를 이용할 수 있는 은행 대리업이 도입된다. 이에 전국 20여 개 총괄 우체국에서 4대 은행의 대출을 받을 수 있다.

카드포인트 자동사용 서비스 확대 _ 현재 우리·현대·KB카드 등 3개 카드사만 운영 중인 카드포인트 자동사용 서비스가 나머지 5개 카드사로 확대돼 전업 카드사 전체에 적용된다. 특히 65세 이상 고령층의 카드포인트는 별도로 신청하지 않아도 자동으로 차감된다.

영문공시 의무 대상법인 확대 _ 5월부터 영문공시 의무 대상법인이 자산 10조 원 이상 등 대규모 코스피 상장사에서 자산 2조 원 이상 코스피 상장사로 확대된다.

불법사금융 예방대출 개편 _ 1월 2일부터 실질 금리를 15.9%에서 5~6%대로 대폭 완화하고, 상환방식을 만기일시 상환방식(1년)에서 원리금 균등분할 상환방식(2년)으로 변경한다.

🏠 부동산

주택 매매계약 신고관리 강화 _ 1월부터 공인중개사가 매매계약을 신고할 때 계약서와 계약금 입금 증빙자료 제출이 의무화된다. 이는 그간 신고 과정에서 증빙 요구가 없어 자전거래나 실거래의 왜곡 가능성이 제기돼 온 점을 고려한 것이다. 또 허위·편법 자금조달을 막기 위해 자금조달계획서 양식이 개정되는데, 이는 대출유형을 세분화하고 금융기관명을 직접 기재하도록 해 대출 출처를 명확히 하도록 한 것이다.

은행권 주택담보대출 관리 강화 _ 주택담보대출 위험가중치 하한을 15%에서 20%로 높이는 조치가 1월부터 시행된다. 이는 가계부채 증가 속도를 조절하고 부동산 시장으로의 과도한 자금 유입을 막기 위함이다.

월세 세액공제 대상·규모 확대 _ 주말부부처럼 주소지가 다른 무주택 근로자에게도 월세 세액공제가 적용된다. 공제한도는 세대주와 배우자의 월세액을 합산해 최대 1000만 원까지 인정된다. 3자녀 이상인 경우 세액공제 적용 대상 주택 규모를 지역 구분 없이 100m² 이하 또는 시가 4억 원 이하로 확대한다.

재건축사업장 이주 세입자에 버팀목 전세자금 대출 지원 _ 재건축사업장 이주 세입자에게 버팀목 전세자금대출을 지원하는데, 소득 기준은 부부합산 연소득 5000만 원 이하이다. 다자녀의 경우 6000만 원, 신혼부부는 7500만 원이다.

주택담보대출 금액별 주택신용보증기금 출연요율 차등 적용 _ 기존에는 고정·변동금리, 은행·주택도시기금 등 대출 유형에 따라 0.05～0.30%로 차등 적용했다. 4월부터는 평균 대출액 이하에는 0.05%, 평균 대출액 초과～2배 이내는 0.25%, 평균 대출액 2배 초과는 0.3%를 적용해 대출금액에 따라 차등을 두게 된다.

소규모주택정비사업 규제 완화 _ 2월부터 도심 공급의 한 축을 맡는 소규모주택정비사업 규제가 완화되는데, 가로구역 기준이 손질돼 공원·주차장 등 예정 기반시설 계획을 제출한 경우에도 사업 추진이 가능해진다. 또 신탁업자가 사업시행자로 참여하기 위한 요건도 낮아지는데, 이는 토지신탁 요건을 삭제하고 토지 등 소유자 과반 추천이나 조합설립 동의 요건만 충족하면 된다.

외국인 주택거래 관리 강화 _ 수도권 주요 지역 토지거래허가구역 내 주택을 매수하는 외국인은 2년 실거주 요건을 충족해야 한다. 또 체류자격과 국내 주소 보유 여부, 183일 이상 거소 여부도 신고해야 하며, 자금조달계획서 및 관련 입증 서류도 제출해야 한다. 이는 부동산거래신고법 시행령이 시행되는 2월 10일 이후 체결되는 거래 계약부터 적용된다.

주택임대관리업 관리기준 변화 _ 임차인 보호와 임대시장 관리 강화를 위해 단독주택·공동주택·준주택(임대형 기숙사·오피스텔)을 합산해 일정 규모 이상이면 등록이 의무화된다.

부동산감독원 설립 _ 10·15 주택시장 안정화 대책의 후속 조치로, 금융시장을 감독하는 금융감독원처럼 부동산 시장을 감독할 기구인 「부동산감독원」(가칭)이 설립된다. 부동산감독원은 수사조직인 특별사법경찰(특사경)을 포함해 불법 행위를 직접 수사하고, 관계기관 수사 기획·조율을 통해 불법행위 대응에 효율성을 높이는 역할을 하게 된다.

🔨 행정·법무

주민등록 등·초본, 개인정보 최소화 _ 세대주의 배우자 외 가족(부모·자녀·형제자매 등)은 모두 「세대원」으로, 그 외의 경우에는 「동거인」으로 단순 표기된다. 다만 민원인이 희망하는 경우 기존 표기법대로 등·초본에 상세한 가족관계를 표기할 수 있다.

부양의무 못한 유족의 사망 관련 급여 제한 _ 미성년 자녀에 대한 부양의무를 중대하게 위반하거나 범죄행위 등을 한 유족의 상속권을 박탈해 ▷유족연금 ▷미지급급여 ▷반환일시금 ▷사망일시금을 지급받지 못하도록 한다. 이미 급여를 받았을 경우에는 환수 조치가 이뤄진다.

담배 유해성분 전면 공개 _ 2025년 11월 1일부터 시행된 「담배유해성관리법」에 따른 후속 조치로, 담배 제조·수입·판매업자는 2년마다 당해 6월 말까지 제품 품목별로 유해성분 함유량 검사를 받고 이를 식약처에 제출해야 한다. 식약처장은 제출받은 검사결과서 등을 토대로 담배의 유해성분 정보와 각 유해성분의 유해성 정보를 홈페이지 등에 공개해야 하며, 검사 결과가 제출되지 않은 담배제품은 회수 및 폐기될 수 있다.

술병에 「음주운전」 경고 표시 _ 9월 19일부터 시중에서 판매되는 모든 주류제품의 라벨에 음주운전의 위험성을 알리는 경고를 표시하게 된다. 음주운전과 관련해서는 「음주운전은 자신과 다른 사람의 생명을 위태롭게 할 수 있습니다」라는 문구와 함께 술잔·술병·자동차가 그려진 금지 표지 그림이 추가된다. 또 소비자들이 경고 내용을 더 쉽게 읽을 수 있도록 글자 크기가 술병의 용량에 따라 커지게 된다.

개인통관고유번호에 유효기간 신설 _ 2026년부터는 개인통관고유부호의 안전성을 높이기 위해 유효기간이 생기게 된다. 이미 기존 번호가 있는 이용자는 2027년 본인 생일을 기준으로 만료된다.

성별근로공시제, 「고용평등 임금공시제」로 확대 _ 노동시장 성별격차 완화를 목표로 공공부문에 시범 운영 중인 「성별근로공시제」가 공공과 민간 전반에 적용되는 「고용평등 임금공시제」로 확대 개편된다. 이를 통해 성별격차를 나타내는 지표를 설계하고 공시와 진단, 개선 구조를 확립한다는 방안이다.

풍수해·지진재해보험 혜택 확대 _ 풍수해·지진 재해보험은 예기치 못한 풍수해나 지진재해에 국민 스스로 대처할 수 있도록 정부가 보험료의 일부(55~100%)를 지원하는 정책보험이다. 이에 따르면 기상특보가 발효되지 않은 지역이라노 인접 시역에 기상특보가 발효됐고 피해 사실이 확인될 경우 보상을 받을 수 있다. 특히 소상공인(상가·공장)이 풍수해나 지진재해 등으로 피해가 발생하면 지원받는 연간 보장한도는 사고당 보장한도의 2배로 확대된다.

 고용·노동

최저임금 1만 320원 _ 2026년 최저임금은 전년 대비 약 2.9%(1만 30원) 인상돼 시급 기준 1만 320원이다. 1일(하루) 8시간 기준 일급은 8만 2560원, 주 40시간제 사업장의 월급은 215만 6880원(주휴수당 포함)이다. 이는 업종과 관계없이 근로자 1명 이상을 사용하는 모든 사업장에 2026년 1월 1일부터 12월 31일까지 적용된다.

노란봉투법 시행 _ 지난 9월 「노동조합·노동관계조정법 개정안(노란봉투법)」이 국회를 통과함에 따라 3월 10일부터 시행된다. 노란봉투법은 ▷노동조합법상 사용자 개념 확대 ▷노동쟁의 범위 확대 ▷적법한 쟁의행위에 대한 손해배상 청구 제한 ▷사용자의 손해배상청구권 남용 금지 등을 담고 있다.

4대보험 요율 변경 _ 2025년 4월 개정된 국민연금 개혁안에 따라 국민연금 보험료율이 9%에서 9.5%로 상향돼 사업주와 근로자가 각각 4.75%를 부담한다. 건강보험료율은 7.09%에서 7.19%로 인상돼 사업주와 근로자가 각각 3.595%씩 부담하며, 장기요양보험료율도 건강보험료의 12.95~13.14% 수준으로 인상된다.

근로자의 날, 「노동절」로 명칭 변경 _ 근로자의 날에 관한 법률 전부개정안이 국회를 통과함에 따라 5월 1일부터 근로자의 날 명칭이 「노동절」로 변경된다. 이는 1963년 근로자의 날 제정 이래 63년 만이다.

육아기 근로시간 단축급여 지급기준 완화 _ 매주 최초 10시간 단축분에 적용되는 급여 산정 기준금액 상한이 220만 원에서 250만 원으로 인상되고, 나머지 근로시간 단축분에 대해서도 150만 원에서 160만 원으로 상향된다.

육아휴직 업무분담지원금 지원 수준 인상 _ 육아휴직자의 업무를 분담한 동료 근로자에게 금전적 지원을 한 중소기업 사업주에게 지급되는

「육아휴직 업무분담지원금」의 지원수준이 인상된다. 현재 월 20만 원인 지급한도는 30인 미만 사업장의 경우 월 60만 원, 30인 이상 사업장은 월 40만 원으로 인상된다.

대체인력지원금 혜택 확대 _ 육아휴직에 들어간 근로자의 대체인력을 고용한 사업주에게 지급하는 대체인력지원금 지급기간을 복직 후 1개월까지 늘리고, 기존처럼 절반을 사후에 주는 방식 대신 대체인력 근무기간 중 전액 지급하는 방식으로 변경한다.

상습 임금체불 사업장 전수조사 확대 _ 임금체불 근절을 위해 상습체불 사업장에 대한 전수조사가 단계적으로 확대되는데, 2026년에는 직전 1년간 2회 이상 임금체불이 발생한 사업장으로 조사 대상을 넓힌다. 그리고 2027년에는 모든 체불 신고 사업장을 대상으로 전수조사를 실시하게 된다.

실업급여(구직급여) 상한액 인상 _ 구직급여 산정의 기준이 되는 임금일액 상한이 현행 11만 원에서 11만 3500원으로 상향되면서, 구직급여 상한액도 6만 6000원에서 6만 8100원으로 오르게 된다. 이처럼 실업급여 상한액이 오르는 것은 2019년 이후 6년 만이다.

주 4.5일제 도입 중소기업에 장려금 지급 _ 중소기업이 주 4.5일제를 도입할 경우 근로자 1명당 월 최대 60만 원의 장려금을 사업주에게 지급한다. 이는 대기업에 비해 유연근무제 도입이 어려운 중소기업의 참여를 유도하기 위한 조치이다.

직장인 식대 지원사업 시행 _ 식생활 여건 등이 취약한 인구감소지역의 산업단지 근로자 및 중소기업 직장인을 대상으로 점심 식비를 지원하는 「직장인 든든한 한끼」 시범사업이 시행된다. 이는 근로지 내 외식업종에서 점심시간(오전 11시~오후 3시)에 결제한 금액의 20%를 월 4만 원 한도로 지원한다.

🤝 보건·복지

비대면 진료 제도화 _ 코로나19 시기부터 약 5년 9개월 동안 시범사업 형태로 운영돼온 비대면 진료가 제도화된다. 비대면 진료가 가능한 환자는 기본적으로 해당 의료기관에서 일정 기간 내 동일 증상으로 대면 진료를 받은 재진 환자다. 초진 환자의 경우 환자 거주지와 의료기관 소재지가 동일 지역이면 비대면 진료를 받을 수 있다. 다만 희귀질환자와 제1형 당뇨병 환자는 지역 제한 없이 초·재진 모두 가능하다.

도수치료, 관리급여로 지정 _ 그동안 과잉진료와 지나친 가격 차이 등의 비판을 받아 온 도수치료·경피적 경막외강 신경성형술·방사선온열치료가 관리급여로 지정된다. 이에 이들 치료는 건강보험 체계로 편입되고, 본인부담률 95%가 적용된다.

한국형 주치의 시범사업 시행 _ 2026년부터 일부 지역을 선정해 3년간 한국형 주치의 시범사업이 운영된다. 이는 내가 사는 동네 병원에 「나만의 주치의」를 지정하고, 매달 일정 금액을 지불해 건강과 생활습관 관리를 받을 수 있는 서비스이다. 시범사업 참여 대상은 시행 첫해인 2026년에는 50세 이상부터 시작하되, 환자별 건강 위험도에 따른 의료비 연구, 시범사업 데이터 분석 등을 토대로 대상을 확대하게 된다.

가습기살균제 피해, 국가 중심 배상체계로 전환 _ 가습기살균제 사건이 「참사」로 공식 규정되고, 피해구제 체계가 국가 책임에 따른 배상체계로 전환된다. 이에 국가가 참사 피해자의 치료비, 일실이익, 위자료 등의 명목으로 배상금을 지급하게 된다. 손해배상 책임은 기존 기업 단독에서 기업과 국가가 공동으로 부담하는 방식으로 변경되며, 현재 환경부에 있는 피해구제위원회는 국무총리 소속 배상심의위원회로 개편된다.

난임 시술 지원 확대 _ 현재 보조생식술 등 난임 시술비용을 지원받기 위해서는 보건소에서 지원 자격을 확인한 뒤 지원결정통지서를 받고, 통지서 유효기간인 3개월 이내에 시술을 시작하도록 돼 있다. 그러나 2026년부터는 편의성을 높이기 위해 지원결정통지서 유효기간을 3개월에서 6개월로 연장한다.

HPV 예방접종 대상 확대 _ 현재 12~17세 여성 청소년에게만 지원되는 사람유두종바이러스(HPV) 예방접종 대상이 2026년에는 12세가 되는 남아도 포함된다. 또 계절독감 예방접종의 경우 무료접종을 받을 수 있는 아동 연령이 6개월에서 14세까지로, 2025년보다 1살 더 늘어난다.

아동수당, 만 8세까지 지원 _ 그간 만 7세 이하 아동에게만 지급되던 아동수당이 2026년부터 만 8세까지 확대된다. 이는 지역별로 차등화해 지원되는데, 수도권 거주 아동은 기존과 동일하게 월 10만 원을 받지만 비수도권 지역은 월 10만 5000원을 받게 된다. 여기에 인구감소가 심각한 특별지원지역 40곳은 월 12만 원, 그 외 인구감소지역 44곳은 월 11만 원으로 지원금이 상향 조정된다.

기준 중위소득 인상 _ 4인 가구의 기준 중위소득이 상향되면서 기초생활보장(생계, 의료, 주거, 교육급여), 긴급복지, 청년무주택자 월세 지원 등 여러 복지사업의 지원 대상이 확대된다.

가족돌봄청년에 연 200만 원 지원 _ 가족돌봄청년에게 가족 병원 동행 등 일상돌봄서비스를 연계하고, 자기 돌봄비로 연간 200만 원을 지급한다. 또 타인과 관계가 단절된 채 집에만 머무르는 고립은둔청년에게는 일상 회복, 관계 회복, 일 경험 등 개인별 고립도에 따른 서비스를 제공한다. 아울러 가족돌봄·고립은둔청년을 전담 지원하는 「청년미래센터」는 2025년 4곳에서 2026년 8곳으로 확충된다.

의료급여 부양비 제도 폐지 _ 기존에는 자녀에게 소득이 있으면 의료급여 대상에서 제외됐으나, 2026년부터는 부모의 실제 소득과 재산만 보고 지원 여부를 결정하게 된다.

통합돌봄서비스 전국 시행 _ 3월부터 요양병원이 아닌 살던 집에서 의료와 요양 서비스를 받는 「통합돌봄서비스」가 전국적으로 시행된다. 이는 거동이 불편한 중노년이나 중증 장애인을 대상으로 하며, 읍면동 행정복지센터나 국민건강보험공단 지사에서 신청할 수 있다.

여성청소년 생리용품 지원사업 신청 간소화 _ 주민센터나 복지로를 통해 생리용품 이용권(바우처)을 신청할 때 국민행복카드 발급도 동시에 신청할 수 있도록 절차를 간소화한다. 즉, 생리용품 지원을 신청하면서 국민행복카드 상담전화를 위한 개인정보 제공에 동의하면 카드사에서 상담전화를 통해 신청인 정보 확인을 거쳐 실물 카드를 발급해 준다.

교육·보육

유아 무상교육·보육 대상 확대 _ 유아 무상교육·보육 대상을 5세에서 4~5세로 확대하고, 0세반 교사 대 아동 비율을 1 대 3에서 1 대 2로 개선한다. 여기에 영아반 교사 근무환경개선비는 월 26만 원에서 28만 원으로, 유아반 교사 처우개선비는 월 36만 원에서 38만 원으로 인상된다.

전국 방과 후 돌봄시설 운영시간 연장 _ 1월 5일부터 전국 방과 후 돌봄시설 5500여 개 중 360곳의 운영시간이 최대 자정까지 연장된다. 야간 연장돌봄 사업은 지난 6월과 7월 아파트 화재에 따른 아동 사망사건에 대응한 범부처 대책의 일환이다. 360곳 가운데 326곳은 오후 10시까지, 34개소는 밤 12시까지 운영한다.

초중고교, AI 기본교육 확대 _ 일반 학교보다 정보 과목 시간이 더 많은 AI 중점학교를 현재

730개교에서 2028년까지 2000개교로 늘린다. AI 중점학교는 연간 정보 시간을 일반 학교(68시간)보다 34시간 더 많은 102시간(중학교)까지 편성할 수 있다.

민주시민교육 강화 _ 민주시민교육 추진계획을 수립하고 학교민주시민교육법 제정을 추진하는 등 범부처 협력하에 민주시민교육 강화가 이뤄진다.

인공지능(AI) 거점대학 신규 지정 _ 인공지능(AI) 거점대학 3곳을 신규 선정해 지역별 AI 교육·연구 기반을 강화한다. 여기에 두뇌한국21(BK21) 사업을 통해 17개 AI 교육연구단과 AI 융합 연구단 3개도 뒷받침한다. 또 대학(원)생의 학업 부담을 덜기 위한 AI 분야 학업장려대출도 신설된다.

🚋 교통

KTX와 SRT 통합 _ 3월부터 KTX와 SRT 교차 운행을 시작으로 2026년 말까지 코레일과 SRT로 나뉜 고속철 운영체제가 10년 만에 통합된다. 이에 앞서 3월부터 KTX와 SRT 앱은 역 검색 시 인접역을 함께 표출하도록 바뀌고, 하반기에는 단일 앱에서 결제·발권이 가능해진다.

대중교통 환급 확대, 「모두의 카드」 도입 _ 교통비 절감 서비스 K-패스의 환급 혜택을 늘린 「모두의 카드」가 도입된다. 모두의 카드는 한 달 동안 환급 기준금액을 초과해 대중교통비를 지출한 경우 초과분에 대해 모두 돌려주는 것이다. 환급 기준금액은 대중교통 인프라 구축 상황과 인구 감소 등을 고려해 수도권, 일반 지방권, 우대지원지역, 특별지원지역 등 4개 지역과 유형별로 차등을 뒀다. 환급 혜택은 ▷시내·마을버스 ▷지하철 ▷수도권광역급행철도(GTX) 등 모든 대중교통수단에 적용되며, 지방을 포함한 전국의 모든 지역에서 이용할 수 있다.

상습 음주운전자 차단 _ 10월부터 최근 5년 안에 두 차례 이상 음주운전을 한 사람은 면허 취소 이후 일정 기간이 지나 재취득하더라도 「조건부 면허」를 받게 된다. 이 경우 술이 감지되면 아예 시동이 걸리지 않는 음주운전 방지 장치를 차량에 설치해야만 운전이 가능한데, 결격 기간은 기존처럼 2년이 적용된다. 이는 반복되는 음주운전 사고를 구조적으로 차단하겠다는 취지다.

약물운전 처벌 강화 _ 약물운전의 형량이 기존 3년 이하의 징역 또는 1000만 원 이하의 벌금에서, 5년 이하의 징역 또는 2000만 원 이하의 벌금으로 상향된다. 또 약물 측정에 불응할 경우 「5년 이하의 징역 또는 2000만 원 이하의 벌금」에 처하는 조항이 신설된다. 이는 프로포폴이나 졸피뎀 같은 향정신성의약품을 복용한 뒤 운전하다 사고를 내는 사례가 늘어난 데 따른 것이다.

운전면허 발급 강화 _ 기존에는 7년 무사고 요건만 충족하면 제2종 운전면허 소지자가 적성검사만으로 1종 면허를 취득할 수 있었지만, 2026년부터는 자동차 보험가입증명서 등으로 실제 운전 경력을 입증한 경우에만 적성검사 후 1종 면허를 발급받을 수 있다. 또 운전면허 갱신기간 산정 기준은 기존 연 단위(1월 1일~12월 31일)로 일괄 부여하던 방식에서 개인 생일 전후별 6개월로 변경한다.

전기차 구매 시 정부 지원 보조금 증액 _ 전기차의 경우 1대당 보조금 단가가 승용차 300만 원, 버스(일반) 7000만 원, 화물차 1억 원이다. 여기에 내연기관차를 전기차로 바꿀 경우 정부가 보조금을 100만 원을 추가 지급하는데, 이는 전기차 보급을 촉진하고 노후화된 내연기관차의 폐차를 유도하기 위함이다.

화물차 안전운임제 재시행 _ 화물차 안전운임제가 2026년 1월 1일~2028년 12월 31일 3년 시한으로 재시행된다. 이는 지난 2020~2022년 3년 일몰제로 시행됐던 제도와 사실상 동일하다.

♻ 환경·기상

생수병 무라벨 의무화 제도 시행 _ 1월부터 먹는샘물의 제조·유통 과정에서 라벨 부착을 전면 금지하는 「무라벨 의무화 제도」가 시행된다. 무라벨 제품은 기존 라벨 대신 병마개에 인쇄된 QR코드를 통해 제품 정보를 제공하며, 소포장 제품은 제품 정보를 소포장지의 겉면 또는 운반용 손잡이에 표시한다. 다만 제품이나 묶음포장 제품이 아닌, 가게 등에서 낱개로 판매되는 제품은 1년의 계도기간이 적용된다.

수도권 쓰레기 직매립 금지 _ 수도권 생활폐기물 직매립이 1월부터 원칙적으로 금지된다. 이는 쓰레기를 봉투째 매립지에 바로 묻지 못하게 하는 것으로, 종량제 봉투에 담아 버린 생활폐기물을 무조건 태운 후 소각재와 잔재물만 매립지에 묻도록 한 것이다. 다만 2021년 이후 수도권에 신설된 소각장이 한 곳도 없다는 점에서 향후 쓰레기 대란이 발생할 수 있다는 우려가 나온다.

재생에너지 맞춤형 기상서비스 제공 _ 정부의 2025 국가온실가스 감축목표(NDC) 확정으로 재생에너지 보급이 빨라지는 데 맞춰, 태양광이나 풍력 발전량 및 수요 예측을 위한 자료를 생산해 이를 온라인에 공개한다.

폭염특보 변경 _ 최고 체감기온에 따라 주의보와 경보로 나뉜 이전 폭염특보 단계에 「폭염중대경보」가 신설된다. 이는 견딜만한 더위와 재난 수준의 더위를 구분하기 위함으로, 6월부터 일최고체감온도 35도 이상이 이틀 이상 지속할 것으로 보이는 폭염에 활용될 계획이다.

지진조기경보 서비스 개편 _ 6월부터 지진피해 가능성이 높은 지진 발생 주변 지역에는 현장경보를 발령한다. 지진 현장경보는 예상 진도 6 이상의 지진이 발생하면 보내는 알림이다.

♡ 농업

농어촌 기본소득 시범사업 실시 _ 2026년부터 경기 연천군을 포함해 강원 정선군, 충남 청양군, 충북 옥천군, 전남 신안군·곡성군, 전북 순창군·장수군, 경남 남해군, 경북 영양군 등 전국 10개 지역에서 농어촌 기본소득 시범사업이 실시된다. 이 지역 주민들은 2년간 월 15만 원의 지역사랑상품권을 지급받게 되는데, 일부 지역은 군비 등을 더해 20만 원이 지급된다.

농업인 연금·건강보험료 지원 확대 _ 농업인 연금보험료 기준소득금액이 기존 103만 원에서 106만 원으로 인상되면서 월 최대 지원액이 5만 350원으로 늘어난다. 건강보험료 지원 금액도 월 최대 지원액 10만 5090원에서 10만 6650원으로 늘어나게 된다.

여성농업인 공동경영주 인정 확대 _ 3월부터 경영주의 배우자인 여성농업인이 일시적으로 취업하더라도 연간 90일 이상 농업에 종사하는 경우, 연간 농외 근로소득 2000만 원까지는 공동경영주로 등록·유지된다.

농업분야 외국인 노동자 확대 _ 2026년 계절근로 외국인 노동자 농가배정 규모가 상반기에만 8만 7375명으로, 2025년 상반기 배정인원 6만 1248명보다 약 43% 확대된다. 여기에 하반기에도 농가 수요를 반영하여 계절근로 외국인 노동자가 추가 배정될 계획이다. 아울러 그간 고용허가 외국인 노동자를 배정받지 못했던 곡물 및 기타 식량작물 재배업 분야도 2026년부터는 외국인 노동자 배정이 가능해지게 된다.

시사용어

① 정치·외교·법률

골드카드(Gold Card) ▼

"도널드 트럼프 미국 행정부가 100만 달러(약 14억 7000만 원)를 내면 미국 영주권을 신속하게 발급해주는 「트럼프 골드카드」 신청 접수를 12월 10일 시작했다. 트럼프 대통령은 앞서 지난 2월 기존의 투자이민 비자(EB-5) 제도를 없애고 골드카드 제도 도입을 예고한 바 있다."

도널드 트럼프 미국 대통령이 올 2월 도입 방침을 밝힌 데 이어 9월에 관련 행정명령에 서명하면서 공식화한 미국 영주권 부여 제도다. 이는 신청자가 1만 5000달러(약 2200만 원)의 행정 수수료를 내고 국토안보부(DHS)의 신원 조회 절차 등을 통과한 뒤 100만 달러(기업의 경우 200만 달러)를 기부금으로 납부하면 몇 주 내에 EB-1 또는 EB-2 비자 지위를 얻을 수 있다. 기업 골드카드는 기업이 특정 직원을 영주권 대상자로 지정할 수 있는데, 여기에는 연간 1%의 유지 수수료가 부과된다. 골드카드는 기존 투자이민(EB-5) 비자 프로그램을 대체하는데, 1992년에 도

입된 EB-5 비자는 지역에 따라 90만~180만 달러(약 13억~26억 원)를 투자할 경우 영주권을 주는 프로그램을 말한다.

국정안정법(재판중지법) ▼

"더불어민주당이 11월 3일 대통령실과의 조율 끝에 재판중지법을 전면 백지화한다고 밝혔다. 이와 같은 민주당의 입장 선회에는 이재명 대통령의 의중이 크게 작용한 것으로 보이는데, 실제 강훈식 대통령 비서실장은 이날 「당에 사법개혁안 처리 대상에서 재판중지법을 제외해 달라고 요청했다」고 밝혔다."

더불어민주당 김용민 의원이 대표 발의한 형사소송법 개정안으로, 현직 대통령의 형사재판을 중단하는 내용이다. 즉, 형사소송법에 「피고인이 대통령 선거에 당선됐을 때 법원은 당선된 날부터 임기 종료 시까지 결정으로 공판 절차를 정지한다」는 내용을 신설하는 것이다. 해당 개정안은 대법원이 지난 5월 1일 당시 이재명 대선후보의 공직선거법 사건을 유죄 취지로 파기 환송한 뒤 발의됐으며, 같은 달 7일 법사위 소위를 통과해 본회의에 부의됐다가 연기됐었다. 그러다 김대웅 서울고법원장이 10월 열린 국정감사에서 이 대통령 재판에 대해 이론적으로 재개가 가능하다는 취지로 답하고 야당이 재판 재개를 주장하면서, 법안을 다시 처리하자는 목소리가 높아진 바 있다.

국제형사재판소 (ICC·International Criminal Court) ▼

"미국 정부가 최근 국제형사재판소(ICC)에 「트럼프와 미국 정부 고위급 관계자들을 기소하지 않겠다」는 약속을 내부 규정에 명문화할 것을 요구했다고 로이터가 12월 10일 보도했다. 그러면서 가자 사태와 관련해 전쟁범죄 혐의를 받고 있는 베냐민 네타냐후 이스라엘 총리 등에 대한 조사 중단도 요구했다. 미국은 만약 이를 따르지 않을 경우 ICC라는 조직 자체와 ICC 관계자들에 대한 자산 동결, 비자 취소, 입국 금지 등의 방법으로 직접 제재하겠다고 밝혔다."

집단살해죄, 전쟁범죄, 반인도적 범죄를 저지른 개인을 형사처벌하기 위해 설립된 세계 최초의 상설 전쟁범죄재판소다. 1998년 반인도범죄 등을 명시한 다자조약인 로마규정이 채택되면서 2002년 7월 발족했으며, 소재지는 네덜란드 헤이그다. ICC는 해당 국가가 전쟁범죄 등에 대한 재판을 거부하거나 재판할 능력이 없다고 판단될 때 재판 절차에 들어간다. 다만 2002년 7월 이전에 발생

한 행위는 다룰 수 없도록 「불소급 원칙」이 적용되며, 최고 형량은 징역 30년(극단적인 경우 종신형)이다. 회원국은 한국(2003년 2월 가입)을 포함해 123개국에 이르지만, 정작 미국·러시아·중국 등이 빠져 있는 점은 한계로 지적된다.

군사분계선
(MDL·Military Demarcation Line) ▼

"국방부가 11월 17일 군사분계선(MDL) 기준선 설정을 논의하기 위한 군사회담을 북한에 제안했다. 이는 이재명 정부의 첫 군사회담 제안인데, 남북 군사회담은 지난 2018년 문재인 정부를 끝으로 열리지 않고 있는 상태다. 국방부는 회담을 제안한 이유에 대해 북한군이 MDL 일대에 전술도로와 철책선을 설치하고 지뢰를 매설하는 과정에서 일부 인원이 MDL을 넘어오는 상황이 지속적으로 발생하기 때문이라고 설명했다."

두 교전국 사이에 협정에 의해 구획된 군사활동의 경계선으로, 보통 휴전이 성립된 시점의 전선을 분계선으로 삼는다. 한국의 군사분계선은 1953년 7월 27일 유엔군 측과 공산군 측이 합의한 정전협정에 의해 육상에 그어진 선, 즉 「휴전선」을 의미한다. 휴전선의 길이는 모두 155마일(약 250km)로, 서쪽으로 예성강과 한강 어귀의 교동도에서부터 개성 남방의 판문점을 지나 중부의 철원·금화를 거쳐 동해안 고성의 명호리까지 이른다. 그리고 남북한은 군사분계선 후방으로 남북 양쪽 2km에 비무장지대(DMZ)를 설치, 완충구역으로 설정했다. 군사분계선은 약 200m 간격으로 설치된 황색 표지판으로 구분하고 있는데, 표지판은 남쪽에서 북쪽으로 향한 것은 한글과 영어로, 북쪽에서 남쪽으로 향한 것은 한글과 한자로 각각 표기돼 있다. 그 개수는 1292개에 달하며 이 가운데 유엔사가 696개, 북측이 596개를 관리한다. 그러나 설치된 지 70여 년이 넘으면서 일부 지역의 표지판이 부서지거나 없어져 명확히 식별 가능한 표식물은 200여 개로 알려져 있다. 이에 상대방 군인이 실제 군사분계선을 월선(越線)했는지 애매해 논란을 빚는 경우가 잦아진 것으로 알려진다.

그린란드(Greenland) ▼

"덴마크의 양대 첩보 기관 중 하나인 국방정보국이 12월 10일 공개한 「2025 첩보전망」 보고서에서 사상 처음으로 동맹국 미국을 잠재적 안보 위협으로 판단했다. 덴마크는 도널드 트럼프 미국 대통령이 자국 영토인 그린란드 병합 의지를 지속적으로 밝히자 내정 간섭이라며 반발하고 있는데, 이번에는 정부 차원에서 미국을 안보 위협으로 지목한 것이다."

유럽과 북미 대륙 사이에 위치한 면적 약 217만 5,600km²의 세계에서 가장 큰 섬으로, 덴마크 자치령이다. 원주민은 약 4500년 전 정착한 이누이트(Inuit)이다. 덴마크인들은 1721년 그린란드에 정착했으며, 1814년부터 식민지로 지배하기 시작했다. 그린란드는 1979년 그린란드 자치령(Home Rule)이 됐고, 2008년에는 주민투표를 통해 자치법안이 통과됐다. 이에 따라 2009년 6월부터 외교·국방·통화권을 제외한 치안, 사법, 회계, 광업, 항공 등 대부분의 영역에서 자치권을 행사하고 있다. 한편, 그린란드는 국토의 85%가 얼음으로 덮여 경작이 가능한 땅은 2%에 불과하지만, 희토류를 비롯한 천연자원이 풍부해 전 세계의 주목을 받고 있다.

도널드 트럼프 미국 대통령이 12월 21일 제프 랜드리 루이지애나 주지사를 「그린란드 특사」에 임명한다고 발표하면서 그린란드를 둘러싼 덴마크와 미국 간의 갈등이 재점화됐다. 이에 덴마크 정부는 즉각 미국 대사를 외교부로 초치해 강력히 항의했는데, 트럼프 대통령은 올해 초 2기 취임 직후 덴마크령 그린란드를 미국 영토로 삼겠다고 공언하면서 갈등을 조성해 왔다.

대나무 외교(Bamboo Diplomacy) ▼

줄기는 단단하지만 가지는 부드러운 대나무에 빗대 공산당 독재 국가의 정체성을 유지하면서도 서방과 폭넓게 교류하는 베트남의 외교 정책을 일컫는 말이다. 이는 2016년 당시 응우옌푸쫑 베트남 서기장이 베트남의 외교정책 노선을 설명하며 처음 사용한 데서 시작됐다. 베트남은 중국 등과 정치적 노선(공산주의)을 같이하면서도 이를 견제하려는 미국과의 관계도 발전시켜 나가는 외교 방식을 취하고 있다. 이러한 외교기

조에 따라 현재 베트남이 최상위급 외교 관계인 「포괄적 전략 동반자」 관계를 맺고 있는 나라에는 자유 진영(미국·일본·프랑스·호주)과 권위주의(중국·러시아), 비동맹(인도) 등이 골고루 포진돼 있다.

동티모르(East Timor) ▼

"동티모르가 10월 26일 말레이시아 쿠알라룸푸르에서 개막한 아세안(ASEAN·동남아시아국가연합) 정상회의에서 아세안 회원국으로 가입했다. 동티모르의 가입으로 아세안은 1999년 캄보디아 가입 이후 26년 만에 새 회원국을 받아들여 11개국 체제가 됐다."

인도네시아와 오스트레일리아(호주) 사이에 있는 티모르섬의 동쪽 지역에 위치한 국가다. 동티모르는 1975년 포르투갈의 식민지배로부터 독립했으나 1976년 인도네시아에 강제 병합되면서 오랜 기간 독립 투쟁을 전개했다. 이 과정에서 인도네시아의 무자비한 진압으로 약 20만 명의 동티모르인들이 사망하는 유혈사태(동티모르 사태)가 일어나면서 국제사회의 이목이 집중됐다. 이후 동티모르 문제에 대한 국제사회의 압력이 지속되자 인도네시아는 동티모르의 독립 여부를 묻는 주민투표 실시 요구를 수용했고, 1999년 8월 해당 투표가 실시됐다. 그 결과 대다수가 독립을 찬성했으나, 친인도네시아 민병대의 독립 반대와 인권침해 행위가 계속되면서 독립 일정 추진에는 차질이 빚어졌다. 이에 유엔은 평화유지군 성격의 「동티모르 다국적군(INTERFET)」을 파견해 동티모르에서의 치안과 질서 유지 활동을 전개했다. 이에 2001년 8월 동티모르 제헌의회 첫 선거가 치러졌으며, 2002년 3월에는 헌법 초안이 제헌의회를 통과했다. 그리고 동티모르 첫 대통령 선거가 2002년 4월 실시돼 사나나 구스마오가 82.69%의 지지율로 초대 대통령으로 선출됐다. 동티모르는 그해 5월 20일 독립을 선포했으며, 9월에는 유엔의 191번째 회원국으로 가입했다.

DMZ(Demilitarized Zone) ▼

"더불어민주당이 북한과 맞닿은 비무장지대(DMZ) 출입을 비군사적 목적에 한해 한국 정부가 승인할 수 있도록 하는 법안을 추진하고 통일부가 이를 전폭 지지하는 가운데, DMZ 출입 통제 권한을 갖고 있는 유엔군사령부가 12월 17일 홈페이지를 통해 반대 입장을 내놓았다. 유엔사는 DMZ에 대한 민간·군사적 목적의 출입 통제권은 정전협정에 따라 전적으로 유엔사에 있다고 밝혔는데, 유엔사가 특정 현안에 대해 공식성명을 통해 반대 입장을 밝힌 것은 이례적이다."

국제조약이나 협약에 의해 무장이 금지된 지역 또는 지대로, 군대의 주둔이나 무기의 배치, 군사시설의 설치가 금지된다. 또한 일단 비무장지대 설정이 결정되면 이미 설치된 것을 철수 또는 철거해야 한다. 한국의 비무장지대(DMZ)는 서쪽으로 예성강과 한강 어귀의 교동도(喬棟島)에서부터 개성 남방의 판문점을 지나 중부의 철원·금화를 거쳐 동해안 고성의 명호리까지 이르는 155마일(약 250km)의 군사분계선(MDL)을 중심으로 남북 2km, 약 3억 평의 완충지대를 뜻한다. 이는 1953년 7월 27일 한국전 정전협정에 따라 설치된 것으로, DMZ 남북한 경계선의 남쪽은 남방한계선, 북쪽은 북방한계선으로 각각 불린다.

라자루스(Lazarus) ▼

"11월 30일 정보통신기술(ICT) 업계에 따르면 27일 업비트에서 발생한 445억 원 규모의 가상자산 탈취사건 배후로 북한 정찰총국 산하의 해킹조직 「라자루스」가 지목됐다. 앞서 11월 27일 업비트에서는 총 445억 원 규모에 달하는 솔라나·오피셜트럼프·지토·솔레이어 등의 솔라나 계열 가상자산이 알 수 없는 외부지갑으로 전송되는 일이 발생한 바 있다. 해당 범행의 배후로 라자루스가 지목된 데에는 라자루스가 6년 전 업비트를 해킹했을 때와 비슷한 수법이 쓰인 데 따른 것이다."

남한과 미국 등의 금융기관을 주공격 대상으로 삼는 사이버 해킹 그룹으로, 김수키(Kimsuky)·안다리엘(Andariel)과 함께 북한의 대표적인 해커집단이다. 라자루스는 소니픽처스 해킹, 방글라데시 현금 탈취 사건, 워너크라이 랜섬웨어 사건 등의 주요 배후로 거론돼 왔다. 특히 2014년 북한 김정은 노동당 위원장의 암살을 다룬 영화 〈인터뷰〉의 제작사 소니픽처스를 해킹했다는 혐의를 받으면서 그 이름이 알려졌다. 라자루스는 정부와 주요 기관 정보 탈취·무력화를 주요 목적으로 하는 「김수키」와 달리 금전 수익을 핵심 목표로 하며, 이에 2010년대 후반부터는 추적이 어려운 가상자산을 주요 공격 대상으로 삼아왔다. 이들은 온라인에 연결된 가상자산 개인지갑인 「핫월렛」을 해킹해 다른 거래소 지갑으로 빼돌려 자금을 세탁하는 방식을 사용하는 것으로 알려져 있다. 대표적으로 2019년 11월 업비트에서 발생한 이더리움 해킹사고도 라자루스의 소행으로 잠정 결론이 난 바 있다. 또 라자루스는 올해 초 세계 2위 거래소인 바이비트에 악성코드를 심어 14억 6000만 달러(약 2조 원) 상당의 코인을 탈취하기도 했다.

무슬림형제단(Muslim Brothers) ▼

"도널드 트럼프 미국 대통령이 11월 24일 세계 최대 이슬람주의 조직인 무슬림형제단의 주요 중동 지부를 테러단체로 지정하는 절차에 착수했다. 이에 대해서는 이들 지부가 팔레스타인 무장단체 하마스를 비롯한 이슬람 과격 무장세력을 지원하고 반미 전선을 주도한다는 이유를 내세웠다. 외국테러단체(FTO) 지정이 확정되면 해당 지부 인사들의 미국 입국이 금지되고, 금융 제재도 받게 된다."

이집트의 이슬람학자이자 사회운동가인 하산 알-반나에 의해 1928년 설립된 이슬람 근본주의 조직으로, 세계 최대·최고(最高)의 이슬람주의 단체다. 이슬람 경전 코란에 충실하고, 궁극적으로는 이슬람 율법(샤리아) 제정을 목표로 삼는다. 그러나 1948년 무슬림형제단의 일원이 마후무드 파흐미 누크라쉬 당시 이집트 총리를 암살하면서 1952년 나세르 혁명으로 집권한 군부의 탄압을 받았다. 하지만 무슬림형제단은 중동 전역으로 확산되며 하마스 등 이슬람 무장세력의 사상적 모체가 됐다. 특히 2012년 6월 이집트 군부 집권 60년 만에 이뤄진 첫 직선투표에서 무슬림형제단이 지원하는 모하메드 무르시(Mohamed Morsy)가 당선되면서 이집트 역사

상 최초의 이슬람 정권이 탄생하기도 했다. 하지만 무르시는 반정부 시위로 집권 1년 만에 축출됐고, 이에 무르시 정권의 지지세력인 무슬림형제단도 다시 탄압받게 됐다.

미국 민주사회주의자들 (DSA·Democratic Socialists of America) ▼

미국 최대 규모의 민주사회주의 단체로, 1982년 결성됐다. 단체는 자본주의의 문제점을 비판하면서 사회적·경제적 평등과 민주적 통제를 강화하는 사회를 추구하기 위한 목표를 갖고 있다. DSA 회원은 2016년 대선 민주당 경선에서 민주사회주의자를 자칭한 버니 샌더스(84)가 돌풍을 일으키면서 급증하기 시작했는데, 특히 지난 11월 뉴욕 시장 선거에서 당선된 조란 맘다니도 이 시기에 가입한 것으로 알려져 있다. 이후 DSA는 알렉산드리아 오카시오코르테스(AOC) 연방 하원의원 등 스타 정치인을 배출하면서, 회원 수 9만 명이 넘는 미국 내 가장 큰 진보 정치 조직 중 하나로 성장했다.

미니트맨(Minuteman) ▼

"도널드 트럼프 행정부가 11월 5일 캘리포니아주 반덴버그 우주군 기지에서 핵탄두 탑재가 가능한 대륙간탄도미사일(ICBM) 「미니트맨3」를 시험 발사했다. 트럼프 대통령은 이에 앞서 조지 H W 부시 전 행정부 시절인 1992년 이후 33년간 중단됐던 핵실험 재개 의사를 공언해온 바 있다. 한편, 이러한 미국의 움직임에 블라디미르 푸틴 러시아 대통령이 11월 5일 각 부처에 핵무기 실험 준비 제안서를 제출하라고 지시한 것으로 알려지면서 미국과 러시아의 핵 경쟁 수위가 점차 높아질 것이라는 전망이 나오고 있다."

미국의 대륙간탄도미사일(ICBM)으로, 미사일 하나에 여러 개의 핵탄두를 실어 한 번에 여러 목표를 공격할 수 있는 미국의 주력 무기이다. 미니트맨 시리즈는 1950년대 말 이후 보잉이 개발·생산해 왔으며, 1962년 발사에 성공하면서 그해 7월부터 실전 배치됐다. 이후 미니트맨1의 개량형인 미니트맨2가 1966년부터 배치됐으며,

1970년에는 미니트맨1의 두 번째 개량 모델인 미니트맨3의 배치가 시작됐다. 미니트맨3는 지상 배치 ICBM의 핵심으로, 무게 35t·최고 시속 마하 23·최대 사거리 1만 3000km에 이르는 3단 고체연료 추진형 미사일이다. 특히 이는 전략 폭격기, 핵잠수함과 더불어 미국의 3대 핵무기 전력으로 꼽힌다.

비반복 비용(NC·Non-recurring Costs) ▼

"도널드 트럼프 미 행정부가 한국을 비롯한 주요 동맹국들에 군사장비를 판매하면서 그동안 면제해온 개발비용 등을 앞으로는 부과하겠다는 방침을 우리 정부를 비롯해 일본·호주 등 인도태평양 동맹국과 북대서양조약기구(NATO·나토) 동맹국에 통보한 것으로 11월 16일 확인됐다."

미국 방산업체가 무기를 개발하거나 생산할 때 발생한 초기 개발비, 설계비, 시험비용 등을 말한다. 미국 무기수출통제법은 신무기 개발에 투입된 세금을 일부 회수하겠다는 취지로 대외무기판매(FMS) 방식으로 외국에 판매하는 특정 주요 무기에 대해 NC 중 일정액을 회수하도록 규정하고 있다. 다만 미국 국방부는 특정 동맹국이나 우방국을 우대할 전략적 이유가 있거나, 국제 무기 수주전에서 미국이 불리한 경우 등의 일정한 상황에 한해서는 NC를 면제하고 있다. 이에 우리나라도 미국 정부에 의해 나토에 준하는 동맹국으로 취급받으며 NC 면제를 받고 있다.

425사업 ▼

"국방부가 11월 2일 실시간 북핵 감시·대응을 위한 425사업의 마지막 다섯 번째 군사정찰위성이 궤도 진입 후 지상국과 교신에 성공했다고 밝혔다. 5호기는 이날 한국시간 오후 2시 9분 미국 플로리다주 케이프커내버럴 우주군 기지에서 미국 기업 스페이스X의 발사체 팰컨9에 탑재돼 발사됐다. 이후 발사 14분 만인 2시 23분쯤 목표 궤도에 안착했으며, 오후 3시 9분 지상국과의 교신에 성공했다. 한편, 5기 모두 전력화에 성공하게 되면 우리 군은 독자적으로 한반도 전역을 24시간 감시·정찰할 수 있게 된다."

국방과학연구소(ADD)가 주관하는 사업으로,

1조 3000억 원의 예산을 들여 북한의 핵·미사일 도발 징후를 탐지하고 종심지역 전략표적을 감시하기 위해 정찰위성을 확보하려는 사업이다. 이는 고성능 영상레이더(SAR)를 탑재한 위성 4기와 EO·IR(전자광학/적외선) 위성 1기를 올해까지 발사하는 것을 목표로 한다. 425라는 명칭은 SAR(Synthetic Aperture Radar·합성개구레이더) 위성과 EO(Electro Optical)/IR(Infra Red) 위성의 운용을 고려, SAR(사)와 EO(이오)를 비슷한 발음의 아라비아 숫자인 425(사이오)로 표기한 것이다. EO·IR 위성은 보다 선명한 이미지를 확보할 수 있지만 날씨에 영향을 받아 감시에 제한을 받을 수 있는 반면, SAR 위성은 기상 여건과 관계없이 촬영할 수 있는 것이 강점이다.

한편, 정찰위성 1호기는 2023년 12월, 2호기와 3호기는 각각 2024년 4월과 12월 발사돼 전력화됐고, 4호기는 올해 4월 발사돼 시험평가 후 결과 판정을 기다리고 있다. 정찰위성 5기가 모두 실전 배치되면 우리 군의 대북 감시 능력은 대폭 개선될 전망이다.

소말릴란드(Republic of Somaliland) ▼

"이스라엘이 12월 26일 세계 최초로 소말릴란드를 국가로 승인한 가운데, 소말릴란드가 위치해 있는 소말리아뿐 아니라 아프리카연합(AU)과 미국, 유럽연합(EU) 등이 줄줄이 국가 승인에 반대하고 나섰다."

소말리아 북서부 옛 영국령 지역에 위치한 국가로, 홍해의 관문인 「아프리카의 뿔」 지역에 자리한다. 약 17만 7000km²의 영토에 500만 명이 거주한다. 소말릴란드는 1991년 소말리아와의 내전을 통해 분리 독립했으나 국제사회의 승인은 받지 못한 미승인 국가이다. 이에 공식적으로는 소말리아의 한 지역으로 간주되지만, 자체 화폐와 여권·군대를 보유하고 있는 등 사실상 자치적으로 운영되고 있다. 다만 동아프리카의 다른 국가들과 달리 상대적으로 정치·사회적으로 안정된 나라로 평가받고 있다.

어포더빌러티(Affordability) ▼

과도한 부담 없이 재화·서비스를 구매할 수 있는 생활 수준으로, 감당 가능한 생활비로 해석된다. 이는 최근 미국 민주당에서 고물가와 생활비 부담 문제를 지적하면서 핵심 의제로 부상했다. 대표적으로 지난 11월 치러진 뉴욕 시장 선거에서 정치 신예 조란 맘다니가 승리한 것을 꼽을 수 있는데, 맘다니는 「먹고살 만한 도시를 만들겠다」는 구호를 전면에 내세워 앤드루 쿠오모 전 뉴욕주지사를 꺾은 바 있다.

엡스타인 파일(문건) ▼

"도널드 트럼프 미국 대통령이 11월 19일 「제프리 엡스타인 문건」 공개 법안에 서명했다. 해당 법안은 2019년 수감 중 사망한 미성년자 성착취범 엡스타인과 관련해 법무부가 보유한 모든 수사자료를 공개하도록 강제하는 내용이다. 앞서 미 상원과 하원은 엡스타인 문건 공개 법안을 거의 만장일치로 통과시킨 바 있다. "

미성년자에 대한 상습적 성매매와 유명 인사에 대한 성매매 알선 혐의로 체포됐다가 2019년 정식 재판 전 구치소에서 스스로 목숨을 끊은 헤지펀드 매니저 출신의 억만장자 제프리 엡스타인(1953~2019)과 관련된 각종 수사자료 및 법무기록 등을 말한다. 엡스타인이 지난 2019년 사망한 이후 그가 생전 작성한 정관계 유력 인사들이 포함된 성 접대 리스트가 있다거나, 이를 덮기 위해 타살됐지만 자살로 위장됐다는 음모론 등이 지속적으로 제기됐다. 특히 해당 의혹은 트럼프 강성 지지층들에게 지지를 얻었고, 트럼프 대통령은 2024년 대선에서 관련 문건 공개를 약속하며 지지층을 결집시켰다. 트럼프 행정부 출범 이후 팸 본디 법무부 장관은 지난 2월 해당 명단이 실제로 있다고 주장했다가 7월에는 리스트가 존재한다는 증거가 없다는 발표를 내놓으면서 트럼프 지지층들의 거센 반발을 일으켰다. 이러한 상황에서 트럼프와 엡스타인의 관련성 의혹이 지난 7월 《월스트리트저널

(WSJ)》의 보도로 전해지면서, 트럼프 대통령의 지지 세력인 마가(MAGA·미국을 다시 위대하게) 진영의 균열이 일어날 수 있다는 전망이 제기되기도 했다.

유엔해양총회(UNOC· United Nations Ocean Conference) ▼

"한국이 12월 9일 열린 유엔총회에서 오는 2028년 차기 유엔해양총회(UNOC) 개최지로 확정됐다. 또 차기 회의의 공동주최국으로는 한국과 함께 칠레가 선정됨에 따라, 칠레는 한국에서 열리는 본행사 개최에 앞서 2027년 사전 고위급 행사를 개최할 예정이다."

유엔의 14번째 지속가능발전목표(SDG 14)인 「해양 생태계 보전」을 이행하기 위한 해양 분야 최고위급 국제회의다. 회의의 목표인 SDG 14는 「해양과 바다, 해양자원을 보전·지속가능하게 이용하는 것」을 목표로 한 SDGs 중 하나다. 2017년 1차 회의(미국 뉴욕) 이후 3년에 한 번씩 선진국과 개발도상국이 공동 개최하는 방식으로 열리고 있다. 이에 2차 회의는 2022년 포르투갈·케냐 공동주최, 3차는 올해 프랑스·코스타리카 공동주최로 열린 바 있다. 회의에는 유엔 회원국 정부 대표, 정상급 인사, 국제기구, NGO, 학계 등 다양한 부문의 인사들이 참여해 해양 보전과 오염 문제, 지속가능한 자원 이용, 해양 보호구역 확대 등 글로벌 해양 이슈를 논의한다.

ESTA(Electronic System for Travel Authorization) ▼

"미 세관국경보호국(CBP)이 12월 10일 관보를 통해 ESTA 신청자에게 지난 5년간의 소셜미디어 계정 정보를 의무 제출하도록 하는 규정안을 공개했다. 이는 시난 1월 20일 트럼프 대통령이 서명한 행정명령에서 외국인 입국심사 강화를 지시한 데 따른 조치다. CBP는 이번 규정안에 대해 60일간 의견을 수렴한 뒤 최종안을 확정할 예정이다."

미국과 비자면제협정(VWP)을 체결한 국가의 국민이 비자 없이도 출장·관광·경유 목적으로 최대 90일간 미국을 방문할 수 있는 제도이다. 현재 한국을 포함해 42개국이 비자 면제국에 해

당한다. ESTA는 비자가 아니기 때문에 미국대사관 인터뷰를 거치지 않고, 인터넷으로 개인정보 등을 제출하면 발급받을 수 있다. ESTA는 최소 출발 72시간 전에 신청해야 하며, 유효기간은 보통 2년 또는 여권 만료일까지다. 다만 입국심사관이 체류 목적이나 귀국 의사 등을 보고 입국허가 여부에 대한 최종 판단을 내리므로, ESTA가 있다고 해서 무조건 미국 입국이 가능한 것은 아니다.

일본 국가정보국 ▼

일본 다카이치 사나에(高市早苗) 내각이 설립을 추진하는 일본판 CIA(중앙정보국)로, 다카이치 총리는 앞서 총리 선거 공약으로 정보 수집능력 확대를 위한 국가정보국 신설 계획을 내놓은 바 있다. 이에 따라 2026년 7월 설립될 예정인 국가정보국은 기존 일본 내각정보조사실(나이초)과 경찰청, 외무성, 공안조사청이 각기 모은 정보를 집약해 총괄하는 업무를 맡게 된다. 일본 언론 등에 따르면 국가정보국은 국가안전보장국(NSS)과 동격으로 급이 격상되는데, 이는 각 부처에 정보 수집과 제공을 지시할 수 있도록 하기 위함이다.

일본 비핵 3원칙 ▼

"다카이치 사나에(高市早苗) 일본 총리가 60년 가까이 이어온 일본 비핵 3원칙을 수정할 수 있다고 교도통신이 11월 14일 전했다. 이에 따르면 「비제조」와 「비보유」는 유지하되 유사시 미국의 핵 억지력을 활용할 수 있도록 「비반입」 원칙을 재검토하겠다는 것이다."

「핵무기는 보유하지도, 만들지도, 반입하지도 않는다」는 핵무기에 관한 일본 정부의 기본 정책을 말한다. 이는 1967년 12월 당시 사토 에이사쿠(佐藤榮作) 총리가 중의원 예산위원회에서 밝혔고, 1976년 5월 중의원이 이를 결의함으로써 일본 정부 비핵 정책의 기본 원칙으로 자리 잡게 됐다. 이후 일본의 총리들은 일본 핵무장의 가능성이 대두될 때마다 비핵 3원칙이 일본 정부의 공식 방침임을 확인해 왔다.

일본 3대 안보문서 ▼

"11월 20일 교도통신과 니혼게이자이신문 등에 따르면 일본 집권 자민당이 3대 안보문서 개정을 위한 논의를 본격 시작했다. 이는 강한 일본을 내세운 다카이치 사나에 총리가 방위력 강화와 방위비 증액을 핵심 국정과제로 설정한 데 따른 것으로, 해당 문서들은 전임 기시다 후미오 총리 시절인 2022년 12월에 마지막으로 개정된 바 있다."

일본의 중장기 안보 정책을 담은 3개의 안보문서로, 국가안전보장전략·국가방위전략·방위력정비계획이 이에 해당한다. 여기서 ▷국가안보보장전략은 외교·방위 기본 지침을 ▷국가방위전략은 자위대 역할과 방위력 건설 방향을 ▷방위력정비계획은 구체적인 방위 장비의 조달 방침 등을 각각 담고 있다. 이들 문서는 2013년 처음 채택돼 2022년 12월 처음 개정됐는데, 개정 당시 일본 정부가 「국가안전보장전략」에 반격 능력을 명시해 논란을 일으킨 바 있다. 당시 일본은 이 반격 능력에 대해 「일본에 대한 무력 공격이 발생하고 그 수단으로서 탄도미사일 등에 의한 공격이 행해진 경우 무력행사 3요건에 근거해 그런 공격을 막기 위한 부득이한 필요 최소한의 자위 조치」라고 규정했었다. 그러나 이 반격 능력 명기는 사실상 선제공격의 가능성을 열어둔 것으로, 2차 세계대전 이후 일본 정부의 기본 입장인 「전수방위(專守防衛)」 원칙을 사실상 폐기하는 조치라는 점에서 논란이 됐다.

장보고함(張保皐艦, SS-Ⅰ) ▼

"해군에 따르면 올해 말 퇴역을 앞둔 대한민국 1번 잠수함인 장보고함이 11월 19일 마지막 항해를 가졌다. 장보고함은 2023년까지 작전 임무를 수행하다 2024년 훈련함으로 전환돼 잠수함 승조원 교육훈련과 자격 유지훈련 지원 등의 임무를 수행했으며, 올해 말 완전히 퇴역하게 된다."

1993년 6월 1일 실전 배치된 한국 최초의 잠수함이다. 한국이 1987년 독일에 주문해 도입한 209

급(배수량 1200t급) 기반 잠수함 가운데 1번 함으로 1988년 독일 HDW조선소에서 건조를 시작해 1991년 진수했으며, 1993년 6월 정식 취역했다. 당시 해군은 첫 잠수함의 함명을 통일신라 때 청해진을 중심으로 해양을 개척했던 장보고 대사의 이름을 따 「장보고함」으로 명명한 바 있다. 장보고함은 길이 56m, 폭 6.2m, 높이 5.5m 규모로, 수중음파탐지기 등 최첨단 장비를 갖췄으며 어뢰·대잠수함미사일 등을 장착했다. 특히 1997년 하와이 파견훈련을 통해 약 1만 8000km의 단독 항해에 성공하며 장거리 잠항능력을 입증했고, 2004년 환태평양훈련에서는 미국 항공모함을 포함한 함정 30여 척을 모의 공격하는 동안 단 한 번도 탐지되지 않았다. 장보고함은 1992년부터 2025년까지 30여 년간 약 63만 3000km를 항해하며 임무를 완수했는데, 이는 약 지구 15바퀴를 도는 것과 유사한 수준의 항해거리다.

정부가 올해 말 퇴역하는 우리 해군의 첫 잠수함 장보고함을 폴란드에 무상 양도하기로 한 것으로 11월 26일 전해졌다. 이는 방산수출 협력 차원에 따른 것으로 알려졌는데, 현재 우리나라는 3000급 잠수함 3척을 도입하는 폴란드의 「오르카 프로젝트」에서 독일·프랑스 등과 경쟁하고 있다. 해당 프로젝트는 최대 8조 원으로 평가되는데, 현재 국내의 한화오션과 독일 티센크루프마린시스템(TKMS), 이탈리아 핀칸티에리, 스웨덴 사브 등이 경쟁 중이다.

장영실함(SS-087) ▼

"해군과 방위사업청이 10월 22일 한화오션 거제사업장에서 장보고Ⅲ BatchⅡ 1번함인 장영실함 진수식을 거행했다."

한국 해군의 첫 3600t(톤)급 잠수함 1번함으로, 장보고Ⅲ(3000톤급 잠수함 획득사업) BatchⅡ의 첫 번째 함정이다. 국내에서 독자적으로 설계하고 건조한 장영실함은 지난 2019년 건조계약을 체결한 뒤 2021년 착공식과 2023년 기공식을 거친 바 있다. 장영실함은 길이 89m로, 도산안창호급 잠수함(3000t급, 길이 83m)보다 외형이 커진 것은 물론 ▷탐지 및 타격 능력 ▷은밀성 ▷생존성 등 여러 측면에서 성능이 개선됐

다. 또 잠수함의 두뇌에 해당하는 전투체계와 눈과 귀에 해당하는 소나체계의 성능을 개선해 정보처리와 표적탐지 능력을 높였고, 육상표적 타격 능력도 강화했다. 여기에 안정성이 검증된 리튬전지를 탑재해 잠항시간과 함께 최대속력으로 항해할 수 있는 시간을 늘려 작전 중 노출될 위험을 줄였다. 아울러 함내에서 발생하는 소음과 진동을 감소시키는 다양한 저감기법을 적용해 수중 방사소음을 줄임으로써 은밀성도 개선했으며, 추진기 고장과 같은 비상상황에서도 함정기동이 가능하도록 보조추진기를 탑재해 생존성을 높였다. 장영실함은 시험평가 기간을 거쳐 2027년 말 해군에 인도돼 전력화 과정을 마치고 실전 배치될 예정이다.

해군은 장보고-Ⅲ Batch-Ⅱ 1번함의 함명 제정 배경에 대해 선도함의 독자적 국방기술 집약체인 잠수함의 상징성과 K-방산 수출의 효과를 고려, 조선시대 최고 과학기술인으로 평가되는 인물을 선정했다고 설명했다.

저항의 축(Resistance Axis) ▼

"영국 일간 텔레그래프가 11월 25일 이란 고위 당국자의 말을 빌려 후티가 더 이상 이란 지시를 따르지 않는다며 「이란이 저항의 축 세력 유지에 어려움을 겪고 있다」고 보도했다. 이에 이란을 주축으로 한 중동 이슬람 무장세력들의 연합인 「저항의 축」이 사실상 와해 단계에 놓였다는 분석이 나왔다."

이란이 지원하는 반(反) 이스라엘 무장단체들을 이르는 말로, 본래 미국과 미국의 동맹에 반대·저항하는 국가들이라는 뜻이었으나 점차 이란이 지원하는 반(反)이스라엘 무장단체들을 이르는 말로 진화됐다. 저항의 축에는 ▷팔레스타인 가자지구의 하마스 ▷레바논의 무장단체 헤즈볼라 ▷이라크 시아파 무장정파(민병대) ▷예멘의 후티 반군 등이 포함된다. 1979년 이슬람혁명으로 들어서게 된 이란의 이슬람 정부는 헤즈볼라와 하마스를 지원하며 중동 정세에 관여하기 시작했으며, 이후 이슬람 시아파 계열의 시리아 정부군과 예멘의 후티 반군을 지원하면서 그 영향력을 확대해 왔다.

전술지대지유도무기(KTSSM) ▼

"서울과 수도권을 위협하는 북한 장사정포를 유사시 타격할 수 있는 전술지대지유도무기(KTSSM)의 전력화 작업이 12월 16일 최종 완료됐다. 이는 지난 2014년 체계 개발에 착수한 지 11년 만이다. KTSSM 전력화 완료에 따라 적 위협에 즉시 대응할 수 있는 킬체인 역량이 강화됐다는 분석이다. 방사청은 사거리와 관통력이 증대되고 생존성과 작전능력이 향상된 차량형 KTSSM-Ⅱ체계 개발도 2027년까지 마칠 계획이다."

북한의 미사일 위협에 대응하는 미사일 방어체제인 킬체인(Kill-Chain)의 핵심 전력으로, 북한 장사정포 진지와 지휘부 시설을 정밀 타격할 수 있다. 최대 사거리는 180km로 알려져 있으며, 별칭은 천둥을 뜻하는 순우리말인 「우레」다. KTSSM은 지난 2010년 11월 연평도 포격전 이후 북한의 장사정포에 대응하기 위해 2014년 체계 개발에 착수해 지난 2020년 개발을 마쳤으며, 작전 배치는 올해 처음 진행된 바 있다.

제헌절(制憲節) ▼

"국회 행정안전위원회가 11월 27일 전체회의를 열고 7월 17일 제헌절을 다시 공휴일로 지정하는 내용의 「공휴일에 관한 법률」 개정안을 의결했다. 이번 법안이 본회의에서 통과될 경우 2026년 7월 17일 금요일이 휴일로 지정돼 3일의 연휴가 생기게 된다."

1948년 대한민국 헌법 제정 및 공포를 기념하기 위해 지정된 국경일로, 1950년 7월 17일부터 공휴일이 됐다. 그러다 2005년 「관공서의 공휴일에 관한 규정」이 개정되면서 2008년부터 공휴일에서 제외됐다. 이에 제헌절은 현재 우리나라 5대 국경일(3·1절, 광복절, 개천절, 한글날, 제헌절) 가운데 유일하게 공휴일이 아닌 날이다. 이에 제헌절 복원 요구는 꾸준히 제기돼 왔는데, 지난 7월 17일 열린 수석보좌관회의에서 이재명 대통령이 지정 필요성을 언급하면서 그 논의에 속도가 붙은 바 있다.

징병제(徵兵制) ▼

강제병역제도의 하나로 징집 대상자의 의사에 관계 없이 강제 징집하여 군무에 종사하게 하는 제도를 말한다. 징집 대상자는 전투교육을 통해서 정예군인으로 양성되고, 일정기간 국방 업무에 종사하게 된다. 또 일정기간이 종료되면 예비군으로 남았다가 전시나 사변 등 유사시에 소집돼 병력으로 충원된다. 우리나라의 경우 국민개병주의에 입각해 징병제도를 채택하고 있는데, 이에 대한 근거 조항은 헌법 제39조 1항의 「모든 국민은 법률이 정하는 바에 의하여 국방의 의무를 진다」는 것이다. 그리고 징병 대상은 병역법 제3조 1항의 규정에 근거, 남성으로 한정돼 있다. 징병제는 군이 원하는 병력 확보가 용이할 뿐더러 가용 비용이 적다는 장점이 있다. 반면 강제동원 형태여서 개인의 선택이라는 자유권이 제약되고, 전문성 있는 인력 확보에 어려움이 있다는 단점이 있다.

로이터통신과 가디언 보도에 따르면 독일 의회가 12월 5일 현재 18만 3000명 수준인 현역 병력을 2035년까지 26만 명으로 확대하는 내용의 새 병역법을 통과시켰다. 이는 기본적으로는 자발적 지원을 중심으로 운용되지만, 목표 인원이 충원되지 않을 경우 징병제를 발동할 수 있다. 해당 법안 발표 직후 독일 여러 지역에서 이에 반대하는 시위가 벌어졌는데, 특히 남성만 의무 대상이라는 법안의 내용이 형평성 논란까지 일으키고 있다.

트럼프 계좌(Trump Accounts) ▼

도널드 트럼프 대통령이 추진 중인 사업으로, 미국에서 태어나는 신생아들을 위해 정부가 1000달러(약 150만 원)씩 지급하는 계좌를 말한다. 이는 가정의 재정 상황과 관계없이 아동이 자산을 마련할 수 있도록 한다는 목적으로 추진되는 것으로, 2026년 7월 4일부터 시작된다. 트럼프 계좌는 올해 7월 제정된 「하나의 크고 아름다운 법」에 포함된 정책 중 하나로, 올해 1월 1일부터 2028년 12월 31일 사이에 태어난 신생아가 대상이다. 소득에 관계없이 미국 시민권자라면 자녀가 태어나면 계좌를 만들어줄 수 있으며, 계좌를 개설하면 정부가 1000달러의 지원금을 지급한다. 그리고 부모, 보호자, 고용주 또는 기타 단체는 이 계좌로 연간 5000달러(고용주는 2500달러)까지 추가 납입을 할 수 있다. 아동이 18세가 되면 교육, 주택 구입, 창업자금 등의 목적으로 해당 계좌에서 돈을 인출할 수 있는데, 인출 시에는 소득세를 납부해야 한다.

트럼프-케네디센터 (Trump-Kennedy Center) ▼

미국 수도 워싱턴DC를 대표하는 문화예술 공연장으로, 본래 명칭은 「케네디센터」였으나 도널드 트럼프 대통령이 이사장을 맡고 있는 케네디센터 이사회가 12월 18일 공연장 명칭을 「트럼프-케네디센터」로 바꾸기로 의결했다. 특히 해당 결정 하루 만에 건물 외벽에 「도널드 J 트럼프」라는 글자가 새겨지면서 월권 논란이 거세게 일고 있다. 케네디센터는 본래 「국립문화센터」라는 이름으로 설립이 추진됐었는데, 1963년 존 F. 케네디 전 대통령 암살 직후 연방의회가 추모 법안을 통과시키고 린든 존슨 당시 대통령이 서명하면서 설립됐다. 관련 법률은 기관의 공식 명칭을 「존 F. 케네디 공연예술 센터」로 명시하고 있는데, 이번 「트럼프-케네디센터」 명칭 변경은 케네디센터 이사회가 친트럼프 인사들로 채워지며 우려가 커지던 상황에서 일어난 것이다. 이에 케네디 가문과 민주당은 의회 승인 없이 이사회 결정만으로 이뤄진 명칭 변경은 법률 위반이라며 법적 타당성에 문제를 제기하고 나섰다.

펜타닐(Fentanyl) ▼

"도널드 트럼프 미국 대통령이 12월 15일 신종 합성마약으로 미국에 대량 유입된 펜타닐을 「대량살상무기(WMD)」로 지정했다. 트럼프 행정부는 집권 2기 출범 직후부터 펜타닐 유입 차단을 핵심 국정과제로 내세우며 중국산 제품에 고율 간세를 부과한 데 이어 지난 9월에는 베네수엘라 국적의 마약 밀수선을 타격하는 등 강성 내응을 이어가고 있다. 다만 핵무기와 생·화학무기 등을 지칭하는 WMD의 범주에 마약류를 포함하는 것이 타당한지를 두고 논란이 제기될 가능성도 있다는 분석이 나온다."

수술 후 환자나 암환자의 통증을 경감시키기 위해 사용되는 마약성 진통제 혹은 마취 보조제이다. 우리나라에는 1968년 정맥 마취제로 병원에 처음 도입됐으며, 현재 심장병 등의 수술에 사용되고 있다. 펜타닐은 그 효과면에서 보면 헤로인의 80~100배, 몰핀보다는 200배 이상 강력한 것으로 알려져 있다. 또 발현 시간은 1~4분, 작용 시간은 30~90분 정도로 강력하고 빨리 발현되므로, 과도하게 흡입하면 호흡이 멈추고 혼수상태에 빠지게 되며 심하면 사망에 이르기도 한다. 그런데 펜타닐이 신종 합성마약 형태로 세계 각지에서 불법적으로 유통되고 있어 문제가 되고 있다.

핑크타이드(Pink Tide)·블루타이드(Blue Tide) ▼

"11월 30일 대선을 치른 중미 온두라스에서 전산 체계 마비로 한 달에 가까운 개표가 이어진 끝에 도널드 트럼프 미국 대통령의 지지를 등에 업은 보수 성향의 나스리 아스푸라 국민당 후보(67)의 승리가 12월 24일 확정됐다. 아스푸라의 승리는 최근 볼리비아, 아르헨티나, 칠레 등 중남미 주요국 선거에서 확인된 우파의 연속 집권인 「블루타이드」를 확인시킨 결과라는 평가다."

핑크타이드는 여러 남미 국가에서 온건한 사회주의를 표방하는 좌파 정당들이 연달아 집권한 기조로, 1990년 베네수엘라의 우고 차베스 정권 출범부터 시작된 흐름이다. 핑크타이드는 1990년대 말부터 2014년 11월까지 남미 12개국 중 파라과이와 콜롬비아를 제외한 10개국에서 좌파 정권이 집권하면서 약 20여 년 가까이 지속됐다. 그러나 좌파 정권의 경제정책 실패로 극심한 경제불황이 닥치면서 2015년 12월 아르헨티나의 우파 성신 심신을 시사모도 보조해기 시작했다. 그러다 2019년 아르헨티나, 2020년 볼리비아, 2021년 온두라스·페루·칠레, 2022년 콜롬비아 등에서 다시 좌파 정부의 집권이 시작되면서 부활한 바 있다.

반면 블루타이드는 「푸른 물결」이라는 뜻으로, 핑크타이드와는 반대로 중남미 주요 국가에서 우파 정권이 잇따라 집권하는 현상을 가리키는 용어이다.

한미 핵협의그룹
(NCG · Nuclear Consultative Group) ▼

"한미 양국이 12월 11일 미국 워싱턴에서 제5차 핵협의그룹(NCG) 회의를 개최했다. 이는 2024년 1월 제4차 회의 이후 11개월 만이자 도널드 트럼프 2기 행정부와 이재명 정부가 출범한 이후로는 첫 NCG 회의. 공동성명에 따르면 미국은 핵을 포함한 모든 범주의 군사적 능력을 활용해 한국에 대해 확장억제를 제공하는 공약을 재확인했다. 다만 지난 4차 회의 때 포함됐던 미국의 대북 경고성 표현 등 북한에 대한 표현은 모두 제외됐다."

북한의 핵 위협에 대한 한미 공동의 핵전략과 기획을 통해 대북 확장억제를 강화하기 위한 양자 협의체로, 2023년 4월 한미 정상회담에서 채택한 「워싱턴 선언」에 따라 출범했다. 워싱턴 선언은 북한의 핵공격 시 미국 핵무기를 포함해 압도적 대응을 하는 등 미국의 확장억제 강화 방안 등을 담고 있다. 미국이 확장억제 기획 및 실행에 동맹국을 참여시키는 것은 사실상 북대서양조약기구(NATO · 나토)의 핵기획그룹(NPG · Nuclear Planning Group) 외에 처음인데, 양국은 당시 차관보급 협의체인 NCG를 연 4회 가동한다는 방침을 밝힌 바 있다.

한-아세안 정상회의(ASEAN-Republic of KOREA Commemorative Summit) ▼

"이재명 대통령이 10월 27일 말레이시아 쿠알라룸푸르에서 ▷한·캄보디아 정상회담 ▷한·아세안 정상회의 ▷아세안+3 정상회의 ▷한·말레이시아 정상회담을 연이어 가졌다. 이 대통령은 이날 한·아세안(ASEAN) 연간 교역액을 3000억 달러(약 430조 원)까지 늘리겠다며 한·아세안 자유무역협정(FTA) 개선 협상에 나서겠다고 밝혔다."

한국과 동남아시아국가연합(ASEAN)이 개최하는 정상회담을 말한다. 아세안(ASEAN)은 동남아시아 11개국의 정치·경제적 연합체로 현재 브루나이, 캄보디아, 인도네시아, 라오스, 말레이시아, 미얀마, 필리핀, 싱가포르, 태국, 베트남, 동티모르(올해 가입)가 참여하고 있다. 한국과 아세안은 1989년 대화 관계를 수립했으며, 1991년에는 완전대화상대국 관계로 격상됐다. 이후

에도 지속적인 협력 강화를 통해 2004년 「포괄적 동반자 관계」를 맺었으며, 2010년에는 「전략적 동반자 관계」로 격상된 바 있다. 한국은 연례적으로 한-아세안 정상회의와 한-아세안 외교장관회의에 참석하고 있는 것은 물론, 한-아세안 대화(Dialogue)를 운영하면서 아세안과 정기 협의채널을 유지하고 있다.

> **C·S·P(조력자·도약대·동반자)** 10월 27일 한·아세안 정상회의에 참석한 이재명 대통령이 한국과 아세안 11개 국가 간 관계 발전의 청사진으로 제시한 비전이다. 이는 한·아세안이 맺고 있는 「포괄적 전략 동반자 관계(Comprehensive Strategic Partnership)」의 앞글자에서 따온 것이다. 이 대통령은 조력자에 대해 연간 상호 방문 1500만 명 시대를 열고 사람 중심의 아세안 공동체 형성에 기여하겠다고 밝혔다. 이어 아세안의 성장과 혁신의 도약대(Springboard)가 되겠다면서 연간 교역액 3000억 달러 달성을 향해 나가겠으며, 평화와 안정의 파트너(Partner)가 되겠다는 입장도 밝혔다.

한중 잠정조치수역(韓中 暫定措置水域) ▼

"미국 전략국제문제연구소(CSIS)가 12월 9일 「중국이 한국과 체결한 어업협정을 위반해 서해 잠정조치수역(PMZ) 안팎에 일방적으로 16개의 해상 구조물을 설치했다」고 밝혔다. CSIS는 서해 내 시설물 설치는 중국이 남·동중국해를 군사기지화할 때 사용했던 수법과 비슷하다며, 중국이 PMZ 내 영구 시설물을 설치한 것은 한중 어업협정을 위반한 것이라고 지적했다."

2000년 8월 3일 체결(2001년 6월 30일 발효)된 한중 어업협정에 따라 한국과 중국 어선에 한해 신고 없이 자유롭게 조업할 수 있도록 허용된 수역을 말한다. 이는 양국 간의 배타적 경제수역(EEZ) 경계가 확정되지 않은 상태에서 어업 등과 관련된 충돌을 줄이기 위해 서해에 설정한 임시 수역이다. 즉, 한중 간 EEZ 200해리가 겹치는 수역의 일부를 좌표로 지정하고 이 수역에서는 두 나라 어선이 함께 조업하되 두 나라 정부가 수산자원을 공동관리하기로 한 것이다. 또 이 협정에서는 「기국주의(旗國主義)」를 채택했는데, 이는 잠정조치수역 내에서 자국의 어선이 해당국의 법률에 따라 관리 및 단속되는

원칙을 말한다. 따라서 한중 잠정조치수역에서 조업 중인 한국 어선은 한국 정부의 법률과 감독을 받으며, 중국 어선은 중국 정부의 법률과 감독을 받는다. 하지만 이 수역은 임시로 설정됐다는 점에서 근본적인 해결책은 아니며, 이에 중국 어선의 불법 조업이 해당 수역에서 자주 발생함에도 기국주의 원칙 때문에 중국 어선에 대한 직접적인 단속이 어렵다는 문제가 있다.

핵무기 보유국(Nuclear Weapon State)·핵보유 세력(Nuclear Power) ▼

핵무기 보유국(Nuclear Weapon State)은 핵확산금지조약(NPT)에서 핵무기 제조·운용 기술을 보유한 것으로 공식 인정된, 미국·러시아·중국·프랑스·영국 등의 5개국을 말한다. NPT는 이들 5개국의 핵무기 독점 보유를 인정하는 대신 여타 가맹국의 핵무기 개발·도입·보유를 금지하고 있다. 핵보유 세력(Nuclear Power)은 자체 핵실험으로 사실상 핵무기 기술을 확보한 것으로 파악되는 국가들로, 인도·파키스탄·이스라엘 3개국이 이에 속한다. 인도와 파키스탄은 각각 1974년과 1998년에 핵실험에 성공했으나 공식적 핵보유국은 아니다. 또 이스라엘은 핵실험을 실시하지는 않았지만 핵무기 보유국으로 사실상 인식되고 있다.

도널드 트럼프 미국 대통령이 10월 29일 경주 APEC 참석을 앞두고 「북한은 일종의 핵보유 세력(Nuclear Power)」이라고 언급하고 제재 완화 카드까지 내놓는 등 북미 정상회동에 적극적인 자세를 보였다. 하지만 북한이 이에 대한 어떠한 공식 입장도 내놓지 않으면서 북미 회담은 결국 불발됐다.

② 경영·경제

경제추격지수(Economic Catch-up Index) ▼

한 나라의 경제 수준이 선진국을 어느 정도 따라잡고 있는지를 나타내는 종합지표로, 후발국의 선진국 대비 경제 비중이나 추격 속도 등을 여러모로 분석하기 위해 고안된 지수다. 이는 단순히 경제성장률만으로는 성장의 질과 추격 여부를 파악하기 어렵다는 점에서, 경제·기술·제도·혁신 등 다양한 영역에서 얼마나 선진국 수준에 가까워지고 있는가를 수치화한 것이다. 경제추격지수는 하나의 단일 지표가 아닌 여러 하위요소로 구성돼 있는데, 그 요소는 연구기관마다 조금씩 차이가 있으나 일반적으로 ▷경제성과 ▷산업경쟁력 ▷기술역량 ▷제도 등의 네 가지 영역을 포함한다. 경제추격지수는 이러한 항목을 표준화해 선진국 대비 비율로 계산하고, 가중치를 적용하여 종합점수를 산출한다.

공시(公示, Disclosure) ▼

"금융위원회가 11월 16일 외국인 투자자의 정보 접근성을 높이기 위해 상장사 영문공시 의무 대상을 대폭 확대하고, 주주총회 공시와 임원보수 공개 기준도 한층 강화하는 내용 등을 담은 「자본시장 접근성 및 주주권익 제고를 위한 기업 공시 개선방안」을 발표했다. 영문고시 의무 대상은 현재 자산 10조 원 이상 코스피 상장사 111개사에서 2026년부터는 자산 2조 원 이상 코스피 상장사 약 265개사로 확대된다."

사업내용이나 재무상황, 영업실적 등 기업의 경영 내용을 투자자 등 이해관계자에게 알리는 제도로, 주식시장에서 가격과 거래에 영향을 줄 수 있는 중요사항에 관한 정보를 알림으로써 공정한 가격 형성을 목적으로 한다. 상법상의 공시는 주주와 채권자의 권익을 위한 것으로 ▷정관 ▷주주명부 ▷의사록 ▷재무제표 ▷영업보고서 ▷감사보고서 등을 비치·공시해야 한다. 특히 경영진 교체나 자본의 변동, 신기술 개발, 새 사업 진출 등 경영활동과 관련한 정보들은 반드시 공시를 하도록 돼 있다.

근본이즘(根本ism) ▼

인공지능이 콘텐츠와 취향을 대량으로 생성·변주하는 환경에서 소비자가 원형·원조·시간적 축적을 가진 근본적 가치에 다시 주목하는 현상을 뜻한다. 즉, 화려한 마케팅이나 일시적 유행보다는 본질과 전통에 집중하는 소비와 삶의 태도로, 서울대학교 소비트렌드분석센터가 《트렌드 코리아 2026》에서 주요 소비 트렌드 중 하나로 제시한 신조어다. 예컨대 박물관과 고궁 방문 증가, 클래식 음악과 고전문학의 재조명, 필름카메라·LP 등 아날로그 기록매체 소비 확대는 근본이즘을 보여주는 대표적 사례다. 이는 디지털 피로와 기술 의존에 대한 반발이 아날로그·전통에 대한 소비로 나타나는 것으로, 경험하지 못한 과거에 대한 향수(아네모이아, Anemoia)와 본질적 진정성 추구가 이를 강화한다.

레디코어(Ready-core) ▼

불확실하고 빠르게 변화하는 환경에서 준비(Ready)를 삶의 핵심(Core) 가치로 삼는 태도를 뜻하는 신조어다. 서울대학교 소비트렌드분석센터가 《트렌드 코리아 2026》에서 주요 소비 트렌드로 제시한 개념 중 하나로, 변화 속도가 가속화되는 상황에서 사전 대비가 위기 대응력과 기회 창출 능력을 높인다는 관점에 기반해 나온 말이다. 이에 따르면 개인과 조직은 장기적 관점에서 자원과 역량을 확보하고, 예측 불가능한 상황에도 대응할 수 있는 준비 중심의 생활·경영 방식을 중시한다. 여기에 최근에는 조직 내 승진 중심의 경력 관리보다 다양한 역할과 경험을 축적해 역량의 폭을 넓히는 「옆그레이드(Side-grade)」 경향이 주목되고 있다. 옆그레이드는 경력의 수직적 상승보다 장기적 학습력과 대응력을 강화하는 방향을 중시하는 흐름으로, 불확실성 속에서 대비와 적응을 균형 있게 추구한다는 특징이 있다.

미적립부채 (未積立負債, Unfunded Liability) ▼

현재 제도가 약속한 미래 연금 지급액 중 이미 적립된 기금으로는 충당되지 않는 부분을 말한다. 즉, 향후 국민연금이 가입자에게 지급해야 할 총연금액(부채)에서 현재까지 쌓인 적립금(자산)과 앞으로 들어올 보험료 수입을 뺀 차액을 말한다. 이는 당장 갚아야 할 진짜 빚은 아니지만, 미래 세대가 감당해야 할 잠재적 부채로 해석된다. 이러한 미적립부채 발생은 국민연금이 기금을 쌓아두는 완전적립방식이 아니라 세대 간 소득재분배를 전제로 한 부분적립방식으로 운용됨에 따른 것이다. 즉, 국민 전체가 낸 보험료를 적립해 두었다가 미래 지급에 일부 활용하고 대부분은 미래 세대의 보험료로 충당하는 구조이기 때문이다.

그러나 최근 인구 고령화와 출산율 감소로 미래 연금 수급자는 증가하는 반면 보험료를 낼 사람은 감소하면서 미적립부채 증가가 자주 거론되고 있다.

반도체특별법 ▼

"반도체 산업 경쟁력 강화를 위해 각종 지원 방안을 담은 특별법이 12월 10일 국회 법제사법위원회를 통과했다. 다만 12월 임시국회에서 필리버스터 정국이 계속돼 연내 처리 여부는 불투명하다."

반도체산업 경쟁력 강화 및 혁신성장을 위한 특별법이다. 해당 법률에는 반도체 산업 경쟁력 강화를 위해 특정 지역을 반도체 클러스터로 지정하고 클러스터의 전력망, 용수공급망, 도로 등 인프라 구축을 국비로 지원하는 근거 규정이 담겨 있다. 또 보조금 지급과 세제 지원, 각종 인허가 간소화 제도도 명시돼 있다. 다만 여야 쟁점이었던 「화이트칼라 이그젬션」(고소득·고학력 근로자 주 52시간 근로제 예외 조항)은 이번 법안에서 제외됐다.

북극항로(北極航路, North Pole Route) ▼

북극해를 지나 대서양과 태평양을 잇는 해운 항로로, ▷북미·유럽을 잇는 캐나다 해역의 북서항로 ▷아시아·유럽을 잇는 러시아 해역의 북동항로로 나뉜다. 북극항로는 노르웨이의 아문센에 의해 1906년 북서항로가, 1920년 북동항로가 각각 처음 개척된 바 있다. 이 북극항로는 지구 온난화로 북극 빙하가 녹으면서 점차 대형선박이 지날 수 있을 정도로 항로가 확대되고 있는 것은 물론, 운항이 가능한 기간도 늘어나고 있다. 이에 그 경제적 효과를 두고 주요국들의 북극항로를 둘러싼 경쟁이 치열해지고 있다. 예컨대 북극항로를 이용할 경우 우리나라의 부산에서 네덜란드 로테르담까지의 거리가 2만 100km에서 1만 2700km, 운항일수는 30일에서 20일로 단축된다.

분산에너지 특구 ▼

"기후에너지환경부가 11월 5일 제주·전남·부산(강서)·경기(의왕) 4곳을 분산에너지 특화지역으로 지정하는 안을 의결했다. 특구로 지정된 지역에서는 발전사업자와 전기사용자 간 직접 전력거래가 허용되며, 규제 특례를 적용해 다양한 요금제 도입도 가능해진다."

「분산에너지 활성화 특별법」에 따라 지역 내 생산·소비 체계를 구축하고 전력 직접거래 등 규제특례를 적용하는 제도를 말한다. 해당 특구에서는 발전 사업자가 생산한 전력을 전력시장을 거치지 않고 인근 수요자에게 직접 판매할 수 있다. 이를 통해 전력을 생산한 지역에서 바로 사용하는 자급자족형 전력 시스템을 구현하기 위함으로, 분산에너지 발전원으로는 설비용량 40MW 이하 중소형 발전설비와 500MW 이하 집단에너지 발전설비가 규정돼 있다.

사모대출(Private Credit) ▼

"월가에서 「신채권왕」으로 불리는 제프리 건들락 더블라인캐피털 최고경영자(CEO)가 사모대출을 쓰레기 대출(Garbage lending)이라고 비판하며 「다음 번 대형 금융위기는 사모대출에서 비롯될 것」이라고 밝혔다고 블룸버그 통신이 11월 17일 보도했다. 건들락 CEO의 이 같은 발언은 사모대출로 자금을 조달해온 서브프라임 자동차 담보대출 업체 트라이컬러와 자동차 부품 공급사인 퍼스트브랜즈의 파산 사태로 사모대출 시장 관련 신용 우려가 커진 상황에서 나온 것이다."

은행이 아닌 비은행 금융중개회사(NBFI)의 대출을 일반적으로 지칭한다. 이는 은행이나 공개시장에서 조달하는 것이 아니라, 사모펀드(Private Debt Fund) 등의 전문 투자기관이 중견·중소기업에 자금을 빌려주는 구조로 돼 있다. 사모대출은 2008년 글로벌 금융위기 이후 은행 건전성 규제 강화로 대형 은행들이 대출 장벽을 높이는 가운데, 비은행 금융사가 해당 시장에 진입하면서 빠르게 늘기 시작했다. 기업 입장에서는 사모대출이 은행보다 승인 절차가 빠르고 유연하며, 재무조건이나 담보 등을 맞춤형으로 설계할 수 있다는 장점이 있다. 또 투자자에게는 전통 채권보다 높은 금리에다 주식시장 변동성에 비교적 덜 민감하다는 이점이 있다. 반면 은행 대출에 비해 투명성과 규제 수준이 낮은 데다, 예금자 보호제도나 중앙은행 개입과 같은 안전장치가 없어 위기에 취약하다는 지적이 있다.

소비자심리지수(CCSI · Consumer Composite Sentiment Index) ▼

"한국은행이 11월 25일 발표한 소비자동향조사 결과에 따르면 11월 소비자심리지수(CCSI)는 112.4로, 10월보다 2.6포인트(P) 상승했다. 해당 지수는 지난 9월(-1.3P)과 10월(-0.3P) 연달아 하락하다 3달 만에 상승세로 전환, 2017년 11월(113.9) 이후 8년 만에 가장 높은 수치를 기록했다."

소비자를 대상으로 경기상황, 전망 등을 조사해 경제상황에 대한 전반적인 인식을 종합적으로 나타낸 지수이다. 현재생활형편·생활형편전망·가계수입전망·소비지출전망·현재경기판단·향후 경기전망 6개 지수를 이용해 산출하며, 한국은행이 2005년 1/4분기부터 해당 지수를 작성·발표하고 있다. 소비자심리지수는 소비자를 대상으로 경기에 대한 판단 및 전망 등을 조사한다는 데서, 소비자들의 경제에 대한 전반적인 인식을 종합적으로 파악할 수 있는 지표로 활용된다. 소비자심리지수가 100을 넘으면 앞으로 생활형편이나 경기·수입 등이 좋아질 것으로 보는 사람이 많다는 의미이며, 100 미만이면 경기 상황이 상대적으로 좋지 않다고 평가하는 사람이 많다는 뜻이다.

솔로프리너(Solopreneur) ▼

Solo(혼자)와 Entrepreneur(기업가)의 합성어로, 직원이나 공동 창업자 없이 혼자서 사업을 운영하는 1인 기업가를 뜻한다. 이는 프리랜서처럼 단순히 개인으로 일하는 것이 아니라, 자신의 브랜드나 비즈니스 모델을 갖고 수익을 만드는 것이 특징이다. 예컨대 1인 온라인 쇼핑몰 운영자, 유튜버·블로거 등의 콘텐츠 크리에이터 등이 이에 속하는데, 이들은 직원 없이도 자동화 툴이나 외주, 디지털 플랫폼 등을 활용해 혼자서 수익을 창출하고 사업을 확장한다.

쉬었음 인구 ▼

"국가데이터처(옛 통계청)가 11월 5일 발표한 「비경제활동인구 및 비임금근로」 통계에 따르면 특별한 이유 없이 일자리를 구하지 않고 있는 쉬었음 인구가 1년 전보다 7만 3000명 증가한 264만 1000명으로 조사됐다. 이는 관련 통계 집계를 시작한 2003년 이후 8월 기준 역대 최대 규모다. 쉬었음의 주된 이유로는 ▷몸이 좋지 않아서(34.9%) ▷원하는 일자리(일거리)를 찾기 어려워서(19.0%) ▷퇴사(정년퇴직) 후 계속 쉬고 있음(18.4%) 순이었다."

국가데이터처(옛 통계청)가 시행하는 경제활동인구조사에서 조사 기준일 직전 일주일 간 가사·육아·학업·질병 등의 특정 사유 없이 일을 하지 않는다고 응답한 사람들을 말한다. 쉬었음 인구는 일을 할 능력은 있지만 구직활동을 하지 않는 사람이라는 점에서, 실업자(일을 할 능력과 의사가 있으며 적극적으로 구직활동을 했으나 일자리를 구하지 못한 사람)와는 구분된다. 실업자는 경제활동인구로 분류되지만 쉬었음 인구는 비경제활동인구에 포함되며, 실업률 계산에서도 실업자와 달리 포함되지 않는다. 이처럼 쉬었음 인구는 공식 실업률 통계에 잡히지 않는 잠재적 실업자로, 노동시장 분석과 정책 설계 시 중요한 지표로 작용한다.

> **경제활동인구조사** 국민의 경제활동 특성을 조사하여 거시경제를 분석하고 인력자원의 개발정책을 수립하기 위한 기초 자료를 제공하기 위해 통계청이 실시하고 있는 조사통계로, 1963년 처음 시작됐다. 여기서 경제활동인구는 만 15세 이상의 생산가능연령인구 중 일할 능력이 있어 취업한 자와, 취업할 의사가 있으면서 취업이 가능한 인구를 뜻한다.

스테이블코인(Stablecoin) ▼

"한국은행이 10월 27일 「스테이블코인의 주요 이슈와 대응방안」 보고서를 통해 ▷스테이블코인의 가치 안정성 부족 ▷금융 안정성 위협 ▷소비자 보호 공백 ▷금산분리 원칙과 상충 ▷자본·외환 규제 우회 ▷통화정책 효과 약화 ▷은행 자금중개 기능 약화 등 7대 위험 요소를 제시했다. 그러면서 은행이 스테이블코인 발행의 주체가 되거나 은행권 주도 컨소시엄을 통해 스테이블코인이 발행되면 이러한 위험요소의 상당 부분이 관리될 수 있다고 강조했다."

비변동성 가상자산을 뜻하는 말로, 법정화폐 혹은 실물자산을 기준으로 가격이 연동되는 가상자산을 가리킨다. 가상자산이 특유의 가격변동성 때문에 통화로 사용되기에 안정성이 떨어지는 반면 스테이블코인은 가격 변동성을 줄인 것은 물론, 법정화폐와 마찬가지로 가치의 척도 및 저장 기능까지 가지고 있다. 이처럼 스테이블코인은 가격 안정성이라는 특징으로 투자자 보호에 유리하며, 가상자산거래소에서 유동성의 핵심 역할을 한다. 다만 법정화폐를 담보로 하는 스테이블코인의 경우 발행사의 신뢰에 의존하는 경우가 높고, 알고리즘 기반 스테이블코인은 시장 불안 시 쉽게 무너질 수 있다는 단점도 존재한다.

원화 스테이블코인을 둘러싼 쟁점은?

코인업계 주장	• 지금 원화 스테이블코인을 발행하지 않을 시 통화주권을 잃을 위험성 • 원화 국제화를 위한 필요성 • 새로운 화폐로서의 스테이블코인의 잠재력
한국은행 입장	• 아르헨티나, 나이지리아 등 인플레이션이 극심한 나라에 국한된 현상 • 달러가 기축통화라는 사실은 스테이블코인으로 형태가 바뀐다고 해서 달라지지 않음 • 결제망 좋고 카드 수수료가 낮은 한국에서 스테이블코인의 효용성은 낮을 전망

양적긴축(Quantitative Tightening) ▼

"미국 중앙은행인 연방준비제도(Fed·연준)가 10월 29일 기준금리를 0.25%포인트(p) 인하해 한 달 만에 2회 연속 금리 인하를 단행했다. 연준의 금리 인하로 한국(2.50%)과 미국 간 금리 격차는 상단 기준 1.75%포인트에서 1.50%포인트로 좁혀졌다. 연준은 이와 함께 오는 12월 1일 연준의 보유자산을 줄이는 양적긴축(QT)을 종료하기로 결정했다고 발표했다."

시중의 유동성을 빠르게 흡수하는 통화정책으로, 유동성을 시중에 직접 공급하는 양적완화의 반대 개념이다. 이는 양적완화 조치를 점진적으로 축소하기 위해 자산 매입 규모를 줄이는 「테이퍼링(Tapering)」보다 시중의 유동성을 더 빠르게 거둬들일 수 있어 경기 과열이나 과도한 물가 상승 등이 발생했을 때 활용한다. 특히 미국 연방준비제도(Fed)의 양적긴축은 전 세계 경제에 큰 영향을 미치는데, 연준은 보통 자산 매입을 종료한 후 금리 인상을 통해 시장에 풀리는 돈을 간접적으로 줄인다. 그리고 마지막으로 연준이 보유한 자산을 처분(양적긴축)해 직접적으로 시중의 유동성을 거둬들이는 방식을 활용한다.

SKT 유심정보 유출사태 ▼

"한국소비자원 소비자분쟁조정위원회가 12월 21일 SK텔레콤에 개인정보 유출 사고와 관련해 1인당 10만 원 상당을 보상하라는 조정안을 내놓았다. 다만 조정위는 SK텔레콤이 지난 8월 선제적으로 제공한 고객감사패키지의 50% 요금 할인은 보상안에서 공제하기로 했다. 그러나 업계에서는 SK텔레콤이 비용 부담으로 인해 해당 조정안을 수용하기 어려울 것으로 보고 있다."

국내 1위 이동통신 사업자인 SK텔레콤의 홈 가입자 서버 시스템이 4월 18일 해킹 공격을 받아 가입자들의 유심(USIM·가입자식별모듈) 관련 정보가 대규모로 유출된 사고를 말한다. SK텔레콤은 4월 22일 해킹으로 인한 고객 유심(USIM) 정보 유출 사실을 알리며, 28일부터 유심 무상교체 서비스를 진행했다. 하지만 유심 재고가 턱없이 부족해 2300만 명에 이르는 가입자들의 불안감을 고조시킨 가운데, SK텔레콤이 해킹 사실을 인지한 후에도 한국인터넷진흥원(KISA) 신고가 늦었고 고객에게 관련 사실을 문자메시지 등으로 적극적으로 안내하지 않은 점이 드러나며 논란을 키웠다. 이후 정부 조사 결과 SKT 해킹사고에서 외부로 빠져나간 정보는 가입자 식별번호(IMSI) 기준으로 2695만 7749건으로 확인됐다.

> **유심(USIM·Universal Subscriber Identity Module)** 사용자 인증과 글로벌 로밍, 선사상거래 등 다양한 서비스를 제공하도록 가입자의 여러 개인정보를 1장의 카드에 담은 범용가입자 식별체계를 지칭한다. 유심에는 가입자를 식별하고 인증하기 위한 정보와 가입자가 직접 저장한 정보가 포함되는데, 다만 이름·주민등록번호·주소 등의 개인정보는 포함돼 있지 않다.

엠커브(M-Curve) ▼

"국가데이터저가 11월 20일 발표한 「기혼 여성의 고용 현황」에 따르면, 올해 4월 기준 만 18세 미만 자녀와 함께 사는 15~54세 기혼 여성의 고용률(인구 대비 취업자 수 비율)이 64.3%를 기록해 역대 최고치를 나타냈다. 이는 직전 최고치였던 2024년의 62.4%보다 1.9%포인트 높은 것이다. 이러한 워킹맘 증가는 2010년대 이후 육아휴직과 유연근무제 도입 등 일·가정 양립 정책이 활성화되고 남편의 육아 참여가 늘어난 것이 영향을 미친 것으로 분석됐다."

여성의 경력이 단절되는 사회적인 현상을 이르는 말로, 20대 초반 노동시장에서 활발히 활동하다가 추후 임신·출산·육아 등으로 퇴사하면서 경력 단절을 겪은 뒤 재취업을 하는 현상을 가리키는 말이다. 실제로 여성들은 결혼과 출산 이후 육아 문제 등으로 퇴사하는 경우가 많고, 어느 정도 아이들이 크고 나면 다시 취업 전선에 나서게 된다. 이와 같은 취업률의 변화 추이가 영문 M자를 닮아서 엠커브라는 명칭이 붙었다. 엠커브는 여성의 경력단절 현상이 고착되는 사회구조의 현실을 반영하는 것으로, 이에 결혼과 육아로 직장 경력이 단절된 여성을 가리키는 「경단녀(경력단절여성)」라는 신조어가 등장하기도 했다.

경력단절여성 용어를 경력보유여성으로 변경하는 내용의 「양성평등기본법」과 「여성의 경제활동 촉진과 경력단절예방법」 개정안이 12월 2일 국회 본회의를 통과했다. 경단녀는 출산이나 육아 등으로 경제활동을 중단하는 여성을 뜻하는 표현으로, 그간 해당 용어가 부정적인 낙인을 강화할 수 있다는 비판이 이어져 왔다.

갖고 있으며, 기술력과 산업화를 통해 고도성장을 이뤄온 나라들이라는 공통점이 있다. 또 역사적으로는 한자 문화권에 속하는 단일민족 국가이며, 지리적으로는 동북아 및 태평양 역내에서 전략적 위치를 가진다. 특히 재코타는 최근 반도체 및 첨단산업과 연관돼 자주 언급되는데, ▷일본의 경우 포토레지스트·실리콘 웨이퍼·정밀 장비 등 반도체 소재 분야에서 큰 비중을 차지하고 있으며 ▷대만은 TSMC 중심의 파운드리를 갖고 있고 ▷한국은 삼성전자와 SK하이닉스 중심의 메모리 및 시스템 반도체의 강국으로 꼽히는 데 따른 것이다.

자사주 소각(自社株 消却) ▼

회사가 자사의 주식을 취득하여 소각하는 것으로, 발행주식수를 줄여 주당가치를 높이는 방법을 통해 주주이익을 꾀하는 기법이다. 자사주를 매입해 소각하는 경우 본질적으로 기업의 가치는 불변이지만, 주식수가 줄어들어 1주당 가치는 높아지게 된다. 특히 자사주 소각은 주가관리 효과가 자사주 매입보다 높은 것이 일반적인데, 이는 주식수가 줄기 때문에 물량 부담이 없어지고 자사주 펀드처럼 나중에 매물로 나올 염려도 없기 때문이다.

최근 3차 상법 개정안 입법을 앞두고 정치권과 재계가 자사주 소각 의무제 도입을 둘러싼 첨예한 입장차를 보이고 있다. 정치권은 자사주 소각을 통해 기업 경영권 방어수단을 제한하고 소액주주 권익을 보호해야 한다는 입장이다. 반면 재계는 해당 조치가 기업을 적대적 인수합병(M&A)에 무방비로 노출시킬 수 있다며 반대하고 있다.

재코타(JaKoTa) ▼

동아시아의 일본(Japan)·한국(Korea)·대만(Taiwan)을 묶어서 부르는 말로, 공식적인 용어는 아니다. 재코타라는 개념이 나온 것은 우선 3개국이 지닌 경제구조의 유사성 때문인데, 이들은 제조업 중심의 수출주도형 경제 구조를

종합투자계좌(IMA·Investment Management Account) ▼

"금융위원회가 11월 19일 한국투자증권과 미래에셋증권을 자기자본 8조 원 이상의 종합금융투자사업자(종투사)로 지정하고, 종합투자계좌(IMA) 업무 인가를 의결했다. 금융당국은 2017년 한국판 골드만삭스를 목표로 IMA 제도를 마련했지만 실제 지정 사례는 나오지 않았다. 그러다 제도 도입 8년 만인 지난 4월부터 논의가 시작돼 이재명 정부 출범 이후인 7월부터 IMA 사업자 신청이 진행된 바 있다. 이 IMA 상품은 목표수익률과 투자대상에 따라 ▷(저수익) 안정형 연 4~4.5% ▷(중수익) 일반형 연 5~6% ▷(고수익) 투자형 연 6~8%로 나뉜다."

증권사가 고객 예탁금을 기업금융 관련 자산(70% 이상) 등에 투자해 얻은 수익을 투자자에게 원금과 함께 돌려주는 원금지급형 실적배당 상품이다. 이는 예금자보호법을 적용받지 않지만, 증권사가 자체적으로 원금을 보장하는 기업금융 특화 종합투자계좌이다. 증권사는 IMA를 통해 고객으로부터 자금을 조달하고 기업대출·회사채·부동산 등에 투자해 수익을 낸 뒤 고객에게 배분하게 된다. 개인투자자의 경우 사실상 원금 손실 가능성이 없고, 예금보다 높은 수익률을 누릴 수 있다는 것이 장점으로 꼽힌다. 다만 IMA 상품의 70% 이상은 만기를 1년 이상으로 설정하도록 돼 있어 중도해지 시 손실이 발생할 수 있으며, 성과에 따라 수익을 지급한다는

점에서 만기 수익이 예상보다 적거나 없을 수도 있다. 또 운용·성과보수를 지급해야 하는 것도 정기예금이나 일반 주식 투자와는 차이가 있다. 한편, IMA 사업자로 지정되면 자기자본의 300%까지 자금을 조달해 운용할 수 있는데, 조달한 자금 중 70% 이상을 기업 금융 관련 자산에 투자해야 하고 부동산 운용 한도는 10% 이하로 제한된다. A등급 회사채와 중견기업 대출은 전체 의무액의 30%까지만 실적으로 인정하는데, 이는 안전자산 쏠림을 막기 위한 장치다.

종합투자계좌(IMA) 개요

원금 지급	만기 시 지급, 중도 해지 시 원금 손실 발생할 수 있음
예금자보호법	해당 없음
투자처	기업금융 70% 이상, 부동산 10% 이하 (2027년 기준)
수익배분	실적배당형(성과연동)

치킨 중량 표시제　　▼

"공정거래위원회와 식품의약품안전처·농림축산식품부 등이 12월 2일 용량 꼼수를 막기 위해 치킨을 대상으로 중량 표시제를 도입하는 방안을 발표했다. 이는 가격은 그대로 두고 용량을 줄여 사실상 가격 인상 효과를 보는 용량 꼼수가 소비자를 기만하고 실질적인 물가 인상을 초래한다는 판단에서다."

치킨 전문점의 메뉴판에 닭고기의 조리 전 총중량을 표시하는 것으로, 중량 표시는 g(그램)이 원칙이지만 한 마리 단위로 조리하는 경우 등을 반영해 「호」 단위로 메뉴판에 표시할 수 있다. 예컨대 10호 닭을 사용할 경우 10호(951~1050g) 등으로 표시해야 한다. 이는 온라인으로 주문하는 웹 페이지나 배달앱에도 표기가 의무화된다. 치킨 중량 표시제는 BHC·BBQ·교촌 치킨집 등 가맹점 수가 많은 상위 10대 치킨 가맹본부 소속 가맹점(1만 2560개사)부터 적용한다. 이는 12월 15일부터 시행하되, 사업자의 부담과 메뉴판 변경 등의 시간을 고려해 2026년 6월까지 계도기간을 갖는다. 계도기간

종료 후에는 위반 시 시정명령과 영업정지 등의 제재가 적용된다.

> **슈링크플레이션(Shrinkflation)** 기존 제품의 가격은 그대로 유지하면서 제품의 크기나 수량 등을 줄여 사실상 가격 인상 효과를 노리는 판매 방식을 말한다. 2015년 영국의 경제학자 피파 맘그렌이 제안한 용어로 「패키지 다운사이징(Package Downsizing)」이라고도 불린다.

카드리스 세대(Cardless Generation)　　▼

"10월 29일 금융감독원에 따르면 2025년 상반기 만 29세 이하의 카드 결제액은 46조 8979억 원으로, 전년(98조 3112억 원)의 47.7% 수준에 머물렀다. 이와 같은 변화는 간편결제 활성화가 가장 큰 이유로 꼽히는데, 실제로 간편결제 업체들은 다량의 포인트 제공 서비스를 앞세워 시장을 확대하고 있다."

실물 신용·체크카드 없이 스마트폰·웨어러블·앱·생체인증 등을 통해 디지털 방식으로 결제·금융 활동을 하는 세대를 말한다. 카드리스 세대의 등장은 기술과 사회 변화에 따른 것으로, 무엇보다 일상화된 스마트폰으로 결제·송금·투자 등 대부분의 금융 활동이 앱 기반으로 전환된 데 따른 것이다. 여기에 코로나19 이후 비대면 계좌 개설이나 모바일 신용카드 발급 등이 보편화된 것도 실물카드 없는 생활에 영향을 미쳤다. 이러한 카드리스 금융을 가능하게 하는 핵심 기술로는 대표적으로 「토큰화(Tokenization)」가 꼽히는데, 이는 실제 카드번호 대신 임시 토큰으로 결제 정보를 대체하는 것이다. 또한 NFC(근거리 무선통신), QR/바코드 결제, 생체인증, 가상카드 등도 카드리스의 핵심 기술로 꼽힌다.

K-스틸법　　▼

"글로벌 공급과잉 등으로 위기에 처한 국내 철강산업을 지원할 근거를 담은 「K-스틸법(철강산업 경쟁력 강화 및 탄소중립 전환을 위한 특별법)」이 11월 27일 국회를 통과했다. K-스틸법은 공포 후 6개월이 경과한 날부터 시행되며, 2028년 12월 31일까지 유효하다. 다만 만료 시점에서 필요성을 검토해 그 기간을 3년 이내 범위에서 연장할 수 있다."

급변하는 철강산업 환경 속에서 국가 차원의 체계적이고 종합적인 지원 근거를 마련하기 위해 제정된 법률로, 정식 명칭은 「철강산업 경쟁력 강화 및 탄소중립 전환을 위한 특별법안」이다. 해당 법률에 따르면 국무총리 소속의 철강산업 경쟁력강화특별위원회를 신설해 부처 간 지원정책을 통합적으로 조정할 수 있도록 했으며, 산업통상자원부 장관이 5년 단위 기본계획과 연간 실행계획을 의무적으로 수립하도록 했다. 또 산업 재편 과정에서 필요한 규제특례를 명문화해 구조조정의 속도와 효율성을 높였으며, 저탄소철강 기술개발과 전환투자를 뒷받침하기 위한 지원 근거를 제도적으로 마련했다. 아울러 산업부 장관이 저탄소철강 기술을 선정해 연구개발(R&D)·사업화·설비 도입 등 전 주기를 지원할 수 있도록 하고, 정부 및 공공기관의 저탄소 철강제품 우선구매도 가능하도록 했다.

사용하는 보험상품이다. 기존 상품처럼 보험료를 내고 노후에 연금처럼 보험금을 수령하는 연금보험의 한 종류지만, 보험 가입자가 사망하면 이를 다른 생존 가입자를 위한 연금 재원으로 사용한다는 점에서 차이가 있다. 가입자 입장에서는 일반적인 연금보험에 비해 보험료가 저렴한 편이라는 장점이 있으나 향후 리스크가 크다는 단점이 있다. 보험사의 경우 조기 사망자에게 보증하는 금액이 아주 적거나 없기 때문에 위험 관리 부담을 덜 수 있다. 한편, 톤틴연금은 17세기 이탈리아 출신 은행가 로렌초 톤티가 구상한 금융상품 구조에서 유래한 것으로, 당시에는 큰 주목을 받지 못했다. 그러다 19세기 미국 보험사들이 이 구조를 차용한 생명보험을 판매하며 인기를 끌기도 했으나, 일각에서 보험금을 더 받기 위해 살인까지 저지르는 등의 부작용이 나타나면서 법적으로 금지된 바 있다.

테더(Tether) ▼

"국제신용평가사 스탠더드앤드푸어스(S&P)가 11월 26일 보고서를 통해 테더의 스테이블코인 안정성 평가 등급을 종전 「제약적」에서 가장 낮은 등급인 5등급 「취약」으로 강등했다. S&P는 각 스테이블코인이 얼마나 안정적으로 실물자산에 연동할 수 있는지 검증해 1~5등급으로 평가하는데, 테더 준비금에서 비트코인을 비롯한 고위험 자산 비중이 높다는 점을 강등의 이유로 들었다."

2014년 설립된 스테이블코인 발행사로, 테더에서 발행하는 대표적인 스테이블코인이 USDT이다. USDT는 현재 유통 중인 스테이블코인 가운데 세계 최대 규모로, 발행량이 1840억 달러(약 270조 원)에 달한다. 1USDT는 1달러에 연동하도록 돼 있는데, 이를 위해 단기 미국 국채, 현금·현금성 자산, 예·정기예금 등의 자산을 준비금으로 보유하고 있다.

톤틴연금(Tontine Annuity) ▼

조기 사망한 연금보험 가입자가 받지 못한 보험금(연금)을 다른 가입자를 위한 연금 재원으로

특허괴물(Patent Troll) ▼

"11월 3일 로이터에 따르면 미국 텍사스 연방법원 배심원단은 삼성전자가 아일랜드 소재 기업인 픽티바 디스플레이스의 유기발광다이오드(OLED) 관련 2개의 특허를 침해했다며 1억 9140만 달러(약 2740억 원)를 배상하라고 평결했다. 2020년 설립된 픽티바 디스플레이스는 OLED 분야에서 1000여 개의 특허권을 매입해 지식재산권 소송이나 매수 등을 통해 수익을 창출하는 특허관리전문사업자(NPE)다. 삼성전자는 이번 판결에 불복 절차를 밟을 것이라면서, 이미 특허청에 특허 무효를 주장하는 별도 소송을 진행 중이라고 밝혔다."

보유한 특허를 이용해 제품을 생산하지 않고, 타인에게 라이선싱 또는 판매 등의 거래를 통해 로열티를 받거나 특허 소송을 통해 이익을 창출하는 회사를 말한다. 이들 기업은 개인 발명가, 적자 기업, 부도 회사, 경매 시장 등을 통해 대량의 특허를 저렴한 가격으로 구입한 뒤 다른 기업으로부터 보유 특허를 침해당하면 특허 소송을 걸어 거액의 배상금이나 합의금을 챙기는 식으로 운영된다. 주로 기술개발이 활발한 정보통신(IT)이나 반도체 기업들을 대상으로 하는데, 최근에는 개발 전 단계의 특허 아이디어까지 선점하는 경우가 많아 문제로 지적되고 있다.

지식재산처와 한국지식재산보호원이 올해 발간한 「2024년 분쟁동향 보고서」에 따르면 2024년 미국에서 외국 기업이 국내 기업을 상대로 제기한 특허 소송은 97건으로, 2022년(86건)과 2023년(84건)보다 많았다. 특히 이 가운데 80.4%인 78건이 NPE가 제기한 소송이었으며, 68건은 대기업에 집중돼 거액의 배상금을 노린 의도적인 소송으로 분석되고 있다.

포모증후군(FOMO Syndrome) ▼

자신만 흐름을 놓치고 있는 것 같은 심각한 두려움 또는 세상의 흐름에 자신만 제외되고 있다는 공포를 나타내는 일종의 고립공포감을 뜻한다. 여기서 포모(FOMO)는 「Fear Of Missing Out」의 약자이다. 본래 포모(FOMO)는 유행에 뒤처지기 싫어 남들이 사는 물건을 따라 사는 사람들의 심리나 제품의 공급량을 줄여 소비자를 조급하게 만드는 마케팅 기법을 설명하는 개념이었다. 그러다 2010년대 후반 이후 주식, 부동산, 가상자산 등의 가격이 급등하면서 해당 자산을 갖지 못한 사람들이 박탈감을 느끼면서 본격적으로 거론되기 시작했다. 포모증후군에 빠진 투자자들의 경우 타인을 따라잡아야 한다는 생각에만 매몰돼 충동적인 투자 결정을 내리기 쉽다는 점에서 주의가 필요하다. 실제로 이러한 포모는 부동산에서는 영끌족(영혼까지 끌어모아 대출로 주택을 매수한 사람들)을, 주식시장에서는 빚투(빚내서 투자의 줄임말로, 개인이 빚을 내어 주식·부동산 등 자산에 공격적으로 투자하는 것) 현상으로 이어졌다.

포인트 자동사용 서비스 ▼

"금융감독원이 2026년부터 「포인트 자동사용 서비스」를 전체 카드사로 확대한다고 11월 17일 밝혔다. 이는 카드 이용자가 신청할 경우 사전에 지정한 포인트 사용 단위만큼 결제 대금에서 자동으로 포인트가 차감되는 것이다. 현재 우리·현대·KB카드 등 3개 카드만 운영 중인데 금감원은 이를 나머지 5개 카드사로 확대해 전업 카드사 전체로 적용한다는 방침이다. 특히 65세 이상 고령층 가드포인트는 별도로 신청하지 않아도 자동으로 차감된다."

카드로 결제할 때 쌓아둔 포인트를 자동으로 사용하는 서비스로, 해당 서비스에 가입한 카드 회원은 카드 결제를 할 때마다 일정 포인트를 자동으로 사용하겠다고 지정할 수 있다. 예컨대 자동 사용 포인트를 1000포인트로 지정하면 카드 결제를 할 때 1000포인트에 해당하는 1000원을 우선 쓰고 나머지를 카드로 결제하게 된다. 포인트를 다 쓴 이후에도 미리 지정한 만큼 포인트가 쌓이면 또다시 자동으로 사용되는 식이다. 이는 그간 카드 포인트 사용 기한을 모르고 있다가 포인트가 그냥 소멸돼 버리는 경우가 많아, 이에 따른 불만이 줄곧 제기돼 온 데 따른 것이다. 카드 포인트 자동사용 서비스는 올해 말까지 시스템 개발을 완료하는 카드사부터 순차적으로 시행될 예정이다.

환인플레이션(換inflation) ▼

환율 상승(자국 통화가치 하락)으로 인해 국내 물가가 오르는 현상을 말한다. 환율이 오를 경우 해외에서 수입하는 물자의 가격이 상승하고, 이에 원자재·부품을 수입해 제품을 생산하는 제조업 부문의 생산비용이 올라가게 된다. 그렇게 되면 기업은 늘어난 수입비용 부담을 소비자 가격에 반영하면서 인플레이션이 더욱 심화된다. 이처럼 환인플레이션은 소비자의 입장에서는 생활물가 상승에 따른 소비 위축을 발생시키며, 기업 입장에서는 수입 원자재 비용 증가에 따른 부담을 늘리게 된다. 이에 국가 경제 전체적으로는 경기 둔화와 물가 상승이 함께 일어나는 스태그플레이션 위험도가 높아지게 된다.

최근 고환율 지속에 따른 수입 물가 인상으로 의식주 비용 전반이 상승하는 것으로 나타났다. 국가데이터처에 따르면 평균 물가 상승률 2.4%를 기록한 지난 10월 커피값은 전년 동월 대비 15.6% 급등했다. 또 고등어는 11.0%, 라면은 7.3%, 수입 쇠고기는 5.3% 상승했다.

③ 사회·노동·환경

가을장마 ▼

여름 장마(6~7월)가 끝난 뒤 초가을(보통 8월 하순~9월 중순 사이)에 다시 장기간 비가 이어지는 현상을 말한다. 이는 공식 기상 용어는 아니지만, 기후변화로 인해 2010년 이후 점차 빈도가 잦아지면서 자주 거론되기 시작했다. 가을장마의 주요 원인으로는 ▷북태평양고기압의 세력 약화와 이동에 따른 불안정한 기압 배치 ▷중위도 편서풍대와의 충돌에 따른 정체전선 재형성 ▷일본 남쪽 해상이나 남해 부근을 지나는 태풍 주변에 형성된 습한 공기의 한반도 유입 등이 꼽힌다. 여기에 기후학자들은 가을장마가 이상기후의 한 형태라는 분석도 내놓고 있는데, 기후변화로 인해 여름철 고온다습한 공기의 세력이 길게 이어지면서 가을장마의 빈도와 강수량이 증가하는 경향이 나타나고 있다는 것이다. 이러한 가을장마는 지속적인 비와 함께 때로는 태풍을 동반하는데, 강수량은 비교적 적지만 오래 지속되는 것이 특징이다.

국가해양생태공원(國家海洋生態公園) ▼

"해양수산부가 12월 2일 충남 가로림만과 전남 신안·무안, 전남 여자만, 경북 호미반도 등 4곳을 국내 최초의 국가해양생태공원으로 지정하는 내용의 「국가해양생태공원 지정·운영 추진전략」을 수립했다고 밝혔다. 가로림만은 점박이물범이 서식하는 등 해양생물 다양성이 우수하고, 신안·무안갯벌은 세계자연유산 등재 지역이다. 여자만은 철새 도래지라는 환경적 가치가 우수하고, 호미반도는 게바다말 등 해양보호생물이 광범위하게 서식하는 동해안권 대표 보호구역이다. 이번에 지정된 국가해양생태공원은 핵심보전구역, 완충구역, 지속가능이용구역 등 세 단계로 나눠 관리될 예정이다."

해양보호구역 및 그 인근 해양자산의 가치를 보전하고 지속 가능한 이용을 위해 국가가 공원으로 직접 지정해 관리하는 제도를 말한다. 해양수산부장관은 해양보호구역 및 그 인근 해역·지역, 습지보호지역 및 그 인근 해역·지역 등을 국가해양생태공원으로 지정할 수 있다. 지정할 때에는 ▷해양생태계의 우수성 ▷해양생태계 보전·관리의 기본원칙 실현에 대한 기여 가능성 ▷해양생태계 보전·관리정책의 운영실적 등을 고려해야 한다.

근로자의 날(노동절) ▼

"국회가 10월 26일 「노동절 제정에 관한 법률」을 통과시키면서 2026년 5월 1일부터 「근로자의 날」 명칭이 「노동절」로 바뀌게 된다. 5월 1일은 1923년부터 노동절로 기념해 왔으나, 1963년 「근로자의 날 제정에 관한 법률」이 제정되면서 「근로자의 날」이라는 명칭이 사용돼 왔다. 따라서 노동절 명칭이 복원되면 62년 만에 이뤄지게 되는 것이다."

근로자의 열악한 근로조건 개선 및 지위 향상을 꾀하고 각국의 근로자들이 연대의식을 다지기 위해 제정된 법정기념일이다. 이는 1886년 5월 1일 8시간 노동제 쟁취 및 유혈탄압을 가한 경찰에 대항해 투쟁한 미국 노동자들을 기념하기 위해, 1889년 7월 세계 여러 국가의 노동운동 지도자들이 모여 결성한 제2인터내셔널 창립대회에서 결정됐다. 우리나라에서는 일제강점기였던 1923년 5월 1일 조선노동총연맹이 관련 행사를 처음으로 열었으며, 1945년 해방 이후에는 「조선노동조합 전국평의회」의 주도하에 노동절 기념행사가 열렸다. 정부는 1958년부터 대한노동조합총연맹(한국노총의 전신) 창립일인 3월 10일을 노동절로 정해 행사를 치러오다가, 1963년 노동법 개정 과정에서 그 명칭을 「근로자의 날」로 바꾸어 기념하기 시작했다. 이후 노동단체들은 근로자의 날 의미가 왜곡되고 그 명칭마저 바뀐 것에 반발, 「5월 1일 노동절」을 되찾기 위한 노력과 투쟁을 계속했다. 그 결과 문민정부가 들어선 1994년부터 근로자의 날은 3월 10일에서 다시 5월 1일로 변경됐으나, 명칭은 노동절로 바뀌지 않고 「근로자의 날」 그대로 유지돼 왔다.

금정산 국립공원(金井山 國立公園) ▼

"부산시가 10월 31일 열린 제144차 국립공원위원회에서 「금정산 국립공원 지정 및 공원계획 결정(안)」이 통과됐다고 전했다. 이는 24번째 국립공원 지정으로, 이로써 금정산은 대한민국 최초의 도심형 국립공원으로 새롭게 탄생하게 됐다."

우리나라 24번째 국립공원이자 대한민국 최초의 도심형 국립공원이다. 금정산은 부산광역시 금정구, 북구, 동래구, 기장군 일대에 걸친 산으로 높이는 약 801.5m다. 금정산의 주봉이자 가장 높은 봉우리는 고당봉(801.5m)이며, 이 외에 상계봉·미륵봉·북문봉 등이 있다. 금정산 국립공원에는 금정산과 함께 낙동정맥으로 이어지는 백양산까지 포함됐으며, 총면적은 66.859km²이다. 이 가운데 약 78%인 52.136km²는 부산 6개 자치구에, 약 22%인 14.723km²는 경남 양산시에 걸쳐 있다. 특히 금정산의 국립공원 지정은 1987년 소백산국립공원 이후 37년 만에 보호지역이 아닌 곳이 새롭게 국립공원으로 지정된 사례인데, 그간 국립공원으로 지정된 산들은 모두 도립공원에서 승격되는 형태였다.

김치 캐비지(Kimchi Cabbage) ▼

11월 10~14일 이탈리아 로마에서 열린 「제48차 국제식품규격위원회(CODEX)」 총회에서 추가된 김치 세계규격의 주원료이다. 코덱스는 식품의 국제 교역 촉진과 소비자 건강 보호를 위해 국제 식품 기준·규격을 개발하는 세계식량농업기구(FAO)·세계보건기구(WHO) 합동 위원회이다. 앞서 2001년 제정된 김치 세계규격에는 주원료로 「차이니즈 캐비지(Chinese Cabbage)」만 등재돼 있었는데, 이번 개정을 통해 「김치 캐비지」와 「나파 캐비지(Napa Cabbage)」가 추가 등재되게 됐다. 이러한 추가 등재는 우리나라가 김치 종주국으로서 과학 문헌, 교역 관행에서 Kimchi Cabbage와 Napa Cabbage의 사용이 증가하고 있는 점을 확인해 주도적으로 국제식품규격 수정 작업을 노력한 성과다.

농어촌 기본소득 ▼

"12월 18일 농림축산식품부에 따르면 2026년부터 경기 연천군을 포함해 강원 정선군, 충남 청양군, 충북 옥천군, 전남 신안군·곡성군, 전북 순창군·장수군, 경남 남해군, 경북 영양군 등 전국 10개 지역에서 농어촌 기본소득 시범사업이 실시된다. 이 지역 주민들은 2년간 월 15만 원의 지역사랑상품권을 지급받게 되며, 일부 지역은 군비 등을 더해 20만 원이 지급된다."

이재명 정부의 주요 국정과제로, 인구감소와 고령화로 인한 농어촌 소멸 위기에 대응하기 위해 시행되는 사업이다. 농식품부는 우선 시범사업을 통해 다양한 농어촌 여건에 맞는 지속 가능한 정책 모델을 발굴하고 이에 대한 효과를 검증하며 확산의 토대를 마련하겠다는 입장이다. 시범사업은 2026년 초부터 2027년 말까지 2년간 진행되는데, 대상 지역에 거주하는 주민에게 매달 15만 원 상당의 지역사랑상품권을 지급하는 구조다.

닥터나우 방지법 ▼

"12월 2일 국회에 따르면 「닥터나우 방지법」으로 불리는 약사법 개정안이 이날 진행되는 본회의 처리 안건에서 최종 제외됐다. 해당 법안은 약국 중개 플랫폼 사업자가 의약품 도매상 허가를 받을 수 없도록 하는 내용을 담고 있다. 앞서 12월 20일 국회 복지위가 해당 법안을 의결하면서 본회의 통과가 유력해지자, 닥터나우 등 관련 업계는 「제2의 타다금지법」이라며 거세게 반발해 왔다."

약국 중개 플랫폼 사업자가 의약품 도매상 허가를 받을 수 없도록 하는 내용의 약사법 개정안이다. 개정안의 핵심은 대면진료 중개업자와 특수관계에 있는 의약품 도매상이 플랫폼과 이용계약을 체결한 약국에 의약품을 판매하지 못하도록 제한하는 것이다. 이는 현재 비대면 플랫폼 가운데 의약품 도매업을 직접 운영하는 곳이 닥터나우뿐이라는 점에서 「닥터나우 방지법」이라는 별칭이 붙었다. 닥터나우는 비대면 진료 이용 환자들이 처방약을 찾기 위해 여러 약국을 전전하는 이른바 약국 뺑뺑이 문제를 해소한다는 취지로 2024년 별도 도매업체를 설립했다.

그리고 이 도매업을 기반으로 제휴 약국에 의약품을 직접 공급하는 한편, 실시간 의약품 재고를 파악해 공개해 왔다. 그러나 일각에서 플랫폼의 도매업 겸영이 불법 리베이트, 약국 우선 노출, 대체 조제 유도 등의 문제를 일으킬 수 있다는 비판이 제기됐고, 이에 더불어민주당 김윤 의원에 의해 2024년 11월 해당 법안이 대표 발의됐다. 반면 닥터나우를 비롯한 업계와 일부 소비자들은 개정안이 시행되면 플랫폼이 의약품을 직접 공급하는 기능이 막히게 돼 약국이 재고 정보를 수동으로 입력해야 하는 등의 불편이 따른다며 이에 반발해 왔다.

도수치료(徒手治療) ▼

"보건복지부가 12월 9일 비급여관리정책협의체 제4차 회의를 열어 그동안 과잉 진료와 지나친 가격 차이 등의 비판을 받아 온 도수치료, 경피적 경막외강 신경성형술, 방사선온열치료를 관리급여로 지정했다. 관리급여로 선정되면 건강보험 체계로 편입되고, 본인부담률 95%가 적용된다. 이에 앞으로 도수치료 등의 가격이 표준화되고, 수익을 높이기 위해 이를 과잉 처방하는 경향도 줄어들 것이라는 기대가 나온다."

근골격계 질환의 증상을 개선하기 위한 비수술 치료의 일종으로, 맨손(徒手, 도수)으로 치료한다는 뜻이다. 이는 전문의의 정확한 진단에 의거해 병의원 내에서 의사 혹은 의사의 감독하에 전문 물리치료사가 손을 이용해 척추나 사지의 연부조직, 관절의 위치를 바로잡고 통증 및 체형을 치료하는 방법이다. 이러한 도수치료는 디스크나 거북목 증후군, 척추측만증, 퇴행성 척추장애 등의 치료에 이용된다.

모두의 카드 ▼

"국토교통부 대도시권광역교통위원회가 12월 15일, 2026년 1월 1일부터 대중교통비 환급 지원사업인 K패스를 확대 개편해 정액제 방식인「모두의 카드」를 도입한다고 밝혔다. 이는 기준금액 이상으로 사용하면 초과분을 모두 돌려받는 것이다."

현재 시행되는 K패스를 확대 개편해 시행하는 것으로, 기준금액 이상을 사용하면 초과분을 모두 돌려받는 방식이라는 점이 기존 K패스(사

용액의 일정 비율만 환급)와 다르다. 즉 2024년 5월 도입된 K패스는 월 15회 이상 대중교통을 이용하면 지출 금액의 일정 비율을 돌려주는 교통카드인데, 정액제 방식인「모두의 카드」는 환급 기준금액을 초과해 교통비를 사용하면 자동으로 전액 환급받는 방식이다. 카드 종류는 일반형과 플러스형 2가지로 나뉘며, 환급 기준금액은 ▷주민등록상 거주지역(수도권, 일반지방권 등) ▷이용자 유형(일반, 청년, 어르신) ▷자녀 수(2자녀, 3자녀 이상) ▷저소득층 여부에 따라 차등 적용된다. 일반 국민 기준 환급 기준금액은 일반형(1회 요금 3000원 미만)은 4만 5000~6만 2000원 ▷플러스형(모든 대중교통)은 8만 5000~10만 원이다. 기존 이용자는 새로 카드를 발급받지 않고 기존 K패스 카드를 그대로 사용하면 되는데, 한 달 이용 실적을 기준으로 기존 사용 방식과 모두의 카드 중 환급액이 더 큰 방식으로 자동 적용된다.

4세 고시·7세 고시 ▼

4살짜리 아이가 영어유치원에 들어가기 위해, 7살짜리 아이가 유명 학원에 들어가기 위해 고시와 같은 시험을 치르는 상황을 꼬집으며 등장한 신조어다. 구체적으로 4세 고시는 영어유치원이나 국제학교 입학을 위해 아이들이 만 3~4세부터 레벨테스트(레테)를 준비하는 상황에서 등장했다. 또 7세 고시는 초등학교 입학을 앞둔 만 5~6세 아이들이 유명 영어학원에 들어가기 위해 시험을 보는 상황을 가리키면서 나온 것이다. 이러한 4세 고시·7세 고시와 같은 현상에 대해서는 2000년대 초 선행학습이라는 개념이 대중화되면서 그에 맞춰 사교육 시장의 문화가 극단적으로 진화한 결과라는 분석이 있다.

유아들의 영어·수학 학원 입학시험을 금지하는 학원법 개정안이 12월 8일 국회 교육위원회 법안심사소위원회를 통과했다. 해당 개정안에는 학원과 교습소, 개인과외 등이 만 3세부터 초등학교 취학 전인 유아를 모집할 때 합격과 불합격을 가르는 선발 시험을 금지하는 내용이 담겼다.

생수병 무라벨 의무화 제도 ▼

"기후에너지환경부가 2026년 1월 1일부터 먹는샘물의 제조·유통 과정에서 라벨 부착을 전면 금지하는 「무라벨 의무화 제도」를 시행한다고 12월 10일 밝혔다. 다만 온라인 판매 제품이나 묶음포장 제품이 아닌, 가게 등에서 낱개로 판매되는 제품은 1년간의 계도기간이 적용된다."

플라스틱 사용 저감과 재활용 효율 개선을 목표로, 먹는샘물의 제조·유통 과정에서 라벨 부착을 전면 금지하는 것이다. 무라벨 제품은 기존 라벨 대신 병마개에 인쇄된 QR코드를 통해 제품 정보를 제공하며, 소포장 제품은 제품 정보를 소포장지의 겉면 또는 운반용 손잡이에 표시한다. 다만 품목명, 제품명, 제조일자 포함 유통기한, 수원지, 연락처 등 5가지 핵심적인 제품 정보의 경우 반드시 병 표면 또는 병마개에 직접 표기해야 한다. 기후부는 2024년 먹는샘물의 생산량이 약 52억 병이라는 점을 고려할 때 연간 2270t의 플라스틱 사용 감축 효과가 있을 것으로 전망했다. 여기에 현재 전체 생산량의 65%가 무라벨 제품이어서 제도 안착에도 어려움은 없을 것이라는 입장인데, 정부는 먹는샘물 무라벨 제도를 2020년부터 단계적으로 확대해 왔다.

생활인구(生活人口) ▼

"국가데이터처와 행정안전부가 전국 인구감소지역 시군구 89곳의 생활인구를 조사한 「2025년 2분기 생활인구 산정 결과」를 12월 9일 발표했다. 올해 2분기(4~6월) 인구감소지역 89곳의 생활인구는 5월에 3136만 9000명으로 가장 많았다. 이는 공휴일과 대체공휴일 등의 효과로 가족 단위 단기 체류가 늘어나 영향으로 보인다."

2023년 「인구감소지역 지원 특별법」이 시행되면시 도입된 개념으로, ▷주민등록법에 띠리 주민으로 등록한 사람 ▷통근·통학·관광 등의 목직으로 주민등록지 이외의 지역을 빙문해 하루 3시간 이상 머무는 횟수가 월 1회 이상인 사람 ▷줄입국관리법에 따라 외국인등록을 하거나 재외동포의 출입국과 법적 지위에 관한 법률에 따라 국내거소신고를 한 사람으로 구분된다. 이는 정주인구뿐만 아니라 일정 시간·일정 빈도로 특정 지역에 체류하는 사람까지 지역의 인구로 보는 것으로, 최근 지방소멸을 막기 위한 대안으로 주목받고 있다.

세계자연보전연맹(IUCN·the International Union for Conservation of Nature) ▼

"전남 순천시가 10월 13일 한국 기초지자체 가운데 최초로 세계자연보전연맹(IUCN)에 가입하고 제24차 세계자연보전총회(WCC)에 대표단을 파견해 국제무대에서 공식활동을 펼쳤다고 밝혔다. 순천시는 지난 8월 정식회원 자격을 획득함으로써 대한민국 기초자치단체로는 처음으로 IUCN의 일원이 된 바 있다."

1948년 창립된 세계 최대 규모의 환경네트워크로, 적십자사와 함께 유엔의 공식옵서버이자 세계자연유산의 자문권을 가진 곳이다. 본부는 스위스 글란트에 위치해 있으며, 정부기관과 민간단체 모두 가입자격이 있다. 순수 민간기구인 그린피스와 유사하나 실제로 정부의 지원을 많이 받고 있기 때문에 막강한 영향력을 행사한다. IUCN은 주로 전 세계 자원 및 자연보호를 위한 업무를 담당하는데, 특히 4년마다 자연보전·생물다양성·기후변화 등 지구환경 문제에 대한 전반적 논의를 위한 「세계자연보전총회(WCC)」를 개최하고 있다.

세계 최우수 관광마을 (Best Tourism Villages) ▼

"전북특별자치도가 10월 21일 무주군 무주읍이 세계관광청(UN Tourism) 주관의 「2025 세계 최우수 관광마을(Best Tourism Villages)」로 선정됐다고 밝혔다. 이번 선정으로 무주읍은 세계관광청 공식 로고 사용과 글로벌 홍보페이지 개설, 세계 최우수 관광마을 네트워크 가입 등의 혜택을 받게 될 예정이다."

유엔 세계관광기구(UN Tourism)가 2021년부터 매년 선정하는 것으로, 전 세계 농촌 지역 숭 지속가능한 관광을 통해 지역 공동체와 문화, 환경을 잘 보전하면서 발전하고 있는 마을을 선정·시상한다. 이는 농촌 지역의 관광 발전을 통해 지역 불균형을 해소하고 지속가능한 개발목표(SDGs) 달성 촉진, 지역 주민의 삶의 질 향상 등을 목표로 한다. 응모 대상은 농업·임업·어업·축산업 기반의 거주자 1만 5000명 미만의 마을로, 국가당 최대 3개 마을을 추천할 수 있다. 이후 UNWTO는 지원 마을에 대해 문화 및 자연 자원, 경제·사회·환경적 지속 가능성, 관광 개발과 가치 통합 등 10개 항목을 종합 평가해 선정한다. 이는 매년 말 공식 발표되는데, 선정된 마을에는 UNWTO 공식 인증서 수여 및 글로벌 홍보 지원, 세계 최우수 관광마을 네트워크 가입 등의 혜택이 부여된다.

쓰레기 직매립 금지제도 ▼

"기후에너지환경부와 서울시·인천시·경기도 등 4자 협의체가 11월 17일 수도권 생활폐기물 직매립을 2026년 1월 1일부터 원칙적으로 금지하기로 합의했다. 직매립 금지는 4자 협의체가 2021년 7월 폐기물관리법 시행규칙 개정을 통해 본래 2026년부터 시행하기로 합의한 사항으로, 정부는 한때 제도 유예를 검토했지만 예정대로 시행하기로 이날 가닥을 잡았다. 그런데 4자 협의체가 합의를 이룬 2021년 이후 수도권에 신설된 소각장은 한 곳도 없다는 점에서 향후 쓰레기 대란이 발생할 우려가 높아지고 있다."

쓰레기를 봉투째 매립지에 바로 묻지 못하게 하는 것으로, 종량제 봉투에 담아 버린 생활 폐기물을 무조건 태운 후 소각재와 잔재물만 매립지에 묻도록 한 제도를 말한다. 매립지는 기피 시설이다 보니 용량이 다 차면 새 매립지를 선정하는 데 어려움이 많은데, 이에 쓰레기를 태워 부피를 줄이고 매립지 낭비도 줄이자는 취지에서 2021년 해당 제도가 도입됐다. 당시 환경부는 폐기물관리법 시행규칙을 개정해 수도권은 2026년부터, 비(非)수도권은 2030년부터 이 제도를 시행하기로 했다. 그러나 이를 위해서는 지자체별로 매립지로 보내야 할 쓰레기를 태울 공공 소각장을 증설해야 하는데, 기피시설이라는 점에서 설립에 난항이 이어지면서 2021년 합의 이후 공공 소각장 증설이 한 곳도 이뤄지지 않았다.

실버푸드(Silver Food) ▼

65세 이상 고령자 대상 맞춤형 식품으로, 고령층의 신체적·생리적 특성에 맞춰 영양 구성이나 형태 등을 조정한 식품을 말한다. 이러한 실버푸드에는 영양 보충·질환 맞춤·간편 섭취·요양 및 의료기관 전용식 등이 포함된다. 구체적으로 ▷씹기 어려운 고령층을 위해 식감이 부드럽게 가공된 연화(軟化) ▷목 넘김이 쉽도록 점도를 조절한 삼킴(연하) 용이식 ▷근육 감소증 예방 등을 위한 고단백·고영양식 ▷고혈압, 당뇨 등 만성질환 예방을 위해 염도와 당도를 낮춘 저염·저당식 ▷인지력 개선, 면역력 강화, 장 건강 등 특정 기능을 강화한 맞춤형 기능성 식품 등이 있다. 이러한 실버푸드는 우리나라와 같이 고령층 인구가 빠르게 늘어나는 국가에서 급성장 추세에 있다.

아동수당(兒童手當) ▼

"아동수당 지급 대상을 확대하는 법안이 여야 이견으로 국회 처리가 지연됨에 따라 2026년에 36만 명에 이르는 2017년생들이 아동수당을 받지 못할 수 있다는 우려가 나오고 있다. 현재 국회에서는 지급 대상을 현행 만 8세 미만(7세까지)에서 만 9세 미만으로 넓히고, 2030년까지 매년 1세씩 올려 만 13세 미만까지 확대하는 아동수당법 개정안이 여야 이견으로 통과가 지연되고 있다. 12월 9일 보건복지부에 따르면 법 개정이 연내에 이뤄지지 않을 경우 2026년 1월부터 지급이 중단되는 아동은 36만 2508명이다."

아동의 건강한 성장 환경을 조성하여 아동의 기본적 권리와 복지 증진에 기여한다는 취지로 도입된 제도로, 2018년 9월부터 시행됐다. 시행 초기에는 0세부터 만 6세 미만(0~71개월)의 아동이 있는 가구의 소득인정액이 선정기준액(2인 이상 전체 가구의 소득 하위 90% 수준) 이하인 경우 월 10만 원씩 지급했으나, 2019년부터 지급 대상이 「만 6세 미만의 모든 아이」로 확대됐다. 이후 2019년 9월부터는 지급 대상이 만 7세 미만(생후 84개월)으로 확대됐으며, 2022년부터는 만 7세까지로 확대됐다.

AIP(Aging In Place) ▼

고령자들이 요양시설이나 다른 지역으로 이주하지 않고 자신의 집이나 익숙한 지역사회에서 노후를 보내고 싶어 하는 경향을 말한다. 이는 최근 베이비붐 세대의 고령화, 건강산업 발달, 주거·의료정책 변화 등과 함께 트렌드로 부상하고 있다. 이러한 AIP는 시설 입소 대비 비용 부담이 낮고 안정적이어서 경제적 효율성이 높은 데다, 심리·정서적 안정으로 인해 정신 건강에도 긍정적인 효과를 끌어낼 수 있다. 다만 AIP가 실현되기 위해서는 고령층의 생활환경에 맞는 안전장치 설치 등의 주거환경 개선, 원격 진료·모니터링과 같은 헬스케어 지원, 이동 지원과 같은 물리적 서비스를 비롯해 사회적 관계 프로그램, 정서적 서비스 등의 프로그램이 갖춰져야 한다.

유엔(UN) 글로벌 지속가능발전 도시상 (Shanghai Award) ▼

"인천시가 10월 31일 콜롬비아 보고타에서 개최된 2025 세계 도시의 날 기념식에서 「2025 유엔 글로벌 지속가능발전 도시상」을 수상하며 전 세계 지속가능 도시모델로 선정됐다고 11월 1일 밝혔다. 올해는 인천을 비롯해 에스포(핀란드), 메디나(사우디아라비아), 보고타(콜롬비아 수도), 알제(알제리 수도)가 지속가능발전 도시모델로 선정됐다."

유엔해비타트(UN-Habitat)와 중국 상하이시가 공동으로 제정한 상으로, 지속가능한 도시 발전 성과를 달성한 도시를 선정해 2023년부터 시상되고 있다. 이는 글로벌 도시 간 교류와 협력을 촉진하고 도시문제 해결을 위한 혁신적 정책 모델을 확산하기 위한 취지다. 응모대상은 전 세계 도시(시, 자치체 등)이며, 심사 기준에는 ▷영향력(Impact) ▷혁신성(Innovation) ▷지속가능성(Sustainability) ▷적응가능성(Adaptability) 등이 포함돼 있다. 응모 공고가 나면 해당 도시가 자율 신청 또는 지명 방식으로 참여하며, 이후 국제 심사위원단이 제출한 도시 사례를 평가하고 최대 5개 도시를 시상하게 된다. 수상 도시 사례는 「뉴어반어젠다 플랫폼」 및 「상하이 매뉴얼」 등에 등재된다.

지방소멸대응기금(地方掃滅大應基金) ▼

지역 주도의 지방소멸 위기 대응을 지원하기 위해 2022년 도입돼 10년간(2022년~2031년) 매년 1조 원 규모로 지원하는 사업을 말한다. 이는 17개 시·도로 구성된 「지역상생발전기금조합」에서 관리·운용하며, 지자체가 여건에 맞는 투자계획을 자율적으로 수립한다. 그리고 그 투자계획을 평가해 그 평가 결과에 따라 지역마다 차등 배분이 이뤄진다. 다만 광역지자체의 경우 평가 없이 인구와 재정여건 등을 고려해 정액 배분이 이뤄진다.

청산가리 막걸리 살인사건 ▼

"2009년 전남 한 마을에서 발생한 이른바 「청산가리 막걸리 살인사건」으로 중형이 확정됐던 부녀(父女)가 사건 발생 16년 만인 10월 28일 열린 재심에서 무죄 선고를 받았다. 이후 대검찰청이 11월 4일 해당 판결을 수용해 상고하지 않기로 하면서 백 씨 부녀는 16년 만에 완전한 무죄를 확정받게 됐다."

2009년 7월 6일 전남 순천시의 한 마을에서 아버지와 딸이 공모해 아내(어머니)에게 청산가리를 넣은 막걸리를 마시게 해 살해한 혐의 등으로 기소된 사건을 말한다. 사건 당시 아내인 최 씨와 최 씨의 지인은 막걸리를 마시고 사망했으며, 함께 마신 주민 2명은 중상을 입은 바 있다. 이후 검찰은 백 씨 부녀를 기소하면서, 이들 부녀가 아내이자 어머니(당시 59세)에게 청산가리를 넣은 막걸리를 건넸고 아내가 주민들과 막걸리를 나눠 먹는 과정에서 피해가 커진 것으로 판단했다. 범행 동기로는 가족 몰래 부적절한 관계를 유지해오던 부녀가 아내(어머니)와 갈등을 빚은 끝에 막걸리에 청산가리를 넣은 것으로 봤다. 이후 1심은 자백의 신빙성을 의심해 무죄로 판단했으나, 항소심 재판부는 백 씨와 딸에게 각각 무기징역과 징역 20년을 선고했다. 그리고 2012년 3월 대법원에서 형이 확정되면서 부녀는 수감됐으나, 핵심 증거인 청산가리가 막걸리에서는 검출됐음에도 사건 현장 등에서는 발견되지 않아 논란이 이어졌다. 이후 백 씨 부녀는 2022년 1월 검찰의 위법·강압 수사를 받았다는 취지로 재심을 청구했으며, 2024년 1월 재심 개시가 결정되면서 형집행 정지로 석방됐었다.

초가공식품(UPF·Ultra-Processed Food) ▼

산업적 공정을 통해 원재료가 본래 형태를 거의 잃을 정도로 많이 가공된 식품으로, 제조 과정에서 감미료·방부제·색소 등의 첨가물을 넣고 가열 등의 공정으로 가공한 것이다. 이러한 초가공식품은 감칠맛이나 식감 등을 최적화해 빠르게 먹고 더 많이 먹게끔 설계된 경우가 많은데, 대표적인 초가공식품에는 탄산음료, 즉석식품, 가공육, 과자 등이 있다. 이러한 초가공식품은 섭취량이 많을수록 비만과 대사증후군, 심혈관질환, 발암 위험 등을 높인다. 또 초가공식품과 우울증이나 인지기능 저하와의 연관성도 제기되고 있어 이에 대한 관리가 필요하다.

촉법소년(觸法少年) ▼

"이재명 대통령이 12월 19일 법무부 업무보고에서 촉법소년 연령 하향 검토를 지시하면서 소년범 제도 논란이 재점화됐다. 촉법소년 문제는 소년범의 흉악범죄가 논쟁이 될 때마다 이슈가 돼 왔는데, 앞서 문재인 정부도 형사처벌 연령을 만 14세 미만에서 만 13세 미만으로 낮추는 방안을 발표했으나 소년범죄 예방과 재범 방지를 위한 실효성 있는 대안이 아니라는 이유 등으로 무산된 바 있다."

형벌을 받을 범법행위를 한 만 10세 이상~14세 미만의 형사미성년자로, 형법 제9조는 「14세가 되지 아니한 자의 행위는 벌하지 아니한다」고 규정하고 있다. 이들은 형사책임능력이 없기 때문에 형법에 저촉되는 행위를 하더라도 형사

처벌을 받지 않고, 가정법원이 소년원으로 보내거나 보호관찰을 받게 하는 등 보호처분에 처해진다. 보호처분은 ▷보호자 또는 보호자를 대신하여 소년을 보호할 수 있는 자에게 감호 위탁 ▷수강명령 ▷사회봉사명령 ▷보호관찰관의 단기 및 장기 보호관찰 ▷아동복지시설이나 그밖의 소년보호시설에 감호 위탁 ▷병원, 요양소 또는 의료재활소년원에 위탁 ▷1개월 이내의 소년원 송치 ▷단기 및 장기 소년원 송치 등을 가리킨다. 그리고 이러한 소년의 보호처분은 그 소년의 장래 신상에 어떠한 영향도 미치지 않는다.

탄소국경조정제도(CBAM·Carbon Border Adjustment Mechanism) ▼

"유럽연합(EU)이 12월 17일 철강과 알루미늄을 가공해 제조되는 수십 종 제품에도 환경 부담금을 확대 적용하는 내용을 담은 탄소국경조정제도(CBAM) 개정 방안을 12월 17일 발표했다. 기존 안에는 철강, 알루미늄, 비료 등 탄소를 많이 배출하는 원재료에만 세금을 부과하기로 했는데 이를 완제품까지 확대한 것이다. 또 EU는 개정안을 통해 건설 자재, 기계류 등 철강, 알루미늄 사용 비중이 높은 제품 180종으로 과세 범위를 넓히기로 했다."

세계 최초의 탄소 국경세로, 유럽연합(EU) 역내로 수입되는 제품 가운데 자국 제품보다 탄소배출이 많은 제품에 대해 비용을 부과하는 조치를 말한다. 구체적으로 EU로 수입되는 철강, 알루미늄, 비료 등 7개 부문 제품을 생산하는 과정에서 나오는 탄소배출량 추정치를 계산해 일종의 세금을 부과하는 제도다. 이는 엄격한 배출 규제를 받는 유럽 산업계가 공정한 여건에서 경쟁할 수 있도록 탄소집약 제품을 생산하는 제3국 기업을 겨냥한 것이다. EU는 앞서 2021년 7월, 2030년 유럽의 온실가스 배출량을 55% 감축하기 위한 입법 패키지인 「핏포 55(Fit for 55)」를 발표하면서 탄소국경조정제도(CBAM) 도입을 포함시킨 바 있다. EU는 이 탄소국경세로 연간 14억 유로(약 2조 4300억 원)의 수입이 발생할 것으로 예상하고 있다.

한국형 주치의 ▼

보건복지부가 12월 23일 발표한 「지역사회 일차의료 혁신 시범사업」에 포함된 방안 중 하나로, 2026년부터 일부 지역을 선정해 3년간 시범사업이 운영된다. 이는 내가 사는 동네 병원에 「나만의 주치의」를 지정하고, 매달 일정 금액을 지불해 건강과 생활습관 관리를 받을 수 있는 서비스이다. 시범사업 참여 대상은 시행 첫해인 2026년에는 통합적 관리 수요 및 필요성이 높은 50세 이상부터 시작하되, 환자별 건강 위험도에 따른 의료비 연구, 시범사업 데이터 분석 등을 토대로 대상을 확대해 나가게 된다. 환자는 1군 예방·유지군, 2군 일반관리군, 3군 집중관리군, 4군 전문관리군 등으로 분류하며 시범사업 모니터링을 토대로 지속 보완할 예정이다. 환자는 등록한 의원에서 건강검진 결과 등과 연계해 수립된 맞춤형 계획에 따라 예방, 질환·약물 관리, 생활습관 관리 등과 함께 필요시 적정 의료기관 연계 또는 방문·재택진료 등을 받을 수 있다. 그리고 정부는 기존 행위별 수가가 아닌, 환자 등록 및 지속적인 관리 노력을 보상하는 일차의료 기능강화 통합수가를 도입한다는 방침이다.

형제복지원 사건 ▼

"대법원 2부가 11월 13일 형제복지원 피해자 5명이 국가를 상대로 제기한 손해배상 청구소송 상고심에서 1975년 이전 수용기간을 제외하고 위자료를 산정한 원심을 파기하고 서울고법으로 사건을 돌려보냈다. 앞서 2심에서는 휴령이 발령된 1975년 이전 형제복지원에 수용된 피해자 5명에 대해 원고들이 수용될 당시 국가가 지간접적으로 개입했다 단정하기 어렵다고 판단, 위자료를 1심보다 8억 8000만 원가량 감액한 바 있다."

부산의 형제복지원이 1975·87년까지 부랑인을 선도한다는 명목으로 장애인, 고아 등을 불법감금하고 강세노역시키며 각종 학대를 가한 대표적인 인권 유린사건이다. 형제복지원은 당시 약 3000명을 수용한 전국에서 가장 큰 부랑인 수용시설이었는데, 복지원 측은 이들을 불법감금한 뒤 강제노역은 물론 구타·성폭행 등 끔찍한 학대를 가했다. 이에 형제복지원이 운영된 12년의 기간 동안 확인된 사망자는 500명이 넘는 것으로 알려져 있다. 형제복지원의 만행은 1987년 3월 탈출을 시도한 원생 1명이 직원의 구타로 사망하고, 35명이 집단탈출하는 사건이 발생하면서 세상에 알려졌다. 하지만 박인근 형제복지원 원장은 1989년 불법감금 혐의에 대해서는 대법원에서 무죄 판결을 받았고, 건축법 위반과 업무상 횡령 혐의만 인정돼 징역 2년 6개월의 형을 받는 데 그쳤다. 오히려 박 원장은 전두환 정권으로부터 부랑아 퇴치 공로를 인정받아 1981년과 1984년 각각 국민포장과 국민훈장 동백장을 받았는데, 해당 훈포장은 2018년 7월에야 박탈된 바 있다. 이후 2기 진실화해위가 2022년 8월 형제복지원 사건을 「국가에 의한 총체적 인권침해 사건」이라고 인정, 해당 사건이 알려진 지 35년 만에 국가기관이 국가의 책임을 처음으로 공식 인정했다.

홍콩 아파트 대화재 참사(2025) ▼

11월 26일 홍콩 북부 타이포 지역에 위치한 32층 규모의 주거용 고층 아파트단지인 「윙 푹 코트(Wang Fuk Court)」에서 발생한 대형 화재를 말한다. 윙 푹 코트는 1983년 입주를 시작한 8개 동의 노후 공공 아파트단지로, 화재 당시 2000가구 4800명가량이 거주하고 있었다. 화재는 11월 26일 오후 2시 52분 처음 신고됐는데, 당시 불길은 공사 중이던 건물 외벽의 대나무 비계에서 치솟아 순식간에 위층으로 번진 데 이어 30분도 채 지나지 않아 단지 내 8개 동 가운데 7개동으로 확산됐다. 이 화재로 최소 135명의 사상자가 발생했는데, 실종자와 중상자가 워낙 많아 사상자는 계속 늘어날 전망이다. 무엇보다 이번 화재는 보수공사를 위해 건물 외벽에 설치한 대나무 비계인 「죽팡(竹棚)」과 가연성 소재의 그물망이 참사를 키운 주요 원인으로 지목되고 있다. 대나무 비계는 고온다습한 홍콩 건설 현장에서 흔히 사용되고 있지만, 화재 사고에 취약한 것으로 알려져 있다. 또 아파트가 홍콩 특유의 밀집형 건축물이라는 점도 피해를 키운 요인으로 지목되며, 거주자 중 약 40%를 차지하는 노인층이나 고층 거주자들이 제때 대피하지 못해 참변을 당했을 가능성도 제기됐다.

후발지진(後發地震) ▼

"일본 기상청이 12월 9일 새벽 2시 「홋카이도·산리쿠(아오모리·이와테·미야기현) 앞바다 후발(後發)지진 주의정보」를 긴급 발령했다. 후발지진 주의정보는 일본에 해당 시스템이 도입된 2022년 이후 처음으로 발령됐는데, 이는 전날인 12월 8일 밤 아오모리현 앞바다에서 규모 7.5의 지진이 발생한 데 따른 것이다. 후발지진 주의정보가 내려지면 쓰나미 우려 지역에서는 즉시 대피할 수 있는 옷을 입고, 비상용품을 머리맡에 두고 자는 것이 권장된다."

큰 지진(본진)이 발생한 후 그 주변에서 이어서 발생하는 작은 지진들을 통틀어 부르는 말로, 보통 「여진(餘震)」이라고 한다. 후발지진은 강진이 발생한 후 단층 주변에 남아있던 탄성에너지가 방출되면서 일어나는 것으로, 규모 7.0 이상의 강진이 일어날 경우 짧게는 수개월에서 길게는 수년까지 수천 회의 후발지진이 일어나는 것으로 알려져 있다. 후발지진은 보통 본진보다 규모는 작지만 본진에 의해 파괴되거나 취약해진 구조물을 재차 파괴시키고 구조인력에게 심리적 불안감을 일으킨다는 점에서, 지진의 피해를 가중시키는 요인이 되기도 한다.

④ 문화·스포츠

개인중립선수
(AIN·Individual Neutral Athletes) ▼

"12월 3일 로이터 등에 따르면 스포츠중재재판소(CAS)가 러시아·벨라루스 국적 선수가 국제올림픽위원회(IOC)의 개인중립선수(AIN) 자격 기준을 충족하는 경우 국제스키연맹(FIS)의 올림픽 예선대회에 참가할 수 있어야 한다고 2일 결정했다. 이는 AIN 자격 여부는 따지지 않고 국적만을 문제 삼아 일괄 출전을 금지하는 것은 부당하다는 양국 선수들의 주장을 수용한 데 따른 것이다. 러시아와 동맹국인 벨라루스 선수들은 2022년 2월 러시아의 우크라이나 침공 이후 대부분의 국제대회에 자국 국가대표 자격으로 출전하는 것이 금지됐는데, 다만 IOC는 AIN 자격을 얻은 경우에 한해 양국 선수의 대회 출전을 허용한 바 있다."

국가를 대표하지 않고 개인 자격으로 국제 스포츠 대회(특히 올림픽)에 출전하는 선수로, 국가적 상징(국기·국명·국가대표단) 없이 중립 신분으로 경기하는 것이다. 이는 특정 국가가 도핑 스캔들, 국제법·올림픽 헌장 위반 등으로 제재받는 상황에서도 무고한 선수들의 경기 기회를 보장하기 위해 만들어진 제도이다. 개인이 중립 신분으로 출전하기 위해서는 도핑 관련 전력이 없어야 하며, 종목별 IF(International Federation)의 승인을 받아야 한다. 또 국제적·정치적 문제에 연루되지 않아야 하며, 전쟁·폭력·정부 조직 등 군사적 관련성이 없고 진정한 개인 자격임을 증명할 수 있어야 한다. 개인중립선수는 국가 상징 사용이 철저히 배제되므로, 국기를 비롯해 국가명, 국가대표 유니폼, 국가 상징이 포함된 장비, 국가를 연상시키는 표식이나 구호, 국가 연주 등이 일절 금지된다. 개인중립선수의 메달 수여식에서는 중립 깃발 또는 올림픽 깃발이 올라가며, 음악 역시 국가가 아닌 올림픽 찬가 등이 연주된다.

러시아의 경우 국가 주도의 조직적 도핑 적발로 인해 2018 평창동계올림픽 때 국가명 대신 OAR(Olympic Athletes from Russia, 러시아 출신 올림픽 선수)로 출전했으며, 2020 도쿄올림픽과 2022 베이징올림픽 때도 ROC(Russian Olympic Committee, 러시아올림픽위원회) 명의로 출전했다. 그러다 2024 파리올림픽 때에는 우크라이나 침공 관련 제재로 국가대표 출전 금지 조치를 받으면서 AIN이 공식 도입됐고, 이에 러시아와 벨라루스 일부 선수는 AIN(Individual Neutral Athletes) 명칭으로 출전한 바 있다.

공정이용(Fair Use) ▼

"문체부와 한국저작권위원회가 12월 4일 「생성형 인공지능의 저작물 학습에 대한 저작권법상 공정이용 안내서」 초안을 공개하고 이에 대한 설명회를 가졌다. 이에 따르면 포털 기업이 언론사의 허락 없이 뉴스 기사를 크롤링(웹페이지에서 데이터 추출)해 인공지능(AI)을 학습시킨다면 저작권법상 공정이용으로 인정받기 어렵다. 또 에듀테크 기업이 교과서나 문제집 등을 만들기 위해 여러 출판사의 교과서 및 강의 자료를 AI에 학습시키는 사례도 공정이용으로 인정되기 어렵다."

저작권자의 허락 없이도 일정한 범위 안에서 저작물을 사용할 수 있도록 해 주는 예외 규정으로, 사회적으로 가치 있는 목적을 위해 제한적인 사용이 가능하도록 하는 제도를 말한다. 이는 저작권자의 권리 보호와 공공의 이익 사이에서 균형을 맞추기 위해 도입된 것으로, 주로 ▷비평과 논평 ▷뉴스 보도 ▷교육 ▷연구 등 공익적 목적의 사용에 적용된다. 우리나라 저작권법 제35조의5는 저작물의 일반적인 이용 방법과 충돌하지 않고 저작자의 정당한 이익을 부당하게 해치지 않는 경우에는 저작물을 이용할 수 있다고 「저작물의 공정한 이용」을 규정하고 있다. 이때 저작물 이용 행위가 저작자의 정당한 이익을 해치는지를 판단할 때는 ▷이용의 목적 및 성격 ▷저작물의 종류 및 용도 ▷이용된 부분이 저작물 전체에서 차지하는 비중과 그 중요성 ▷저작물의 이용이 그 저작물의 현재 시장 또는 가치나 잠재적인 시장에 미치는 영향 등을 고려해야 한다고 돼 있다.

국립중앙박물관(國立中央博物館) ▼

한국 문화유산의 보존 및 전시, 교육을 목적으로 건립된 문화체육관광부 산하의 국립박물관으로, 1945년 12월 개관 이후 수차례 이전됐다가 2005년 용산으로 이전해 개관했다. 국립

중앙박물관은 6개의 상설전시관(선사·고대관, 중·근세관, 기증관, 서화관, 아시아관, 조각·공예관)에서 1만 5천여 점의 유물을 전시하고 있으며, 해외박물관 대여 유물 및 다양한 주제의 전시가 개최되는 기획전시실과 어린이박물관이 있다. 상설전시관과 어린이박물관 관람은 무료이며, 기획특별전시는 유료(무료 기획전시는 제외)이다. 국립중앙박물관은 2008년 상설전시 무료 관람을 시작하면서 해마다 관람객이 증가하기 시작했는데, 2023년 연간 관람객 400만 명을 넘어선 데 이어 올해 10월 15일 500만 관객을 돌파하며 세계 뮤지엄 5위권이 된 바 있다. 이러한 관람객 급증과 함께 유료화 논쟁도 재점화됐는데, 이에 대해서는 세계 유명 박물관들과 비교할 때 최소한의 관람자 부담이 필요하다는 입장과 보편적 문화 향유권을 보장해야 한다는 입장이 충돌하고 있다.

해외 주요 박물관 관람료(상설전시 기준)

박물관	입장료(원화 환산)
프랑스 루브르 박물관	22유로(약 3만 6000원)
바티칸 바티칸 박물관	20유로(약 3만 3000원)
영국 대영박물관	무료
미국 메트로폴리탄 미술관	30달러(약 4만 2000원)
미국 스미소니언 박물관	무료
일본 도쿄국립박물관	1000엔(약 9500원)

내방가사(內房歌辭) ▼

"한국국학진흥원이 유네스코 세계기록유산 등재를 위한 국내 후보로 「내방가사」가 최종 선정됐다고 24일 밝혔다. 내방가사는 2022년 11월 유네스코 세계기록유산 아시아·태평양 지역목록에 이미 등재된 바 있다. 신청 대상인 내방가사 기록물은 총 567점으로, 이 가운데 한국국학진흥원이 85곳의 소유자로부터 기탁받아 관리 중인 292점과 국립한글박물관이 소장한 226점을 중심으로 구성됐다."

조선 후기 부녀자들에 의해 지어진 국문학의 한 장르로, 여성들이 자신만의 생활공간인 내방(안방)에서 한글로 창작한 가사 문학이다. 이는 조선 후기(18~19세기)에 본격적으로 나타났으며, 개

화기와 일제 강점기 초입까지 지속됐다. 작가 대부분은 사대부 가문의 부녀자이지만, 중인층이나 평민층 여성의 작품도 일부 존재한다. 대표적인 작품으로 〈계녀가〉, 〈사친가〉, 〈화전가〉, 〈망부가〉 등이 있는데, 거의 대부분이 작가와 연대 미상이며 작가가 알려진 것은 허난설헌의 〈규원가〉뿐이다. 〈규원가〉는 여성의 한과 외로움, 시집살이의 고통을 절절하게 표현한 작품으로, 한글 장편 여성 서사시의 대표적 사례로 꼽힌다. 이 시기의 여성들은 내방가사를 통해 ▷봉건시대 여인들의 하소연과 슬픔 ▷남녀 간의 사랑과 시집살이의 괴로움 ▷여인으로서의 예의범절 등 당시의 시대 현실 및 자신들의 경험과 문제의식을 문학적으로 형상화했다. 특히 내방가사는 한문 어구가 거의 없고 여성의 일상 언어로 기록돼 있어, 당시의 여성 언어생활 연구자료로서의 가치도 지니고 있다.

동인문학상(東仁文學賞) ▼

"소설가 김기창(47)이 장편소설 《마산》으로 제56회 동인문학상 수상자로 선정됐다. 수상작 《마산》은 1974년, 1999년, 2021년 세 시기 마산에 사는 20대 청춘(靑春)을 비춘 작품이다. 동인문학상 수상자에게는 상금 5000만 원과 상패가 수여된다."

소설가 김동인(金東仁, 1900~1951)의 문학을 기념하기 위해 제정된 문학상으로, 1955년 사상계에 의해 설립됐다. 이후 1979년부터는 동서문화사가, 1987년부터는 조선일보사가 동인문학상을 주최하고 있다. 개최 시기는 매년 10월로, 1년간 국내 주요 잡지에 발표된 중·단편소설 작품 중 한 편에 한해 시상한다. 주로 김동인의 자연주의적 문학과 맞닿아 있는 신진 작가들에게 상을 수여하고 있는데, 1956년 제1회 수상작은 김성한의 〈바비도〉이다.

디비전 리그(Division League) ▼

스포츠 팀들을 실력에 따라 디비전(Division)으로 구분해 리그를 치르는 대회 운영 방식을 말한다. 이는 상위 팀은 승격하고 하위 팀은 강등되는 승강 시스템을 구축, 최상위 엘리트 선수부터 생활체육 동호인까지 연결한다. 따라서 약팀이나 비(非)엘리트 팀도 많은 실전 경험을 쌓을 수 있다는 것이 장점이다. 문화체육관광부는 생활체육 저변을 확대하겠다는 목표로 올해 4개 종목(농구·배구·핸드볼·하키)의 디비전 리그 신설을 지원했다. 이러한 문체부 지원을 통해 2017년 축구에서 처음 시작된 이 사업은 기존 7개에서 11개로 늘었다.

로리 매킬로이 어워드 (Rory McIlroy Awords) ▼

"유럽 골프 투어인 DP 월드투어가 11월 12일 「매킬로이의 커리어 그랜드슬램 달성을 기념해 로리 매킬로이 어워드를 매년 시상하기로 했다」고 밝혔다. 매킬로이는 올해 4월 마스터스에서 우승, 4대 메이저 대회에서 모두 정상에 오르는 커리어 그랜드슬램을 달성했다. 로리 매킬로이 어워드 초대 수상자는 2026년 4대 메이저 대회가 끝난 뒤에 선정될 예정이다."

한해 동안 4대 메이저 대회(마스터스 토너먼트, PGA 챔피언십, US오픈, 디오픈)에서 가장 좋은 성적을 낸 DP 월드투어 소속 선수에게 수여하는 상이다. 이는 북아일랜드 출신인 로리 매킬로이가 남자 골프 역사상 6번째로 커리어 그랜드슬램을 달성한 것을 기념하는 의미에서 제정됐으며, 2026년부터 시상이 이뤄질 예정이다. 남자 골프에서 커리어 그랜드슬램(4대 메이저 대회에서 모두 정상에 오르는 것)은 매킬로이에 앞서 진 사라젠, 벤 호건(이상 미국), 게리 플레이어(남아프리카공화국), 잭 니클라우스, 타이거 우즈(이상 미국)가 달성했는데, 유럽 선수로는 매킬로이가 유일하다. 이로써 DP 월드투어는 기존 세베 바예스테로스 어워드(올해의 선수), 해리 바든 트로피(레이스 투 두바이 포인트 1위), 헨리 코튼 어워드(올해의 신인), 존 제이컵스 트로피(시니어투어 상금왕)에 이어 로리 매킬로이 어워드까지 선수 이름을 딴 시상 5개를 시행하게 됐다.

로베르토 클레멘테상 (Roberto Clemente Award) ▼

미국 메이저리그(MLB)에서 시즌이 끝난 이후 매년 자선봉사 등 사회공헌활동에 앞장선 선수에게 수여하는 상을 말한다. 이는 1971년 「커미셔너 어워드」라는 이름으로 시작됐으나, 1972년 12월 31일 니콰라과로 지진 구호 활동을 떠났다 비행기 사고로 숨을 거둔 로베르토 클레멘테(Roberto Clemente, 1934~1972)를 기념하는 의미로 1973년부터 현재의 명칭으로 변경돼 시상이 이뤄지고 있다. 클레멘테는 타격왕 4회, 최우수선수상(MVP), 월드시리즈 MVP 등을 받은 바 있는 메이저리그 최초의 히스패닉 선수로, 1955년 피츠버그 파이어리츠에 입단하면서 메이저리그 생활을 시작했다. 그는 생전 중남미 선수들의 권익 보호를 위해 힘쓰고, 아이들에게 야구용품을 보내는 등 사회공헌을 위해 힘쓴 것으로 알려져 있다. 로베르토 클레멘테상은 인품, 지역사회 참여, 자선 활동 등 사회에 대한 긍정적인 기여를 가장 잘 실천한 메이저리거에게 수여하는데, 매년 9월 30개 구단이 한 명씩 추천하고 사무국이 월드시리즈 기간에 최종 수상자 한 명을 발표한다.

루브르박물관(Louvre Museum) ▼

프랑스 파리에 위치한 박물관으로, 16세기 초 예술에 조예가 깊었던 프랑수아 1세가 레오나르도 다빈치의 〈모나리자〉를 비롯한 이탈리아 거장들의 작품과 고대 조각 작품들을 수집해 궁전에 전시하면서 그 역사가 시작됐다. 이후 왕궁이 베르사유 궁전으로 옮겨간 후 왕실의 미술품 보관처로 사용됐고, 1648년부터는 미술 아카데미의 전시회가 매년 열리는 등 점차 많은 작품을 수장하게 되었다. 프랑스혁명 후인 1793년 혁명 정부가 국립중앙미술관으로 공개했으며, 19세기에 이르러 2개의 사각형 본관과 건물을 둘러싸고 있는 두 개의 거대한 정원으로 구성된 현재의 모습이 완성됐다. 루브르박물관은 개관 이후 절도 및 강도 사건도 여러 차례 겪었는데, 대표적으로 1911년 레오나르도 다빈치의 모나리자 도난 사건이 가장 잘 알려져 있다. 가장 최근인 지난 10월에는 4인조 강도들이 루브르에 침입해 총 1억 200만 달러(약 1400억 원) 상당의 보석류 8점을 훔쳐 달아나면서 논란이 됐다. 무엇보다 이들의 범행 완료까지 걸린 시간이 고작 7분이었다는 점에서 박물관의 보안을 둘러싼 비판이 일기도 했다. 해당 사건 용의자 7명에 대한 체포는 10월 30일까지 이뤄졌으나, 도난당한 보석들은 찾지 못한 것으로 알려졌다.

프랑스 파리의 루브르박물관이 2026년부터 한국·미국·영국·중국 등 비(非)유럽연합(EU) 출신 관광객 입장료를 현 22유로(약 3만 7000원)에서 32유로(약 5만 4000원)로 45% 올리기로 한 것을 두고 논란이 일었다. 프랑스 당국은 연 870만 명이 방문하는 루브르의 열악한 관람 환경과 보안 시설을 개선하기 위한 불가피한 조치라는 입장이지만, 프랑스 주요 노조는 인류 공동의 문화유산을 관람할 권리를 선 세계인에 동등하게 제공하는 취지에 어긋난다며 반대하고 있다.

리그 오브 레전드 월드 챔피언십(League of Legends World Championship) ▼

"글로벌 e스포츠 구단 T1이 11월 9일 중국 청두에서 열린 「2025 리그 오브 레전드 월드 챔피언십(월즈)」 결승전에서 우승을 차지했다. 이는 월즈 사상 최초 3연속 우승이자 T1의 통산 6번째 우승이다. 특히 페이커 이상혁 선수는 2013년 17세의 나이로 처음 월즈 우승 트로피를 차지한 이후 13년째 T1의 핵심이자 e스포츠의 살아있는 역사로 자리매김하게 됐다."

미국 게임회사 라이엇 게임즈(Riot Games)가 2011년부터 매년 연말에 개최하고 있는 세계 최대 규모의 e스포츠 대회로, 한국에서는 비공식적으로 축구 월드컵에 빗대어 「롤드컵」이라 부르기도 한다. 리그 오브 레전드(LOL·League of Legends)는 라이엇 게임즈가 2009년 개발한 PC 온라인 게임으로, 5명의 챔피언으로 구성된 양팀이 서로의 진영을 파괴하기 위해 싸우는 전략게임이다. 롤드컵은 한국 리그인 LCK를 비롯해 LPL(중국)과 LCS(북미), LEC(유럽) 등 지역별 리그에서 상위권을 차지한 22개 팀이 선발돼 세계 최강팀을 가리고 있다. 한국은 올해까지 총 15번 개최된 이 대회에서 10차례 우승하며 가장 많은 우승 횟수를 기록 중에 있으며, 중국이 3차례(2018, 2019, 2021년) 우승으로 그 뒤를 잇고 있다. 한편, 롤드컵 우승팀에 주어지는 우승컵은 「소환사의 컵」이라는 명칭을 갖고 있다.

버추얼 아이돌(Virtual Idol) ▼

디지털 기술로 만들어진 가상 캐릭터로 활동하는 아이돌로, 3D 모델링·애니메이션·인공지능(AI) 등으로 구현되는 것이 특징이다. 이는 일본에서 처음 시작된 것으로, 1990년 일본의 「다테 쿄코」가 세계 최초의 버추얼 아이돌로 알려져 있다. 그러다 2007년 「하츠네 미쿠」가 등장하며 본격적인 붐이 시작됐으며 이후 유튜브를 기반으로 한 버추얼 유튜버(VTuber)가 급증하면서 주목을 받았다. 2020년대 이후부터는 AI 기술 발전과 함께 성장세에 들어섰는데, 점차 시장 규모가 커지면서 모션 캡처나 그래픽 기술 관련 기업들의 참여도 크게 늘어났다. 특히 초창기 버추얼 아이돌은 3D 애니메이션 기반 캐릭터에서 출발했지만, 현재는 보다 현실감 있는 비주얼과 감정 표현 등으로 몰입감을 더욱 높인 것이 특징이다. 여기에 이들은 단순한 가상 캐릭터를 넘어 고유한 세계관과 서사가 부여돼 있고, 라이브 스트리밍 플랫폼을 비롯해 오프라인 콘서트와 팝업 이벤트 등을 통해 적극적으로 팬들과 소통한다.

국내에서의 버추얼 아이돌의 본격적 등장은 2021년 12월에 데뷔한 6인조 걸그룹 「이세계아이돌」을 꼽을 수 있다. 이후 2023년 3월 데뷔한 5인조 보이그룹 플레이브(PLAVE)의 경우 11월 버추얼 아이돌 최초로 고척돔 단독 공연을 열면서 화제를 모으기도 했다. 플레이브는 이에 앞서 2024년 3월 버추얼 가수 최초로 국내 음악방송 1위를 기록했고, 지난 2월에는 타이틀곡 〈대시〉로 미국 빌보드 글로벌 200차트에 오르기도 했다.

보스만 판결(Bosman Ruling) ▼

유럽연합(EU) 사법재판소가 1995년 12월 구단과 계약이 끝난 축구 선수가 자유롭게 팀을 옮길 수 있게 보장하고, EU 내 외국인 선수 보유 제한을 폐지하도록 판결한 것을 말한다. 이는 소송을 제기한 벨기에 축구 선수 장마르크 보스만(Jean-Marc Bosman)의 이름을 딴 것으로, 선수의 자유이적 권리를 명시했다는 점에서 현대 축구산업의 구조를 근본적으로 바꾼 역사적 판결로 평가된다. 당시 보스만은 소속팀 RFC 리에주와의 계약이 만료돼 프랑스 2부 리그 팀 USL 됭케르크로 이적하려 했다. 하지만 원소속 구단이 이적료를 요구하고 새 구단이 이를 거부하면서 이적이 무산됐고, 이후 보스만은 출전 기회 상실과 급여 대폭 삭감이라는 불이익을 받게 됐다. 이에 보스만은 유럽사법재판소(ECJ)에 소송을 제기했고, 5년간 이어진 법적 공방 끝에 1995년 12월 「소속팀과 계약 기간이 끝난 선수는 구단 동의와 이적료에 상관없이 자유롭게 팀을 옮길 수 있다」는 판결을 받게 됐다.

부커상(Booker Prize) ▼

"헝가리·캐나다계 영국 작가 데이비드 솔로이의 《플레시(Flesh)》가 11월 10일 올해 부커상 수상작으로 결정됐다. 《플레시》는 헝가리 출신 청년이 수십 년 세월 동안 헝가리 주택 단지부터 이라크 전쟁, 런던 상류사회까지 계급을 이동하는 과정을 그리면서 개인의 선택과 욕망, 계급과 권력, 정체성의 문제를 다룬 작품이다. 한편, 올해 부커상 최종 후보 6편에는 한국계 미국인 작가 수전 최의 《플래시라이트(Flashlight)》가 포함됐으나 수상은 불발됐다."

영국 최고 권위를 자랑하는 문학상으로, 노벨문학상·공쿠르문학상과 함께 세계 3대 문학상 중 하나이다. 1969년 영국의 부커사가 제정했으며, 작가의 국적과 상관없이 영국에서 출간된 영문 소설을 대상으로 수상작을 선정한다. 특히 2005년에는 비영어권 작가들을 대상으로 하는 인터내셔널 부문(국제상)이 신설됐으며, 2016년 우리나라의 소설가 한강이 소설 《채식주의자

(The Vegetarian)》로 이 작품을 번역한 영국인 번역사 데보라 스미스(Deborah Smith)와 함께 아시아인 최초이자 최연소로 이 상을 수상한 바 있다.

사그라다 파밀리아 성당 (la Sagrada Familia) ▼

"건축가 안토니오 가우디의 걸작으로 140년 넘게 건설 중인 스페인 바르셀로나 사그라다 파밀리아 대성당이 10월 30일 세계에서 가장 높은 성당에 등극했다. AP통신에 따르면 이날 사그라다 파밀리아 중앙탑 일부가 올려지면서 성당의 높이가 162.91m까지 올랐다. 이는 기존 최고 높이를 자랑하던 독일 바덴뷔르템베르크주 울름 대성당 첨탑 꼭대기(161.53m)를 넘어서는 기록이다."

스페인의 거장 건축가 안토니 가우디(1852~1926)의 설계로 스페인 바르셀로나시에 건축 중인 로마가톨릭 성당으로, 1882년 착공된 뒤 143년째 건설이 진행 중이다. 이곳은 매년 약 450만 명이 찾는 관광 명소로, 2005년에는 바르셀로나 일대의 가우디 건축물 6개와 함께 유네스코 세계문화유산으로 지정됐다. 또 2010년 교황 베네딕토 16세는 기존 「성당」이었던 이곳의 격을 「대성당」으로 높인 바 있다. 사그라다 파밀리아는 크게 3개의 파사드(Façade·건물 주출입구의 정면부)로 돼 있으며, 파사드마다 4개의 탑을 세워 총 12개의 옥수수 모양 종탑을 세웠다. 또 예수와 성모마리아에게 바치는 중앙탑 6개를 더해 총 18개의 첨탑이 세워지게 된다.

한편, 가우디는 1883년부터 이 성당의 설계와 건축을 맡았는데, 고딕 건축 양식에 아르누보 양식을 결합한 스타일로 설계를 변경한 뒤 여생

의 전부를 사그라다 파밀리아 공사에 헌신했다. 가우디는 1926년 바르셀로나에서 전차 사고로 사망했는데, 그의 사망 당시 성당은 25%만 지어진 상태였다. 성당은 가우디 사망 100주기를 맞이하는

2026년 전체적인 구조 공사가 완료될 예정인데, 다만 정교한 외관 공사 및 내부 장식 작업까지 고려하면 완공까지는 10년은 더 걸릴 것으로 전망된다.

샘터 ▼

"출판사 샘터사가 12월 24일 발간될 2026년 1월호(통권 671호)를 마지막으로 월간 《샘터》를 무기한 휴간한다고 12월 10일 밝혔다. 샘터사는 이에 대해 「스마트폰이 종이책을 대체하고 영상 콘텐츠의 수요가 활자 미디어를 월등히 뛰어넘는 시대적 흐름을 이기지 못한 데 따른 결정」이라고 설명했다."

「평범한 사람들의 행복을 위한 잡지」를 표방하며 1970년 4월 창간된 월간지로, 56년 가까이 이어오며 1만 1000여 건에 이르는 독자들의 사연을 담아온 책자다. 특히 수필가 피천득과 소설가 최인호, 아동문학가 정채봉, 법정 스님과 이해인 수녀 등 당대 유명 문인들의 글도 샘터를 통해 독자들과 만났다. 최인호 작가의 자전적 소설 〈가족〉은 1975년부터 34년간을, 법정 스님이 수행 중 사색을 기록한 〈산방한담〉은 1980년부터 16년간 연재됐다. 샘터는 1970~1990년대 초 월 판매부수가 50만 부에 달할 정도로 인기를 누렸다. 그러나 1990년대 이후 활자 매체의 퇴조가 계속되면서 2019년에도 한 차례 휴간을 발표했다가 독자들의 기부와 기업 후원 등으로 고비를 넘긴 바 있다. 하지만 이후에도 수익 악화가 지속되며 결국 6년 만에 다시 휴간 결정을 내린 것으로 전해졌다.

서유견문(西遊見聞) ▼

"국가유산청이 구한말 징지가이자 개화사상가인 유길준이 쓴 《서유견문》 필사 교정본을 국가등록문화유산으로 등록 예고했다고 11월 13일 밝혔다. 등록 예고된 교정본은 《서유견문》을 검은색 또는 붉은색 먹을 써 교정한 것으로 1건 9책으로 구성돼 있는데, 교정 작업과 인쇄 이전 원문 상태를 확인할 수 있어 역사학 및 서지학 연구에 중요한 자료로 꼽힌다."

1895년(고종 32년) 구한말의 정치가 유길준이 미국 유학 때 미국과 유럽의 여러 나라를 보고

느낀 것들을 기록한 최초의 기행문이다. 서양 각국의 지리·역사·행정 풍속 등의 내용을 20편에 걸쳐 체계적·종합적으로 다룬 소개서로, 19세기 조선인의 입장에서 세계 사정을 이해할 수 있는 자료로 꼽힌다. 이는 1889년에 유길준이 직접 작성한 서문(序文)과 비고(備考), 목차 등으로 구성돼 있다. 특히 최초의 국·한문 혼용체로 언문일치의 선구적 역할을 했으며, 개화사상을 각성시켜 갑오개혁(甲午改革)의 사상적 배경이 되기도 했다.

소버 큐리어스(Sober Curious) ▼

「술에 취하지 않은(Sober)」과 「궁금한(Curious)」을 합친 신조어로, 불필요한 음주를 줄이고 그 경험을 다른 사람과 나누는 생활 양식을 의미한다. 영미권에서 시작된 이 문화는 특히 Z세대(1990년대 중반~2000년대 초반 출생)를 중심으로 확산되고 있다. 소버 큐리어스는 코로나19 확산에 따른 사회적 거리두기 시행으로 음주 문화가 줄어든 것에 더해, 건강과 자기개발에 힘쓰는 사회적 트렌드가 확산된 데 따른 현상이라 할 수 있다. 실제로 알코올을 대체할 음료를 찾는 소비자들이 늘어나자, 주류업계에서도 이러한 소비자의 니즈를 충족시키기 위해 무알코올·저알코올 등의 음료를 적극적으로 출시하고 있다.

속초 신흥사 시왕도(十王圖) ▼

"국외소재문화유산재단이 11월 14일 기자간담회를 열고 미국 메트로폴리탄박물관이 소장하고 있던 신흥사 시왕도를 반환했다고 밝혔다. 시왕도는 사람이 죽은 뒤 저승에서 차례로 만난다고 전하는 10명의 시왕(十王)을 그린 불화로, 이번에 돌아온 시왕도는 그중 마지막인 제10 오도전륜대왕을 그린 그림이다. 신흥사의 시왕도는 총 10점으로 구성돼 있는데, 앞서 2020년 미 LA카운티박물관이 가지고 있던 6점을 신흥사에 반환한 바 있어 이번 환수로 7점이 제자리를 찾게 됐다. 다만 나머지 3점은 아직 소재가 파악되지 않았다."

1798년(정조 22년) 조선 후기에 제작된 불교회화로, 모두 10점으로 구성돼 있다. 이번에 환수

된 시왕도(오도전륜대왕도)는 메트로폴리탄박물관이 2007년 개인에게 구입해 소장하고 있던 것으로, 가로 91.4cm·세로 116.8cm 크기다. 그림 상단에는 깃털로 장식한 투구를 쓴 오도전륜왕이 붓을 들고 재판을 주관하는 모습이 그려져 있으며, 구름과 성곽으로 구획된 그림 하부에는 살벌한 흑암(黑暗) 지옥의 모습이 묘사돼 있다.

이 그림은 원래 신흥사 명부전에 있었지만, 1954년경 속초 지역이 미군정하에 있었던 시기에 미국으로 반출된 것으로 추정되고 있다. 이번 환수는 속초시문화재제자리찾기위원회와 메트로폴리탄박물관이 2023년부터 3년에 걸친 협상을 진행한 끝에 이뤄진 것으로 알려졌다.

아시안 홀 오브 페임(Asian Hall of Fame) ▼

"K팝 대부로 불리는 이수만 A2O엔터테인먼트의 키 프로듀서 겸 비저너리 리더가 11월 1일 「2025 아시안 홀 오브 페임(Asian Hall of Fame)」 명예의 전당에 헌정됐다. 아시안 명예의 전당 측은 미국 로스앤젤레스(LA) 더 빌트모어 호텔에서 진행된 시상식에서 이 프로듀서를 「글로벌 음악 및 엔터테인먼트 산업의 개척자」로 소개했다."

아시아 및 아시아계 또는 아시아계 유산을 가진 인물, 제도, 혹은 기업들을 대상으로 리더십, 문화, 혁신, 공헌 등에 있어 뚜렷한 업적을 남긴 이들을 선정하여 기념하고 격려하는 미국 기반의 비영리 조직이다. 헌액 대상자는 본인 혹은 배우자가 아시아 출신 국가 중 하나에서 25% 이상 혈통을 지녀야 한다는 조건이 있다. 이는 일반 공개 노미네이션을 받지 않으며, 기존 멤버 혹은 노미네이팅 멤버를 통해 추천이 이뤄지는 방식으로 선정된다.

LIV 골프 인비테이셔널 시리즈
(LIV Golf Invitational Series) ▼

"LIV 골프가 2022년 출범 이후 고수해온 3라운드 54홀 경기 형식을 2026시즌부터는 4라운드 72홀로 바꾼다고 11월 5일 밝혔다. LIV 골프는 출범 이후부터 54홀 대회를 고유 정체성으로 내세워 왔는데, 이번 변경은 세계 골프랭킹 포인트를 인정받기 위한 전략으로 해석된다. 실제 LIV 소속 선수들은 세계 랭킹 포인트를 받지 못해 메이저 대회 출전 자격 유지에 어려움을 겪고 있다."

사우디아라비아 국부펀드(PIF·Public Investment Fund)가 오일 머니를 바탕으로 막대한 자본을 투입해 2022년 6월 신설한 골프 투어를 말한다. 이는 미국프로골프(PGA) 투어가 장악하고 있는 세계 프로 골프대회에 도전하려는 취지로 설립됐다. 대회명의 LIV는 로마 숫자로 54를 뜻하는데, 이는 대회가 54홀 경기라는 의미와 함께 파 72코스에서 매 홀 버디를 하면 54타가 된다는 의미를 갖고 있다. 다만 LIV 골프는 2022년 출범 이후 3라운드 54홀 경기 형식을 고수해 왔으나, 2026시즌부터 모든 대회를 4라운드 72홀로 바꾼다고 밝혔다. LIV 골프 인비테이셔널 시리즈는 2022년 6월 9일부터 3일간 영국 런던 외곽의 센추리온 클럽에서 열리는 첫 대회로 막을 올렸으며, 2026시즌 개막전은 2026년 2월 사우디아라비아에서 열린다.

영구 결번(Retired Number) ▼

"MLB(미 프로야구) 시애틀 매리너스가 11월 21일 랜디 존슨(62)이 현역 시절 달았던 등번호 51번을 영구 결번으로 지정하고, 이를 기념하는 행사를 2026년 5월 개최한다고 발표했다. 존슨은 MLB 통산 303승을 올리고 한해 리그 최고 투수에게 주는 사이영상을 5차례 거머쥔 진실직한 왼손 투수다. 주목되는 것은 매리너스가 지난 8월에 51번을 이미 스즈키 이치로(52)의 영구 결번으로 지정했다는 것으로, 이로써 존슨과 이치로는 한 팀에서 영구 결번을 공유하게 됐다."

스포츠 구단이 특정 선수의 공헌이나 상징성을 기리기 위해 그 선수가 사용했던 번호를 더 이상 다른 선수에게 배정하지 않는 제도다. 이러한 영구 결번의 효시는 미국 메이저리그로, 1923년 메이저리그에 데뷔해 1939년 7월 은퇴를 선언하기까지 줄곧 뉴욕 양키스에서 활약했던 루 게릭(Lou Gehrig)의 유니폼 등번호 4번이 최초로 영구 결번된 바 있다. 루 게릭은 1939년 근위축성측색경화증(ALS, 루게릭병) 진단을 받고 병마와 싸우던 중 1941년 6월 세상을 떠났다. 이 영구 결번은 보통 선수가 은퇴한 이후 지정되는데, MLB나 NFL(미 프로풋볼)처럼 리그 규모가 큰 종목에서는 스타 선수가 여러 팀에서 뛰는 경우가 많아 영구 결번을 공유하게 되는 사례가 종종 발생한다.

이머시브(Immersive) 관극 ▼

관객이 무대 위 배우들의 연기를 수동적으로 감상하기만 하는 것이 아니라 적극적으로 작품에 참여하는 연극이나 공연을 뜻한다. 여기서 이머시브(Immersive)는 「담그다, 몰두하다」는 뜻으로, 우리말로는 「관객 참여형 공연」 또는 「관객 몰입형 공연」으로 해석된다. 이는 배우가 관객석으로 내려와 춤추고 노래하거나 관객을 연기에 참여시키는 형태 등으로 진행되는 것이 특징으로, 관객을 관람자에서 참여자로 격상시켰다는 평가를 받고 있다. 이러한 이머시브 관극 형태를 선도한 대표적인 작품으로는 영국 극단 펀치 드렁크의 〈슬립 노 모어(Sleep no more)〉를 들 수 있다. 이 공연은 호텔의 5개 층에서 펼쳐지는데, 관객은 2~3시간 동안 자유롭게 돌아다니면서 공연을 볼 수 있다. 이에 같은 공연을 봤음에도 어느 장소에 있었느냐에 따라 가기 다른 경험을 하게 되는 것이 특징이다.

이집트 대박물관
(GEM · Grand Egyptian Museum) ▼

"세계 최대 규모의 이집트대박물관(GEM)이 착공 20년 만인 11월 1일 공식 개관했다. 박물관은 고대 이집트의 생활상을 상세히 보여주는 5만 점 이상의 유물을 소장해 단일 문명에 헌정된 세계 최대 박물관이라는 기록을 갖게 됐다."

이집트 수도 카이로 부근 기자평원의 대(大)피라미드와 스핑크스 옆 부지에 설립된 세계 최대 규모의 박물관이다. GEM은 호스니 무바라크 전 대통령 통치하에서 10억 달러(1조 4,307억 원)를 들여 착공이 이뤄졌으나, 2011년 아랍의 봄 봉기로 무바라크가 실각한 이후 3년간 공사가 중단된 바 있다. 당초 개관일은 올 여름이었으나 앞서 6월 이란과 이스라엘의 무력충돌로 연기됐다. GEM은 고대 이집트의 생활상을 상세히 보여주는 5만 점 이상의 유물을 소장하고 있는데, 이는 약 3만 5000점의 전시품을 소장한 프랑스 루브르 박물관을 뛰어넘는 규모다. GEM의 상당수 유물은 100년 넘게 명맥을 이어온 수도 카이로 타흐리르 광장에 있는 이집트박물관에서 옮겨왔

다. 이 박물관에서 가장 주목받는 전시는 1922년에 발굴된 파라오 투탕카멘(Tutankhamun)의 무덤에서 출토된 보물 전체 컬렉션이 꼽힌다.

케이팝 데몬 헌터스(K-Pop Demon Hunters) ▼

"넷플릭스 애니메이션 〈케이팝 데몬 헌터스〉를 연출한 매기 강 감독이 12월 10일 열린 「2025 대한민국 콘텐츠대상 시상식」에서 가장 높은 등급인 옥관문화훈장을 받았다. 올해 17회째를 맞은 대한민국 콘텐츠대상은 한해 동안 해외 진출, 방송·영상, 게임, 만화·애니메이션·캐릭터 등 다양한 분야에서 K-콘텐츠 확산에 기여한 인물과 작품을 격려하는 정부 공식 행사다."

넷플릭스를 통해 6월 공개된 애니메이션으로, 소니 픽처스 애니메이션이 제작하고 매기 강과 크리스 애플한스 감독이 공동 연출했다. 이 작품은 세계적으로 인기 있는 K-POP 걸그룹 헌트릭스(HUNTR/X)가 무대 밖에서는 인간의 혼을 빼앗으려는 귀마와 그의 조종을 당하는 저승사자들로 구성된 보이그룹 사자 보이즈(Saja Boys)에 맞서 혼문(Honmoon)을 지키는 이야기를 담고 있다. 이 작품에는 한국 배우들과 제작진이 대거 참여했는데, 특히 떡볶이와 김밥

등 한국의 인기 음식을 비롯해 남산 서울타워 등 다양한 국내 명소도 등장했다. 아울러 작품 공개와 동시에 발매된 OST도 큰 주목을 받았는데, 특히 주인공 루미가 부르는 메인 테마곡인 〈골든(Golden)〉의 경우 8월 11일 미국 빌보드 메인 싱글차트 핫100 1위를 기록한 것을 시작으로 통산 8주째 1위 기록을 남기며, 2026년도 아카데미 주제가상의 유력 후보로 부상했다.

12월 23일 미국 빌보드 공식 홈페이지에 따르면 「2025년 대중문화를 정의한 가장 파격적인 음악적 순간 10선(選)」 중 하나로 「케데헌 OST의 음원차트 돌풍」이 선정됐다. 케데헌 OST 중 하나인 〈골든(Golden)〉은 애니메이션 속 가상 그룹의 곡으로는 처음 빌보드 메인 싱글차트 핫100 정상을 차지한 바 있다. 여기에 2026년 열리는 미국 대중음악 시상식 「그래미 어워즈」에서 본상에 해당하는 「송 오브 더 이어(Song of the year)」를 비롯해 5개 부문 후보에도 오른 상태다.

파베르제의 달걀(Faberge Eggs) ▼

"12월 2일 영국 런던 크리스티 경매에서 윈터 에그라는 이름의 파베르제의 달걀(러시아 황실 보물)이 2290만 파운드(약 444억 원)에 팔렸다. 이는 파베르제의 달걀 경매 사상 최고가로, 종전 기록인 890만 파운드를 크게 넘어선 것이다. 높이 8.2cm의 윈터 에그는 니콜라스 2세가 어머니께 드릴 선물로 1913년에 주문한 것으로 알려졌다."

19세기 러시아 차르 황실의 보물로, 1885년 당시 러시아 황제였던 니콜라스 2세가 부활절에 황후 마리아 페오도로브나를 비롯한 가족들에게 선물하기 위해 보석 세공의 명장이었던 구스타프 파베르제에게 제작을 명해 만든 것이다. 이후 러시아 로마노프 왕조는 30년간 파베르제 부활절 달걀 선물 전통을 이어간 것으로 알려져 있다. 러시아 황실은 파베르제 공방에 차르의 인증서를 내렸고, 파베르제 공방은 러시아 외에도 유럽 각국의 왕가와 귀족 가문에 공예품을 공급하면서 세계 최대 규모의 공방으로 명성을 떨쳤다. 이 파베르제 명장이 제작한 달걀은 50개에 불과한데, 현재 미국의 출판 재벌인 포브스가 소유한 9개를 포함해 러시아 크렘린궁에 10개, 엘리자베스 전 영국 여왕 소유 3개 등 전 세계에 42개만이 남아 있는 것으로 알려져 있다.

프롭 베팅(Proposition Betting) ▼

스포츠 경기나 이벤트에서 경기 결과 자체가 아닌 개별 사건이나 특정 상황에 돈을 거는 베팅 유형을 말한다. 이는 전통적인 승·패·핸디캡·오버/언더와 달리, 매우 구체적이고 다양한 상황에 대해 베팅할 수 있다는 것이 특징이다. 프롭 베팅은 경기 중에 어떤 특정한 일이 일어날지를 두고 맞추는 베팅인데, 예컨대 ▷선수가 특정 기록을 달성할지 여부 ▷첫 특점을 하는 팀 ▷경기 연장전 여부 ▷하프타임 쇼에서 나올 수 있는 특정 곡 등이 이에 해당한다. 이는 경기를 더욱 재미있게 볼 수 있고, 다양한 옵션 덕택에 초보자도 쉽게 접근이 가능하다는 장점이 있다. 하지만 문제는 프롭 베팅이 조작에 매우 취약한 데다 경기 승패와 직접적인 관련이 크지 않아 선수나 코치들이 상대적으로 문제의식이나 죄책감을 덜 느끼게 된다는 지적이 있다.

환단고기(桓檀古記) ▼

단군 고조선 시대의 상고사(上古史)를 다룬 책으로, 1911년 계연수라는 인물이 저술한 것으로 알려져 있다. 이 책은 고대 한민족이 한반도를 넘어 유라시아 대륙 대부분을 지배했다는 내용을 담고 있다. 주류 역사학계는 이를 학술적 근거가 없는 위서로 보고 있으나, 재야 사학계 일부에서는 일제 식민사관에 의해 말살된 고대 한민족의 역사를 담은 진서라고 주장하며 대립하고 있다.

이재명 대통령이 12월 12일 동북아역사재단 업무보고에서 〈환단고기〉와 관련된 환빠 논쟁을 언급하면서 이슈로 부상했다. 이 대통령이 언급한 환빠 논쟁은 「환단고기의 빠(열성 지지자)」를 줄인 표현으로, 환단고기 내용을 맹신하며 이를 통해 주류 역사학계를 비판하는 사람들을 비하하는 인터넷 용어에서 유래된 것이다.

⑤ 일반과학·첨단과학

갈리앵상(Prix Galien) ▼

"브뤼노 코엔 갈리앵재단 회장이 10월 30일 미국 뉴욕에서 열린 「프리 갈리앵 어워드 USA 2025」에서 2026년 갈리앵상의 수여 범위를 한국·일본·중국을 포함한 아시아 전역으로 확장하겠다고 밝혔다. 2026년 「갈리앵 어워드 코리아」가 신설되면 국내 제약·바이오 산업의 경쟁력을 국제적으로 인정받는 계기가 될 것이라는 기대가 나온다. 코엔 회장은 특히 한국이 디지털 헬스와 인공지능(AI) 기반 기술에서 두각을 나타내고 있다며, 한국 기업들의 수상 가능성을 높게 평가했다."

제약·바이오·의료기술 분야에서 혁신을 이룬 제품이나 연구·기업 등에 수여되는 상으로, 글로벌 생명과학 분야 최고 권위를 인정받아 「제약계의 노벨상」으로 불린다. 1970년 프랑스 약학사 롤랑 멜(Roland Mehl)이 제정했으며, 현재는 미국 뉴욕에 본사를 둔 비영리단체 갈리앵재단이 주관하고 있다. 응모 대상은 대체로 최근 수년 내에 승인된 신약이나 의료기술 등으로, 심사에는 의학·생명과학 분야의 전문가나 연구자 등으로 구성된 심사단이 참여한다. 이는 ▷의학적 혁신성 ▷임상적 유효성 및 안전성 ▷사회적 및 경제적 기여 ▷과학적 기초 등 엄격한 심사 기준을 적용하는 것으로도 유명하다. 한편, 갈리앵상은 각국의 혁신 의약품·연구를 먼저 선정한 뒤 각국 우수 수상작 중에서 국제 최종 수상자에 대해서는 「글로벌 갈리앵상(Prix Galien International)」을 수여하고 있다.

과학기술관계장관회의(과기장관회의) ▼

"정부가 11월 24일 관계부처 장관들이 참석한 가운데 김민석 국무총리 주제로 제1회 과학기술관계장관회의를 개최했다. 이로써 지난 2021년 이후 약 4년 만에 재개된 이날 회의에는 총 10건의 안건이 상정, 국가 인공지능(AI) 대전환을 실현하기 위한 각 부처의 AI·AX 전략에 대한 발표와 토론이 이어졌다."

정부의 과학기술과 인공지능(AI) 정책을 총괄하는 회의로, 2021년 이후 4년 만에 부활했다. 과기장관회의는 지난 2004년 부총리급 회의체로 처음 설치됐으나 부총리 제도가 폐지되면서 운영이 중단됐다. 그러다 2018년 복원돼 2021년까지 총리급 회의체로 운영된 바 있다. 그리고 지난 10월 정부조직 개편으로 과학기술부총리(과기정통부 장관 겸임)가 신설되면서, 과학기술부총리를 의장으로 범부처 과학기술과 AI 정책을 총괄·조정하는 과기장관회의가 출범하게 됐다.

그로키피디아(Grokipedia) ▼

일론 머스크 테슬라 최고경영자(CEO)가 오픈소스 온라인 백과사전「위키피디아」의 대항마로 내세우며 10월 27일 출시한 인공지능(AI) 백과사전이다. 이는 머스크가 이끄는 인공지능(AI) 기업 xAI의 AI모델「그록(Grok)」을 활용한 것으로, 머스크는 그간 위키피디아가 좌편향됐다고 비난하며 정확한 설명을 제공하는 대안이 필요하다고 주장해 왔다. 그로키피디아는 무료이기는 하지만, 일반 사용자 편집은 불가능해 개방형 백과사전은 아니다. 그로키피디아는 위키피디아의 대안을 표방하지만 성능이나 정보량 등에서 아직 그에 미치지 못한다는 평가가 나오고 있다. 우선 그로키피디아는 약 88만 5000여 건의 설명을 제공한다고 밝히고 있는데 이는 영어판 위키피디아의 800만여 건에 크게 못 미치는 수준이며, 출시 첫날에는 서비스 시작 불과 1시간 만에 웹사이트가 다운되는 접속 장애가 발생하기도 했다.

나프타분해설비 (NCC·Naphtha Cracking Center) ▼

"롯데케미칼과 HD현대케미칼이 11월 26일 기업 활력 제고 특별법에 따라 산업통상부에 공동으로 사업 재편 계획 승인 심사를 신청했다고 밝혔다. 신청안에 따르면 양사는 충남 대산 석유화학단지의 나프타분해설비(NCC) 통합을 추진하는데, 이는 롯데케미칼이 대산 공장을 물적 분할한 뒤 신설 법인이 HD현대케미칼과 합병하는 방식이다. 그리고 최종적으로 HD현대오일뱅크와 롯데케미칼이 합병 법인 지분을 50%씩 갖게 된다."

나프타(Naphtha)를 고온에서 분해해 에틸렌·프로필렌·부타디엔·벤젠 등 기초 유분(올레핀 계열)을 생산하는 설비로, 석유화학산업의 핵심 기반 시설로 꼽힌다. 여기서 나프타는 석유화학의 기초유분인 에틸렌과 프로필렌의 주원료로 넓은 의미로는 휘발성 석유류를 총칭하며, 좁은 의미로는 원유를 분별증류하여 얻을 수 있는 끓는점 범위가 200~300℃에 있는 유분(溜分)을 가리킨다. 나프타 분해는「원료 공급 → 고온 열분해 → 급랭 → 분리·정제」의 과정으로 이뤄진다. 이렇게 나프타를 분해하면 석유화학의 기초가 되는 에틸렌(폴리에틸렌과 폴리스틸렌의 원료), 프로필렌(폴리프로필렌의 원료), 부탄·부틸렌(합성고무의 원료) 등의 성분을 얻을 수 있다.

뇌-컴퓨터 인터페이스 (BCI·Brain-Computer Interface) ▼

"미국 컬럼비아대, 스탠퍼드대, 펜실베이니아대 공동 연구팀이 12월 8일 칩 하나에 전극 6만 5000개를 담은 BCI「비스크(BISC)」를 개발했다고 국제 학술지《네이처 일렉트로닉스》에 밝혔다. 이에 앞서 지난 3월에는 미국 BCI 기업 프리시전 뉴로사이언스가 우표 크기의 필름형 칩「레이어7(Layer7)」의 임상 데이터를 발표한 데 이어 4월 미 식품의약국(FDA) 의료기기 시판 승인을 받는 등 BCI 기술이 갈수록 고도화되고 있다."

인간의 두뇌와 컴퓨터를 연결해 뇌파로 외부 기기를 제어하거나 외부 신호로 신체의 신경세포를 자극하는 기술이다. 인간이 특정 동작을 수행하려고 할 때 뇌에서 생성되는 전기 신호를 컴퓨터에 전달하면, 컴퓨터가 이 신호를 통해 외부 기기를 작동시키는 원리다. 이 BCI를 구현하는 방식으로는 ▷뇌에 직접 센서를 부착하는 삽입형 ▷헤드셋 등 외부 장비로 뇌파를 간접 측정하는 부착형이 있는데, 최근에는 센서를 혈관에 넣는 등의 간단한 시술로 뇌파를 측정하는 하이브리드형 기술도 개발되고 있다. BCI 기술은 언어나 신체 동작을 거치지 않고도 사용자의 생각을 실현할 수 있다는 점에서 특히 장애를 가진 사람들의 신체적 제약 극복에 활용될 수 있다. 그러나 현재 기술로는 정확한 뇌파를 측정하기에 한계가 있으며, 센서를 부착하는 과정에서 뇌에 손상을 가할 위험이 있어 이를 해결하기 위한 연구가 진행 중에 있다.

다이렉트 투 셀(DTC·Direct To Cell) ▼

미국 우주기업 스페이스X가 제공하는 위성 통신 서비스로, 스페이스X의 자회사인 스타링크가 구현하려는 저궤도 위성과 스마트폰 간 직접 연결 방식을 말한다. 즉, 지구 저궤도에 있는 스타링크 위성들이 기존의 지상 기지국 없이도 일반 LTE 휴대폰에 직접 연결될 수 있게 하는 통신 기술로, 위성 전화기를 쓰지 않아도 일반 스마트폰으로 위성 통화를 할 수 있게 해주는 것이다. 지상 기지국에 기반한 기존의 이동통신 서비스가 산간 지역이나 섬 등의 통신 사각지대에서는 이용이 제한되는 반면, 다이렉트 투 셀은 지리적 제약 없이 문자·전화를 주고받거나 데이터를 사용할 있는 것은 물론 IoT(사물인터넷) 기기 연결도 가능하다. 또 허리케인이나 산불과 같은 자연 재해로 지상 통신이 끊긴 지역에서도 긴급 메세지 송수신이 가능하다는 점에서, DTC 기술이 고도화될 경우 기존 지상 통신망을 완전히 대체할 수 있게 될 것이라는 전망도 나온다.

스페이스X는 2024년 1월 첫 DTC 위성을 발사한 이후 올해 6월부로 1세대 DTC 지원 위성군을 완성했다. 이에 현재 미국을 포함한 일부 국가에서 문자 전송 서비스를 제공 중인데, 향후 음성통화와 인터넷 데이터 사용 등으로 그 기능을 확대한다는 계획이다.

레오(LEO) ▼

글로벌 전자상거래 기업 아마존이 추진 중인 저궤도 위성 인터넷 프로젝트로, 저궤도 위성통신은 지구 상공 700~2000km 지궤도에 다수의 위성을 배치해 전 세계 어디서나 이동통신 서비스를 이용할 수 있도록 한 것이다. 기존에는 「프로젝트 카이퍼(Project Kuiper)」라는 코드명으로 알려졌으나, 지난 11월 지구 저궤도를 의미하는 지금의 명칭으로 리브랜딩됐다. 아마존은 2019년부터 해당 프로젝트를 시작해 지금까지 150여 기의 시험 위성을 지상 500~2000km 궤도에 올린 것으로 알려졌다. 향후 총 3236기 규모의 위성을 발사해 네트워크를 구축하고, 이를 기반으로 광대역 인터넷 서비스를 제공하는 것이 목표다. 기업형 단말 기준 최대 1Gbps(초당 기가비트), 가정형 기준 최대 100Mbps(초당 메가비트)의 고속 데이터를 제공하며, 2026년까지 지구 전역의 50%, 2029년까지 100% 범위에 서비스를 제공한다는 구상이다.

주요 저궤도 위성통신 서비스 비교

구분	레오	스타링크	원웹
기업(국가)	아마존(미국)	스페이스X(미국)	원웹(영국)
위성 운용 고도	590km, 610km, 630km	300km, 1100~1300km	1200km
목표 위성 수	3236기 (현재 150여 기 배치)	4만 2000기 (현재 7000기 이상 배치)	648기 (현재 600기 이상 배치)

만리방화벽(Great Fire Wall) ▼

만리장성(Great Wall)과 컴퓨터 방화벽(fire wall)을 합성한 용어로, 2000년 구축된 중국의 인터넷 감시·검열 시스템을 가리킨다. 이는 외부로부터 유입되는 트래픽을 차단해 사회 안정을 이루는 것을 목적으로 도입된 것으로, 1998년 「황금방패 프로젝트(golden shield project)」를 통해 추진됐다. 이 시스템으로 인해 중국에서는 구글·유튜브·페이스북·넷플릭스 등 미국·유럽 등 해외 사이트에 접속할 수 없어 과도한 인터넷 통제라는 비판을 받고 있다. 다만 중국 내에서 일부는 인터넷 우회 접속 프로그램인 가상사설망(VPN)을 이용해 만리방화벽을 우회하고 있는데, 중국 당국이 VPN 사용을 불법으로 규정해 단속하면서 이 역시 한계가 있다.

글로벌 디지털 안보 연구 기관인 인터섹랩이 최근 중국 민간 기업 지즈네트웍스(Geedge Networks)의 내부 유출문서 수만 건을 근거로 중국이 카자흐스탄·파키스탄·미얀마·에티오피아 등 최소 4국 정부에 인터넷 검열뿐 아니라 우회접속(VPN) 차단, 기기 추적이 포함된 통제 솔루션을 제공했다고 밝혔다. 지즈네트웍스는 중국의 인터넷 검열 시스템인 만리방화벽 개발자 팡빈싱 원사(최고 과학자)가 이끄는 곳으로, 특정 웹사이트 및 VPN 서비스 차단과 개인 감시가 가능한 시스템을 판매한다.

바이오 컴퓨터(Bio-Computer) ▼

인간의 뇌에서 이뤄지는 고도의 정보처리 기능을 모사해 작동하는 컴퓨터를 말한다. 생물의 세포에 들어 있는 단백질이나 효소를 기반으로 한 바이오칩을 활용해, 궁극적으로는 인간의 두뇌 기능을 구현하는 것을 목표로 한다. 이는 신경세포가 서로 신호를 주고받는 방식으로 정보를 저장하고 계산하기 때문에 인간의 뇌처럼 스스로 학습하고 환경에 적응할 수 있다는 특징이 있다. 또한 물 속이나 인체 내부처럼 기존의 전자기기가 작동하기 어려운 환경에서도 안정적으로 기능할 수 있다는 장점이 있다. 그러나 현재의 기술적 수준에서는 배양된 세포가 실제 인간의 뇌 신경망처럼 정교하게 작동하기 어렵고, 생물의 세포를 직접 활용한다는 점에서 생명윤리 문제도 중요한 과제로 남아 있다.

버추얼 트윈(Virtual Twin) ▼

현실 세계의 대상(제품·공정·인체·도시 등)을 디지털 공간에 실시간으로 그대로 재현한 가상 복제 모델이다. 이는 데이터 기반으로 현실의 상태, 동작, 환경 변화 등을 실시간으로 반영하고 예측할 수 있는 것이 특징으로, 디지털 트윈(Digital Twin)의 확장·고도화 개념이라 할 수 있다. 버추얼 트윈의 주요 활용 분야로는 제조업을 들 수 있는데, 해당 분야에서는 공장 전체를 가상 공간에 재현하고 생산 공정을 실시간 모니터링하는 것이 가능하다. 도시·인프라 부문에서는 교통 흐름 시뮬레이션과 도시 재난 대응에 활용될 수 있

으며, 헬스케어 부문에서는 개인의 인체·장기·유전자 데이터를 바탕으로 질병 예측이나 맞춤형 치료 계획 수립이 가능해진다. 이러한 버추얼 트윈은 실제 테스트를 줄여 오류와 고장을 사전에 예방할 수 있다는 점에서 비용 절감과 개발기간 단축을 이끌 수 있다. 또 위험한 상황을 가상 환경에서 미리 검증할 수 있기 때문에 안정성을 강화할 수 있고, 특히 의료 분야에서는 맞춤형 건강 서비스 제공이 가능하다는 장점이 있다.

브레인 포그(Brain Fog) ▼

"질병관리청 국립보건연구원이 12월 10일 코로나19 감염 후 나타나는 집중력 저하·기억력 감퇴 등 인지장애의 기전을 동물모델을 통해 과학적으로 규명했다고 밝혔다. 연구진은 코로나19 바이러스의 스파이크 단백질(S1)을 실험용 쥐의 비강에 투여한 뒤 인지 기능 변화를 관찰했는데, 실제로 학습·기억 능력 저하가 뚜렷하게 나타났다. 이는 코로나19 후유증으로 보고돼 온 「브레인 포그(인지장애)」의 생물학적 원인을 규명한 첫 동물실험 결과라는 점에서 주목되고 있다."

머리에 안개가 낀 것처럼 멍한 느낌이 지속돼 생각과 표현을 분명하게 하지 못하는 상태를 일컫는다. 이는 스트레스와 수면 질 저하, 음식 알레르기, 소장 내 세균 과잉 증식(SIBO), 호르몬 변화 등에 의한 뇌신경의 미세한 염증으로 인해 발생하며 집중력 감소와 기억력 저하, 피로감, 우울, 식욕 저하 등의 증상을 동반한다. 브레인 포그는 질병은 아니지만 이를 방치할 경우 치매 발병 위험이 높아지기 때문에 관리가 필요하다. 이를 완화하기 위해서는 금연·금주하고 적당한 운동으로 노폐물을 배출해야 하며, 7시간 이상 수면하는 것이 권고된다. 식단에 있어서는 가급적 가공식품이나 설탕 등은 피하고 필수지방산, 채소, 단백질, 과일 등을 섭취해야 한다.

스리마일섬 원전사고 (Three Mile Island accident) ▼

"도널드 트럼프 미국 행정부가 미국 역사상 최악의 원전 사고 현장인 펜실베이니아주 스리마일섬 원자력발전소를 재가

동하는 절차에 착수했다. 미국 에너지부는 11월 18일 콘스텔레이션 에너지에 10억 달러(약 1조 5000억 원) 규모의 연방정부 대출을 승인한다고 밝혔다. 미국 내 원전 분야 1위 기업인 콘스텔레이션 에너지는 스리마일섬 원전을 재가동해 마이크로소프트(MS)에 20년간 전력을 판매할 예정이다."

1979년 3월 미국 펜실베이니아주 해리스버그에 있는 스리마일섬의 원자력발전소 2호기에서 냉각장치가 파열돼 노심용융이 일어나 핵연료가 외부로 누출된 사고다. 스리마일 원전은 1978년 4월 전기 생산을 처음 시작했는데, 해당 사고는 생산이 시작된 지 1년이 채 지나지 않아 발생했다. 당시 사고로 대량의 핵연료가 외부로 누출되면서 주변 8km 이내 주민들의 일시 피난이 이뤄지기도 했다. 이 사고는 미국 원전 역사상 최악의 사고였지만 다행히 원자로 격납용기가 붕괴되지 않아 피폭량은 미량이었고, 외부 인명 피해는 발생하지 않았다. 하지만 원자로 사용 불능과 약 10억 달리의 경제적 손실 피해를 일으켰으며, 미국의 원자력산업에 대한 안전성 논란과 반핵운동이 확산되는 계기가 됐다.

스피어엑스(SPHEREx) ▼

"우주항공청과 한국천문연구원이 미국 항공우주국(NASA)과 공동 개발한 우주망원경 스피어엑스(SPHEREx)가 관측한 첫 전천(全天)지도 영상을 12월 19일 공개했다. 이 영상은 우주 전체를 102가지 적외선 빛깔로 나눠 촬영한, 인류 최초의 우주 지도다. 스피어엑스는 올 3월 12일 발사 후 5월 1일부터 본격적으로 관측을 시작했으며, 약 6개월간 우주 전체를 관측해 지도를 완성했다."

전 세계 최초의 전척(全天) 적외선 영상분광탐사 우주망원경으로, 미국 항공우주국(NASA) 제트추진연구소(JPL)와 미국 캘리포니아 공과대학(Caltech), 한국천문연구원(KASI) 등이 공동개발하고 있다. 기존 우주망원경이 특정 구역이나 외세행성, 개별 은하 등을 대상으로 관측하는 형태인 데 반해 스피어엑스는 넓은 관측 시야와 파장 범위, 높은 해상도, 파장 분해능을 통해 하늘 전역 99% 이상을 관측할 수 있다. 또 스피어엑스는 지구 대기로 인한 손실 때문에 관측이

어려운 적외선 천체 관측이 가능하며, 전 우주를 102가지 색깔로 관측할 수 있다. 이러한 관측기술을 통해 약 20억 개 천체에 대한 전천 분광 목록을 작성할 수 있으며, 재구성을 통해 우주 입체지도를 제작할 수 있다.

아르테미스 프로젝트(Artemis Project) ▼

미국항공우주국(NASA)이 추진하는 달 유인 탐사 계획으로, 비행체의 성능을 시험하는 무인 계획(1단계)과 통신 및 운항 시스템을 시험하는 유인 계획(2단계)을 거쳐 인류 역사상 최초의 여성 우주인을 포함한 우주인 4명을 달에 보내는 것을 목표로 한다. NASA뿐 아니라 한국·영국·일본 등 전 세계 54개국이 이 프로젝트에 참여 중이다. 1단계인 아르테미스 1호 발사는 2022년 완료됐으며, 당시 우주발사시스템(SLS) 로켓과 오리온 캡슐의 안정성과 기능을 성공적으로 검증한 바 있다. 2단계는 2026년 4월 시행될 예정으로, 우주비행사 4명을 태운 오리온 캡슐이 달 궤도를 돌아 지구로 귀환하는 유인 비행이 이뤄진다. 3단계는 2027년으로 계획돼 있으며, 우주비행사 4명 중 유색인종과 여성 등 2명이 달의 남극에 착륙해 일주일간 탐사활동을 수행한 뒤 귀환할 방침이다.

최근 아르테미스 프로젝트를 둘러싸고 손 더피 NASA 임시 국장과 일론 머스크 스페이스X 최고경영자(CEO)가 한 차례 공방을 벌인 것으로 알려졌다. 스페이스X는 당초 자사 대형 우주선인 스타십을 이 프로젝트의 3단계 달 착륙선으로 개발·공급하기로 했으나 일정이 지연되고 있는 상황이다. 이에 더피 장관이 「스페이스X가 우주개발 일정을 미루고 있다」며 계약 철회 가능성을 내비치자, 머스크는 X(옛 트위터)에 「우리 없이는 달에 갈 수 없다」는 글을 올리며 이를 반박했다.

아리랑 7호 (KOrea Multi-Purpose SATellite-7) ▼

"한국의 7번째 나복석실용위성인 아리랑 7호가 12월 2일 남미 프랑스령 기아나 쿠루우주센터에서 성공적으로 발사됐다. 아리랑 7호는 궤도상시험과 초기운영 과정을 거쳐 2026

년 상반기부터 본격적인 지상관측 영상을 제공하게 된다. 무엇보다 아리랑 7호 발사에 성공하면서 한국은 미국, 유럽, 일본에 이어 세계에서 4번째로 해상도 30cm급 광학위성을 보유한 국가가 됐다."

위성 시스템과 탑재체의 설계·조립·시험·검증 절차 모두 국내 독자 기술로 개발한 위성으로, 2016년부터 총 3100억 원이 투자돼 한국항공우주연구원 주도로 개발됐다. 이는 0.3m 크기 물체를 분간할 수 있는 고해상도 광학카메라를 통해 재해·재난·국토·환경 감시 및 공공안전, 도시 열섬현상 등을 분석할 수 있는 고품질 영상을 제공한다. 이 광학카메라의 해상도는 기존 아리랑 3A호(광학 0.55m) 대비 판독능력이 3배 이상 향상되는 등 차량 종류(소형차, 트럭 등)까지 식별이 가능하다.

ASIC(Application Specific Integrated Circuit, 주문형 반도체) ▼

사물인터넷·자율주행 등 특정 용도를 위해 제작되는 일종의 맞춤형 반도체로, 범용성이 높은 표준 집적회로와 달리 고객이나 사용자가 요구하는 기능에 맞춰 설계·제작된다. ASIC는 설계방식에 따라 ▷처음부터 회로를 사용자의 필요에 맞게 설계·제조하는 「완전 주문형」과 ▷표준화된 회로 설계를 일부 활용하는 「반(半)주문형」으로 나뉜다. 이렇게 하면 회로 구성이 단순해져 전력 소모를 줄이고 처리 속도를 높일 수 있으며, 대량 생산할 경우 단가를 낮출 수도 있다. 최근 헬스케어나 금융 등 다양한 산업에서 인공지능(AI) 활용이 확대되면서, 각 분야에 특화된 성능을 구현할 수 있는 ASIC에 대한 수요가 급증하고 있다.

최근 글로벌 빅테크 기업들은 범용으로 쓰이는 엔비디아의 GPU에 대한 의존도를 줄이기 위해 자체 ASIC를 개발하고 있다. 대표적으로 구글은 AI 연산에 특화된 「TPU(텐서처리장치)」를 개발해 외부 기업에도 공급하고 있으며, 메타는 자체 AI칩 「MTIA」를 AI 추론 작업에 활용하고 있다. 또한 아마존은 데이터센터 탑재용 「트레이니엄」 시리즈와 추론 전용 ASIC 「인퍼런시아」를 운용 중이다. 여기에 오픈AI도 브로드컴과 협력해 2026년 중 자체 ASIC를 양산한다는 계획이다.

AI 랜(AI-RAN) ▼

"과학기술정보통신부 산하 한국전자통신연구원(ETRI)이 10월 31일 엔비디아, 삼성전자 및 통신 3사(SK텔레콤·KT·LG유플러스) 등과 함께 「지능형 기지국(AI-RAN) 기술 공동연구 및 실증을 위한 업무협약(MOU)」을 체결했다고 밝혔다. 그동안 AI-RAN은 초기 투자비용에 대한 부담으로 구축에 어려움이 있었으나, 이번 협약을 계기로 관련 기술 개발이 본격적으로 속도를 낼 수 있을 것으로 전망된다. 정부는 2026년부터 연구개발(R&D)과 특화 서비스 발굴에 돌입, 2028년까지 AI-RAN을 시범 구축하고 궁극적으로는 2030년에 6G 서비스를 상용화하겠다는 계획이다."

무선 네트워크(RAN·Radio Access Network)에 그래픽처리장치(GPU)를 탑재해 인공지능(AI) 기능을 더한 차세대 통신 인프라를 말한다. 기존의 RAN이 단순히 트래픽 데이터를 주고받는 통로였다면, AI-RAN은 AI 기술을 접목해 데이터를 실시간으로 분석하고 최적의 네트워크 환경을 조성할 수 있다. 예를 들어 특정 지역에서 데이터 사용량이 폭증하면 이를 즉시 감지하고 해당 지역에 더 많은 리소스를 배치, 안정적인 통신 품질을 유지하는 식이다. 이러한 기술은 자율주행차나 로봇 등 실시간 반응이 요구되는 피지컬AI 서비스에 최적화된 네트워크 환경을 제공할 것으로 전망된다. 특히 AI-RAN은 복잡한 전파 환경에서의 효율적 자원 관리와 초저지연 통신을 가능하게 해, 6G 세대로의 진입에 필수적인 기술로 꼽힌다.

> **6G(6세대 이동통신, Sixth Generation Mobile Communications)** 4G(LTE)보다 100배, 5G(20bps)보다 5배 빠른 100Gbps의 속도를 구현할 수 있는 이동통신 기술이다. 최대 전송속도는 1Tbps 정도로, 120m 상공까지 전파가 도달했던 5G보다 확장된 지상 10km 이하 거리를 지원한다. 현재 국제표준화단체(3GPP)가 6G 표준화를 위한 작업 중에 있다.

AI 레드팀(AI Red Team) ▼

인공지능(AI) 시스템의 취약점을 찾고 이에 대응하는 방법을 연구하는 일종의 보안팀이다. 본래 레드팀은 조직 내 취약점을 발견해 공격하는 하위 조직을 이르는 말로, AI 레드팀은 AI 기술이 발전함에 따라 등장한 업그레이드 버전이라고 할 수 있다. AI 레드팀은 시스템의 안정성을 공격자 관점에서 검증하는데, 이때 단순히 성능을 평가하는 데에서 그치지 않고 신뢰성을 검증하는 데 초점을 둔다. 예를 들어 생성형 AI가 혐오 표현이나 편향된 발언 등 부적절한 응답을 내놓지 않는지 등을 테스트하는 것도 AI 레드팀의 역할이다. 이 AI 레드팀을 도입해 활용하고 있는 대표적인 기업으로는 마이크로소프트(MS)가 있다. MS는 2018년 자사 클라우드 플랫폼 「애저(Azure)」에 AI 기능을 통합한 뒤 AI 특화 보안 시나리오를 실험·검증하며, AI 레드팀의 역할을 확장해 나간 바 있다.

AI 슬롭(AI Slop) ▼

인공지능(AI)이 생산한 질 낮은 콘텐츠가 인터넷에 무분별하게 확산되는 현상을 말한다. 생성형 AI의 발달에 따라 콘텐츠를 제작하는 것이 쉬워지면서, 무의미한 정보를 담은 이미지나 텍스트가 인터넷 전반에 퍼짐에 따라 새로운 사회적 이슈로 떠오르고 있다. 이용자들의 의사와는 상관없이 대량으로 뿌려진다는 점에서 일각에서는 AI 슬롭을 「AI 시대의 스팸메일」로 표현하기도 한다. 이는 사기 행각을 목적으로 악용되기도 하고, 플랫폼 내 콘텐츠의 전반적인 품질 저하를 초래한다는 문제가 있다. 특히 기존에는 품질이 낮았으나 최근 AI 기술의 발전으로 현실과 구분이 어려울 정도로 고도화되고 있다는 점에서 그 문제가 심각하다.

AI 에이전트(AI Agent) ▼

"11월 4일 블룸버그통신 등에 따르면 글로벌 전자상거래업체 아마존이 인공지능(AI) 스타트업 퍼플렉시티에 AI 에이전트의 온라인 구매를 중단하라고 요구했다. 퍼플렉시티는 지난 7월부터 이용자를 대신해 온라인 쇼핑을 수행하는 AI 에이전트를 운영 중인데, 아마존은 이 에이전트가 AI임을 밝히지 않고 사람처럼 쇼핑하는 것이 자사 약관상 「컴퓨터 사기」에 해당한다고 주장했다. 이에 퍼플렉시티가 AI 에이전트의 이용은 개인의 자유라고 반박하면서, 에이전트 기능으로 고객을 모으려는 AI 기업과 사람의 직접 구매를 통해 광고 수익을 올리려는 전자상거래 기업의 이해관계가 충돌했다는 분석이 나온다."

사용자의 요구에 맞게 다양한 작업을 자동으로 수행하고 지원하는 인공지능(AI) 시스템으로, ▷개인의 일정 관리 ▷정보 검색 및 제공 ▷통신 기능 ▷스마트홈 관리 ▷언어 번역 및 대화 등의 비서 역할을 수행한다. 이는 특정 목표를 달성하기 위해 스스로 계획을 수립하고 실행할 수 있다는 점에서 단순 AI 챗봇 수준을 넘어선 것으로 평가된다. AI 에이전트는 크게 3단계로 작동하는데, 우선 센서를 통해 환경의 상태를 감지하거나 데이터를 수집하는 것이 첫 번째다. 이후 입력 데이터를 분석하고 이를 바탕으로 목표 달성을 위한 최적의 행동을 생각한 뒤 계획된 행동을 실행해 환경에 영향을 미친다. 다시 말해 AI 에이전트는 사용자가 명령을 내리면 자연어 처리 능력을 기반으로 맥락을 이해, 정확하고 검증된 결과를 제공한다. 예컨대 자율주행차의 경우 환경 데이터를 분석해 최적의 경로를 선택하고, 장애물과 충돌을 피하는 역할을 한다. 이를 통해 반복적이고 시간이 많이 드는 작업을 효율적으로 처리하고, 환경 변화에 빠르게 대응할 수 있으며, 데이터를 기반으로 사람보다 정확한 의사결정을 내릴 수 있다. 다만 데이터의 품질에 따라 성능이 저하되거나 편향된 결과를 내놓을 위험이 있으며, 예측 불가능한 환경에서는 성능이 제한될 수 있다는 단점이 있다.

글로벌 빅테크 AI 에이전트 개발 현황

퍼플렉시티	AI 브라우저 「코멧」이 대리 쇼핑 가능
아마존	AI 기반 쇼핑 기능 「바이 포 미」 개발 중
오픈AI	쇼핑·항공권 예약 가능한 AI 브라우저 「챗GPT 아틀라스」 운영
구글	결제 수행 프로토콜 「AP2」 공개
네이버	2026년 상반기 쇼핑 에이전트 「Agent N」 출시 계획

HBF(High Bandwidth Flash) ▼

"SK하이닉스가 지난 10월 14일 미국 캘리포니아 세너제이에서 열린 「2025 OCP 글로벌 서밋」 특별 세션에서 차세대 낸드 스토리지 제품 전략을 공개했다고 10월 27일 밝혔다. SK하이닉스가 이날 공개한 주요 제품 중 하나는 낸드를 적층해 대역폭을 확대한 HBF 제품으로, 대용량·저비용의 낸드에 HBM 적층 구조를 결합한 것이 특징이다. SK하이닉스는 HBF가 AI 메모리 문제를 해결할 핵심 기술이라며, 해당 제품을 HBM과 함께 배치하는 등 다양한 활용 방안을 검토 중이라고 전했다."

낸드플래시(Nand Flash)를 수직으로 적층해 만든 차세대 메모리로, 낸드플래시는 전원이 꺼진 상태에서도 데이터가 계속 저장되는 비휘발성 플래시메모리를 말한다. 낸드플래시는 인공지능(AI) 기술의 발달로 대규모언어모델(LLM)이 처리하는 데이터의 용량이 급격히 늘어나면서 대용량 데이터 저장 수단으로 주목받고 있다. HBF는 AI 기술 발전으로 가격이 비싸진 고대역폭메모리(HBM·High-Bandwidth Memory)를 대체하기 위해 등장한 것으로, D램 대신 낸드플래시를 쌓은 것이다. 이처럼 낸드플래시를 수직으로 적층하면 평면 구조보다 속도나 내구성·소비전력에서 향상된 성능을 낼 수 있다. 대표적으로 HBM과 비교해도 용량은 8~16배 크고, 전력 소모량은 적다는 이점이 있다. 다만 지연이 발생할 수 있고, 데이터 처리 속도가 D램보다는 느려 아직 상용화에 이르지는 못했다. 업계에서는 이르면 2026년에 1세대 제품이 출시되고, 본격적인 양산은 2028년 이후에나 가능할 것으로 전망하고 있다. 여기에 HBM과 HBF에서 한발 더 나아간 HBS(고대역폭 스토리지)라는 개념도 등장했는데, 이는 D램과 낸드플래시를 하나로 묶어 적층한 고성능 반도체이다.

HBF vs HBM

HBF	구분	HBM
낸드플래시 적층	구조	D램 적층
느림	속도	빠름
용량 큼	용량	용량 작음
2026년 1세대 출시 예상 (상용화는 2028년 이후)	개발	현재 HBM4까지 개발 완료

LFP 배터리 (Lithium iron phosphate battery) ▼

"삼성SDI가 12월 10일 미국의 에너지 관련 인프라 개발·운영 업체와 에너지저장장치(ESS)용 LFP 배터리 공급을 위한 계약을 체결했다고 밝혔다. 계약 규모는 총 2조 원을 웃도는 수준으로 2027년부터 약 3년간 공급할 예정이다. 이번에 공급하는 제품은 일체형 ESS 배터리솔루션인 SBB(Samsung Battery Box) 2.0으로, 이는 삼성SDI가 처음으로 각형 LFP 배터리를 활용해 설계한 제품이다. 무엇보다 이번 계약은 삼원계 배터리를 주력으로 내세우던 삼성SDI가 LFP 배터리로 포트폴리오를 확장했다는 점에서 의미가 있다는 평가다."

리튬 인산철(Li-FePO4)을 사용한 양극재가 들어간 배터리를 말한다. LFP 배터리는 가격이 저렴하고 수명이 길며, 350도 이상의 고온에서도 폭발하지 않아 안정성이 뛰어나다. 반면 에너지 밀도가 낮아 주행거리가 짧고, 순간 출력이 약하며 무게가 무겁다. 품질 면에서 NCM 배터리보다 뒤처진다고 평가돼 왔으나, 기술 진화로 에너지 밀도가 향상되고 전기차 분야에서 가격 경쟁이 중요해지면서 LFP 배터리를 탑재하는 글로벌 완성차 업체가 증가하고 있다.

> **NCM 배터리(삼원계 배터리)** 니켈, 코발트, 망가니즈를 섞어 양극재를 만든 배터리를 말한다. 에너지 밀도가 높아 주행거리가 길고 배터리를 충전하는 데 걸리는 시간이 짧은 반면, LFP 배터리보다 가격이 비싸다. NCM 배터리는 LG, SK, 삼성 등 한국 업체들이 주로 생산한다.

연구용 지하연구시설 (URL·Underground Research Lab) ▼

고준위 방사성폐기물 처분시설을 건설하기 전, 관련 기술을 개발하고 안전성을 검증하기 위해 마련하는 실험시설을 말한다. 현재 한국원자력환경공단이 2060년 건설 예정인 사용후핵연료(원자력 발전을 위해 태우고 남은 연료 물질) 처분시설에 앞서, 2032년 완공을 목표로 URL 건설을 추진 중에 있다. URL은 실제 처분시설과 동일한 조건을 구현하기 위해 지하 500m 깊이에 인공 캡슐(모형 폐기물)과 각종 장비를 설치하고, 장기간 안정성을 시험하는 방식으로 운영된다. 순수

연구용 시설이므로 실제 사용후핵연료나 방사성 폐기물은 반입되지 않는다. 현재 미국과 일본을 포함한 8개국이 URL을 운영하고 있거나 운영한 경험이 있으며, 우리나라는 총사업비 5600억 원을 투입해 강원 태백시에 해당 시설을 건설할 계획이다. 구축사업은 2026년부터 본격화되며, 2030년부터 약 20년간 운영될 것으로 전망된다.

우리나라는 아직 사용후핵연료 처분시설이 없어 원전 내부에 임시로 보관하고 있으나, 2030년이면 각 원전의 저장시설이 포화에 이를 것으로 보인다. 이에 정부는 지난 2월 「고준위특별법」을 제정해 처분시설 건설을 추진하고 있다. 그러나 URL 건설을 둘러싸고는 논란이 이어지고 있는데, 원자력학회 특별위원회는 태백시의 암석층에 퇴적암층이 포함돼 지질구조 상 URL 건설에 적합하지 않다고 지적한다. 이처럼 URL 부지 선정 단계부터 잡음이 발생하면서 2060년 처분시설 건설사업의 전체 일정에도 차질이 빚어질 수 있다는 우려가 나온다.

오픈소스(Open Source)　　　　▼

소프트웨어 등을 만들 때 해당 소프트웨어가 어떻게 만들어졌는지 알 수 있도록 소스코드를 무료 공개, 배포하는 것을 말한다. 이는 인터넷을 이용하는 다수의 기술자가 소프트웨어를 공동으로 개발할 경우 보다 나은 소프트웨어를 단기간에 개발할 수 있다는 개념에서 추진됐다. 오픈소스는 누구나 무료로 이용할 수 있는데다 공개된 코드를 기반으로 프로그램을 마음대로 변형할 수 있다는 특징이 있다. 다만 오픈소스는 그 전략을 공개하는 만큼 기술 확산과 개발자 생태계 장악력 측면에서는 유리하지만, 막대한 개발비가 투입된 기술이 경쟁사로 흘러갈 수 있다는 우려가 존재한다.

12월 9일 CNBC에 따르면 메타가 「아보카도(Avocado)」로 불리는 차세대 AI 모델을 개발 중인 가운데, 해당 모델의 소스 코드를 기존 라마 시리즈와 달리 비공개로 유지하는 폐쇄형 방식을 채택할 것으로 알려졌다.

옴니 모달리티(Omnimodality)　　▼

텍스트·이미지·음성·비디오 등 다양한 형태의 데이터를 통합된 공간에서 처리하고 학습하는 인공지능(AI) 모델이다. 이는 멀티모달 AI보다 한층 진화한 개념으로, 멀티모달 AI와 달리 개발 단계부터 텍스트와 이미지, 음성 신호를 하나의 모델 안에서 공동 학습한다. 이에 옴니 모달리티를 갖춘 AI는 인간처럼 여러 종류의 정보를 한꺼번에 이해하고 처리할 수 있다.

11월 25일 업계에 따르면 카카오는 멀티모달 모델인 카나나-o의 다양한 서비스 적용을 위한 최적화 작업을 진행 중이며, 2026년에는 카나나-o를 옴니 모달리티 모델로 고도화한다. 그리고 네이버는 독자 AI 파운데이션 모델 사업에서 옴니 모달리티 기술을 탑재한 「하이퍼클로바X」를 공개한다.

요각류(Copepod, 橈脚類)　　　　▼

"국립호남권생물자원관이 9월 초 독도 주변 해역의 암초와 모래 퇴적물에서 「갈고리노벌레목」에 속하는 요각류 신종 2종을 발견했다고 10월 23일 밝혔다. 발견된 2종 중 한 종은 새로운 「과」로, 다른 한 종은 새로운 「속」으로 제안할 수 있을 정도로 뚜렷한 특징을 갖고 있는 것으로 알려졌다. 연구진은 이번에 발견된 신종 요각류가 우리나라 생물의 기원을 밝히는 데 핵심 역할을 할 것으로 보고, 연구 내용을 2026년 상반기 국제 학술지에 투고한다는 계획이다."

게나 새우 같은 절지동물문(節肢動物門)의 갑각강(甲殼綱)에 속하는 동물로, 「노벌레」라고도 불린다. 몸길이는 1~10mm 정도로, 몸이 반투명하고 길쭉하다는 특징이 있다. 대부분 담수나 해수에 다량으로 서식하며, 특히 해수에 사는 요각류는 어류나 다른 갑각류의 주요 먹이가 되어 해양 생태계 먹이사슬의 핵심 구성원으로 꼽힌다. 주로 물에 떠다니거나 바닥의 모래 틈에서 살아가며, 일부는 물고기에 붙어 기생생활을 하기도 한다. 초식성 요각류는 식물 플랑크톤을 먹고 살며, 잡식성·육식성 요각류는 다른 작은 동물 플랑크톤을 포식한다. 전 세계적으로 1만 4000여 종, 우리나라에서는 1200여 종이 요각류가 보고돼 있다. 대표적인 우리나라 고유종 요각류로는 상원노 계곡에서 발견된 「오내딱정장수노벌레」, 갈치에서 발견된 「갈치눈도둑노벌레」 등이 있다.

월드모델(World Model) ▼

현실 세계의 물리적 법칙을 학습하고 예측하는 인공지능(AI)으로, 텍스트나 이미지·영상을 입력하면 이를 가상의 3D(차원) 세계로 구축해 준다. 이는 현재 대형언어모델(LLM)의 한계를 극복하고 인간처럼 물리적 세계를 이해하는 AI를 만들기 위해 제시된 것으로, 빅테크들이 본격적으로 개발에 나서고 있다. 월드모델은 실제 환경에서 학습하지 않아도 내부 시뮬레이션으로 학습이 가능해 데이터 효율성을 향상시키며, 예측이 가능하다는 점에서 장기계획 수립에도 도움이 된다. 다만 환경이 너무 복잡하거나 불확실하면 정확한 예측이 어렵다는 단점이 있다. 이 월드모델의 예측 결과에 따라 로봇, 기계, 센서 등이 실제 물리세계에서 작동하도록 하는 것이 「피지컬 AI(Physical AI)」다. 이 피지컬 AI는 인공지능 기술을 실제 물리적 환경에서 구현하고 적용한 것으로, 로봇·스마트 기기 등이 지능적으로 외부 환경과 상호작용할 수 있도록 하는 기술을 말한다.

인공지능 거품론(AI Bubble Theory) ▼

현재의 AI 산업 및 투자 열풍이 실제 기술적·경제적 가치보다 과장됐으며, 이에 결국 가격·기대·투자 규모가 급격히 붕괴할 것이라는 주장을 말한다. 이는 과잉 투자 우려에서 시작된 것으로, 2023년 오픈AI의 챗GPT 출시 이후 전 세계 주요 빅테크들은 천문학적인 자본을 인공지능 데이터센터와 클라우드에 투자 중이다. 이에 아직 뚜렷하고 안정적인 수익을 내는 AI 서비스가 많지 않은 상황에서 천문학적인 투자에 의문을 제기하는 목소리가 나오면서 AI 거품론이 일기 시작한 것이다. 특히 일본 소프트뱅크가 58억 3000만 달러(약 8조 5160억 원) 규모의 엔비디아 지분을 정리하고 영화 〈빅쇼트〉의 실존 인물이자 2008년 글로벌 금융위기를 예측한 투자자 마이클 버리가 엔비디아와 팔란티어 하락에 베팅한다고 밝히면서 AI 거품론이 엔비디아의 주가 하락으로 이어지기도 했다.

한편, 이와 같은 AI 거품론을 둘러싸고 「순환 거래(Circular Deals)」가 주목받고 있는데, 이는 AI 업체들이 서로 투자하고 그 투자금으로 AI 칩 등을 구매해주는 방식의 거래를 의미한다. AI 거품론자들은 순환거래 생태계에 연관된 특정 기업이 실적 부진에 빠질 경우 AI 기업들이 연쇄적으로 어려워지며 거품이 터질 수 있다고 우려한다. 반면 AI 성장론자들은 순환거래가 선순환으로 이어져 실질적인 AI 생태계 확장으로 이어지고 있다는 주장이다.

인공지능기본법(AI기본법) ▼

"과학기술정보통신부가 12월 24일, 2026년 1월 22일부터 시행되는 AI기본법에 대한 설명회를 열고 해당 법 가운데 기업 규제에 대해서만 최소 1년 이상 유예하고, 이 기간 동안 주요 의무 위반 시 부과되는 과태료를 면제한다고 밝혔다. 이는 최근 세계에서 가장 먼저 AI법을 마련했던 유럽연합(EU)이 「고위험 AI」 규제 적용 시점을 2026년 8월에서 2027년 12월로 늦춘 데 따른 것이다. 이처럼 EU가 속도 조절에 나서며 한국이 세계 최초의 AI법 시행국이 될 전망이다."

인공지능(AI)의 건전한 발전과 신뢰 기반 조성에 필요한 기본적인 사항을 규정한 법률로, 정식 명칭은 「인공지능 발전과 신뢰 기반 조성 등에 관한 기본법」이다. 이는 유럽연합(EU)에 이어 전 세계 두 번째로 AI 산업과 관련된 포괄적인 법안을 마련한 사례로, 12월 22일까지 시행령 입법예고를 거쳐 2026년 1월 22일 시행된다. 이 법에 따르면 과학기술정보통신부장관은 3년마다 인공지능기술 및 인공지능산업의 진흥과 국가경쟁력 강화를 위해 인공지능 기본계획을 국가인공지능위원회의 심의·의결을 거쳐 수립·변경·시행해야 한다. 또 인공지능 발전과 신뢰 기반 조성 등을 위한 주요 정책을 심의·의결하기 위해 대통령 소속으로 「국가인공지능위원회」를 둔다. 아울러 과학기술정보통신부장관은 인공지능 관련 정책의 개발과 국제규범 정립·확산에 필요한 업무를 종합적으로 수행하기 위해 「인공지능정책센터」를 지정할 수 있다.

적층세라믹커패시터
(MLCC·Multilayer Ceramic Capacitor) ▼

반도체 옆에서 전압을 안정시키고 전기를 순간 공급하는 부품으로, 전기를 쓰는 거의 모든 전자기기에 들어가 「전자산업의 쌀」으로 불린다. 이는 세라믹 유전체와 금속 전극을 여러 층으로 적층한 구조로 돼 있는데, 일부 제품군은 머리카락(0.3mm) 두께보다도 얇을 만큼 작아 육안으로 잘 보이지 않는다. 전압이 가해지면 내부의 전극(+)과 전극(−) 사이에 전하가 축적돼 전기 에너지가 저장되는 장치를 「커패시터」라 하는데, MLCC는 세라믹 유전체와 금속 전극을 수십~수백 층 적층해 용량을 크게 만든 커패시터다. 이는 전압이 걸리면 유전율이 감소하고, 온도에 따라 용량 변동이 크다. MLCC는 반도체, 배터리와 함께 전자산업의 필수 3대 부품 중 하나로 꼽히며, 최근 인공지능(AI) 서버, 5세대(5G) 인프라 확산에 따라 그 수요가 확대되면서 주요 제조사들의 실적 전망치가 잇따라 상향 조정되고 있다. 실제로 11월 24일 글로벌 시장조사기관 마케츠 앤드 마케츠에 따르면 MLCC 시장(관련 기업들의 매출액 총합)은 2025년 150억 달러에서 2030년 219억 3000만 달러로 확대되며 연평균 7.9% 성장할 것으로 전망된다.

전고체 배터리(SSB·Solid State Battery) ▼

"삼성 SDI가 독일 BMW, 미국 솔리드파워와 함께 전고체 배터리 개발·실증을 위한 3자 업무협약(MOU)을 체결했다고 10월 31일 밝혔다. 이번 협약에 따라 배터리 소재 업체인 솔리드파워는 고체 전해질을 공급하고, 삼성SDI는 이를 활용해 전고체 배터리 셀을 제작한다. 이후 BMW가 해당 셀을 기반으로 배터리 모듈과 팩을 개발, 완성된 전고체 배터리를 BMW 테스트 차량에 탑재해 성능을 검증할 것으로 알려졌다. 한편, 삼성 SDI는 2023년 국내 배터리 업계 최초로 전고체 배터리 시범 라인을 구축했으며, 2027년쯤 본격적인 양산을 시작할 것이라는 전망을 내놓은 바 있다."

전기를 흐르게 하는 배터리 양극과 음극 사이의 전해질이 액체가 아닌 고체(황화실리콘)로 된 차세대 2차전지다. 현재 가장 많이 사용되는 2차전지인 리튬이온 배터리의 경우 액체 전해질로 돼 있어 에너지 효율이 좋지만 수명이 상대적으로 짧고, 전해질이 가연성 액체이기 때문에 고열에 폭발할 위험이 높다. 반면 전고체 배터리는 전해질이 고체이기 때문에 충격에 의한 누액 위험이 없고, 인화성 물질이 포함되지 않아 화재 위험이 상대적으로 적다. 또한 액체 전해질보다 에너지 밀도가 높으며, 충전 시간도 리튬이온 배터리보다 짧다. 특히 전고체 배터리는 확장성이 높아 「플렉서블 배터리(다양한 형태와 응용 제품에 적용될 수 있도록 설계된 배터리)」로 활용될 수 있다는 점에서 리튬이온 배터리를 대체할 기술로 주목받고 있다. 다만 고체 진해질이 액체 전해질보다 전도성이 낮아 효율이 떨어진다는 문제가 있으며, 배터리 규격 국제 표준화 및 수명예측기술 개발 등도 필요해 상용화까지는 시간이 걸릴 것으로 보인다.

제네시스 미션(Genesis Mission) ▼

"도널드 트럼프 대통령이 11월 24일 연방정부 차원에서 인공지능(AI) 개발 및 활용을 가속하는 「제네시스 미션」의 시작을 지시하는 행정명령에 서명했다. 이는 급증하는 에너지 요금 같은 난제를 해결하기 위해 연방정부가 보유하고 있는 데이터 세트를 개발해 민간의 과학자·엔지니어 등이 이를 활용할 수 있도록 하는 것을 핵심으로 한다."

트럼프 행정부가 인공지능(AI) 패권 경쟁에서 주도권을 확보하기 위해 시행한 행정명령으로, 정부가 민간 부문의 AI 혁신을 적극 지원하지만 규제에는 간섭하지 않는다는 것을 원칙으로 하고 있다. 또 에너지부 산하 국립연구소들의 슈퍼컴퓨터와 연방정부의 데이터 자원을 학계 기업 등 민간 과학자·엔지니어들이 AI 연구용으로 전부 활용할 수 있도록 한다는 내용도 명시돼 있다. 즉, 에너지부 주도로 민간 및 학계가 협력해 에너지와 과학 등의 각 분야에서 AI를 통한 혁신을 극대화하자는 취지다. 특히 백악관은 제네시스 미션에 대해 미국이 제2차 세계대전 당시 인류 최초의 핵무기를 개발하기 위해 진행한 「맨해튼 프로젝트」 등에 비견되는 대규모 사업이라고 강조했다. 해당 사업에는 엔비디아, 아마존, 델, HP, AMD 등 미국 대표 정보기술(IT) 기업도 적극 참여할 것으로 알려졌다. 여기에 해당 행정명령은 60일 내에 에너지부가 국가 난제를 최소 20개 이상 선정하도록 규정했는데, 여기에는 바이오테크·핵융합·핵분열·반도체·양자컴퓨팅 등이 포함될 것으로 전망된다.

제로데이 공격(Zero-Day Attack) ▼

운영체제(OS)나 네트워크 장비 등 핵심 시스템에 보안 취약점이 존재할 때, 해당 취약점을 막을 수 있는 패치가 개발되기도 전에 그 취약점을 이용해 악성코드나 해킹 공격을 감행하는 수법을 말한다. 공격 시점은 보안업체나 개발자가 해당 결함을 인지하기 전일 수도, 인지는 했으나 패치가 준비되기 전일 수도 있다. 제로데이 공격은 방어책이 마련되기 전에 취약점을 공략하므로, 기존 보안 서비스나 정책만으로는 차단이 불가능하다. 또한 대응 자체가 곤란해 피해 범위가 확산될 위험도 크다. 대표적인 제로데이 공격의 유형으로는 「제로클릭(Zero-Click)」이 있는데, 이는 문자나 이메일 등 일상적인 데이터의 수신만으로도 사용자의 별도 조작 없이 시스템에 침투하는 기술이다. 이에 대응하기 위해서는 정기적인 보안 업데이트와 긴급 보안패치 개발 외에도 취약점 모니터링, 네트워크 세분화 등 다층 방어가 필요하다.

제로 트러스트(Zero Trust) ▼

「아무것도 신뢰하지 않는다」는 것을 전제로 한 사이버 보안 모델로, 내부에 접속한 사용자에 대해서도 무조건적으로 신뢰하지 않고 검증하는 것을 기본으로 하는 개념이다. 이는 사이버 보안 전문가이자 포레스터 리서치 수석연구원인 존 킨더버그가 2010년 제시한 개념으로, 「신뢰가 곧 보안 취약점」이라는 원칙을 내세운 것이다. 제로 트러스트는 전체 시스템에서 안전한 영역이나 사용자는 전무하다는 것을 기본 전제로 한 뒤, 내부자 여부와 상관 없이 인증절차와 신원확인 등을 철저하게 검증하고 접속권한 부여 뒤에도 그 접근 범위를 최소화한다. 이는 특히 2020년 시작된 코로나19에 따른 원격·재택근무 확산으로 네트워크 보안이 더욱 중요해지면서 많은 주목을 받은 바 있다. 이후 다양한 환경 및 기기에서 조직 네트워크로의 접근이 이뤄지면서 기존 보안체계가 한계에 부딪히며 본격적으로 대두됐다.

제미나이(Gemini) ▼

"미국 국방부(전쟁부)가 12월 9일 구글이 개발한 생성형 인공지능 챗봇인 「제미나이(Gemini)」를 내부 플랫폼인 「제너러티브 인공지능(AI) 플랫폼(GenAI.mil)」에 전면 도입한다고 밝혔다. 이는 도널드 트럼프 대통령이 올해 초 발표한 「AI 액션 플랜」에 따른 후속 조치로, 트럼프는 지난 7월 AI와 관련해 90개 이상의 정책을 추진하겠다고 밝힌 바 있다."

구글이 2023년 12월 공개한 차세대 거대언어모델(LLM) 기반 인공지능(AI)으로, 구글이 자체 개발한 AI 칩(TPU v4·v5e)으로 학습이 이뤄졌다. 제미나이는 이미지를 인식하고 음성으로 말하거나 들을 수 있으며, 코딩을 할 수 있는 능력까지 갖춘 멀티모달 AI로 제작됐다. 또 수학문제를 풀거나 데이터를 분석하는 고도의 추론 능력도 갖췄다. 이는 성능과 크기에 따라 울트라(Ultra)·프로(Pro)·나노(Nano) 등 3개 모델로 출시됐다. 가장 범용으로 쓰이는 제미나이 프로는 2023년 12월 구글의 AI 챗봇 서비스인 「바드」에 탑재됐으며, 가장 크고 고성능인 제미나이 울트라는 2024년 초 「바드 어드밴스트」라는 이름으로 바드에 장착됐다.

GLP-1(GLucagon-Like Peptide-1) ▼

"세계보건기구(WHO)가 12월 1일 성인 비만 치료제로 글루카곤 유사 펩타이드-1(GLP-1) 계열 약물을 공식 권고하는 지침을 발표했다. WHO는 이 계열 약물로 세마글루타이드(노보노디스크의 위고비)와 티르제파타이드(일라이릴리의 마운자로), 리라글루타이드(노보노디스크의 삭센다) 등의 3가지를 명시했다. WHO는 앞서 지난 9월에는 당뇨병 및 비만 치료에 사용되는 GLP-1 수용체 작용제를 필수의약품 목록(EML)에 추가한 바 있다."

음식 섭취 후 소장에서 생성되는 인크레틴(Incretin) 호르몬의 하나로, 혈당 상승 시 인슐린 분비를 증가시키고 글루카곤 분비를 억제해 혈당을 낮추는 역할을 한다. 또 위의 배출 속도를 지연시켜 식후 혈당을 완만하게 만들고, 뇌의 시상하부와 뇌간에 작용해 식욕 억제와 포만감을 증가시킨다. 다만 GLP-1은 반감기가 약 1~2분으로 매우 짧은데, 이는 주로 DPP-4(Dipeptidyl peptidase-4) 효소가 즉시 분해하는 데 따른 것이다. GLP-1의 이러한 특성으로 GLP-1 작용을 모방한 약물이 비만 치료·혈당 조절용으로 연구 및 사용되고 있는데, GLP-1 자체의 반감기가 너무 짧아 치료제로 사용이 어렵다는 점에서 GLP-1 유사체가 개발됐다. 대표적으로 덴마크 제약사 노보 노디스크가 2021년 출시한 성인용 비만치료제인 「위고비」의 주요 성분인 세마글루타이드가 GLP-1 유사체다. GLP-1 호르몬은 뇌의 포만감 중추에 작용해 식욕을 억제하는 기능 등을 하는데, 위고비는 세마글루타이드가 DPP-4 효소에 의해 분해되지 않도록 작용 시간을 늘렸다.

천리안위성 1호 ▼

"우주항공청이 12월 9일 제2회 천리안위성운영위원회를 열어 천리안 1호 임무 종료와 폐기에 관한 안건을 심의·의결했다고 밝혔다. 이에 따르면 천리안 1호는 16년간의 임무를 성공적으로 마치고 2026년 4월 폐기 단계에 들입힌다. 우주청은 천리안 1호 폐기가 국제 규범에 따라 정부 차원에서 마련한 지침인 「우주쓰레기 경감을 위한 우주비행체 개발 및 운용 권고」에 맞춰 진행될 것이라고 밝혔다."

한국의 첫 정지궤도 복합 인공위성으로, 시험용 통신 중계, 기상 관측 및 해양 관측 등을 임무로 2010년 6월 발사됐다. 천리안 1호는 국내 최초로 정지궤도 위성을 활용한 광대역 통신 및 위성방송 시험 서비스를 제공해 위성통신 기술의 발전을 이끌었다. 또 태풍, 집중호우 등 재난성 기상현상 예측능력 향상과 해양환경 변화 모니터링에도 활용됐다. 당초 설계 수명은 7년이었으나 2배를 넘긴 16년간 성공적으로 임무를 수행했으며, 마지막 7차 임무 연장이 종료되는 2026년 4월부터 공식적으로 폐기 단계로 돌입하게 된다. 이에 앞서 기상과 해양 임무는 천리안 2A호와 2B호가 각각 이어받은 바 있으며, 통신 임무는 2027년 하반기 발사될 공공통신 정지궤도 위성인 천리안 3호가 이어받게 된다.

천인계획(千人計劃) ▼

"11월 6일 국회 과학기술정보통신위원회가 국가과학기술연구회(NST) 산하 정부출연연구기관(출연연)에서 제출받은 자료에 따르면, 2024년 초 한국의 과학기술 분야 출연연 연구자 수백 명이 중국 정부의 천인계획과 관련된 메일을 받은 것으로 확인됐다. 해당 메일의 제목은 「중국의 뛰어난 과학자 펀드 초청」으로, 중국 정부 지원으로 해외 우수 인재를 초청한다는 내용이 담겨 있었다. 앞서 KAIST 교원을 대상으로 실시된 조사에서도 2024년 1월경 149명이 같은 내용의 메일을 받은 것으로 나타나, 국내 주요 기술 분야에 대한 보안 우려가 제기되고 있다."

중국 정부가 2008년부터 시행한 해외 인재 영입 프로그램으로, 과학·기술 분야의 인재 1000명을 유치하는 것을 핵심으로 한다. 천인계획은 1990년대 시행된 「백인계획(百人計劃)」의 후속 프로그램으로, 당시 중국은 100명 이상의 해외 유학파가 고국으로 돌아와 연구를 진행할 수 있도록 막대한 지원금을 지급한 바 있다. 천인계획에 선정된 해외 인재들은 1인당 연간 300만 위안(약 6억 원)의 보조금과 각종 연구활동비·비서 특혜 등 다양한 인센티브를 제공받으며, 그 대가로 자신의 연구 성과를 중국 정부와 공유해야 하는 것으로 알려졌다. 그러나 천인계획으로 인해 세계 각국의 첨단기술이 중국으로 유출된다는 비판이 제기되자, 중국 정부는 2018년 천인계획을 폐기하고 이듬해부터 더 광범위한 「고급 외국인 전문가 유치계획」을 추진 중에 있다.

KT 무단 소액결제 및 해킹 사태 ▼

"과학기술정보통신부가 12월 29일 KT·LG유플러스 침해사고에 대한 민관합동조사단 조사 결과 발표를 통해 KT의 과실이 명확하고, 이로 인해 기업이 계약상 주된 의무인 「안전한 통신서비스 제공 의무」를 위반한 것으로 판단했다. 이에 따르면 KT에서는 가입자별번호(IMSI)·단말기식별번호(IMEI)·전화번호 등 2만 2227명의 정보가 유출됐고, 368명(777건)이 무단 소액결제로 2억 4300만 원의 피해를 입었다. 이에 정부는 이용자가 계약 해지를 원할 경우 위약금을 면제해야 한다는 방침을 내놓았으며, 침해사고 신고를 미루고 회피한 데 대한 과태료도 부과할 계획이다."

지난 8~9월 경기 광명시와 서울 금천구 등 일부 지역을 중심으로 KT 이용 고객의 휴대전화에서 무단 소액결제가 발생하면서 시작된 사건을 말한다. KT의 자체조사 결과 2024년 8월부터 올해 9월까지 총 368명이 2억 4319만 원 규모의 소액결제 피해를 입은 것으로 나타났다. 경찰은 현재 용의자 11명을 대상으로 수사를 진행 중에 있는데, 이들은 불법 초소형 기지국(펨토셀)을 이용해 휴대전화 정보를 탈취한 것으로 확인됐다. 여기서 펨토셀은 전파 수신이 어려운 실내 공간에 설치하는 소형 통신장비로, 이를 활용한 해킹 사례가 국내에서 적발된 것은 이번이 처음이다. 무엇보다 KT는 사고 초기 개인정보 유출은 없다고 밝혔으나, 조사 과정에서 가입자식별정보(IMSI)와 단말기식별번호(IMEI) 등 고객 2만 여명의 정보가 유출됐을 가능성이 제기됐다. 여기에 11월 6일 발표된 민관합동조사단의 중간조사 결과에 따르면, KT는 지난 2024년 3~7월 BPF도어 등 악성코드에 자사 서버 43대가 감염된 사실을 인지하고도 이를 신고하지 않고 내부적으로만 대응했으며, 망 관리 부실로 불법 펨토셀 접속을 방치한 정황도 추가로 확인된 바 있다.

> **BPF도어(Berkeley Packet Filter Door)** 해커가 시스템 내부 데이터에 접근할 수 있도록 통로 역할을 하는 악성코드로, 리눅스 운영체제에 내장된 BPF를 악용해 만든 것이다. 이는 평소에는 정상적인 시스템 프로세스로 위장해 조용히 대기하다가, 해커가 설정한 특정 신호를 받으면 내부 정보를 탈취하는 등 다양한 공격 행위를 수행할 수 있다. 은닉성이 높기 때문에 그 존재를 탐지하기 어렵다는 점도 특징이다.

코니(Konni) ▼

"11월 10일 정보보호기업 지니언스가 북한 배후 해킹조직 「코니」의 구체적인 해킹 수법을 분석한 보고서를 공개했다. 이에 따르면 코니는 지난 9월 국내 탈북 청소년 전문 심리상담사와 북한 인권운동가에게 국세청 사칭 이메일을 보내 스마트폰을 해킹한 뒤, 피해자의 지인들에게 악성 파일을 대량 유포한 것으로 드러났다. 특히 이 파일에는 웹캠과 마이크를 제어할 수 있는 기능도 포함돼 있어, 공격자가 피해자의 PC 카메라를 활성화해 감시했을 가능성도 제기됐다. 이처럼 계정 탈취와 감시를 결합한 공격은 북한발 해킹에서는 처음 나타난 형태로, 북한의 해킹 수법이 단순 정보 탈취를 넘어 일상생활을 교란하는 단계로 진화했다는 분석이 나온다."

2014년 처음 발견된 북한의 사이버 공격 그룹으로, 외교·안보·금융 관련 기관이나 인물들을 주요 표적으로 삼아 활동하는 것으로 알려져 있다. 코니는 북한의 대표 해킹조직 「김수키」와 연관된 정찰총국의 하위조직으로 분류되며, 공격 기법은 비교적 단순하지만 교묘한 위장으로 상대를 속이는 데 능숙하다는 평가를 받는다. 이들은 주로 스피어피싱(표적형 이메일 공격)을 활용해 악성 문서나 링크를 전송하고, 사용자가 이를 열면 원격 제어도구나 악성코드를 설치하는 방식으로 침투한다. 이때 공격에 사용되는 파일은 정부 보고서 등과 유사한 형태를 띠어 피해자의 경계를 낮춘다는 특징이 있다. 이렇게 설치된 악성코드는 피해자의 스마트폰과 PC에서 각종 데이터를 탈취해 북한 측 서버로 전송하는 데 활용된다. 특히 코니는 기기에 은밀하게 접근해 장기간 정보를 수집하기 때문에, 감염 사실을 수년간 인지하지 못하고 공격당한 사례도 있는 것으로 알려졌다.

테크래시(Techlash)

테크놀로지(Technology)와 사회 변화 등에 대한 대중의 반발을 뜻하는 「백래시(Backlash)」를 합친 말로, 빅테크 기업들이 과도한 시장 지배력과 사회적 영향력을 행사하면서 이에 대한 대중의 우려와 반감이 커지는 현상을 뜻한다. 이 용어는 미국 실리콘밸리에 글로벌 빅테크 기업들의 본사가 집중되는 데 따른 부작용이 부각되면서 주목받기 시작했다. 예컨대 빅테크의 고액 연봉과 집중적 고용으로 지역 주택 가격이 폭등하고, 교통 혼잡과 지역사회 분열이 심화되자 기존 주민들이 외곽으로 이주하거나 노숙 상태로 전락하는 사례가 나타났기 때문이다. 이에 일부 시민은 시위대를 조직해 빅테크 통근버스를 가로막는 등 직접적인 저항 행동에 나서며 반발했다. 이를 계기로 빅테크 기업의 사회적 책임, 개인정보 보호, 시장 지배력 등에 대한 우려가 본격적으로 확산됐고, 이때부터 테크래시는 전 세계적으로 빅테크 규제와 감시 필요성을 상징하는 용어로 자리 잡게 됐다.

토륨 용융염 원자로
(TMSR·Thorium Molten Salt Reactor)

토륨을 용융염(고온 액체 상태의 소금)과 함께 원자로에 주입해 핵분열을 일으켜 전력을 생산하는 원자력 시스템이다. 여기서 토륨(Th)은 방사능이 낮은 은색 금속으로, 토양이나 암석 안에 존재한다. 다만 토륨 자체는 핵분열을 일으킬 수 없으므로, 토륨의 원자핵에 중성자를 충돌시켜 궁극적으로는 핵분열성 물질인 「우라늄-233」으로 변환하는 것이 「토륨 용융염 원자로」이다. 우라늄을 원료로 사용한 기존의 원자력발전소는 냉각제로 많은 양의 물이 필요해 대부분 해안가에 지어졌지만, 토륨 융용염 원자로는 용융염이 냉각제 역할을 하기 때문에 냉각수가 따로 필요하지 않아 내륙이나 대형 선박에도 설치할 수 있다. 또한 우라늄 광석보다 더 큰 에너지를 생산할 수 있고, 방사성 폐기물의 양이 적으며, 고압이 필요하지 않아 안정성이 높다. 그러나 용융염이 유발하는 부식 문제 등 기술적 과제가 해결되지 않아 아직 상용화되는 이뤄지지 못했다.

중국과학원(CAS)이 11월 1일 세계 최초로 용융염 원자로를 가동해 토륨을 우라늄 핵연료로 바꾸는 데 성공했다고 밝혔다. CAS에 따르면 이번에 가동된 원자로의 용량은 2MW(메가와트)지만, 2035년까지 100MW급 시범 프로젝트 완성을 목표로 관련 연구가 지속될 방침이다. 한편, 중국의 토륨 매장량은 약 28만 6000톤으로, 이는 1000년 이상 사용할 수 있는 양으로 알려졌다.

트레이니엄3(Trainium3)

"세계 최대 클라우드 컴퓨팅 업체 아마존웹서비스(AWS)가 12월 2일 미국 라스베이거스에서 열린 클라우드컴퓨팅 행사 「리인벤트(re:Invent) 2025」에서 자체 인공지능(AI) 칩의 최신 모델 트레이니엄3를 출시한다고 밝혔다."

아마존웹서비스(AWS)가 12월 2일 공개한, 전력 효율과 성능을 높인 차세대 인공지능(AI) 칩이다. 트레이니엄3는 전작 트레이니엄2와 비교했을 때 속도와 메모리 등 컴퓨팅 성능을 4배 이상 향상시켰으며, 에너지 소비량을 40% 줄인 것이 특징이다. AWS는 이 제품을 활용하면 동급의 엔비디아 그래픽처리장치(GPU)를 쓸 때보다 AI 모델 훈련 및 운영 비용을 최대 50% 절감하고, 모델 훈련 시간 역시 크게 단축할 수 있다고 설명했다. 여기에 AWS는 이미 후속 AI 칩인 트레이니움4 개발도 시작했으며, 3세대보다 3배 이상의 성능을 보유하고 있다고 밝혔다.

틸리 노우드(Tilly Norwood)

인공지능(AI)으로 생성된 가상 여배우로, 영국의 AI 제작 스튜디오 서코이아가 제작한 디지털 아바타다. 여러 배우들의 사진 및 영상 데이터와 알고리즘으로 실세했으며, 생년월일은 존재하지 않으나 20대 초반으로 설정됐다. 틸리 노우드는 지난 7월 AI로 기획·제작된 영화 〈AI 커미셔너〉로 데뷔, 현재 여러 연예 기획사들과 계약을 검토 중인 것으로 알려졌다. 제작사에 따르면 탈리는 단순 일회성 캐릭터가 아니라 인터뷰나 영화 출연까지 가능해 실제 배우와 동일하다는 설명이다. 여기에 AI로 생성돼 24시간 촬영해도 지치지 않는다는 차별점이 있으며, 제작비 절감 등 엔터테인먼트 산업 전반에 구조적 변화를 일으킬 것으로 전망된다. 그러나 틸리 노우드 공개 직후 미국배우조합 등은 그녀의 연기가 실제 배우들의 연기 데이터를 무단 학습한 결과물이라는 성명을 내놓으며 비판했다. 실제로 탈리 노우드가 여러 실존 배우들의 데이터를 바탕으로 학습된 만큼, 저작권과 초상권 동의 절차를 둘러싼 법적 쟁점이 부상할 것으로 보인다. 이와 함께 AI가 인간 배우만의 고유한 예술성을 재현할 수 있는지에 대한 논쟁도 이어지는 등 AI 시대 엔터테인먼트 산업의 경계적 문제를 상징적으로 드러낸 사례로 평가된다.

TPU(Tensor Processing Units) ▼

"구글이 11월 25일 자사 블로그에 「경쟁사들이 외부 공급업체에 의존할 때 구글 딥마인드는 제미나이 개선을 위해 우리의 텐서처리장치(TPU) 엔지니어와 직접 협업한다」는 글을 올렸다. 이는 글로벌 AI산업에 만연한 과도한 엔비디아의 그래픽처리장치(GPU) 의존 현상을 직격한 것인데, 엔비디아는 이날 X(옛 트위터)를 통해 「엔비디아만이 한 세대 앞선 유일한 플랫폼」이라고 반박했다. 한편, 현재 구글의 신규 AI 모델인 제미나이3가 오픈AI의 최신형 챗GPT를 성능 면에서 앞선다는 평가가 나오면서 TPU의 영향력에 관심이 집중되고 있다."

구글이 내놓은 머신러닝(기계학습) 알고리즘에 특화된 맞춤형 전용 칩(ASIC·Application Specific Integrated Circuit)으로, 구글에서 자체 개발한 AI 기계학습 엔진인 「텐서 플로우(Tensor Flow)」에 최적화돼 있다. 구글에 따르면 TPU는 최신 GPU·CPU보다 15~30배 빠르고, 소비전력(1W)당 AI 연산 성능은 30~80배 높다. 예컨대 GPU(Graphic Processing Unit)가 한 번에 많은 연산을 동시에 처리하는 데 강점을 갖고 있어 새로운 AI 모델을 만들고 실험하는 과정에서 유용한 반면, TPU는 연산 구조가 단순하고 반복적이어서 대규모 학습과 추론을 수행할 때 높은 효율을 낸다.

최근 AI칩 시장의 절대강자 엔비디아를 뛰어넘으려는 빅테크 기업들의 도전이 거세지고 있는데, 구글이 이번에 공개한 텐서처리장치(TPU)는 엔비디아가 GPU로 구축해온 지위를 위협할 수 있다는 평가를 받고 있다.

TPU와 GPU의 비교

구분	TPU	GPU
개발사	구글	엔비디아
목적	AI 딥러닝 전용	그래픽 처리, 범용 AI 연산
장점	연산 속도, 전력 효율성 우수	범용성 및 호환성이 우수함
단점	맞춤형으로 호환성 제한	전력 소모 크고 가격이 높음

팹리스(Fabless) ▼

"산업통상부가 12월 10일 이재명 대통령 주재로 열린 「AI 시대, K-반도체 비전과 육성전략 보고회」에서 한국 반도체산업의 중장기 청사진인 「AI 시대, 반도체산업 육성전략」을 발표했다. 이에 따르면 정부는 향후 22년 안에 총 700조 원 이상을 투입해 반도체 생산공장 10기를 신설한다. 또 취약점으로 지적돼온 시스템반도체와 소재·부품·장비 생태계 강화를 위해 현재 글로벌 점유율이 1% 남짓한 팹리스 산업 규모를 10배 확장하고, 광주·구미·부산을 잇는 남부권 반도체 벨트를 조성하기로 했다."

반도체 설계에 전문화돼 있는 회사로, 제조 설비를 뜻하는 패브리케이션(Fabrication)과 리스(Less)를 합성한 말이다. 반도체 산업은 크게 ▷설계에서 생산까지 전 과정을 책임지는 종합반도체 회사(IDM) ▷반도체 설계가 전문화돼 있는 팹리스 회사 ▷종합 반도체 회사나 팹리스 회사에서 위탁받아 반도체 제작만을 전문적으로 하는 파운드리 회사(Foundry company) ▷반도체 원판 조립 등 후공정을 전문으로 하는 패키징&테스트회사(Packaging & Test company)로 구성된다. 팹리스는 1980년대 미국에서 등장한 것으로, 대표적인 글로벌 팹리스 기업으로는 엔비디아·퀄컴·브로드컴·AMD 등이 있다.

한빛-나노(HANBIT-Nano) ▼

"민간 우주발사체기업 이노스페이스의 첫 상업 발사체 한빛-나노(HANBIT-Nano)가 12월 23일 브라질 공군 산하 알칸타라 우주센터에서 발사됐으나 비행 중 기체 이상이 감지된 뒤 지상에 떨어진 것으로 공식 확인됐다. 이노스페이스는 이번 실패에서 얻은 경험을 바탕으로 2026년 상반기 다시 상업발사에 나선다는 계획이다."

민간 우주발사체기업 이노스페이스의 첫 상업 발사체로, 12월 23일 첫 발사됐다. 「스페이스워드 미션」으로 불린 해당 발사는 브라질과 인도 고객사의 소형위성 8기 등을 고도 약 300km의 지구 저궤도에 올리는 것을 목표로 했으며, 국내 민간기업이 추진하는 첫 상업 발사라는 점에서 주목된 바 있다. 이노스페이스는 지난 2023년 15t급 시험발사체 한빛-TLV를 브라질 알칸타라 우주센터에서 성공적으로 발사했으며, 이어 상업 발사체 경쟁력을 강화하기 위해 추력을 25t급으로 높여 한빛-ㅣ나노를 개발한 바 있다.

한위안 1호(漢原 1號) ▼

"11월 3일 중국 후베이일보에 따르면 중국과학원 정밀측정과학기술혁신연구원이 개발한 중성원자 양자컴퓨터 「한위안 1호」가 최근 중국 국영통신사 차이나모바일의 자회사에 납품됐다. 이번 납품은 중국이 독자 기술로 개발한 양자컴퓨터가 상용화된 첫 사례로, 초전도체 기반 양자컴퓨터를 주도하고 있는 미국에 맞서 양자컴퓨터 분야에서도 미·중 간 기술 경쟁이 본격화될 것이라는 전망이 나온다."

중국과학원 정밀측정과학기술혁신연구원(정밀측정원)이 우한대학교 등과 함께 개발해 지난 6월 처음 공개한 중성원자 방식의 양자컴퓨터다. 양자컴퓨터는 크게 ▷초전도체 ▷이온 포획 ▷중성원자 등 세 가지 방식으로 연구되고 있는데, 이 가운데 중성원자 방식은 레이저로 원자를 정밀 제어하기 때문에 오류율이 적고 유지 관리가 비교적 쉽다는 특징이 있다. 한위안 1호는 이러한 중성원자 기술을 기반으로 해 금융 모델링이나 물류 최적화 등 복잡한 계산 문제를 처리하는 데 효율적이라는 평가를 받고 있다. 또한 핵심 부품부터 시스템 통합까지 전 과정을 중국 독자 기술로 완성한 것으로 알려져 주목을 받고 있다. 정밀측정원은 앞으로 한위안 1호의 종합 성능지표를 지속적으로 개선, 2027년까지 확장 가능한 중성원자 기반 양자컴퓨팅 서비스를 제공한다는 방침이다.

핵융합(核融合, Nuclear Fusion) ▼

"과학기술정보통신부가 12월 19일 제22차 국가핵융합위원회를 열고 「핵융합 핵심기술 개발 로드맵」을 심의·의결했다. 해당 로드맵은 2030년까지 8대 핵융합 핵심 기술을 개발하고, 2035년까지 실증을 완료하겠다는 목표를 담고 있다. 이는 당초 계획보다 20년이나 앞당긴 일정인데, 인공지능(AI)과 데이터센터로 전력 수요가 폭증하면서 차세대 청정에너지원인 핵융합 기술이 중요해진 데 따른 것이다. 이 로드맵 추진을 위해 정부는 1조 5000억 원 규모 핵심 기술개발 및 첨단 실증 연구인프라 구축 사업을 추진할 계획이다."

가벼운 원자핵끼리 충돌해 하나의 무거운 원자핵으로 변할 때 많은 에너지가 방출되는 현상을 말한다. 원자를 이루는 원자핵과 전자는 높은 온도와 압력 아래에서 서로 분리되는 「플라스마(Plasma)」 상태를 이루는데, 이때 가벼워진 원자핵들이 고속으로 나아가다가 서로 충돌하며 핵융합 에너지를 만들어낸다. 핵융합을 이용하면 핵분열을 통한 기존의 원자력 발전보다 훨씬 더 많은 양의 에너지를 온실가스나 오염물질 배출 없이 생산할 수 있다. 여기에 핵융합의 주요 연료인 중수소의 경우 바닷물의 0.015%를 차지하며, 다른 연료인 리튬도 바닷물에 약 2300억 톤이 녹아 있기 때문에 사실상 무한정 연료를 얻을 수 있다는 것도 핵융합의 장점으로 꼽힌다. 그러나 지구상에서 핵융합의 조건이 플라스마 상태를 이루려면 1억℃가 넘는 초고온 상태를 유지해야 하는데, 이는 현재의 기술로는 불가능하다. 여기에 초고온 플라스마를 담을 수 있는 물질이 없다는 점도 핵융합 발전의 상용화를 막는 걸림돌 중 하나로 꼽는다.

📅 2026년은 병오년(丙午年), 붉은 말의 해

2026년은 전통 육십갑자로 병오년(丙午年), 즉 붉은 말의 해에 해당한다. 붉은 말의 해인 것은 「병(丙)」이 오행 중 불(火)을 뜻해 붉은색을 상징하고, 「오(午)」는 말(馬)을 의미하는 데 따른 것이다. 1966년 이후 60년 만에 돌아오는 병오년은 육십갑자(六十甲子) 중 43번째 해로, 생동감과 추진력의 상징으로 여겨진다. 전통적으로 말은 오래 달리고 여행·상업·군사 이동의 매개체라는 점에서 속도와 이동을 상징하는 동물이었다. 또 말은 양(陽)의 동물로 여겨져 적극성·공격성·진

취성을 상징하기도 했으며, 고대 전쟁에서 핵심 전력이었기에 권력·지배·전쟁의 이미지도 지니고 있었다. 무엇보다 말은 불(火)과 연결돼 「활활 타오르는 에너지」라는 의미를 갖고 있는데, 특히 병오년은 붉은 말이라는 점에서 더욱 강하게 해석된다.

역사 속 병오년 우리 역사 속에서 병오년에 일어난 주요 사건으로는 1846년(헌종 12)의 「병오박해(丙午迫害)」가 있다. 병오박해는 한국 천주교 4대 박해 중의 하나로, 1846년 6월 5일(음력 5월 12일) 김대건 신부의 체포를 계기로 시작돼 9월 20일(음력 7월 30일)에야 종결된 사건이다. 이 박해로 신부(사제) 1명과 일반 신자 8명이 처형됐는데, 이들은 1984년에 모두 시성(諡聖, 가톨릭에서 순교한 자들의 탁월한 신앙과 성덕을 기리기 위해 교회가 이를 공식적으로 인정하는 것)된 바 있다.

이에 앞서 1725년(조선 영조 2년) 병오년 때는 붕당정치의 폐단을 막기 위해 어느 한쪽의 편도 들지 않는 「탕평책(蕩平策)」의 기초가 만들어졌다. 정쟁의 폐단을 뼈저리게 겪고 왕위에 오른 영조는 1725년 즉위와 함께 당쟁의 폐단을 지적하고 탕평의 필요를 역설하는 교서(敎書)를 내려 탕평정책의 의지를 굳혔다. 이러한 탕평책은 이후 정조에게도 계승됐으며, 정조는 탕탕평평실(蕩蕩平平室)을 두고 노론·소론뿐만 아니라 출신을 가리지 않고 실력을 갖춘 이들을 등용해 정치적 안정에 힘을 쏟았다.

📅 2026년은 「유엔 지정 OO해」

국제 여성 농민의 해(International Year of the Woman Farmer)
여성의 농업 참여와 식량안보, 영양, 빈곤 퇴치에서 여성 농민의 역할을 전 세계적으로 알리기 위해 제정된 것으로, 11월 20일 유엔 총회에서 결의안이 채택돼 공식화됐다. 미국 주도로 채택된 이 결의는 FAO(식량농업기구) 등 유엔 기구와 회원국, 민간 부문, 학계 등이 협력해 여성 농민의 권익 신장과 정책 개선, 인식 제고를 촉진하는 것을 목표로 한다. 이를 위해 관련 정책과 실천을 촉진하는 다양한 캠페인과 정보 허브, 교육 프로그램이 추진될 예정이다.

국제 자원봉사자의 해(International Year of Volunteers for Sustainable Development)

2026년은 전 세계적으로 자원봉사자의 기여와 중요성을 기념하고 촉진하는 해이다. 이는 2001년 이후 두 번째로 지정된 국제 자원봉사자 해로, 자원봉사 문화의 새로운 도약을 목표로 지정됐다. 자원봉사자는 기후변화, 갈등, 사회적 불평등 등 다양한 글로벌 이슈 해결에 있어 중요한 역할을 하며, 특히 SDGs(지속가능발전목표) 달성에 있어 필수적이다. SDGs는 2015년 유엔 총회가 채택한 전 세계적인 목표로, 17개 목표 및 169개 세부 목표로 구성돼 있다. 이 17개 목표에는 빈곤 종식, 건강과 웰빙, 질적인 교육, 성평등, 깨끗한 물과 위생, 불평등 감소 등의 내용이 명시돼 있다.

국제 초원 및 유목민의 해(International Year of Rangelands and Pastoralists)

유엔이 전 세계적으로 초원(목초지)과 유목민의 중요성을 알리기 위해 제정한 해이다. 초원은 생태계 유지, 생물다양성 보전, 지역경제 활성화에 있어 핵심적인 역할을 하고 있다. 그리고 유목민은 이러한 초원을 기반으로 이동하며, 지역사회와 경제에 중요한 기여를 해 왔다.

시사인물

1991.	출생
2021~2025.	뉴욕주의회 민주당 하원의원
2025. 11.	뉴욕 시장 당선
2026. 1.	뉴욕 시장 취임 예정

🔺 사진 출처: 위키피디아(CC BY–SA 4.0, Dmitryshein)

"(트럼프 대통령을 파시스트로 보느냐는 질문에)
과거에 그렇게 말했고
지금도 그렇게 생각한다."

🔺 12월 23일 NBC뉴스 인터뷰에서

🔴 조란 맘다니(Zohran Mamdani)

미국의 정치인이자 뉴욕 시장 당선인(34). 조란 맘다니(당시 민주당 후보)가 11월 4일 치러진 미국 뉴욕 시장 선거에서 무소속의 앤드루 쿠오모를 꺾고 승리, 미국 최대 도시 뉴욕에서 처음으로 무슬림 시장이 탄생했다. 그는 선거 유세 과정에서도 50여 개의 모스크를 방문하는 등 무슬림 정체성을 적극적으로 드러낸 바 있다.

1991년 10월 18일 아프리카 우간다의 인도계 무슬림 가정에서 태어났으며, 7세 때 대학교수인 아버지와 유명 영화제작자이자 감독인 어머니를 따라 미국 뉴욕으로 이주했다. 메인주의 보딘칼리지에서 아프리카학을 전공한 그는 대학 졸업 후 저소득층 유색인종을 강제 퇴거 위험에서 보호하는 주택상담사로 활동했다. 그러다 2021년 뉴욕주의회 의원에 당선되며 정계에 입문하면서, 올해로 정치 경력이 불과 5년인 신예였다. 그러나 지난 6월 치러진 민주당 뉴욕시장 예비선거에서 거물 정치인인 엔드루 쿠오모를 꺾고 후보로 선출되며 파란을 일으켰다. 그는 예비선거 과정에서 최저시급 인상, 무료 공영버스 도입 등 뉴욕 서민층의 생활형편을 개선하는 데 중점을 둔 공약을 내걸었고, 해당 공약 실현을 위한 재원은 부유층 증세를 통해 마련하겠다고 공언했다. 그의 이와 같은 공약들은 버니 샌더스 연방 상원의원(무소속·버몬트), 알렉산드리아 오카시오-코르테스 연방 하원의원(민주·뉴욕) 등 미국 민주사회주의자 진영의 전폭적인 지지를 받았다. 반면 공화당이나 재계에서는 이를 좌파 포퓰리즘으로 칭하며 강하게 비판했고, 민주당 주류 세력인 중도파에서조차 그의 정책이 급진적이라는 우려를 제기했다. 이러한 상황에서 당내 경선에서 탈락했던 쿠오모 전 뉴욕주지사가 무소속으로 본선 출마를 강행하면서 이번 뉴욕 시장 선거는 공화당 후보 등과 함께 3자 대결 구도가 형성됐다. 여기에 도널드 트럼프 대통령은 이번 선거를 앞두고 맘다니 돌풍이 이어지자, 그를 공산주의자라고 비난하며 낙선 운동을 펼치기도 했다.

🔲 자이르 보우소나루(Jair Bolsonaro)

브라질 전 대통령(70). 브라질 대법원이 11월 11일 2022년 대선을 전후해 쿠데타를 일으켜 국가를 전복하려 한 혐의 등을 받고 있는 보우소나루 전 대통령에게 징역 27년 3개월을 선고했다. 이로써 보우소나루는 구금 중이었던 브라질리아 연방경찰청 내 수용시설에서 수감 생활을 시작했다.

1955년 3월 21일 태어난 보우소나루는 육군 장교로 복무하다가 전역한 뒤 1988년 리우데자네이루 시의원 선거에서 당선되며 정치에 입문했다. 이후 1990년부터 7차례 연속으로 연방하원의원에 당선됐으며, 특히 2014년 연방의원 선거에서는 전국 최다 득표로 당선되는 기록을 세웠다. 그리고 2018년 브라질 대선에서 승리하면서 2019년 1월 브라질 제38대 대통령으로 취임했다. 하지만 그는 재임 중 코로나19 대응 실패, 아마존 파괴, 민주주의 위협 등으로 논란을 일으켰고, 결국 2022년 10월 치러진 대선에서 룰라 전 대통령에 패하며 연임에 실패했다. 하지만 그는 선거조작 의혹을 제기하며 승복 선언을 하지 않았고, 그의 지지자들은 룰라 대통령이 취임한 지 일주일 만에 3부 기관을 습격하는 폭동을 일으켰다. 이후 해당 폭동사태의 배후로 지목된 보우소나루는 결국 룰라 대통령 암살을 계획하고 군부 쿠데타를 모의한 혐의 등으로 기소됐다.

🔲 호세 안토니오 카스트(José Antonio Kast)

칠레 대통령 당선인(59). 12월 14일 치러진 칠레 대선 결선투표에서 강경보수 성향으로 「칠레의 트럼프」로 불리는 호세 안토니오 카스트가 대통령에 당선됐다. 카스트는 2026년 3월부터 4년 임기를 시작하게 된다.

독일계 이민자 후손으로, 1966년 칠레 수도 산티아고에서 태어났다. 부친 미하엘은 제2차 세계대전 당시 독일 나치당원이었고, 형은 군부 독재자 아우구스토 피노체트(1973~1990년 집권) 당시 국무장관 겸 중앙은행 총재를 지냈다. 카스트는 변호사, 4선 하원의원(2002~2018년) 등을 거쳐 2017년 대선에 처음 출마했고, 3번째 도전 끝에 대통령에 당선됐다. 그는 불법 이민자 추방, 우범 지대에 군대 투입, 리튬 등 광물 채굴의 민영화, 미국과의 협력 등을 강조하는 입장이다. 이러한 카스트의 당선은 2021년 중도좌파 가브리엘 보리치 대통령 집권 후 불법 이민자와 강력범죄가 증가하고 경제성장이 둔화된 데 따른 반발로 분석된다. 특히 칠레의 이번 대선 결과로 최근 중남미 주요국에서 나타나는 우파 정권의 연쇄 집권인 「블루타이드(Blue tide·푸른 물결)」가 재확인됐다는 평가다.

🔲 에크렘 이마모을루(Ekrem Imamoglu)

튀르키예 최대 도시인 이스탄불의 전 시장이자 야권 지도자(54). 튀르키예 검찰이 11월 11일 부패 등의 혐의로 투옥된 에크렘 이마모을루 전 이스탄불 시장에게 징역 2430년을 구형했다. 이에 튀르키예 야권은 유력 대선 주자의 선거 출마를 봉쇄하려는 에르도안 대통령의 사법 쿠데타라고 거세게 반발했다.

1970년 튀르키예의 트라브존에서 태어났으며, 이스탄불대학에서 경영학으로 학·석사 학위를 받은 뒤 아버지가 운영하는 건설회사에서 일했다. 2008년 공화인민당(CHP)에 입당하며 정치에 입문했고, 입당 1년 만에 CHP 청년조직의 책임자가 됐다. 그리고 2014년 지방선거에서 집권 정의개발당(AKP) 후보를 꺾고 이스탄불 베일리크뒤쥐 구청장에 당선됐다. 이후 2019년 3월 치러진 이스탄불 시장 선거에서 승리하며, 단숨에 야권의 유력 대선 주자로 부상했다. 그러나 지난 3월 19일 부패·테러 연루 등의 혐의로 전격 체포됐고, 이에 튀르키예 전역에서 에르도안 대통령을 규탄하는 반정부 시위가 이어졌다.

🔴 마리아 코리나 마차도(Maria Corina Machado)

니콜라스 마두로 베네수엘라 대통령의 철권통치에 맞서고 있는 베네수엘라의 민주화 지도자(58). 올해 노벨 평화상 수상자로 결정된 마차도가 마두로 정권의 공개적 신변 위협과 출국금지령 속에서도 노벨상 시상식 참석을 위해 미국의 협조를 받으며 극비리에 이동한 끝에 12월 11일 노르웨이 오슬로에 도착했다. 그녀의 공개석상 등장은 지난 1월 베네수엘라 수도 카라카스에서 열린 반(反)정부 시위 이후 11개월 만에 이뤄졌다.

1967년 베네수엘라 카라카스에서 태어났으며, 2002년 투표 감시단체 「수마테」를 설립하며 정계에 입문했다. 2011~2014년까지 국회의원으로 재직한 그녀는 의원으로 활동할 당시 사법독립과 인권을 강력히 주장하며, 의회에서 축출당하는 시련을 겪기도 했다. 그러다 2024년 대선을 앞두고 마두로 대통령의 대항마로 부상했으나, 베네수엘라 대법원으로부터 15년간 공직 피선거권 박탈 처분을 받아 뜻을 이루지 못했다. 이러한 상황에서 치러진 2024년 대선은 부정선거 논란 속에 마두로의 승리로 막을 내렸고, 이후 마차도는 망명 대신 베네수엘라에 은신하며 민주화운동을 지속해 왔다.

🔴 캐서린 코널리(Catherine Connolly)

아일랜드 대통령(68). 10월 24일 치러진 아일랜드 대선에서 좌파 성향의 무소속 후보인 캐서린 코널리가 제10대 대통령에 당선됐다. 이에 코널리는 14년간 재임한 마이클 D. 히긴스 대통령의 후임으로 11월 11일 취임했다.

아일랜드 골웨이 출신인 코널리는 임상 심리학자로 사회생활을 시작했다. 이후 야간 강좌로 법학을 공부해 1991년 변호사 자격증을 취득했으며, 1999년 노동당 소속으로 골웨이 시의원에 선출된 데 이어 이 지역 시장을 지냈다. 2016년에는 무소속으로 의회에 입성했으며 2020년에는 여성 최초로 아일랜드 하원 부의장을 맡기도 했다. 코널리는 이번 대선에서 주택 부족과 물가 상승 등의 생활고 문제 해결, 국제사회에서 아일랜드의 중립성 강화 등의 공약을 내세웠는데, 기득권에 대항하는 후보로 부상하면서 청년층 유권자들의 지지를 받았다.

한편, 아일랜드는 총리가 실질적인 정부 운영을 책임지는 의원내각제 국가로, 대통령의 역할은 상징적이다. 대통령의 임기는 7년이며, 한 차례 연임이 가능하다.

🔴 딕 체니(Dick Cheney)

1941~2025. 강경보수 노선을 주도한 네오콘(신보수주의자) 세력의 상징으로 꼽힌 미국 제46대 부통령(2001~2009년 재임)으로, 11월 4일 별세했다. 향년 84세.

1941년 1월 30일 미국 네브레스카주 링컨에서 태어났으며, 1965년 상원 인턴십을 통해 정계에 입문한 뒤 1975년 제럴드 포드 행정부 때 역대 최연소 백악관 비서실장이 됐다. 여기에 1978년 중간선거에서는 와이오밍주 하원의원에 당선돼 1988년까지 내리 6선을 했다. 1989년 조지 H W 부시 행정부에서 국방부 장관에 오른 그는 1991년 걸프전의 「사막의 폭풍」 작전을 승리로 이끌었다. 그러다 이듬해인 1992년 대선에서 민주당 후보인 빌 클린턴이 대통령으로 선출되자 공직을 떠나 에너지 기업 핼리버턴의 CEO를 지냈다. 이후 2000년 대선에서 공화당 대통령 후보 조지 W 부시의 러닝메이트로 발탁된 그는 부시의 당선에 따라 2001~2009년까지 부통령을 지냈다. 그는 부통령 재직 기간 중 대통령에 필적하는 막강한 영향력을 행사한 것은 물론, 네오콘의 구심점 역할을 했다. 특히 2001년 9·11테러 이후에는 테러 대응정책의 핵심 설계자로 나서 테러와의 전쟁을 주도했는데, 이라크의 대량살상무기(WMD) 보유 가능성과 알카에다와의 연계 의혹을 제기하면서 미국의 아프가니스탄·이라크 침공에 결정적으로 관여했다. 그러나 이 8년의 전쟁 동안 4000명 이상의 미군이 사망하고 전쟁의 원인이 된 WMD가 허위로 밝혀지면서 논란을 일으켰다.

🔲 김영남(金永南)

1928~2025. 전 북한 상임위원장으로, 북한 조선중앙통신이 11월 4일 김영남 전 상임위원장이 3일 세상을 떠났다고 보도했다. 향년 97세.
1928년 2월 4일 평안남도 평양에서 태어났으며, 김일성종합대학과 러시아 모스크바대에서 외교학을 공부했다. 이후 1962년 외무성 부상, 1975년 당 국제 담당 비서, 1983년 부총리 겸 외교부 부장(장관), 1989년 조국평화통일위원회 부위원장 등을 역임했다. 그러다 1998년 최고인민회의 상임위원장에 올랐으며, 2000년 남북정상회담 당시 김대중 대통령과 공식 면담을 가지기도 했다. 무엇보다 고인은 김정일 정권에서 김정일을 대신해 사실상 정상외교를 맡았고, 김정은 국무위원장 시기에는 방북한 정상급 인사를 영접하며 정상외교의 한 축으로 활동하는 등 김일성·김정일·김정은 3대 권력 세습과정에서 한 번도 좌천하지 않은 인물이었다. 그는 2008년 8월 베이징올림픽 개막식과 2014년 2월 소치동계올림픽에 북한의 국가수반 자격으로 참석했으며, 2018년 평창동계올림픽 때는 북한 고위급 대표단을 이끌고 김여정 부부장과 함께 문재인 당시 대통령은 면담하기도 했다. 그러다 2019년 91세의 나이로 60년 넘게 이어온 공직 생활을 마무리한 바 있다.

🔲 제프 베이조스(Jeffrey Bezos)

세계 최대 전자상거래 기업 아마존과 민간 우주기업 블루오리진의 창업자(61). 2021년 아마존 최고경영자(CEO) 자리에서 물러난 뒤 4년여

만에 인공지능(AI) 스타트업 「프로젝트 프로메테우스」의 공동 CEO를 맡으며 경영 일선으로 복귀했다. 프로젝트 프로메테우스는 컴퓨터·자동차·우주선 등의 엔지니어링과 제조기술에 특화된 기업으로, 텍스트 중심의 기존 AI와 달리 현실 세계에서 학습·작동할 수 있는 AI 기술 개발에 초점을 맞춘 것으로 알려졌다.
1964년 1월 12일 미국 뉴멕시코주에서 태어났으며, 프린스턴대학교에서 전기공학과 컴퓨터공학을 전공했다. 졸업 후에는 여러 벤처기업에서 컴퓨터 관리자·펀드 매니저 등으로 근무하다가, 1995년 시애틀로 건너가 자택 창고에서 인터넷 서점인 아마존닷컴을 창업했다. 그러다 아마존 창업 27년 만인 2021년 7월에 CEO직에서 물러났으며, 현재는 이사회 의장으로 활동하고 있다. 2000년에는 민간 우주탐사와 재사용 로켓 개발을 위해 블루오리진을 설립했으며, 2024년 기준 일론 머스크 테슬라 CEO와 마크 저커버그 메타 CEO에 이어 세계 부호 3위에 이름을 올리기도 했다.

🔲 프랭크 게리(Frank Gehry)

1929~2025. 구겐하임 빌바오 미술관으로 도시 경쟁력의 새로운 모델을 제시한 현대 건축의 거장으로, 12월 6일 별세했다. 향년 96세.
1929년 캐나다 토론토에서 태어났으며, 1947년 가족을 따라 미국 로스앤젤레스로 이주했다. 이후 서던캘리포니아대(USC)에서 도예를 전공하다 건축으로 바꾼 그는 이 시기 반유대주의를 피하려 프랭크 게리(본명은 프랭크 오언 골드버그)로 이름을 바꿨다. 군 복무를 마친 후 하버드대에서 도시계획을 공부한 그는 1970년대에 LA 자택을 해체·재조립한 실험적 「게리 하우스」로 주목받았고, 1989년에는 건축계의 노벨상이라 불리는 프리츠커상을 받았다. 그러다 1997년 스페인 북부 해안의 쇠퇴해 가던 산업도시 빌바오에 구겐하임 미술관을 설계하며 전

세계적인 주목을 받았다. 당시 이 미술관을 보기 위해 개관 첫해에만 130만 명이 다녀갔으며, 이는 「빌바오 효과」라 불리며 도시 경쟁력의 새로운 모델을 제시했다는 평가를 받았다. 고인은 이후에도 물결치는 모양의 외관이 특징인 LA 월트디즈니콘서트홀과 프랑스 파리의 루이뷔통 재단 미술관 등을 설계했다. 고인은 생전 프리츠커상을 비롯해 영국 왕립건축가협회 금메달과 미국예술가협회 평생공로상, 캐나다 훈장 등을 받았다.

🔴 황석영(黃晳暎)

한국 현대 문학계 리얼리즘의 대표 작가이자 한국 문학을 해외에 알린 1세대 작가(81)로, 11월 7일 문화예술 분야 정부 포상 최고 영예인 금관문화훈장을 받았다.

1944년 1월 4일 만주 장춘(長春)에서 태어났으며, 동국대 철학과를 졸업했다. 1962년 《사상계》 신인문학상에 〈입석부근〉으로 입선하면서 등단했으며, 1970년 《조선일보》 신춘문예에 〈탑〉이 당선되면서 본격적인 작품 활동을 시작하였다. 그러다 1974년 첫 창작집 《객지》를 펴내면서 단숨에 1970년대 리얼리즘의 대표 작가로 부상했다. 이 소설집에 포함된 〈객지〉, 〈한씨 연대기〉. 〈삼포 가는 길〉은 이후에도 리얼리즘 미학의 정점에 이른 걸작들로 인정받았다. 그는 1974년에는 신진작가로서는 파격적으로 《한국일보》에 〈장길산〉 연재를 시작했는데, 이는 무려 10년간 연재가 이어지면서 해방 이후 최고의 역사소설로 평가 받았다. 아울러 그는 자유실천문인협의회(1974년), 민중문화운동연합(1984년), 민족문학작가회의(1987년), 한국민족예술인총연합(1988년) 등의 단체에서도 활동하며 민족운동을 전개했다. 1989년에는 통일운동 차원에서 평양을 방문했는데, 이로 인해 귀국하지 못하고 독일 예술원 초청 작가로 독일에서 체류하다가 1993년 4월에야 귀

국할 수 있었다. 그는 당시의 방북 사건으로 징역 7년 판정을 받고 복역하다가 1998년 김대중 정부 때 사면됐다. 그는 방북 당시 김일성 주석과 수차례의 면담을 가졌는데, 이를 바탕으로 〈사람이 살고 있었네〉라는 방북 수기를 발표하며 화제를 일으키기도 했다.

🔴 이순재(李順載)

1934~2025. 2024년까지 국내 최고령 현역 배우로 활발한 활동을 펼친 배우로, 11월 25일 별세했다. 향년 91세.

1934년 11월 16일 함경북도 회령에서 태어났으며, 4살 때 서울로 내려와 서울고와 서울대 철학과를 졸업했다. 1956년 연극 〈지평선 넘어〉로 연기에 입문했고, 1961년에는 KBS 개국 드라마 〈나도 인간이 되련다〉에 출연하며 TV 연기자로 활동 영역을 넓혔다. 1965년 TBC 1기 전속 탤런트가 된 그는 〈동의보감〉, 〈보고 또 보고〉, 〈삼김시대〉, 〈목욕탕집 남자들〉 등 140편에 달하는 작품에 출연했다. 특히 그의 대표작 중 하나인 드라마 〈사랑이 뭐길래〉(1991~1992)에서는 가부장적인 아버지의 표상인 「대발이 아버지」를 연기하며 당시 시대상을 반영했다는 공감을 받았다. 여기에 1970~80년대 〈사모곡〉, 〈인목대비〉 등의 사극에 꾸준히 출연한 고인은 이후에도 〈허준〉(1999), 〈상도〉(2001), 〈이산〉(2007) 등에 출연하며 사극 전성시대를 이끌기도 했다. 아울러 연기 스펙트럼 확대를 게을리 하지 않은 고인은 70대 들어 출연한 시트콤 〈거침없이 하이킥〉(2006), 〈지붕 뚫고 하이킥〉(2009)에서 기존의 근엄한 이미지를 벗어던지고 코믹 연기를 펼치며 대중의 큰 사랑을 받았다. 2024년 10월 건강 문제로 활동을 잠정 중단하기 전까지 연극 〈고도를 기다리며〉와 KBS 2TV 드라마 〈개소리〉 등에 출연했으며, 2024년 KBS 연기대상에서는 역대 최고령 대상 수상자가 되기도 했다. 한편, 고인은 1970~

80년대 한국방송연기자협회 회장을 세 차례 역임했고, 1992년 14대 총선에서는 당시 여당인 민주자유당(민자당) 국회의원에 당선되며 의정 활동을 펼치기도 했다.

🔲 김지미(金芝美, 본명 김명자)

1940~2025. 한국의 영화배우이자 영화 제작자로, 12월 10일 별세했다. 향년 85세.

1940년 충남 대덕군에서 태어났으며, 고등학교 재학 중에 김기영 감독에게 발탁되면서 1957년 개봉작 〈황혼열차〉로 영화계에 데뷔했다. 데뷔하는 과정에서 얻은 예명 「김지미」가 배우로서의 이름이 됐으며, 1958년에는 멜로드라마 〈별아 내 가슴에〉로 일약 스타로 부상했다. 이후 〈비 오는 날의 오후 3시〉, 〈장희빈〉, 〈폭풍의 언덕〉, 〈춘향의 언덕〉 등 다양한 작품에 출연하며 1960~70년대 한국 영화의 중흥기를 이끌었다. 특히 김수용 감독의 1974년작 〈토지〉에서 대지주 가문을 이끌어가는 안주인 역을 맡아 파나마국제영화제 여우주연상과 대종상 여우주연상을 수상했으며, 1992년 〈명자 아끼꼬 쏘냐〉에 이르기까지 700여 편에 달하는 작품에 출연했다.

여기에 1985년에는 영화 제작사 「지미필름」을 설립하고 〈티켓〉(1986·임권택)을 비롯해 7편의 영화를 제작했다. 또 한국영화인협회 이사장, 스크린쿼터 사수 범영화인 비상대책위원회 공동위원장, 영화진흥위원회 위원을 맡는 등 작품 외에서도 활발한 활동을 펼쳤다. 이러한 공로로 2010년에 「영화인 명예의 전당」에 올랐으며, 2016년에는 제7회 대중문화예술상에서 은관문화훈장을 받았다.

한편, 정부는 12월 7일 별세한 고 김지미 배우에게 금관문화훈장(1등급)을 추서했다. 배우가 금관문화훈장을 받은 것은 2021년 윤여정, 2022년 이정재, 지난 11월 별세한 故 이순재 이후 네 번째다.

🔲 윤석화(尹石花)

1956~2025. 「1세대 연극 스타」인 배우이자 연극연출가로, 뇌종양 투병 중 12월 19일 별세했다. 향년 69세.

1956년 1월 서울에서 태어났으며, 1975년 극단 민중극장의 연극 〈꿀맛〉으로 데뷔한 뒤 〈신의 아그네스〉, 〈딸에게 보내는 편지〉 등 다양한 작품에 출연하며 연극계에서 큰 주목을 받았다. 이에 손숙, 박정자와 함께 연극계를 대표하는 여성 배우로 자리 잡은 그녀는 연극 외에도 뮤지컬 〈아가씨와 건달들〉(1994), 〈명성황후〉(1995), 드라마 〈우리가 만난 기적〉(2018) 등 장르를 넘나드는 활발한 활동을 펼쳤다. 여기에 연극 제작과 연출에도 힘을 기울여 2002년에는 서울 대학로에 건축가 장윤규와 함께 소극장 「정미소」를 개관하기도 했다. 또 뮤지컬 〈토요일 밤의 열기〉를 연출했고, 그가 제작에 참여한 〈톱 해트〉는 영국 로렌스 올리비에상을 수상하기도 했다. 이 밖에도 1995년에는 종합엔터테인먼트사 돌꽃컴퍼니를 설립해 만화영화 〈홍길동 95〉를 제작했고, 1999년에는 한국연극배우협회 부회장을 역임한 것을 비롯해 경영난을 겪던 공연예술계 월간지 《객석》을 인수해 발행인으로 활동하기도 했다. 이처럼 다방면의 활동을 펼친 고인은 생전 백상예술대상 여자연기상을 네 차례 받았고, 동아연극상·서울연극제·이해랑 연극상 등도 받았다. 하지만 2022년 7월 연극 〈햄릿〉 공연 이후 그해 10월 악성 뇌종양 수술을 받고 투병해 왔다. 이후 투병 사실을 공개한 그녀는 2023년 LG아트센터 서울에서 열린 연극 〈토카타〉에 5분가량 우정출연하기도 했는데, 이 작품이 고인의 마지막 무대가 됐다.

🔴 로브 라이너(Rob Reiner)

영화 〈미져리〉, 〈해리가 샐리를 만났을 때〉 등을 만든 미국의 영화 거장으로, 12월 14일 자택에서 아내와 함께 숨진 채 발견됐다. 향년 78세.

이후 경찰이 수사에 착수한 가운데, 범인이 부부의 아들이자 시나리오 작가인 닉 라이너로 밝혀지며 미국 사회에 큰 충격을 안겼다.

1947년 미국 뉴욕에서 전설적인 코미디언 칼 라이너와 배우이자 가수였던 에스텔 레보스트 사이에서 태어났다. 아버지의 영향을 받아 고등학교 때 연극반에서 활동했으며, UCLA에서 연극을 공부했다. 그리고 1970년대 인기 TV시트콤이었던 〈올 인 더 패밀리〉에 출연하며 큰 인기를 얻었고, 에미상까지 수상했다. 그러나 연기보다는 연출에 더 관심이 많아 이후 감독으로 전향했으며, 1984년 뮤직 다큐멘터리 형식의 〈디스 이즈 스파이널 탭〉를 발표하며 감독으로 데뷔했다. 이후 〈스탠 바이 미〉(1986), 〈프린세스 브라이드〉(1987), 〈해리가 샐리를 만났을 때〉(1989), 〈미저리〉(1990), 〈어 퓨 굿 맨〉(1992) 등의 다양한 작품을 연출했으며, 대중적 인기와 비평가들의 호평을 동시에 받으며 할리우드의 주류 감독이 되었다. 2000년대 이후에는 〈버킷 리스트〉(2007), 〈플립〉(2017), 〈충격과 공포〉(2018) 등의 작품을 연출했다.

🔴 브리지트 바르도(Brigitte Bardot)

1934~2025. 1950~60년대를 풍미한 프랑스의 배우이자 동물복지 운동가로, 12월 28일 별세했다. 향년 91세.

1934년 프랑스 파리에서 태어났으며, 패션잡지 《엘르》의 모델로 활동하다가 1952년 배우 생활을 시작했다. 그러다 1956년작 〈그리고 신은 세계를 창조했다〉로 스타덤에 오른 이후 50여 편의 영화에 출연했다. 이후 1973년 배우 생활에서 은퇴한 뒤 반세기 동안 동물복지 운동에 전념했는데, 특히 2001년 MBC 라디오 프로그램과의 인터뷰에서 한국에서 개고기를 먹는 것이 야만적이라며 한국제품 불매운동을 벌이면서 논란을 일으키기도 했다. 또 2003년 출간한 저서 《침묵 속의 외침》에서는 이민자, 성소수자, 이슬람 공동체를 차별적으로 묘사해 논란을 일으키는 등 무슬림 등에 대한 차별적 발언으로 5차례 벌금형을 받았다. 한편, 바르도는 1969년 프랑스공화국 상징인 마리안느 모델로 선정돼 우표와 동전에 새겨졌으며, 1985년에는 프랑스 최고 훈장 레지옹 도뇌르를 받았다.

🔴 제임스 왓슨(James Watson)

1928~2025. 디옥시리보핵산(DNA) 이중나선 구조를 밝혀 1962년 노벨 생리학상을 수상한 미국의 과학자로, 11월 6일 별세했다. 향년 97세.

1928년 미국 시카고에서 태어났으며, 시카고 대학교에 입학했다. 이후 인디애나 대학교에서 학위를 취득하고, 코펜하겐 대학교를 거쳐 케임브리지 대학교 캐번디시 연구소의 연구원으로 일했다. 이때 프랜시스 크릭(1916~2004)과의 공동 연구로 DNA가 이중나선 구조임을 발표, 이 공로를 인정받아 1962년 노벨 생리의학상을 수상했다. 이후 왓슨은 1956~1976년 하버드대학교 생물학 교수를 역임했으며, 1968~2007년 분자생물학 연구소인 콜드스프링하버연구소(CSHL)의 소장 등을 지냈다. 또한 1990년 출범한 인간게놈프로젝트(HGP)의 초대 책임자를 맡아 인간 유전자를 해독하는 연구를 주도하기도 했다.

그러나 그는 2007년 영국 《선데이타임스》와의 인터뷰에서 흑인과 백인의 지능이 같지 않다는 인종차별적 발언으로 큰 논란을 일으켰다. 그는 이 발언으로 결국 과학계에서 퇴출됐고, 이후 생활고에 허덕이다 2014년에는 노벨상 메달을 경매에 내놓기도 했다. 또한 2019년에 진행된 후속 인터뷰에서도 입장을 밝히지 않아 40년간 소속됐던 콜드스프링하버연구소로부터 명예직을 박탈당했다. 이로 인해 그는 「생명의 비밀을 밝혀낸 DNA의 대부이자 종종 실언을 했던 세계적 논쟁가」라는 평가를 받았다.

⬤ 이관술(李觀述)

1902~1950. 해방 후 미 군정기 「조선정판사 위조지폐 사건」 주범으로 몰려 처형된 독립운동가로, 서울중앙지법 형사합의21부가 12월 22일 고인의 재심에서 무죄를 선고했다. 재심 대상 판결은 경성지방법원이 1946년 11월 28일 선고한 판결 중 고인에 대한 부분이다.

1902년 경북 울산에서 태어났으니, 경성 중등고보를 거쳐 일본 도쿄고등사범학교를 졸업했다. 이후 동덕여고 교사로 재직하다가 1930년대부터 독립운동에 투신했으며, 「경성트로이카(일제강점기 경성에서 조직된 사회주의 단체)」 지도부로 활동하면서 옥고와 수배 생활을 거듭했다. 그러다 그는 조선정판사 위조지폐 사건의 주모자로 지목돼 1946년 11월 미군정기에 경성지방법원에서 무기징역을 선고받았다. 이후 대전형무소에서 복역하다 6·25전쟁이 발발한 1950년 7월 대전 골령골에서 처형됐다. 그러나 이 사건은 처음부터 조작 의혹이 제기됐는데, 조선정판사에서 찍었나는 위폐가 단 한 장도 나오지 않은 데다 검찰이 증거로 제출한 위폐 33매는 시중에 돌아다니던 위폐를 법정에 낸 것이었다. 이후 이 선생의 외손녀 손옥희 씨가 지난 2023년 7월 재심을 청구했으며, 법원은 청구 2년 3개월 만인 지난 10일 재심 개시 결정을 내린 바 있다.

⬤ 존 로버트슨(John Robertson)

1953~2025. 스코틀랜드 축구의 전설이자 「축구의 피카소」로 불린 인물로, 12월 26일 별세했다. 향년 72세.

1953년생인 로버트슨은 잉글랜드 프로축구 노팅엄 포리스트가 강팀으로 이름을 날리던 1970~1980년대에 이 팀의 핵심으로 활약했다. 특히 노팅엄이 유럽축구연맹(UEFA) 챔피언스리그(UCL)의 전신인 유러피언컵 2연패를 차지할 때 큰 역할을 했다. 그는 1978~79시즌 말뫼(스웨덴)와의 결승전에서는 정확한 크로스로 결승 득점을 도왔고, 함부르크(독일)와의 다음 시즌 대회 결승전에서는 직접 결승골을 터뜨렸다. 또 1976년 12월부터 1980년 12월까지 공식전 243경기에 모두 출전하는 진기록을 세우기도 했다. 고인은 양발을 자유자재로 쓰며 창의적인 플레이를 펼쳤는데, 이에 노팅엄을 지휘한 명감독 브라이언 클러프 감독은 그를 가리켜 「축구의 피카소」라고 불렀다. 여기에 스코틀랜드 국가대표팀에서도 맹활약을 펼쳤는데, 1981년 잉글랜드를 상대로 결승골을 넣으며 스코틀랜드 국민을 열광케 했고, 1982년 스페인월드컵에서는 뉴질랜드와의 경기에서 득점했다. 그는 A매치 28경기를 소화하면서 8골을 기록했으며, 현역 은퇴 이후에는 위컴 원더러스, 노리치 시티, 레스터 시티, 셀틱, 아스톤 빌라에서 수석코치를 역임하며 지도자 커리어를 쌓았다.

TEST ZONE ··

TEST ZONE

최신 기출문제(화성도시공사) / 실전테스트 100

한국사능력테스트 / 국어능력테스트

화성도시공사

2025. 10. 25.

🔴 다음 물음에 알맞은 답을 고르시오. [1~20]

01 다음이 설명하는 것은?

> 신경계를 이루는 기본적인 단위 세포로, 신경세포와 거기서 나온 돌기를 합친 것이다. 자극을 받아들여 몸의 다른 곳으로 전달하고 반응하도록 하는 신경세포로, 시냅스로 연결돼 있다.

① 뉴런
② T세포
③ 사이토카인
④ 신경교세포
⑤ NK 세포

02 다음 중 「구심력」을 바르게 설명한 것을 고르면?

① 질량이 있는 물체가 서로 당기는 힘을 말한다.
② 두 물체의 접촉면 사이에서 물체의 운동을 방해하는 힘을 말한다.
③ 원운동하는 물체가 중심 밖으로 나가려는 힘을 말한다.
④ 가속운동하는 공간 안에 있는 관찰자의 착각에 의해 마치 있는 것처럼 느껴지는 가상의 힘을 말한다.
⑤ 원운동을 하고 있는 물체에 원의 중심 방향으로 작용하는 힘을 말한다.

03 빛의 3원색을 바르게 나열한 것은?

① 빨강, 초록, 파랑
② 빨강, 초록, 노랑
③ 빨강, 노랑, 파랑
④ 빨강, 노랑, 검정
⑤ 빨강, 초록, 흰색

04 다음 설명과 관련된 인물은 누구인가?

> 폴란드 태생의 프랑스 물리학자·화학자로, 방사능 등에 관한 연구로 1903년 노벨 물리학상을 수상한 데 이어 1911년에는 라듐과 폴로늄 발견으로 노벨 화학상을 수상했다. 최초의 여성 노벨상 수상자이자 개인으로서는 라이너스 폴링과 함께 공동 최다 노벨상 수상자라는 기록도 갖고 있다.

① 베라 루빈
② 도나 스트리클런드
③ 마리 퀴리
④ 리제 마이트너
⑤ 앤드리아 게즈

05 사물놀이에 사용되는 악기와 그 상징하는 의미가 바르게 짝지어진 것을 〈보기〉에서 고르면?

보기

- ㉠ 징: 바람
- ㉡ 북: 비
- ㉢ 장구: 해
- ㉣ 꽹과리: 천둥

① ㉠, ㉡　　　　② ㉠, ㉢
③ ㉡, ㉢　　　　④ ㉡, ㉣
⑤ ㉠, ㉣

06 〈보기〉에 제시된 내용과 관련된 인물은?

보기

- 현대 간호학의 창시자이자 군 의료개혁의 선구자
- 크림전쟁
- 국제 간호사의 날: 5월 12일

① 플로렌스 나이팅게일
② 헬렌 켈러
③ 마더 테레사
④ 말랄라 유사프자이
⑤ 에밀리 데이비슨

01 ② 세포성 면역을 담당하는 림프구의 일종
③ 면역세포로부터 분비되는 단백질 면역조절제
④ 뉴런과 함께 신경계를 구성하는 2종류의 주요 세포로, 뉴런의 기능을 돕지만 비흥분성 세포이다.
⑤ 바이러스 및 암세포 대응 백혈구로, 선천성 림프구 세포의 일종이나,

02 ① 중력 ② 마찰력 ③ 원심력 ④ 관성력

03 ① 빛의 3원색은 빨강(R), 초록(G), 파랑(B)이다. 이는 가법혼색의 기본색으로, 빛의 색은 섞으면 섞을수록 밝아지는 특징을 가지고 있다.

04 ① 1928~2016. 은하 회전곡선 연구로 암흑물질의 손재 증거를 세시, 현대 우주론의 패러나임을 바꾼 인물
② 1959~. 초고출력 레이저 개발로 2018년 노벨 물리학상을 수상한 캐나다 출신의 여성 물리학자
④ 1878~1968. 핵분열의 발견에 결정적인 이론적 해석을 제공한 여성 물리학자
⑤ 미국의 천체물리학자로, 2020년 노벨 물리학상 수상자

05 북은 구름, 장구는 비를 상징한다.

06 ① 1854년 크림전쟁 당시 38명의 성공회 수녀들과 함께 이스탄불로 가 야전병원장으로 활약한 인물이다. 나이팅게일은 간호사 직제의 확립과 의료 보급의 집중 관리, 오수 저리 능으로 의료 효율을 일신해 「광명의 전사(The Lady with the Lamp)」로 불렸다. 특히 나이팅게일의 헌신을 기리기 위해 5월 12일이 「국제 간호사의 날(International Nurses Day)」로 제정됐다.

1. ① 2. ⑤ 3. ① 4. ③ 5. ⑤ 6. ①

07 ( ) 안에 들어갈 인체기관은?

( )은/는 주기적인 전기적 자극을 생성하여 근육의 수축과 이완을 통해 혈액을 온몸으로 순환시키는 장기이다. 이는 흉곽 속에 보호되어 좌우의 폐 사이, 횡격막 위에 위치하며 주먹 크기보다 약간 크고 주로 근육으로 되어 있다.

① 폐　　　　② 신장
③ 간　　　　④ 심장
⑤ 췌장

08 농도가 높은 용액과 낮은 용액을 반투과성막을 중심으로 갈라 넣으면 농도가 낮은 쪽에서 높은 쪽으로 용매가 이동하면서 생기는 압력을 이르는 용어는?

① 정압　　　　② 삼투압
③ 게이지압　　④ 절대압
⑤ 차압

09 다음이 설명하는 미술사조는?

고흐·고갱으로부터 직접적인 영향을 받고 나타난 사조로, 인상주의의 빛에 의한 명암법을 거부하고 원색의 대담한 사용, 단순화한 형태, 자유로운 붓놀림을 통한 주관적 감정을 표현한 것이 특징이다.

① 입체파
② 야수파
③ 표현주의
④ 초현실주의
⑤ 신고전주의

10 《조선왕조실록》에 대한 설명으로 바르지 못한 것은?

① 조선 왕조를 건립한 태조 때부터 마지막 왕인 순종 통치기까지의 기록이 담겨 있다.
② 1997년 유네스코 세계기록유산으로 등재되었다.
③ 편년체(編年體)로 기록되었다.
④ 잃어버리거나 훼손될 때를 대비해 여러 개를 만들어 전국 곳곳의 사고에 보관했다.
⑤ 사관을 제외한 어느 누구도 사초 열람이 허락되지 않았으며, 이는 왕도 예외는 아니었다.

11 다음 역사적 사건과 관련된 고려시대의 인물은?

1018년 12월 소배압이 이끄는 10만의 거란군이 세 번째로 고려를 침공했다. 그러나 고려의 전술에 거란군은 철수를 결정하고 압록강 근처의 귀주에 도착했다. 그러자 고려군은 근처의 성을 지키던 병력을 모두 모아 총공격을 가했고, 이에 거란의 10만 군사 가운데 살아서 돌아간 사람은 수천 명에 불과할 정도로 전멸하게 되었다. 이 전투를 계기로 거란은 무력 침공의 계획을 버리고 고려와 화의를 맺게 되었다.

① 윤관
② 서희
③ 최영
④ 강감찬
⑤ 양규

12 본래 팔레스트리나의 다성합창곡을 대표하는 무반주 교회음악을 가리키는 말이었으나, 현재는 악기 반주가 없는 모든 합창곡을 가리키는 말로 사용된다. 무엇인가?

① 푸가
② 카논
③ 아카펠라
④ 오페라
⑤ 소나타

13 단군왕검이 고조선을 세우면서 삼은 건국이념으로, 「널리 인간을 이롭게 한다」는 뜻이 담긴 말은?

① 돈오점수
② 재세이화
③ 인내천
④ 홍익인간
⑤ 후천개벽

08
① 유체가 흐르지 않을 때 특정 지점에서 측정된 압력
③ 대기압을 기준(0)으로 하여 측정한 압력
④ 완전 진공(0기압)을 기준으로 측정한 압력
⑤ 두 지점 간의 압력 차이

09
① 야수파 운동을 전후해 일어난 프랑스의 회화운동으로, 기존의 원근법적인 방식을 탈피해 한 사물의 서로 다른 측면을 평면에 동시에 그려냄으로써 입체적 관점에서 표현하고자 했다.
③ 극단적 형태의 변형과 단순화한 작품으로, 1911~1920년 독일과 오스트리아를 중심으로 부흥한 미술운동이다.
④ 1차 세계대전 이후부터 2차 세계대전 이전에 이르는 시기 프랑스를 중심으로 유럽과 미국에서 널리 유행한 사조. 인간의 무의식, 꿈의 세계 등 비현실세계를 표현하기 위해 물체를 모순된 배치와 형태로 나타낸 것이 특징이다.
⑤ 18세기 중엽~19세기 초 프랑스를 중심으로 유럽 전역에 나타난 사조로, 고대 그리스·로마로의 회귀를 기조로 한다.

10
① 《조선왕조실록》은 태조부터 철종 때까지 25대 472년간의 역사를 기록한 책이다. 일제 강점기에 일본인이 만든 《고종실록》과 《순종실록》은 왜곡된 것이 많아 포함시키지 않는다.

11
④ 거란(요)이 세 번째로 고려에 침입했을 때 군사들을 이끌고 나가 귀주대첩에서 승리했다.
① 1107년 20만에 달하는 대군을 이끌고 여진을 정벌. 9성 설치와 함께 고려 영토를 확장한 고려시대 문관이다.
② 고려 전기 때 강동6주를 획득하여 북쪽 변방을 압록강까지 넓히는 데 공헌한 문신이자 외교가이다.
③ 홍건적과 왜구, 원나라 등 외적 세력을 물리친 고려 말의 명장이자 고려 왕실의 충신이다.
⑤ 고려 초기인 11세기 초엽에 떨어신 제2차 고려거란전쟁 시기에 맹활약한 분관이나.

12
① 동시에 진행하는 선율들을 하나의 주제로 모방하고 그것들을 합쳐서 만든 성악곡이나 기악곡을 말한다.
② 일정한 규칙을 지켜서 어느 가락 전체를 그대로 모방하는 형식
⑤ 성악곡인 칸타타와 대립되는 기악곡

13
① 頓悟漸修. 깨달음의 경지에 이르는 단계를 나타내는 불교 용어이다.
② 在世理化. 세상에 있는 동안 다스려 깨우치게 함이라는 뜻으로, 홍익인간과 함께 한민족의 건국·통치 이념으로 거론된다.
③ 人乃大. 사람이 곧 하늘이라는 농학의 기본 사상이다.
⑤ 後天開闢. 지금의 세상이 끝나고 백성들이 바라는 새로운 세상이 열릴 것이라는 동학의 사상이다.

7. ④ 8. ② 9. ② 10. ① 11. ④ 12. ③ 13. ④

14 영국의 공리주의 철학자 제러미 벤담 (Jeremy Bentham)이 제안한 감옥 건축 양식인 「팬옵티콘」의 핵심 특징은 무엇인가?

① 감시자가 보이지 않게 수감자들을 감시할 수 있는 원형 구조
② 모든 벽이 거울로 된 사각형 구조
③ 외부와 완절히 단절된 지하 구조
④ 중앙 통제실이 없는 개방형 구조
⑤ 죄수들 간의 상호 감시를 통해 규율을 유지하는 구조

15 금융기관 등의 웹사이트나 해당 기관에서 보내온 메일로 위장해 개인정보를 불법적으로 알아내 이를 이용하는 사기 수법을 무엇이라 하는가?

① 파밍
② 피싱
③ 스미싱
④ 스푸핑
⑤ 스니핑

16 다음 중 최저임금 산정 기준 요소에 해당하지 않는 것은?

① 근로자의 생계비
② 유사 근로자의 임금 수준
③ 노동생산성
④ 소득분배율
⑤ 국가의 외환보유액

17 다음 중 사이버머니의 활용 예시로 옳은 것은?

① 은행 예금이자 계산
② 온라인 게임 아이템 구매
③ 주식 배당금 수령
④ 기업 제조장비 투자
⑤ 국제 원조기금 조성

18 다음 중 복사 기능의 단축키로 알맞은 것은?

① Ctrl + X
② Ctrl + C
③ Ctrl + V
④ Ctrl + Z
⑤ Ctrl + D

19 제시된 내용과 관련된 이탈리아의 도시는?

- 르네상스 예술·인문주의의 발상지
- 메디치 가문
- 유네스코 세계문화유산(1982년 등재)

① 피렌체
② 밀라노
③ 로마
④ 피사
⑤ 베네치아

20 애덤 스미스는 저서 《국부론》에서 「보이지 않는 손」이라는 용어로 이를 주장했는데, 그의 사상적 기반으로 가장 적절한 것은?

① 중상주의
② 중농주의
③ 공리주의
④ 자유방임주의
⑤ 사회주의

※ 위 문제는 수험생들의 기억에 의해 재생된 것이므로, 실제 문제와 다소 다를 수 있습니다.

14 팬옵티콘(Panopticon)은 원형 모양의 감옥 건축양식으로, 소수의 감독자가 자신은 노출시키지 않은 채 모든 수용자를 감시할 수 있는 형태의 감옥이다. 이는 중앙에 높은 하나의 감시탑이 있고 그 주변 둘레에 여러 방을 둔 구조로 돼 있다.

15 ① 합법적으로 소유하고 있던 사용자의 도메인을 탈취하거나 도메인네임시스템(DNS) 또는 프록시 서버의 주소를 변조함으로써 사용자들로 하여금 진짜 사이트로 오인해 접속하도록 유도한 뒤에 개인정보를 훔치는 범죄수법
③ 문자메시지(SMS)와 피싱(Phishing)의 합성어로, 인터넷 접속이 가능한 스마트폰의 문자메시지를 이용한 휴대폰 해킹
④ 임의로 구성된 웹사이트를 통하여 이용자의 정보를 빼가는 해킹 수법의 하나
⑤ 스니퍼를 이용하여 네트워크상의 데이터를 도청하는 행위로, 스니퍼는 컴퓨터 네트워크상에 흘러다니는 트래픽을 엿듣는 도청장치를 말한다.

16 최저임금 결정기준은 근로자의 생계비, 유사 근로자의 임금, 노동생산성 및 소득분배율을 고려하여 업종별 또는 전 산업에 동일하게 정한다. 최저임금액은 시간, 일, 주 또는 월 단위로 결정하되 반드시 시급을 명시해야 한다.

17 사이버머니는 온라인상에서 유통되는 돈으로, 형태를 갖고 있지는 않지만 쇼핑몰을 이용하거나 콘텐츠를 구매할 때 지불 대금으로 사용된다.

18 ① 선택한 항목 잘라내기
③ 복사한 항목 붙여넣기
④ 되돌리기 기능
⑤ 선택 해제

20 ④ 자유방임주의는 정부의 경영, 경제 간섭이 최소화되어야 한다는 주의를 말한다. 애덤 스미스는 《국부론》에서 모든 사람에게 최대의 신을 제공해주는 「보이지 않는 손」이라는 용어로 자유방임경제를 묘사했다.

🎯 14. ① 15. ② 16. ⑤ 17. ② 18. ② 19. ① 20. ④

실전테스트 100

🔴 **다음 물음에 알맞은 답을 고르시오. (1~70)**

01 도널드 트럼프 미 행정부가 12월 발표한 국가안보전략(NSS)에 따르면 「제1도련선 어디에서든 침략을 저지할 수 있는 군대를 구축할 것」이라는 내용이 명시됐다. 이와 관련, 제1도련선에 포함되는 지역을 〈보기〉에서 모두 고르면?

> **보기**
>
> ㉠ 일본 혼슈　　㉡ 오키나와　　㉢ 괌
> ㉣ 필리핀　　　　㉤ 사이판　　　㉥ 대만

① ㉠, ㉢
② ㉡, ㉣, ㉤
③ ㉢, ㉣, ㉤
④ ㉡, ㉣, ㉥
⑤ ㉡, ㉢, ㉣, ㉤, ㉥

02 트럼프 대통령은 취임 후 10개월간 전 세계의 8개 분쟁을 해결했다고 자평해 왔는데, 최근 이들 분쟁 대부분이 재개되면서 단기적 봉합에 그쳤다는 비판이 높아지고 있다. 다음 중 이 8개 분쟁에 해당하지 않는 것을 고르면?

① 이스라엘·하마스 가자전쟁
② 태국·캄보디아 분쟁
③ 아르메니아·아제르바이잔 분쟁
④ 인도·파키스탄 카슈미르 분쟁
⑤ 러시아·우크라이나 전쟁

03 이재명 대통령이 11월 G20 정상회의 참석 차 UAE·이집트·남아공·튀르키예를 방문해 정상외교를 가졌다. 이와 관련한 다음의 내용에서 (　) 안에 들어갈 용어로 바르지 못한 것은?

> **[한국–UAE]**
> • 한국 정부와 기업은 UAE 아부다비에 조성되는 최대 5GW 규모의 데이터센터 클러스터인 (　㉠　) 프로젝트에 참여하기로 했다.
> • 한국의 첫 해외 수주 원전이자 한국형 원전 APR1400 4기로 구성된 UAE의 (　㉡　) 원전을 사례로 세계 원전시장 공동 진출을 모색하기로 했다.
>
> **[한국–이집트]**
> • 이재명 대통령이 압델 파타 알시시 이집트 대통령과 정상회담을 갖고 「한·이집트 포괄적 (　㉢　)」을 추진하기로 했다. (　㉢　)는 관세 철폐 외에도 산업 및 투자보호 협력 등도 포괄해 FTA보다 적용범위가 더 넓은 것으로 여겨진다.
> • 이재명 대통령은 11월 20일 카이로대 연설에서 대한민국이 이집트·중동과 함께할 비전으로 안정·조화·혁신·네트워크·교육의 앞글자를 딴 (　㉣　)를 제안했다.
>
> **[남아공 G20 정상회의]**
> • 이재명 대통령은 올해 우리가 의장국을 맡은 (　㉤　) 정상급 인사들과의 회동을 주재했다. (　㉤　)는 멕시코, 인도네시아, 한국, 튀르키예, 호주가 참여하는 국가협의체를 말한다.

① ㉠: 스타게이트 UAE
② ㉡: 바라카
③ ㉢: CEPA
④ ㉣: 샤인 이니셔티브
⑤ ㉤: 브릭스

05 10월 치러진 이 나라의 중간선거에서 하비에르 밀레이 대통령의 집권여당이 압승을 거둔 가운데, 해당 선거 결과가 트럼프 미국 대통령의 노골적 선거 개입에 따른 것이라는 분석이 제기된 국가는?

① 칠레 　　　　② 볼리비아
③ 아르헨티나 　④ 우루과이
⑤ 과테말라

04 다카이치 사나에 일본 총리가 11월 「대만 유사시 무력 개입」 발언을 내놓은 것을 계기로 중일 갈등이 급속히 심화됐다. 이 과정에서 중국 함정이 일본과 영토분쟁을 빚고 있는 지역의 인근 영해에 진입해 군사적 긴장이 고조되기도 했는데, 어디인가?

① 센카쿠열도
② 쓰시마섬
③ 오키나와
④ 난사군도
⑤ 쿠릴열도

06 11월 1일 폐막한 경주 APEC 정상회의에서 채택된 「경주선언」에서 아시아·태평양 지역의 신성장 동력으로 인정하고 협력 필요성을 명문화한 산업은?

① 바이오산업
② 문화창조산업
③ 인공지능(AI) 산업
④ 로봇 제조업
⑤ 반도체 산업

01 도련선(島鏈線, Island Chain)은 태평양의 섬(島)을 사슬(鏈)처럼 이은 가상의 선(線)으로, ▷제1도련선은 「일본 규슈~일본 오키나와~대만~필리핀」를 연결하며 ▷제2도련선은 「일본 혼슈~괌~사이판~팔라우」로 연결된다.

02 도널드 트럼프 미국 대통령은 자신이 취임 후 10개월간 ▷가자전쟁 ▷태국·캄보디아 충돌 ▷아르메니아·아제르바이잔 분쟁 ▷르완다·민주콩고 평화협정 ▷인도·파키스탄 카슈미르 분쟁 ▷이스라엘·이란 분쟁 ▷이집트·에티오피아 분쟁 ▷세르비아·코소보 분쟁 등 8개 분쟁을 해결했다고 자평하고 있다.

03 ⑤ ㉤에 들어갈 용어는 믹타(MIKTA)이다. 브릭스(BRICS)는 본래 브라질(B)·러시아(R)·인도(I)·중국(C) 등 신흥경제 4개국을 지칭하던 용어였는데, 2011년에 남아프리카 공화국이 추가됐다. 이후 2024년 이란과 이집트, 에티오피아, 아랍에미리트연합(UAE)이 가입하며 연합이 확장됐으며, 올 1월에는 인도네시아가 가입하면서 현재 10개 회원국으로 구성돼 있다.

04 ① 센카쿠열도는 일본이 실효 지배하고 있으나 중국이 영유권을 주장하고 있어 중일 간 영유권 분쟁이 일고 있는 곳이다.

05 10월 26일 치러진 아르헨티나 중간선거에서 「아르헨티나의 트럼프」라 불리는 하비에르 밀레이 대통령의 여당 자유전진당(LLA)이 압승을 거뒀다. 이러한 밀레이 대통령의 승리에는 도널드 트럼프 미국 대통령이 아르헨티나에 금융 지원을 약속하면서 그 전제조건으로 여당의 승리를 내건 것이 주요 요인이 됐다는 분석이다.

06 경주선언은 무역·투자, 디지털·혁신, 포용적 성장 등 핵심 현안에 대한 주요 논의를 포괄했는데, 특히 「문화창조산업」을 아시아·태평양 지역의 신성장 동력으로 인정하고 협력 필요성을 명문화했다.

🎯 1.④ 2.⑤ 3.⑤ 4.① 5.③ 6.②

07 (   ) 안에 공통으로 들어갈 용어의 영문 약자로 바른 것은?

> 국방부가 11월 17일 (   ) 기준선 설정을 논의하기 위한 군사회담을 북한에 제안했다. 국방부는 회담을 제안한 이유에 대해 북한군이 (   ) 일대에 전술도로와 철책선을 설치하고 지뢰를 매설하는 과정에서 일부 인원이 (   )을/를 넘어오는 상황이 지속적으로 발생하기 때문이라고 설명했다. 한국의 (   )은/는 1953년 7월 27일 유엔군 측과 공산군 측이 합의한 정전협정에 의해 육상에 그어진 선, 즉 휴전선을 의미한다.

① DMZ
② MDL
③ JSA
④ GOP
⑤ CCZ

08 10월 열린 아세안(ASEAN) 정상회의에서 11번째 아세안 회원국으로 가입한 나라에 대한 설명으로 바르지 못한 것은?

① 1975년까지 네덜란드의 식민지배를 받았다.
② 1976년 인도네시아에 강제 병합되면서 독립투쟁이 전개됐다.
③ 우리나라의 상록수 부대가 1999년 이곳에 파병됐다.
④ 1996년 이 나라를 대표하던 인물들이 노벨 평화상을 수상했다.
⑤ 2002년에 유엔 191번째 회원국으로 가입했다.

09 다카이치 사나에 일본 내각이 최근 60년 가까이 이어온 일본의 비핵 3원칙 재검토를 추진하는 것으로 알려졌다. 〈보기〉에서 「일본의 비핵 3원칙」에 해당하는 것을 고르면?

> **보기**
> ㉠ 비제조   ㉡ 비거래   ㉢ 비개발
> ㉣ 비확산   ㉤ 비보유   ㉥ 비반입

① ㉠, ㉢, ㉣
② ㉡, ㉣, ㉤
③ ㉢, ㉣, ㉥
④ ㉠, ㉤, ㉥
⑤ ㉡, ㉢, ㉤

10 내란 특검팀이 11월 「평양 무인기 작전」 등의 외환 의혹과 관련해 윤석열 전 대통령에게 일반이적죄를 적용했다. 일반이적죄에 대한 설명으로 바른 것은?

① 적국과 합세하여 대한민국에 항적하는 죄를 말한다.
② 적국을 위하여 모병하거나 그러한 모병에 응한 죄를 말한다.
③ 적국을 위하여 국가적인 기밀을 탐지하거나 조사하는 자에 적용되는 죄이다.
④ 대한민국의 군사상 이익을 해하거나 적국에 군사상 이익을 공여할 경우 적용되는 죄이다.
⑤ 외국과 통모하여 전단을 열게 하거나 외국인과 통모하여 대한민국에 항적함으로써 성립되는 죄이다.

11 11월 27일 업비트에서 445억 원 규모의 가상자산 탈취가 발생한 가운데, 해당 사건의 배후로 지목된 북한 정찰총국 산하의 해킹조직은?

① 김수키
② 라자루스
③ 안다리엘
④ APT38
⑤ 블루노르프

12 정부가 11월 25일 공무원의 「이 의무」를 명시한 법 조항을 폐지하는 내용의 국가공무원법과 지방공무원법 개정안을 입법예고했다. 국가공무원법 제57조에 규정돼 있는 의무는?

① 지휘·감독에 따를 의무
② 법령 준수의 의무
③ 복종의 의무
④ 성실의 의무
⑤ 수용의 의무

07 남북한은 군사분계선(MDL) 후방으로 남북 양쪽 2km에 비무장지대(DMZ)를 설치, 완충구역으로 설정해 오늘에 이르고 있다. MDL은 약 200m 간격으로 설치된 황색 표지판으로 구성돼 있는데, 당초 1292개에 달했으나 설치된 지 70여 년이 넘으면서 현재 명확히 식별 가능한 표식물은 200여 개 정도로 알려져 있다. 이에 상대방 군인이 실제 군사분계선을 월선(越線)했는지 애매해 논란을 빚는 경우가 잦아지게 됐다.
① Demilitarized Zone. 비무장지대
③ Joint Security Area of Panmunjeom. 판문점 공동경비구역
④ General Outpost. 남방한계선 철책선에서 24시간 경계근무를 하며 적의 기습에 대비하는 소대 단위 초소
⑤ Civilian Control Zone. 민간인통제구역

08 동티모르가 10월 26일 말레이시아 쿠알라룸푸르에서 개막한 아세안(ASEAN·동남아시아국가연합) 정상회의에서 아세안 회원국으로 가입했다. 동티모르의 가입으로 아세안은 1999년 캄보디아 가입 이후 26년 만에 새 회원국을 받아들여 11개국 체제가 됐다.
① 동티모르는 1975년까지 포르투갈의 지배를 받았으며, 이러한 식민지배의 영향으로 포르투갈어가 테툼어(현지어)와 함께 공용어로 사용되고 있다.

09 일본 비핵 3원칙은 「핵무기는 보유하지도, 만들지도, 반입하지도 않는다」는 핵무기에 관한 일본 정부의 기본 정책을 말한다. 이는 1967년 12월 당시 사토 에이사쿠(佐藤榮作) 수상이 중의원 예산위원회에서 밝혔고, 1976년 5월 21일에는 중의원이 이를 결의함으로써 일본 정부의 비핵 정책 기본원칙으로 자리 잡게 됐다.

10 ① 여적죄 ② 모병이적죄 ③ 간첩죄 ⑤ 위환유치죄에 대한 설명이다.

11 11월 30일 정보통신기술(ICT) 업계에 따르면 27일 업비트에서 445억 원 규모의 가상자산 탈취 사건이 일어났으며, 해당 사건의 배후로 북한 정찰총국 산하의 해킹조직 「라자루스」가 지목됐다. 이는 라자루스가 6년 전 업비트를 해킹했을 때와 비슷한 수법이 쓰인 데 따른 것으로, 앞서 11월 27일 업비트에서는 총 445억 원 규모에 달하는 솔라나·오피셜트럼프·지토·솔레이어 등의 슬리니 계열 가상자산이 알 수 없는 외부지갑으로 전송되는 일이 발생했다.

12 개정안에 따르면 국가공무원법 제57조에 규정된 「복종의 의무」가 삭제되고, 그 표현이 「지휘·감독에 따를 의무」로 변경된다.

🎯 7. ② 8. ① 9. ④ 10. ④ 11. ② 12. ③

실전테스트 100

13 ( ) 안에 들어갈 용어로 바른 것은?

> ( )는 존폐를 둘러싸고 오랜 기간 논쟁이 돼 왔는데, 특히 2018년 미투(#MeToo) 운동 국면에서 이를 둘러싼 논란이 거세졌다. ( )의 폐지를 찬성하는 측에서는 민주주의 핵심인 표현의 자유를 위배하는 것이라고 비판한다. 반면 반대 측에서는 표현의 자유 못지않게 개인의 인격권 및 사생활의 자유가 보호받아야 한다는 주장이다. 한편, 2011년 유엔인권위원회와 2015년 유엔 산하 시민적·정치적 권리에 관한 국제규약위원회에서는 우리나라의 ( ) 규정 폐지를 권고하기도 했다.

① 모욕죄
② 사실적시 명예훼손죄
③ 비밀침해죄
④ 피의사실 공표죄
⑤ 업무상 비밀누설죄

14 한미 양국이 11월 발표한 관세협상과 안보협의 결과물인 「조인트 팩트시트」의 내용으로 바르지 못한 것은?

① 총 3000억 달러의 대미투자 중 2000억 달러는 연간 200억 달러 상한이 명시됐다.
② 총 3000억 달러의 대미투자 중 1500억 달러는 「마스가(MASGA) 프로젝트」로 불리는 한미 양국 조선협력에 투입되며, 모든 수익은 우리 기업에 귀속된다.
③ 한국산 자동차에 대한 미국의 관세율은 기존 25%에서 15%로 인하하기로 했다.

④ 50% 관세율을 적용받고 있는 철강·알루미늄 분야의 관세는 철폐됐다.
⑤ 반도체는 다른 나라보다 불리하지 않은 조건을 한국에 적용한다는 점이 명시됐다.

[15~16] 다음 글을 읽고, 물음에 답하시오.

> 한미 양국이 11월 14일 발표한 「조인트 팩트시트」에 따르면 주한미군의 지속적인 주둔을 통한 대한방위공약의 중요성에 양측이 공감대를 이뤘으며, 한국은 법적요건에 맞춰 주한미군에 330억 달러 상당의 포괄적 지원을 제공하기로 했다. 또 ㉠ 전시작전통제권 전환을 위해 동맹 차원의 협력도 지속하겠다는 양국의 방침 역시 팩트시트에 담겼다. 특히 지난 10월 29일 한미 정상회담에서 이재명 대통령이 공식 의제로 제기했던 한국의 ㉡ 핵추진 잠수함 건조를 미국이 승인한다는 내용도 명시됐다.

15 ㉠의 경우 3단계로 평가·검증을 거치는데, 현재는 2단계 검증이 진행 중인 것으로 알려졌다. 전작권 전환의 2단계 항목은 무엇인가?

① 최초작전운용능력(IOC)
② 예비운용능력(NOC)
③ 완전운용능력(FOC)
④ 확대운용능력(EOC)
⑤ 완전임무수행능력(FMC)

16 ㉡에 대한 설명으로 바른 것은?

① 건조·유지보수·폐기 비용이 낮은 편이다.

② 소형 원자로를 사용하며 장기간 잠항이 가능하다.

③ 미국·러시아·영국·프랑스·중국 등 NPT 핵보유국인 5개국만이 보유하고 있다.

④ SSN은 핵무기를 탑재한 잠수함을 말한다.

⑤ 기동성은 디젤 잠수함보다 떨어지는 편이다.

17 국회가 12월 2일 배당소득 분리과세와 법인세·교육세 인상 등의 예산부수법안을 2026년도 예산안과 함께 처리했다. 이에 따르면 배당소득 50억 원 초과에 적용되는 분리과세율은?

① 20%　　　② 25%

③ 30%　　　④ 35%

⑤ 40%

18 국제투자분쟁해결센터(ICSID)가 11월 우리 정부가 론스타에 지급해야 하는 배상금을 취소하는 판결을 내렸다. 이는 론스타가 2012년 「투자자-국가분쟁 해결제도(ISDS)」를 통해 국제중재를 제기한 지 13년 만인데, ISDS에 대한 설명으로 바르지 못한 것은?

① 공적인 기구가 아니라 민간에 중재를 요청하는 사적 분쟁해결 절차에 해당한다.

② 국가가 기업을 상대로 제기하는 것은 불가능하다.

③ 투자협정에 포함된 중재조항을 통해 적용된다.

④ 외국인 개인 투자자 및 기업이 ISDS를 통해 분쟁을 제기할 수 있는 주체가 된다.

⑤ 중재 절차는 사법 절차와 같이 3심제로 진행된다.

14　④ 50% 관세율을 적용받고 있는 철강·알루미늄 분야는 이번 관세협상에서 제외되면서 향후 난관이 예상된다.

15　전작권 전환은 ① 최초작전운용능력(IOC) ② 완전운용능력(FOC) ③ 완전임무수행능력(FMC) 등 3단계로 평가 및 검증을 거치게 된다.

16　① 핵잠은 건조·유지보수·폐기 비용이 매우 높고, 원자로 유지·운용을 위한 전문 인력과 지상 지원이 필요하다는 복잡성도 있다.
③ 현재 핵잠을 보유하고 있는 나라는 미국·중국·러시아·영국·프랑스 등 5개 공인 핵보유국(P5)과 사실상 핵보유국인 인도 등 6개국에 불과하다.
④ 핵무기를 탑재한 핵잠은 전략핵잠수함(SSBN)이다.
⑤ 핵잠은 기동성과 작전 범위에서도 디젤 잠수함보다 우위인 전략 자산으로 꼽힌다.

17　배당소득 분리과세는 주식시장 활성화를 위해 종합소득과세표준에 합산하지 않고 14~30%의 세율로 분리과세하도록 하는 것이다. 이번 국회를 통과한 예산부수법안에 따르면 배당소득 분리과세 과표구간을 배당소득 ▷2000만 원 이하 14% ▷2000만 원 초과~3억 원 이하 20% ▷3억 원 초과~50억 원 이하 25% ▷50억 원 초과 30%로 결정했다.

18　⑤ 중재판정 절차는 보통 평균 3년 이상이 소요되고, 사법 절차와 달리 단심제로 진행된다.

19 금융위원회가 11월 한국투자증권과 미래에셋증권을 자기자본 8조 원 이상의 종합금융투자사업자로 지정하고, 종합투자계좌(IMA) 업무 인가를 의결했다. IMA는 조달 자금 중 70% 이상을 이 자산에 투자해야 하는데, 무엇인가?

① 국내 주식
② 가상자산
③ 기업금융 관련 자산
④ 국공채
⑤ 인프라펀드

20 AI·반도체 등 첨단산업에 5년간 총 150조 원을 투자하는 「국민성장펀드」가 12월 11일 출범했다. 이와 관련된 내용으로 바르지 못한 것은?

① 산업별로는 인공지능(AI) 분야에 가장 큰 규모의 투자가 이뤄진다.
② 펀드 자금의 40% 이상은 지역에 배분한다.
③ 투자 방식 중 초저리대출은 국고채 금리 수준인 2~3%대로 제공한다.
④ 직접투자는 첨단기금과 민간자금이 공동으로 대규모 펀드를 조성해 정책 목적에 맞는 지분투자를 진행하는 방식으로 이뤄진다.
⑤ 첨단전략기금의 투자 결정은 투자심의위원회와 기금운용심의회의 2단계 구조로 이뤄진다.

21 소비자들의 경제에 대한 전반적인 인식을 종합적으로 파악할 수 있는 지표로 활용되고 있는 소비자심리지수는 ( )을 기준으로 향후 경기 상황을 평가한다. ( )에 들어갈 숫자는?

① 1
② 10
③ 20
④ 100
⑤ 110

22 다음 내용과 관련 있는 용어는?

공정거래위원회와 식품의약품안전처·농림축산식품부 등이 12월 2일 치킨을 대상으로 중량 표시제를 도입하는 방안을 발표했다. 이는 가격은 그대로 두고 용량을 줄여 사실상 가격 인상 효과를 보는 용량 꼼수가 소비자를 기만하고 실질적인 물가 인상을 초래한다는 판단에서다. 이에 따르면 치킨 전문점의 메뉴판에 닭고기의 조리 전 총중량을 표시해야 하는데, 중량 표시는 g(그램)이 원칙이지만 한 마리 단위로 조리하는 경우 등을 반영해 「호」 단위로 메뉴판에 표시할 수 있다.

① 팬플레이션
② 스크루플레이션
③ 스태그플레이션
④ 붐플레이션
⑤ 슈링크플레이션

23 ㉠, ㉡에 들어갈 기업이 바르게 짝지어진 것은?

> • 중국 상무부가 11월 10일 미중 무역 전쟁 확전 자제 합의에 따라 (㉠)의 미국 자회사 5곳에 대한 제재를 향후 1년 동안 유예한다고 발표했다.
> • (㉡)이/가 미국 전쟁부(국방부) 및 상무부와 전략적 파트너십을 체결하고, 미국 테네시주 클락스빌에 대규모 제련소 건설을 위한 공동 투자에 나선다고 12월 15일 밝혔다.

	㉠	㉡
①	한화오션	영풍
②	현대중공업	영풍
③	한화오션	고려아연
④	현대중공업	포스코
⑤	삼성중공업	고려아연

24 최근 종묘 맞은편 세운 4구역 재개발 사업을 둘러싼 국가유산청과 서울시의 갈등이 이어지고 있다. 이와 관련, 「종묘」에 대한 설명으로 바른 것은?

① 조선 역대 왕과 왕비의 신주가 있으나, 광해군과 연산군의 신주는 없다.
② 정전과 영녕전은 조선 건국 후인 1395년(태조 4)에 세워졌다.
③ 조선시대 때는 정전에서 매년 각 계절의 첫 달에 대제를 지냈다.
④ 1995년 유네스코 세계문화유산에 등재되었다.
⑤ 「궁궐을 기준으로 왼쪽에 종묘, 오른쪽에 사직을 세운다」는 예에 따라 설립됐다.

---

19 IMA는 증권사가 고객 예탁금을 「기업금융 관련 자산(70% 이상)」 등에 투자해 얻은 수익을 투자자에게 원금과 함께 돌려주는 원금지급형 실적배당 상품이다.

20 ④ 간접투자에 대한 설명이다. 직접투자는 회사채 발행 또는 저리 대출이 어려운 중소·중견기업의 증자 라운드에 직접 참여하거나 대규모 공장 증설을 위한 특수목적법인(SPC)의 증자에 참여하는 것이다.

21 소비자심리지수는 소비자를 대상으로 경기에 대한 판단 및 전망 등을 조사한다는 데서 소비자들의 경제에 대한 전반적인 인식을 종합적으로 파악할 수 있는 지표로 활용된다. 소비자심리지수가 100을 넘으면 앞으로 생활형편이나 경기·수입 등이 좋아질 것으로 보는 사람이 많다는 의미이며, 100 미만이면 경기 상황이 상대적으로 좋지 않다고 평가하는 사람이 많다는 뜻이다.

22 ⑤ 기존 제품의 가격은 그대로 유지하면서 제품의 크기나 수량 등을 줄여 사실상 가격 인상 효과를 노리는 판매 방식을 말한다.
① 사회 전반에 걸쳐 부풀리기가 만연해지는 현상
② 미시적인 차원에서 쥐어짤 만큼 일상생활이 어려워지는 상황에서 체감물가가 올라가는 상태
③ 경제활동이 침체되고 있음에도 불구하고 지속적으로 물가 상승 상태가 유지되는 저성장·고물가 상태
④ 호황기 때 발생하는 인플레이션

24 ② 종묘 창건 당시에는 현재의 정전만 있었다. 그러다 세종 때에 정전 옆에 새로운 별묘(別廟)를 지어 그 이름을 「영녕전」이라 하였다.

🎯 19. ③ 20. ④ 21. ④ 22. ⑤ 23. ③ 24. ②

25 다음은 12월 2일 국회를 통과한 비대면 진료의 법적 근거가 되는 의료법 개정안의 내용이다. 밑줄 친 부분 중 잘못된 것을 고르면?

> ○ 비대면 진료가 가능한 환자는 기본적으로 해당 의료기관에서 일정 기간 내 동일 증상으로 대면 진료를 받은 재진 환자다. ⓒ 초진 환자의 경우도 환자 거주지와 의료기관 소재지가 동일 지역이면 비대면 진료를 받을 수 있다. 다만 희귀질환자와 제1형 당뇨병 환자는 지역 제한 없이 초진·재진 모두 가능하다. ⓒ 비대면 진료 수행 의료기관은 병·의원급 모두 해당된다.
> 이 밖에 ⓒ 의료기관별로 비대면 진료 비율을 제한해 비대면 진료 전담기관을 금지하고, 비급여 진료를 실시한 경우에는 의료인이 그 내역을 복지부장관에게 제출해야 한다. 그리고 ⓒ 마약류 등 특정 의약품은 대면진료 기록 여부와 무관하게 비대면 처방이 제한된다. 다만 희귀질환자 등 필요성이 인정되는 경우에는 예외적으로 허용되며, 시각적 정보가 필수적인 질환은 화상 진료가 의무다.

① ㉠　　② ㉡　　③ ㉢　　④ ㉣　　⑤ ㉤

26 국민건강보험공단이 10월 31일 발표한 「2024 지역별 의료 이용 통계연보」에 따르면, 2024년 국내 병원에서 진료받은 6대 주요 암 환자 중 가장 많은 환자 수를 기록한 암은?

① 위암　　　② 폐암
③ 간암　　　④ 대장암
⑤ 유방암

27 고용노동부가 11월 노란봉투법 시행령 개정안을 2026년 1월 5일까지 입법예고한다고 밝혔다. 이에 따라 노란봉투법이 시행될 경우의 교섭 절차로 바르지 못한 것을 〈보기〉에서 고르면?

보기
> ㉠ 원청 사용자와 하청노조의 공동교섭 동의 시 교섭 진행
> ㉡ 원·하청이 합의하지 못할 경우 노동위원회에서 교섭단위 분리
> ㉢ 원·하청 노조는 원칙적으로 분리
> ㉣ 하청 노조는 개별 하청별, 직무 등 유사 하청별 등 특성별로 분리
> ㉤ 분리된 교섭단위별로 사용자와 직접 교섭 진행

① ㉠　　② ㉡　　③ ㉢　　④ ㉣　　⑤ ㉤

28 국가데이터처가 12월 발표한 「2024년 기준 국내 이주배경인구 현황」 자료에서 총인구 대비 이주배경인구 비율이 가장 높게 나타난 지역은 어디인가?

① 경기 안산시　　② 경기 화성시
③ 전남 영암군　　④ 충북 음성군
⑤ 서울 금천구

29 10월 국립공원으로 지정되면서 우리나라 24번째 국립공원이자 대한민국 최초의 도심형 국립공원이 된, 부산광역시에 소재한 산은?

① 화왕산　　　② 백양산
③ 무학산　　　④ 금정산
⑤ 신어산

30 일제강점기 때의 독립운동가로, 10월 열린 제43차 유네스코 총회에서 탄생 150주년이 되는 2026년이 「유네스코 세계기념해」로 공식 지정됐다. 한인애국단을 조직해 이봉창과 윤봉길의 의거를 지휘했으며, 임시정부 주석을 역임했던 이 인물은?

① 김구
② 서재필
③ 안창호
④ 김좌진
⑤ 조소앙

31 ( ) 안에 공통으로 들어갈 용어는?

> 국가유산청이 11월 12일 「근현대문화유산의 보존 및 활용에 관한 법률」에 따라 문화유산위원회가 최초의 ( ) 10건에 대한 선정안을 가결했다고 밝혔다. ( )은 건설·제작·형성된 지 50년이 지나지 않은 근현대문화유산 중 장래 등록문화유산으로서 보존 가치가 높은 것을 선정해 훼손·멸실을 막고, 지역사회 미래 문화자원의 기반을 마련하기 위해 도입한 제도이다.

① 초보문화유산
② 대비문화유산
③ 주비문화유산
④ 예비문화유산
⑤ 주무문화유산

---

25 ⓒ 비대면 진료 수행 의료기관은 의원급으로 제한된다. 다만 병원급 이상 의료기관도 희귀질환자, 제1형 당뇨병 환자, 교정시설 수용자, 수술 후 경과 관찰이 필요한 환자 등 특정 대상자에 한해 예외적으로 허용된다.

26 국민건강보험공단이 10월 31일 발표한 「2024 지역별 의료 이용 통계연보」에 따르면, 2024년 국내 병원에서 진료받은 6대 주요 암 환자 중 유방암 환자가 인구 10만 명당 523명으로 가장 많았다. 이어 대장암(320명), 위암(314명), 폐암(263명), 간암(159명), 자궁경부암(98명) 순으로 나타났다.

27 ⓔ 교섭단위가 분리되면 교섭단위별로 각각 교섭창구 단일화 절차를 진행해 각각의 교섭대표 노조를 결정하게 된다. 정부는 이 파징에서 소수노조가 배제되지 않도록 자율직인 풍풍교십딘 구성, 뤼힘·연입 빙식의 사율직 연내를 시원힐 빙침이나.

28 지역별료는 이주배경인구이 절반 이상(56.8%)이 수도권에 거주했는데, 시·군·구별료는 경기 안산시(11만 3000명), 경기 화성시(8만 5000명) 등에 많이 거주했다. 총인구 대비 이주배경인구 비율이 10% 이상인 시군구는 17곳이었는데, 전남 영암이 21.1%로 가장 높았다. 여기에 충북 음성군(19.9%), 경기 안산시(16.1%), 경기 포천시(15.1%), 충북 진천군(15.0%) 등도 전체 인구의 15% 이상이 이주배경인구였다.

29 금정산은 부산광역시 금정구, 북구, 동래구, 기장군 일대에 걸친 산으로 높이는 약 801.5m다. 금정산은 1987년 소백산국립공원 이후 37년 민에 보호지역이 아닌 곳이 새롭게 국립공원으로 지정된 사례로, 그간 국립공원으로 시징된 산들은 모두 노립공원에서 승격되는 형태였다.

🎯 25. ③ 26. ⑤ 27. ⑤ 28. ③ 29. ④ 30. ① 31. ④

32 국가유산청 국립해양유산연구소가 최근 12세기 고려 선박으로 추정되는 고(古)선박의 흔적을 찾은 마도 해역이 위치한 곳이다. 예로부터 배가 침몰되는 사고가 잦아 고선박이 지속적으로 발견돼온 지역은?

① 충남 태안군
② 충남 보령군
③ 전남 보성군
④ 전남 신안군
⑤ 전북 부안군

33 법원이 11월 유진그룹의 (　) 인수를 승인한 방송통신위원회의 결정에 위법 판단을 내렸다. (　) 안에 들어갈 1995년 3월 1일 개국한 24시간 보도전문채널은?

① MBN　　② OBS
③ YTN　　④ 연합뉴스
⑤ TBS

34 다음 제시된 내용과 관련된 국문학의 갈래는?

> • 조선 후기 부녀자들에 의해 창작
> • 대표적인 작품으로 〈규원가〉, 〈계녀가〉, 〈사친가〉 등이 있음
> • 11월 유네스코 세계기록유산 등재를 위한 국내 후보로 최종 선정됨

① 신체시
② 창가
③ 경기체가
④ 사설시조
⑤ 내방가사

35 다음 제시된 이미지는 140년 넘게 건설 중인 건축가 안토니오 가우디의 걸작이다. 지난 10월 30일 중앙탑 일부가 올려지면서 세계에서 가장 높은 성당에 등극한 이 건물의 이름은?

① 퀼른 대성당
② 사그라다 파밀리아 성당
③ 두오모 성당
④ 시스티나 성당
⑤ 노트르담 대성당

36 다음에서 추론할 수 있는 용어는?

> • 한 도시의 건축물이 그 지역에 미치는 영향이나 현상
> • 프랭크 게리(1928~2025)의 구겐하임미술관

① 메디치 효과
② 링겔만 효과
③ 바넘 효과
④ 빌바오 효과
⑤ 스티그마 효과

37 한국 현대 문학계 리얼리즘의 대표 작가인 황석영이 11월 문화예술 분야 정부포상 최고 영예인 금관문화훈장을 받았다. 이와 관련, 2024년 부커상 인터내셔널 부문 최종 후보에 올랐던 황석영의 작품을 고르면?

① 장길산
② 삼포 가는 길
③ 할매
④ 한씨 연대기
⑤ 철도원 삼대

38 최근 넷플릭스와 파라마운트의 인수 경쟁이 시작된 102년 역사를 가진 할리우드의 상징적인 스튜디오다. 영화 〈해리포터〉 시리즈를 비롯해 〈반지의 제왕〉, 〈슈퍼맨〉 등의 수많은 글로벌 흥행작을 보유한 영화제작사는?

① 워너브라더스
② 월트 디즈니
③ 유니버설
④ 소니 픽처스
⑤ 20세기 스튜디오

32 국가유산청 국립해양유산연구소가 11월 10일 충남 태안 마도 해역에서 12세기 고려 선박으로 추정되는 고(古)선박의 흔적을 찾았다고 밝혔다. 태안 앞바다는 예로부터 「난행량(難行梁)」이라 불릴 정도로 물살이 거칠고 풍랑이 심해 배가 침몰되는 사고가 잦았다. 이에 마도 해역에서는 지난 2009년부터 2011년까지 고려시대 배로 추정되는 마도 1~3호선이 차례로 발견됐고, 2014년에는 마도 4호선의 흔적이 발견된 바 있다.

33 서울행정법원 행정3부가 11월 28일 언론노조 YTN지부와 YTN우리사주조합이 방통위의 YTN 최다출자자(최대주주)변경 승인 처분을 취소해달라고 제기한 소송에서 원고 승소 판결을 내렸다. 이는 유진그룹의 YTN 인수를 승인한 방송통신위원회(방통위)의 결정에 위법 판단을 내린 것으로, 법원은 2인 체제 방통위에서 의결돼 승인된 것은 절차상 하자가 있어 위법하다는 원고의 주장을 수용했다.

36 ④ 한 도시의 건축물이 그 지역에 미치는 영향이나 현상으로, 스페인의 북부 소도시 빌바오에서 비롯됐다. 당시 쇠락을 거듭하던 빌바오에 구겐하임미술관이 설립되면서 관광업 호황이 이뤄졌고, 이후 도시의 세계적 건축물이 도시경쟁력을 높이는 효과를 나타내는 말로 사용되기 시작했다.
① 서로 다른 이질적인 분야를 접목하여 창조적·혁신적 아이디어를 창출해내는 기업 경영방식
② 개인의 수가 증가할수록 성과에 대한 개인(1인낭)의 공헌노가 현격히 서하뇌는 현상
③ 보편적으로 적용되는 성격 특성을 자신의 성격과 일치한다고 믿으려는 현상
⑤ 부정적으로 낙인이 찍히면 실제로 그 대상이 전전 더 나쁜 행태를 보이고, 대상에 대한 부정적 인식이 지속되는 현상

37 ⑤ 철도원 삼대의 영어 제목은 「Mater 2-10」으로, 소설은 철도 노동자 삼대의 후손인 이진오가 부당 해고를 당하고 아파트 16층 높이의 발전소 공장 굴뚝 위에서 고공 투쟁을 하는 내용을 담고 있다.

38 넷플릭스와 파라마운트가 102년 역사를 가진 할리우드의 상징적인 스튜디오 워너브라더스(워너)를 인수하기 위한 경쟁에 돌입했다. 이는 지난 12월 5일 넷플릭스가 720억 달러에 워너를 인수한다는 조내영 계약을 공개한 시 3일 만에 파라마운트가 직대적 인수를 선언한 데 따른 것이다.

32. ① 33. ③ 34. ⑤ 35. ② 36. ④ 37. ⑤ 38. ①

39 2026년 FIFA 북중미 월드컵 진출을 위한 대륙별 예선이 11월 19일 막을 내리면서, 북중미 월드컵 48개국 중 42개국이 확정됐다. 이와 관련된 내용으로 바르지 못한 것은?

① 독일은 19회 연속 월드컵 본선 진출을 확정하면서 브라질에 이어 역대 2번째로 많은 월드컵 본선 연속 진출이라는 기록을 썼다.
② 아프리카의 카보베르데는 북중미 월드컵 본선 진출로 2018년의 아이슬란드를 제치고 역대 최소 인구 월드컵 본선 진출을 이룬 국가가 됐다.
③ 남은 6개 팀은 2026년 3월 유럽 예선 플레이오프(PO)에서 4개 팀, 대륙 간 PO에서 2개 팀이 결정된다.
④ 아시아의 우즈베키스탄, 요르단은 월드컵에 처음 출전하게 됐다.
⑤ 북중미 월드컵 대륙별 예선에서 개최국을 제외하고 가장 먼저 본선을 확정한 나라는 일본이다.

40 한국이 12월 미국 워싱턴DC에서 진행된 2026년 북중미 월드컵 조추첨 결과 A조에 편성됐다. 〈보기〉에서 우리나라와 같은 A조에 편성된 나라를 고르면?

> **보기**
>
> ㉠ 네덜란드   ㉡ 멕시코
> ㉢ 스웨덴   ㉣ 튀니지
> ㉤ 남아프리카공화국

① ㉠, ㉡   ② ㉡, ㉢
③ ㉠, ㉤   ④ ㉡, ㉤
⑤ ㉢, ㉣

41 11월 막을 내린 2025년 메이저리그(MLB) 월드시리즈에서 지난해에 이어 2년 연속 우승을 기록한 팀은?

① 시카고 컵스
② 밀워키 브루어스
③ 뉴욕 양키스
④ LA 다저스
⑤ 토론토 블루제이스

42 국제테니스명예의전당(ITHF)이 11월 테니스 명예의 전당 헌액 대상자로 확정한 인물로, 남자 선수 최초의 메이저 대회 단식 20회 우승 기록 보유자는?

① 라파엘 나달
② 피트 샘프라스
③ 레안더 파에스
④ 안드레 애거시
⑤ 로저 페더러

43 리오넬 메시가 소속된 인터 마이애미가 12월 MLS(메이저리그사커)컵 우승을 차지하면서 메시가 개인 통산 48번째 우승컵을 기록하게 됐다. 이와 관련, 메시가 아르헨티나 대표팀으로 우승을 차지한 대회가 아닌 것은?

① 2005년 U-20 월드컵
② 2008년 베이징 올림픽
③ 2018년 러시아 월드컵
④ 2021년 코파 아메리카
⑤ 2022년 카타르 월드컵

44 다음 ( ) 안에 들어갈 선수의 이름은?

> 한국 탁구의 임종훈−신유빈 조가 12월 월드테이블테니스(WTT) 홍콩 파이널스 혼합복식 결승전에서 중국을 꺾고 승리하며, 한국 선수로는 사상 처음으로 이 대회 우승을 차지했다. 이로써 2004년 아테네올림픽 남자단식 결승전에서 ( )이/가 중국의 왕하오를 꺾고 금메달을 차지한 이후 무려 21년 만에 한국이 중국을 이긴 기록도 쓰게 됐다.

① 장우진
② 유승민
③ 이상수
④ 유남규
⑤ 정영식

45 11월 27일 성공적으로 완료된 누리호 4차 발사와 관련된 내용으로 바르지 못한 것은?

① 누리호 사상 처음으로 야간에 발사됐는데, 이는 오로라와 태양광을 관측해야 하는 주탑재 위성의 임무 때문이다.
② 역대 누리호 사상 가장 많은 총 13기의 위성이 탑재됐다.
③ 누리호에 실린 주탑재 위성은 차세대 중형위성 3호이다.
④ 대학·기업·연구기관이 제작한 큐브위성 12기는 기상 관측과 의학 실험 등 각기 다른 임무를 수행한다.
⑤ 1·2·3차 발사와 같이 발사체 총조립과 운용 등 전 과정을 한국항공우주연구원이 맡았다.

39 인구 16만 명의 카리브해 섬나라인 퀴라소는 이번 월드컵 본선 진출로 2018년의 아이슬란드(32만 명)를 제치고 역대 최소 인구 월드컵 본선 진출 국가가 됐다.

41 로스앤젤레스(LA) 다저스가 11월 2일 캐나다 온타리오주 토론토의 로저스센터에서 열린 2025 메이저리그(MLB) 월드시리즈 7차전 토론토 블루제이스와의 원정 경기에서 연장 11회 접전 끝에 5-4로 승리했다. 이로써 다저스는 지난해에 이어 2년 연속, 구단 통산 9번째 WS 챔피언에 올랐다.

42 페더러는 남자 선수 최초로 메이저 대회 단식 20회 우승 기록을 세운 인물로, 2009년에는 프랑스오픈을 제패하며 4대 메이저 대회를 모두 석권하는 「커리어 그랜드슬램」을 완성했다. 이울러 2004년 2월부터 2008년 8월까지 4년 6개월(237주) 연속 세계 랭킹 1위를 지켰는데 이 기록은 아직도 깨지지 않고 있다.

43 메시는 아르헨티나 대표팀으로는 2005 U-20 월드컵, 2022 카타르월드컵, 2021·2024 코파 아메리카(남미축구선수권), 2008 베이징올림픽 등에서 5차례 정상에 오른 바 있다.

45 앞서 1·2·3차 누리호 발사에서는 발사체 총조립과 운용을 항우연(한국항공우주연구원)이 맡았으나, 이번 4차 발사에서는 민간 체계종합기업인 한화에어로스페이스가 발사체 제작부터 조립, 구성품 참여업체 관리 등 발사 직전까지의 모든 과정을 주관했다.

🎯 39. ② 40. ④ 41. ④ 42. ⑤ 43. ③ 44. ② 45. ⑤

46 현재 영구정지된 원전을 제외하면 국내에서 가장 오래된 원전으로, 원자력안전위원회가 11월 계속운전을 승인한 부산 기장군에 소재한 원전은?

① 한빛 1호기   ② 고리 1호기
③ 고리 2호기   ④ 월성 1호기
⑤ 월성 2호기

47 젠슨 황 엔비디아 최고경영자(CEO)가 10월 한국 정부와 주요 기업에 인공지능(AI) 개발에 필요한 그래픽처리장치(GPU) 26만 장을 우선 공급하겠다고 밝혔다. 이와 관련, GPU에 대한 설명으로 바른 것은?

① 데이터를 한 번에 대량으로 처리하는 병렬 처리 방식의 반도체이다.
② 컴퓨터의 전원이 꺼져도 정보가 사라지지 않는 비휘발성 특징을 지니고 있다.
③ CPU가 필요로 하는 데이터와 명령어 체계를 임시로 보관하는 장소로 활용된다.
④ 명령어가 입력된 순서대로 데이터를 처리하기 때문에 많은 정보가 갑자기 들어오면 병목현상이 발생한다.
⑤ 컴퓨터의 두뇌로, 명령어를 해석하고 연산을 수행한다.

48 방사능이 낮은 은색 금속으로, 중국과학원(CAS)이 11월 세계 최초로 용융염 원자로를 가동해 우라늄 핵연료로 바꾸는 데 성공했다고 밝힌 것은?

① 리튬(Li)   ② 나트륨(Na)
③ 세슘(Cs)   ④ 토륨(Th)
⑤ 플루토늄(Pu)

49 ㉠, ㉡에 들어갈 용어로 바른 것은?

> 미국 우주기업 스페이스X는 현재 총 4만 2000기의 소형 위성을 지구 (㉠)에 쏘아 올리는 「스타링크 프로젝트」를 추진 중이다. 또한 스페이스X는 (㉠) 위성을 활용해 지리적 제약 없이도 문자·전화를 주고받거나 데이터를 사용할 수 있는 (㉡) 서비스를 제공 중에 있다. (㉡)은/는 위성 전화기를 쓰지 않아도 일반 스마트폰으로 위성 통화를 할 수 있는 것이 특징으로, 향후 (㉡)이/가 기존 지상 통신망을 완전히 대체할 수 있을 것이라는 분석이 나온다.

	㉠	㉡
①	저궤도	카이퍼
②	저궤도	다이렉트 투 셀
③	중궤도	카이퍼
④	중궤도	다이렉트 투 셀
⑤	정지궤도	카이퍼

50 낸드플래시를 수직으로 적층해 만든 차세대 메모리로, 최근 대규모언어모델(LLM)이 처리하는 데이터 용량 급증에 따른 대안으로 부상하고 있는 것은?

① HBM
② CXL
③ NPU
④ HBF
⑤ PIM

51 〈보기〉의 내용이 가리키는 우주탐사계획의 명칭은?

> 보기
>
> • 미국 항공우주국(NASA)이 추진하는 달 유인 탐사 계획으로, 인류 최초의 여성 우주인을 포함한 우주인 4명을 달에 보내는 것을 목표로 한다.
> • 총 3단계로 이뤄지는 이 계획의 1단계는 2022년 완료됐으며, 2단계는 2026년 4월, 3단계는 2027년 시행될 예정이다.

① 아르테미스   ② 아폴로
③ 오리온   ④ 머큐리
⑤ 창어

52 구글이 자체 개발한 인공지능(AI) 칩인 텐서처리장치(TPU)가 최근 엔비디아 GPU의 아성을 무너뜨릴 AI칩으로 부상했다. 이와 관련, TPU에 대한 설명으로 바른 것은?

① AI 행렬 연산에 특화돼 있다.
② 범용 병렬 연산에 강점을 갖고 있다.
③ GPU보다 속도는 훨씬 빠르지만 전력 소모량이 더 높다.
④ GPU 대비 비용이 높다.
⑤ 본래 게임 그래픽용으로 개발됐다.

46 지난 2017·2018년 영구정지된 고리 1호기와 월성 1호기를 제외하면 국내에서 가장 오래된 원전은 고리 2호기다. 고리 2호기는 지난 2023년 4월 설계수명 만료로 가동이 중단됐으나, 이번 계속운전 승인으로 2033년 4월 8일까지 수명이 연장됐다.

47 ② ROM ③ RAM ④⑤ CPU에 대한 설명이다.

48 중국과학원이 11월 1일 세계에서는 처음으로 토륨 용융염 원자로를 가동하는 데 성공, 2035년까지 100MW급 시범 프로젝트를 완성하겠다고 밝혔다.

50 ① High Bandwidth Memory. TSV(실리콘관통전극)로 D램 칩을 수직으로 쌓아 데이터 처리 속도를 높인 고대역폭메모리
② Compute Express Link. 고성능 연산이 필요한 애플리케이션에서 서로 다른 기종의 제품을 효율적으로 통신·연결할 수 있는 차세대 인터페이스
③ Neural Processing Units. 인간 두뇌를 모방한 AI 반도체
⑤ Processing In Memory. 데이터 저장 역할만 하는 기존 D램과 달리 비메모리 반도체인 CPU나 GPU처럼 연산도 할 수 있도록 한 차세대 기술

51 ② 인류 최초의 달 착륙 유인 우주비행 계획으로, 1969년 7월 20일 아폴로 11호의 암스트롱 선장과 올드린 비행사가 아폴로 계획을 통해 달에 인류 역사상 저음으로 발자국을 남긴 바 있다.
③ 1940년대 미국에서 진행됐던 핵 추진 우주선 개발 프로젝트다.
④ 1958~1963년 추진된 미국 최초의 유인 우주비행 계획으로, 이후 아폴로 계획의 기반이 됐다.
⑤ 중국이 추진하는 달 탐사 프로젝트로, 2019년 창어 4호가 세계 최초로 달 뒷면 착륙에 성공한 바 있다.

52 ②⑤ GPU에 대한 설명이다.
③ TPU는 동일한 AI 작업에서 GPU보다 훨씬 빠른 속도와 낮은 전력 소모를 갖고 있다.
④ TPU는 GPU 대비 비용이 저렴하고, 전기 소모도 적어 대규모 인프라 운영에 유리하다.

🎯 46. ③ 47. ① 48. ④ 49. ② 50. ④ 51. ① 52. ①

53 12월 10일부터 세계 최초로 16세 미만 이용자의 소셜미디어(SNS) 이용 차단을 시행한 국가는?

① 스페인　　② 덴마크
③ 뉴질랜드　　④ 말레이시아
⑤ 오스트레일리아

54 다음 중 용어에 대한 설명이 바르지 못한 것은?

① 레오(LEO): 아마존이 추진 중인 저궤도 위성 인터넷 프로젝트이다.
② 버추얼 트윈: 현실 세계의 대상을 디지털 공간에 실시간으로 그대로 재현한 가상 복제 모델이다.
③ ASIC: 사물인터넷·자율주행 등 특정 용도를 위해 제작되는 일종의 맞춤형 반도체이다.
④ GLP-1: 식후 간에서 생성되는 호르몬으로, 혈당 상승 시 인슐린 분비를 증가시키고 글루카곤 분비를 억제해 혈당을 낮추는 역할을 한다.
⑤ AI 레드팀: 인공지능(AI) 시스템의 취약점을 찾고 이에 대응하는 방법을 연구하는 일종의 보안팀이다.

55 「생산가능인구 100명당 65세 이상 노인 인구의 비율」을 무엇이라 하는가?

① 노령화지수
② 총인구부양비
③ 인구오너스
④ 노인부양비
⑤ 인구절벽

56 밑줄 친 부분과 관련된 색을 고르면?

> 외교부의 여행경보 제도는 ▷여행 유의(신변안전 유의) ▷여행 자제(신변안전 특별유의, 여행 필요성 신중 검토) ▷철수 권고(긴급 용무가 아닌 한 철수, 가급적 여행 취소 및 연기) ▷여행금지(즉시 대피 및 철수)의 4단계로 나뉜다. 이 중 여행금지 국가에 예외적 여권사용허가를 받지 않고 체류하면 여권법에 따라 1년 이하의 징역 또는 1000만 원 이하의 벌금에 처해질 수 있다.

① Gray
② Yellow
③ Red
④ White
⑤ Black

57 국회 패스트트랙 절차에 대한 설명으로 바르지 못한 것은?

① 패스트트랙 법안 지정: 재적의원 과반이 서명하고 소관 상임위 재적위원 3분의 2 이상의 찬성을 받아야 한다.
② 해당 상임위 심사: 최장 180일이지만 각 위원회가 안건조정제도를 통해 최장 90일 이내로 단축할 수 있다.
③ 법사위 심사: 심사 기간은 최대 90일로, 정해진 시한 내에 심사를 마치지 못하면 본회의에 자동 부의된다.
④ 본회의 상정: 본회의 부의 후 상정까지 60일의 기간이 걸리지만, 국회의장의 재량에 따라 생략이 가능하다.
⑤ 표결: 재적의원 과반수의 출석과 출석의원 과반수의 찬성으로 법안이 통과된다.

58 다음 ( ) 안에 들어갈 동물이 다른 하나는?

> - 방 안의 (㉠): 잘못됐다는 것을 알면서도 먼저 그 말을 꺼낼 경우 초래될 위험이 두려워, 그 누구도 먼저 말하지 않는 커다란 문제
> - 검은 (㉡): 엄청난 결과를 초래할 사건이란 것을 누구나 알고 있지만, 모른 척하며 해결하지 않는 문제
> - 회색 (㉢): 개연성이 높고 파급력이 크지만 사람들이 간과하는 위험
> - 장님 (㉣) 말하듯: 전체를 보지 못하고 일부만 가지고 전체인 듯이 말한다는 속담
> - (㉤) 곡선: 1990년대 이후 본격화된 글로벌화의 효과를 보여주는 그래프

① ㉠ ② ㉡ ③ ㉢ ④ ㉣ ⑤ ㉤

59 다음과 같은 주장들을 한 학자들의 학파는?

> - 최대 다수의 행복이 옳고 그름의 척도다.
> - 배부른 돼지가 되기보다는 차라리 배고픈 인간이, 만족스러운 바보가 되기보다는 불만족스러운 소크라테스가 되는 것이 더 바람직하다.

① 실존주의
② 공리주의
③ 계몽주의
④ 구조주의
⑤ 합리주의

---

53 오스트레일리아(호주)가 12월 10일부터 16세 미만 이용자의 소셜미디어(SNS) 이용 차단을 시행했다. 정부 차원에서 일정 연령의 청소년 전체를 대상으로 부모의 동의 여부와 관계없이 소셜미디어 계정 보유를 금지하는 것은 세계 최초로, 이는 2024년 제정한 청소년 소셜미디어 금지 법안에 따른 것이다.

54 ④ GLP-1은 간이 아닌, 소장에서 생성되는 호르몬이다.

55 ① 유소년층 인구(0~14세)에 대한 노년층 인구(65세 이상)의 비율로 인구의 노령화 정도를 나타내는 지표
② 유소년층 인구(14세 이하)와 노년층 인구(65세 이상)에 대한 청장년층 인구, 즉 생산가능연령인구(15~64세)의 비율
③ 전체 인구에서 차지하는 생산연령인구(15~64세)의 비중이 감소하면서 경제성장이 지체되는 것
⑤ 생산가능인구(15~64세)의 비율이 급속도로 줄어드는 현상

56 남색경보(여행 유의), 황색경보(여행 자제), 적색경보(철수 권고), 흑색경보(여행 금지)

57 ① 패스트트랙 법안으로 지정되려면 재적의원 과반이 서명하고 소관 상임위 재적위원 5분의 3 이상의 찬성을 받아야 한다.

58 ㉠ 밖 안의 코끼리 ㉡ 검은 코끼리 ㉢ 회색 코뿔소 ㉣ 장님 코끼리 말하듯 ㉤ 코끼리 곡선

59 ③ 교회로 대표되는 구시대의 묵은 사상과 특권에 반대해 인간적·합리적 자유의 자율을 제창한 혁신적 사상
④ 마르크스주의와 실존주의의 견해를 비판하고 관계 개념에 주목하여 구조를 형성하는 요소들 간의 동질성이 선제된 '교환'이라는 사고 방식을 중시하는 것이 특징이다.

🎯 53. ⑤ 54. ④ 55. ④ 56. ⑤ 57. ① 58. ③ 59. ②

60 다음은 이것의 전통적인 기능에 대한 설명이다. 무엇인가?

> • 구성원의 재생산 기능
> • 구성원의 사회화 담당
> • 정서적 안정감 부여
> • 경제적 기본단위 역할

① 회사　　　　② 가족
③ 학교　　　　④ 종교집단
⑤ 대중매체

61 용어에 대한 설명이 바르지 않은 것은?

① 사물놀이: 꽹과리, 징, 장구, 북 등을 치며 노는 농촌의 민속놀이
② 아악: 고려·조선시대의 궁중 음악
③ 종묘제례악: 종묘의 정전과 영녕전의 제례의식에 쓰이는 음악
④ 산조: 경기 남부 및 남도 지역에서 발생한 기악독주 음악의 한 갈래
⑤ 시나위: 우리나라 북쪽 지방에서 발달한 합창곡

62 프랑스 연출가 코냐르가 지은 속요 〈삼색모표〉에 나오는 나폴레옹을 숭배하는 병사의 이름에서 유래된 것으로, 배타적 애국주의를 이르는 용어는?

① 파시즘
② 아나키즘
③ 쇼비니즘
④ 시오니즘
⑤ 네오나치즘

63 다음의 지역에 공통적으로 발달한 지형은?

> 파리분지, 런던분지, 찬정분지, 5대호 연안

① 범람원　　　　② 케스타
③ 순상지　　　　④ 탁상지
⑤ 삼각주

64 다음의 공통적인 속도 제한은?

> • 어린이보호구역(스쿨존)
> • 노인보호구역
> • 장애인보호구역
> • 생활도로구역

① 20km　　　　② 30km
③ 40km　　　　④ 50km
⑤ 60km

65 다음이 설명하는 문학상은 무엇인가?

> 2001년 제정된 문학상으로, 2012년부터는 전 세계 소설가를 대상으로 수상자를 선정하고 있다. 매년 세계문학 발전에 탁월한 업적을 세운 작가 1명을 선정해 수상하는 우리나라 최초의 세계문학상으로, 총상금은 국내 문학상 중 최고 금액인 1억 5000만 원이다.

① 동인문학상　　　　② 현대문학상
③ 이상문학상　　　　④ 박경리문학상
⑤ 황순원문학상

66 메소포타미아 문명의 특징으로 바르지 못한 것은?

① 쐐기 모양의 설형문자 사용
② 함무라비 법전 편찬
③ 점성술과 천문학 발달
④ 태양력 사용
⑤ 60진법에 의한 시간 측정법 창안

67 다음 방사성폐기물 중 성격이 다른 하나는?

① 방사능을 걸러내는 필터
② 원자로 내의 방사능을 흡착하는 이온 교환 수지
③ 액체 폐기물 처리 후 남는 찌꺼기
④ 사용후핵연료
⑤ 원자로 청소에 사용된 걸레

61 ⑤ 시나위는 남도무악의 하나로 일명 신방곡이라고도 한다. 전라도, 충청도, 경기도 남부 지방의 무속 음악에서 유래한 기악곡으로서, 장단 조직은 산조와 같다.

62 ① 이탈리아 무솔리니의 정치주의를 지칭한 데서 유래된 것으로, 국수주의적이고 권위주의적·반공적인 전체주의를 의미함
② 무정부주의
④ 고대 유대인들이 고국 팔레스타인에 유대 민족국가를 건설하는 것을 목표로 한 유대민족주의 운동
⑤ 신나치주의. 1920년대부터 제2차 세계대전이 종결될 때까지 독일 민족운동을 이끌었던 나치주의의 현대판 버전이라고 할 수 있음

63 ② 한쪽이 급경사, 반대쪽이 완만한 경사를 이루는 비대칭적인 횡단평면을 나타내는 구릉
① 하천의 하류 지역에서 하천의 범람으로 운반 물질이 하천 양안에 퇴적돼 형성된 평탄 지형
③ 지각 중에서 지질학적으로 가장 오래되며 안정된 부분
④ 지표의 단단한 암석층이 넓은 면적으로 수평상의 테이블 모양을 이룬 안정된 지역
⑤ 하천이 바다 또는 호수와 만나는 하구에 퇴적물이 오랫동안 쌓여 만들어진 평평한 지형

64 보행 약자를 위해 설치 운영 중인 보호구역은 1995년 어린이보호구역(스쿨존)을 시작으로 노인보호구역(2006년), 장애인보호구역(2010년)이 잇달아 도입됐다. 보호구역은 해당 시설 주변 300~500m 내 지역을 지정할 수 있으며 속도 제한(시속 30km 이하), 주정차 및 추월 금지 등의 규제가 적용된다.

65 ④ 토지문화재단이 주관하는 문학상으로, 대하장편소설 《토지》 등을 집필한 소설가 고(故) 박경리(1926~2008)를 기리기 위해 2011년 제정됐다.
① 소설가 김동인의 문학을 기념하기 위해 제정된 문학상
② 현대문학사에서 1056년에 제정한 문학상
③ 1977년 월간 《문학사상》이 시인이자 소설가인 이상 문학의 뛰어난 업적과 정신을 기리기 위해 제정한 문학상
⑤ 소설가 황순원의 문학적 업적을 기리기 위해 2001년 중앙일보사에서 제정한 문학상

66 ④ 메소포타미아 문명은 티그리스 유프라테스 두 강의 유역에 번영한 고대 문명이다. 쐐기 모양의 설형문자를 사용했으며 바빌로니아 왕국의 경우 함무라비 법전을 편찬했다. 점성술과 천문학이 발달했으며, 태음력을 제정하고 60진법에 의한 시장 측정법을 창안했다.

67 ④ 사용후핵연료는 고준위 방사성폐기물이다. 나머지는 중저준위 방사선폐기물에 해당된다.

🎯 60. ② 61. ⑤ 62. ③ 63. ② 64. ② 65. ④ 66. ④ 67. ④

실전테스트 100

68 「유상증자」에 대한 바른 설명은?

① 주주의 주금 납입으로 신주를 발행해 회사의 주식자본을 증가시키는 방식
② 주주의 주금 납입 없이 준비금의 자본 전입에 의해 주식 자본을 증가시키는 방식
③ 기존 회사 주주들이 지분율대로 새로운 법인의 주식을 나눠 갖는 방식
④ 기존 회사가 새 회사의 주식을 소유하는 방식
⑤ 주식의 액면금액을 감액하는 방식

69 〈보기〉에 제시된 내용들과 관련된 것은?

> **보기**
> 이용호 게이트(2001), 삼성 비자금 (2008), 디도스 공격(2012), 내곡동 사저부지 의혹(2012), 박근혜-최순실 게이트(2016), 12·3 내란(2025)

① 국정조사
② 인사청문회
③ 고위공직자범죄수사처
④ 특별검사제
⑤ 특별감찰관

70 도산 안창호 선생은 민족의 정신적 지표로서 4대 정신을 강조하면서 이를 기반으로 1913년 흥사단을 설립했다. 도산이 강조한 4대 정신에 포함되지 않는 것은?

① 무실　　② 역행
③ 신용　　④ 용감
⑤ 충의

🔴 다음 물음에 알맞은 답을 쓰시오. [71~100]

71 100만 달러(약 14억 7000만 원)를 내면 미국 영주권을 신속하게 발급해주는 제도로, 도널드 트럼프 미 행정부가 이에 대한 신청 접수를 12월 10일 시작했다. 무엇인가?

✏ _____

72 1982년 결성된 미국 최대 규모의 민주사회주의 단체로, 2016년 대선 민주당 경선에서 버니 샌더스가 돌풍을 일으키면서 주목을 받았던 미국 내 가장 큰 진보 정치조직 중 하나는?

✏ _____

73 1928년 설립된 이슬람 근본주의 조직이자 세계 최대·최고(最高)의 이슬람주의 단체는?

✏ _____

74 국방과학연구소(ADD)가 북한의 핵·미사일 도발 징후 탐지 등을 위한 정찰위성 확보를 목표로 추진하는 사업으로, 이 사업의 마지막 다섯 번째 군사정찰위성이 11월 2일 성공적으로 발사됐다. 무엇인가?

✏ _____

75 1993년 6월 1일 실전 배치된 한국 최초의 잠수함으로, 통일신라 때 청해진을 중심으로 해양을 개척했던 인물의 이름을 딴 것이다. 올해 말 완전 퇴역하는 이 잠수함의 명칭은?

✏ _____

76 사업내용이나 재무상황, 영업실적 등 기업의 경영 내용을 투자자 등 이해관계자에게 알리는 제도를 무엇이라 하는가?

77 자신만 흐름을 놓치고 있는 것 같은 심각한 두려움 또는 세상의 흐름에 자신만 제외되고 있다는 공포를 이르는 말로, 영끌족과 빚투 현상과도 관련이 있는 것은?

78 여성의 경력이 단절되는 사회적인 현상을 이르는 말로, 취업률의 변화 추이가 이 알파벳을 닮은 데서 붙은 명칭은?

79 보유한 특허를 이용하여 제품을 생산하지 않고, 타인에게 라이선싱 또는 판매 등의 거래를 통해 로열티를 받거나 특허 소송을 통해 이익을 창출하는 회사를 일컫는 용어는?

80 급변하는 철강산업 환경 속에서 국가 차원의 체계적이고 종합적인 지원 근거를 마련하기 위해 제정된 「철강산업 경쟁력 강화 및 탄소중립 전환을 위한 특별법」의 별칭은?

81 현재 제도가 약속한 미래 연금 지급액 중 이미 적립된 기금으로는 충당되지 않는 부분을 무엇이라 하는가?

---

68 ② 무상증자 ③ 인적분할 ④ 물적분할 ⑤ 감자

69 ④ 고위 공직자의 비리나 위법 혐의 등 수사 자체의 공정성을 기하기 어려운 경우에 현직 검사가 아닌 특별검사를 임명해 수사·기소권을 주는 제도다.
① 국회에서 재적의원 4분의 1 이상의 요구가 있을 때 특별위원회 또는 상임위원회로 하여금 국정의 특정사안에 관한 조사를 시행하는 제도
② 대통령이 임명한 행정부 고위 공직자의 자질과 능력을 국회에서 검증받는 제도
③ 고위공직자 및 그 가족의 비리를 중점적으로 수사·기소하는 독립기관
⑤ 대통령의 친인척 등 대통령과 특수한 관계에 있는 사람의 비위행위에 대한 감찰을 담당하는 직위

70 도산 안창호 선생은 조국독립과 인재양성을 위해 무실, 역행, 충의, 용감의 4대 정신으로 1913년 미국 샌프란시스코에서 흥사단을 설립했다.

---

08. ① 09. ④ 70. ③ 71. 골드카드(Gold Card) 72. 미국 민주사회주의자들(DSA·Democratic Socialists of America) 73. 무슬림형제단(Muslim Brothers) 74. 425사업 75. 장보고함(張保皐艦) 76. 공시(公示, Disclosure) 77. 포모증후군(FOMO Syndrome) 78. 엠커브(M-Curve) 79. 특허괴물(Patent Troll) 80. K-스틸법 81. 미적립부채(未積立負債, Unfunded Liability)

실전테스트 100

82 반도체·광물 등의 공급망을 구축하기 위해 미국 주도로 한국·일본 등 9개국이 참여해 12월 출범한 경제 협력체는?

✎ _____

83 실물 신용·체크카드 없이 스마트폰·웨어러블·앱·생체인증 등을 통해 디지털 방식으로 결제·금융 활동을 하는 세대를 이르는 말은?

✎ _____

84 해양보호구역 및 그 인근 해양자산의 가치를 보전하고 지속 가능한 이용을 위해 국가가 공원으로 직접 지정해 관리하는 제도는?

✎ _____

85 국회의 관련 법률 통과에 따라 「근로자의 날」 명칭이 2026년부터 바뀌게 된다. 바뀌는 명칭은?

✎ _____

86 11월 홍콩 북부 타이포 지역의 주거용 고층 아파트단지에서 대형 화재가 발생한 가운데, 해당 화재의 주요 원인으로 보수공사를 위해 건물 외벽에 설치한 「이 소재」의 비계가 지목됐다. 무엇인가?

✎ _____

87 근골격계 질환의 증상을 개선하기 위해 행하는 비수술치료의 일종으로, 보건복지부가 12월 관리급여로 지정한 치료는?

✎ _____

88 3D 모델링·애니메이션·인공지능(AI) 등 디지털 기술로 만들어진 가상 캐릭터로 활동하는 아이돌을 이르는 말은?

✎ _____

89 조회수를 늘리기 위해 의도적으로 분노를 유발하는 온라인 콘텐츠를 일컫는 말로, 옥스퍼드 사전이 「2025년 올해의 단어」로 선정한 것은?

✎ _____

90 관객이 무대 위 배우들의 연기를 수동적으로 감상하기만 하는 것이 아니라, 적극적으로 작품에 참여하는 연극이나 공연을 무엇이라 하는가?

✎ _____

91 《교수신문》이 올해의 사자성어로 선정한 것으로, 「세상이 잠시도 멈추지 않고 끊임없이 흘러가면서 변한다」는 뜻의 한자성어는?

✎ _____

92 한 해 동안 골프 4대 메이저 대회에서 가장 좋은 성적을 낸 DP 월드투어 소속 선수에게 수여하는 상으로, 남자 골프 역사상 6번째로 커리어 그랜드슬램을 달성한 선수를 기념하는 의미에서 제정된 상은?

✎ _____

93 스포츠 구단이 특정 선수의 공헌이나 상징성을 기리기 위해 그 선수가 사용했던 번호를 더 이상 다른 선수에게 배정하지 않는 제도는?

94 스포츠 경기나 이벤트에서 경기 결과 자체가 아닌 개별 사건이나 특정 상황에 돈을 거는 베팅 유형을 무엇이라 하는가?

95 로봇이나 스마트 기기 등의 물리적 하드웨어에 적용돼 외부 환경과 물리적·지능적으로 상호작용할 수 있는 인공지능(AI) 기술은?

96 정부가 11월 (   ) 제도를 신설해 2030년까지 국내 핵심 연구자 100명을 선발하고 연간 1억 원 규모의 연구비를 지원하겠다고 밝혔다. (   ) 안에 들어갈 용어는?

97 특정 시스템에 보안 취약점이 존재할 때, 해당 취약점을 막을 수 있는 패치가 개발되기도 전에 그 취약점을 이용해 악성코드나 해킹 공격을 감행하는 수법을 무엇이라 하는가?

98 고체 전해질을 사용해 화재 위험을 줄이고, 에너지 밀도를 높여 리튬이온 배터리의 대체 기술로 주목받고 있는 차세대 2차 전지의 명칭은?

99 일론 머스크 테슬라 CEO가 온라인 백과사전 「위키피디아」의 대항마로 내세우며 10월 출시한 인공지능(AI) 백과사전은?

100 인간의 지능을 훨씬 능가하는 수준의 인공지능(AI)으로, 현재 개발된 AI 기술의 최종 단계로 여겨지는 것은?

82. 팍스 실리카(Pax Silica) 83. 카드리스 세대(Cardless Generation) 84. 국가해양생태공원 85. 노동절 86. 대나무 87. 도수치료(徒手治療) 88. 버추얼 아이돌(Virtual Idol) 89. Rage Bait(분노 미끼) 90. 이머시브(Immersive) 관극 91. 변동불거(變動不居) 92. 로리 매킬로이 어워드(Rory McIlroy Awards) 93. 영구 결번(Retired Number) 94. 프롭 베팅(Proposition Betting) 95. 피지컬 AI(Physical AI) 96. 국가과학자 97. 제로데이 공격(Zero-Day Attack) 98. 전고체 배터리(SSB·Solid State Battery) 99. 그로키피디아(Grokipedia) 100. 초인공지능(ASI·Artificial Super Intelligence)

한국사능력테스트

01 **(가), (나) 토기에 대한 설명으로 옳은 것은?**

(가)

(나)

① (가)는 철기와 함께 발견되는 경우가 많다.

② (가)는 한반도에서 가장 일찍 만들어진 토기이다.

③ (나)가 만들어진 시기에는 움집이 지어졌다.

④ (나)는 주로 고인돌이나 돌널무덤에서 출토된다.

⑤ (가), (나)는 계급 사회로 진입한 단계에서 나타났다.

💡 (가) 청동기 시대의 미송리식 토기, (나) 신석기 시대의 빗살무늬 토기이다.

　② 토기는 신석기 시대부터 만들어지기 시작했는데, (가)는 청동기 시대이므로 틀린 지문이다.

　③ 신석기 시대에는 농경의 발달로 움집 등의 정착 생활이 시작됐다.

　④ 고인돌과 돌널무덤은 청동기 시대의 무덤양식이다.

　⑤ 계급 사회는 청동기 시대이므로, (가)만 해당한다.

02 **밑줄 친 「이 나라」에 대한 설명으로 옳지 않은 것은?**

> 이 나라에서 귀하게 여기는 것에는 … 남해부의 다시마, 책성부의 된장, 부여부의 사슴, 막힐부의 돼지, 솔빈부의 말, 현주의 삼베, 옥주의 풀솜, 용주의 명주, 위성의 철, 노성의 벼, 미타호의 붕어가 있고, 과일로는 환도의 오얏과 낙유의 배가 있다.　　　　– 「신당서」

① 벼농사가 농업의 중심을 이루었다.

② 인삼, 사향, 모피 등이 주요 수출품이었다.

③ 당과 교류하면서 빈공과의 합격자를 배출하였다.

④ 동해를 통해 일본과의 무역을 활발히 전개하였다.

⑤ 산둥반도에 이르는 해로를 당과의 무역에 이용하였다.

💡 「솔빈부의 말」에서 발해임을 알 수 있다.

　① 발해는 산이 많고 추운 기후 조건으로 인해 벼농사보다는 밭농사가 중심을 이루었다.

03 다음 일정표의 ㉠~㉣에 대한 설명으로 옳은 것을 〈보기〉에서 고르면?

「일본 속의 우리 고대문화를 찾아서」 답사 일정표

날짜	시간	지역	답사 일정
〇월 〇〇일	오전	나라	㉠ 호류사 방문 ㉡ 담징이 그렸다고 전해지는 금당벽화의 복원도 감상
			㉢ 다카마쓰 고분 관람
	오후	오사카	㉣ 왕인의 무덤으로 알려진 곳 탐방

보기

㉠ 백제 불상 양식의 영향을 받은 관음보살상이 있다.
㉡ 불경과 불상을 가지고 가서 불교를 처음 전하였다.
㉢ 수산리 고분의 벽화와 흡사한 벽화가 그려져 있다.
㉣ 토쿠 태자의 스승이 되어 선진 문화를 가르쳤다.

① ㉠, ㉡   ② ㉠, ㉢
③ ㉡, ㉢   ④ ㉡, ㉣
⑤ ㉢, ㉣

💡 ㉠ 호류사의 관음보살상은 백제에서 전해진 것으로 알려져 있다.
　㉡ 백제의 승려인 노리사치계(怒利斯致契)에 대한 설명이다.
　㉢ 일본의 다카마쓰 고분벽화는 고구려의 수산리 고분벽화와 매우 흡사한데, 이는 고구려의 영향을 받은 것으로 보여진다.
　㉣ 혜자에 대한 설명이다.

04 (가), (나)에 해당하는 역사서에서 신라시대 구분에 대한 서술로 바르지 못한 것은?

(가) 1145년경 김부식 등이 고려 인종의 명을 받아 편찬한 삼국시대의 역사서로, 기전체 서술
　　로 돼 있다. 책은 본기 28권(고구려 10권, 백제 6권, 신라·통일신라 12권), 지(志) 9권,
　　표 3권, 열전 10권으로 이루어져 있다.
(나) 고려 후기 승려 일연이 고조선에서부터 후삼국까지의 유사를 모아 편찬한 역사서로, 총
　　5권 2책으로 돼 있다.

① (가)는 진성여왕 때까지 상대로 구분하였다.　② (나)는 지증왕 때까지 상고로 구분하였다.
③ (가)는 선덕왕 때부터 하대로 구분하였다.　④ (나)는 무열왕 때부터 하고로 구분하였다.
⑤ (가)에서의 상대는 성골이 왕을 하던 시기였다.

💡 (가)는 삼국사기, (나)는 삼국유사에 대한 설명이다.
　① 진성여왕이 아니라 진덕여왕이라고 해야 맞다. 진성여왕은 9세기 신라 하대에 해당한다.

🎯 1. ③　2. ①　3. ②　4. ①

05 다음 자료에 나타난 제도에 대한 설명으로 옳은 것을 〈보기〉에서 고르면?

> • 신라에는 네 곳의 신령스러운 땅이 있어서 나라의 큰일을 의논할 때에는 대신들이 그곳에 모여서 의논하면 그 일이 꼭 이루어졌다.
> • 호암사에는 정사암이라는 큰 바위가 있다. 나라에서 장차 재상을 뽑을 때에 후보 3~4명의 이름을 써서 상자에 넣고 봉해 바위 위에 두었다가 얼마 후에 가지고 와서 열어 보고 그 이름 위에 도장이 있는 사람을 재상으로 삼았다. 이런 이유로 정사암이라 하였다. ― 『삼국유사』

보기

> ㉠ 신라에서 집사부 시중의 권한 강화에 기여하였다.
> ㉡ 귀족들이 왕의 권력 행사를 견제하는 역할을 하였다.
> ㉢ 신라에서 6두품 세력이 성장하는 데 중요한 정치적 기반이 되었다.
> ㉣ 삼국 초기에 여러 부의 힘을 통합하여 국가의 동원력을 강화시켜 주는 기능을 하였다.

① ㉠, ㉡ ② ㉠, ㉢
③ ㉡, ㉢ ④ ㉡, ㉣
⑤ ㉢, ㉣

💡 삼국의 귀족회의 기구에 대한 문제로, ▷고구려의 제가회의 ▷백제의 정사암회의 ▷신라의 화백회의 등이 이에 해당한다.
   ㉠ 귀족을 대표하는 화백회의의 상대등과 왕권을 대표하는 집사부의 시중은 대립적인 관계였다.
   ㉢ 화백회의는 진골귀족들만이 참여할 수 있었다.

06 다음은 고구려의 발전 과정을 나타낸 것이다. 시기순으로 나열한 것은?

> (가) 왕이 군사 3만 명을 거느리고 공격하여, 8천 명을 사로잡아 평양으로 옮겨 살게 하였다. … 10월 낙랑군을 공격하여 남녀 2천여 명을 사로잡았다.
> (나) 전진의 순도가 불상과 경문을 가져왔고, 태학을 세워 자제들을 교육했다. … 처음으로 법령을 반포하였다.
> (다) 평양으로 도읍을 옮겼다. 백제를 침공하여 한성을 점령하고 개로왕을 죽이고 남녀 8천 명을 생포하여 돌아왔다.
> (라) 교서를 내려 보병과 기병 5만을 보내어 신라를 도와주었다. 왕의 군대가 이르자 왜적이 도망갔다. ― 『삼국사기』

① (가)-(나)-(다)-(라) ② (가)-(나)-(라)-(다)
③ (나)-(가)-(다)-(라) ④ (나)-(라)-(다)-(가)
⑤ (다)-(나)-(라)-(가)

💡 (가)는 4세기 초 미천왕, (나)는 4세기 후반 소수림왕, (다)는 5세기 후반 장수왕, (라)는 5세기 초 광개토 대왕에 해당한다.

07 다음 자료를 통해 알 수 있는 시기의 경제에 대한 설명으로 옳은 것은?

> 한낮에 시장을 벌여 남녀·노소·관리들이 각기 자기가 가진 것으로써 교역하고, 돈을 사용하는 법은 없다. 오직 저포(紵布)나 은병만을 공식 화폐로 삼아 교역한다.

① 밭농사에서 2년 3작이 널리 행해졌다.
② 귀족이 녹읍을 통하여 농민을 지배하였다.
③ 철제 농기구가 점차 보급되기 시작하였다.
④ 공물을 토지 결수에 따라 쌀 등으로 납부하였다.
⑤ 사원이 농민을 강제적으로 유통경제에 참여시켰다.

💡 「은병」에서 고려시대(숙종)임을 알 수 있다.
　⑤ 고려 후기에 관청과 사원 등이 강제로 농민에게 물건을 판매하거나 구입하도록 하고 조세를 대납하는 등 농민들을 강제로 유통 경제에 참여시켰다.
　① 2년 3작이 보급되기 시작한 것은 고려이나, 널리 행해진 것은 조선 전기이다.
　② 통일신라 ③ 삼국시대 ④ 조선 후기의 대동법에 대한 설명이다.

08 다음 두 자료는 같은 시대의 상황을 묘사한 것이다. 당시의 사정으로 거리가 먼 것은?

> • 대재부(大宰府)에서 청하기를, 「전해 듣건대 신라 배[船]는 능히 파도를 헤치고 나아갈 수 있다고 하니, 바라건대 신라 배 6척 중에서 1척을 나누어 주십시오」라고 하였다.
> 　　　　　　　　　　　　　　　　　　　　　　　　　　　　　　－ 『속일본후기』
> • 신라 사람들이 바다를 건너서 당나라에 들어간 것이, 마치 지금 통진 나루에서 배가 잇닿아 다니는 것과 같이 성황을 이루었다.
> 　　　　　　　　　　　　　　　　　　　　　　　　　　　　　　－ 『택리지』

① 일본이 인정할 정도로 조선(造船) 기술이 뛰어났다.
② 당이나 일본의 산물뿐 아니라 서역의 상품도 수입하였다.
③ 청해진을 중심으로 당·일본과의 국제 무역이 활발하였다.
④ 국제 무역항으로 번성하던 벽란도에는 아라비아 상인들도 자주 출입하였다.
⑤ 영암에서 상하이 방면으로, 남양만에서 산둥반노로 가는 바닷길이 널리 이용되었다.

💡 신라 때의 상황이 아닌 것을 고르면 된다
　④ 고려시대 예성강 이귀의 벽란도는 대외무역의 발전과 함께 국제 무역항으로 번성하였다.

09　밑줄 친 「왕」이 시행한 정책으로 옳은 것은?

> 태종 무열왕이 당의 복식제도를 도입하려고 한 뒤부터 관복제도가 점차 중국을 따르게 되었다. 태조가 건국할 때에는 초창기라 일이 많으므로 신라의 옛 제도를 그대로 썼다. 왕이 비로소 백관의 공복을 제정하니 존비 상하의 등급이 밝혀졌다.

① 화폐 유통을 확산시키기 위해 삼한통보를 만들었다.
② 2성 6부제를 중심으로 한 중앙관제를 마련하였다.
③ 관료에게 토지를 분급하는 전시과 제도를 만들었다.
④ 승과제도를 실시하여 합격한 자에게 승계를 주었다.
⑤ 《계백료서》를 지어 관리가 지켜야 할 규범을 제시하였다.

💡 밑줄 친 왕은 고려 백관의 공복을 제정한 광종을 가리킨다.
　④ 광종은 최초로 과거제를 실시하였는데, 고려의 과거제도는 제술과, 명경과, 잡과, 승과로 이뤄져 있었다.
　① 숙종 ② 성종 ③ 경종 ⑤ 태조에 대한 설명이다.

10　다음 문화유산이 제작된 시대의 경제생활에 대한 설명으로 옳은 것을 〈보기〉에서 고르면?

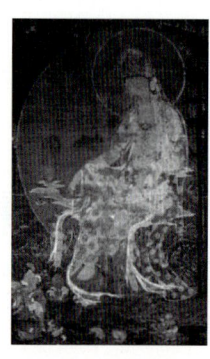

보기

> ㉠ 중국 농서인 《농상집요》가 소개되었다.
> ㉡ 송과 육로를 통해 활발히 교역하였다.
> ㉢ 특수행정구역인 소(所)에서 관수품을 생산하였다.
> ㉣ 설점수세제를 시행하여 광산 개발을 장려하였다.
> ㉤ 은으로 활구(은병)라는 화폐를 주조하여 사용하였다.

① ㉠, ㉡, ㉢
② ㉠, ㉡, ㉣
③ ㉠, ㉢, ㉤
④ ㉡, ㉢, ㉣
⑤ ㉢, ㉣, ㉤

💡 제시된 자료는 고려 초기에 축조된 관촉사 석조미륵보살입상과 고려 후기에 유행한 불화(佛畵)로, 고려시대에 대한 문제이다.
　㉡ 육로가 아니라 해로(海路)이다.
　㉣ 조선 후기에 대한 설명이다.

11 **(가), (나)의 사건들이 일어난 왕 시기의 사실로 옳은 것은?**

(가)	(나)
• ○○왕: 장군 이성계, 지용수 등은 요동을 공략하시오. • 이성계, 지용수: 예! 알겠습니다.	• 최영: 신 최영이 아룁니다. 주상께서는 서울에 머무르시면서 장정들을 모아 종사를 지키십시오. • ○○왕: 지금 즉시 복주로 피난가야 하오.

① 무력으로 철령 이북의 땅을 수복하였다.
② 명과의 영토분쟁으로 요동 정벌을 단행하였다.
③ 국학을 성균관으로 개칭하고 문묘를 새로 건립하였다.
④ 화포를 사용하여 진포에서 왜선 500여 척을 불태웠다.
⑤ 이승휴가 우리 역사를 단군에서부터 서술한 《제왕운기》를 지었다.

💡 공민왕에 관한 문제이다. (가)의 「장군 이성계」, 「요동 공략」 등을 통해 이성계가 요동정벌에 나섰던 공민왕 혹은 우왕 때임을 알 수 있다. (나)의 「복주로 피난」간다는 것에서 홍건적의 침입을 받아 복주(안동)로 피난한 공민왕 때임을 확실히 알 수 있다.
　② 공민왕 때 요동정벌을 단행한 것은 맞으나, 명과의 영토분쟁으로 요동정벌을 단행한 것은 우왕 때이다.
　③⑤ 충렬왕 ④ 우왕 때이다.

12 **다음 자료를 통해 알 수 있는 이 시기의 과학기술에 대한 설명으로 옳지 않은 것은?**

> 임금이 명령을 내리기를, 「그의 부모가 비록 미천하나, 정교한 솜씨가 보통 사람보다 뛰어나므로 내가 상의원 별좌에 임명하였다. 가끔 사냥 대회에서 내시를 대신하여 명령을 전하기도 하였다. 그러나 어찌 이것을 공로라고 하겠는가? 이제 자격루를 만들었는데 이는 그가 아니면 만들어 내지 못했을 것이다. 만대에 이어 전할 기구를 만들었으니 그 공로가 작지 아니하므로 호군의 관직을 더해 주고자 한다」고 하였다.

① 세계 최초로 강우량을 측정하는 기구를 만들었다.
② 십 리마다 눈금을 표시한 정밀한 지도를 제작하였다.
③ 우리 실정에 맞는 農법을 정리하여 農서로 간행하였다.
④ 서울을 기준으로 천체 운동을 계산한 역법서를 만들었다.
⑤ 밀랍 대신 식자판을 조립하는 방식의 활자 인쇄술을 창안하였다.

💡 자료에 나오는 「그」는 장영실이다. 관노비 출신이었던 장영실은 과학적 재능으로 인해 세종 때 궁중 기술자로 발탁돼 자격루, 앙부일구, 측우기, 수표(水標) 등을 제작하였다.
　② 19세기 김정호의 대동여지도에 관한 설명이다.
　③ 세종 때 정초가 간행한 《농사직설》에 대한 설명이다.
　④ 세종 때 제작된 역법인 「칠정산」에 대한 설명이다.
　⑤ 세종 때 식자판을 조립하여 금속활자 인쇄술을 발달시켰다.

🎯 9. ④ 10. ③ 11. ① 12. ②

13 (　)에 공통으로 들어갈 인물에 대한 설명으로 옳은 것은?

> 큰일을 이루신 후 저희를 재상의 높은 자리에 앉게 하시고, 개국공신의 첫째로 이름을 올려 주셨습니다. 신은 (　) 등과 세운 공도 같았고, 처음에는 뜻도 함께 하였습니다. 그러나 (　)이/가 중국의 천자에게 죄를 얻으면서부터 남은과 결탁하여 요동을 치자고 꾀해서 한몸의 화를 면하려 하였습니다. 신이 병을 무릅쓰고 기운을 내어 전하를 뵙고 전하의 뜻을 돌이키니, 간사한 계책이 드디어 저지되었습니다.

① 《경제육전》을 편찬하였다.
② 재상 중심의 정치를 주장하였다.
③ 전면적인 토지제도 개혁에 반대하였다.
④ 위화도 회군을 계기로 정계에서 제거되었다.
⑤ 재야에서 후진을 양성하여 사림 형성에 영향을 주었다.

💡 (가)에 들어갈 인물은 정도전이다.
　② 정도전은 성리학적 통치를 바탕으로 재상 중심의 정치를 주장하였다.
　① 조준 ③⑤ 온건파 신진사대부 ④ 권문세족에 대한 설명이다.

14 다음 조치를 내린 왕이 시행한 정책으로 옳은 것은?

① 중앙관서의 노비를 해방시켜 주었다.
② 왕의 친위 부대인 장용영을 설치하였다.
③ 《속대전》을 편찬하여 통치 규범을 정리하였다.
④ 송시열, 송준길 등을 중용하여 북벌을 준비하였다.
⑤ 붕당의 뿌리를 없애기 위해 서원을 대폭 정리하였다.

💡 「육의전 이외 시전의 금난전권을 폐지」한다는 것에서 18세기 정조임을 알 수 있다.
　② 장용영은 정조 17년 왕권 강화를 위해 설치한 군영(軍營)을 말한다.
　① 19세기 순조 ③⑤ 18세기 영조 ④ 17세기 효종에 대한 설명이다.

15 다음 수령의 물음에 대한 답변으로 가장 적절한 것은?

> 수령: 집현전 학사로 한성에만 살던 내가 이곳에 부임해 오니, 고을의 사정에 어둡구나. 어려움이 있으면 신분 고하를 막론하고 마음껏 말해 보라.

① 양반: 근래 향약을 시행하고 있으나 백성들이 그 뜻을 잘 이해하지 못해 답답합니다.
② 향리: 귀향형을 받아 속현에 온 고위관리까지 신경을 써야 하니 힘이 듭니다.
③ 농민: 농사일이 바쁜 철에 교대하여 군 복무를 해야 하는 상황이라 걱정이 큽니다.
④ 상인: 요즘 상평통보가 많이 주조됐다는데, 실제로는 유통이 부진하여 장사에 별 도움이 되지 않습니다.
⑤ 노비: 어미가 양민이면 자식을 양민으로 삼는 법이 시행됐음에도 주인은 계속 제 자식을 노비로 부리려 합니다.

💡 집현전은 세종 때 설치되고 세조 때 폐지되었으므로, 15세기 조선 전기의 상황을 고르는 문제이다.
③ 조선 전기에는 농번기 때 등에 농민들이 교대하여 군 복무를 해야 했는데, 이는 당시 농민 생활과 군사 제도의 특성을 보여주는 것이다.
① 최초의 향약은 16세기 중종 때 조광조가 실시하였다.
② 지방관이 파견되지 않은 속현은 조선 초기에 모두 없어졌다.
④ 상평통보는 조선 후기에 주조된 화폐이다.
⑤ 종모법은 18세기 영조 때 확정 실시되있다.

16 ㉠에 들어갈 용어에 대한 설명으로 옳은 것은?

> 진산에 살던 양반 윤지충은 조상의 제사를 폐하고 신주를 불태워 버렸다. 또 그는 모친이 별세했을 때 전통적 유교 상례에 따라 혼백을 모시거나 신주를 세우지 않고 제사도 지내지 않았다. 유림들은 상소와 통문을 통해 윤지충을 패륜을 저지른 역적으로 몰아세우는 한편, (㉠)을/를 패륜의 사학으로 단정하여 금지하고 탄압할 것을 주장하였다.

① 소론 학자를 중심으로 노장사상과 함께 수용되었다.
② 민족의 자립정신 고취와 새 생활 운동을 전개하였다.
③ 말세의 「개벽」 왕조의 교체를 예언하며 민심을 혼란시켰다.
④ 모든 사람이 평등하다는 「시천주(侍天主)」와 「인내천(人乃天)」 사상을 강조하였다.
⑤ 안동 김씨의 세도 정치기에 탄압이 완화되면서 활발히 전파되었다.

💡 제시된 자료는 정조 때 있었던 신해박해(辛亥迫害, 1791)에 관한 것이고, ㉠에 들어갈 용어는 서학(천주교)이다.
⑤ 1801년 순조가 즉위하고 정순대비가 수렴청정을 하게 되자, 세력을 얻게 된 노론 벽파는 남인 시파를 탄압하기 위해 천주교를 박해하였다(신유박해). 그러나 1805년 정순대비가 사망하고 시파인 안동 김씨의 세도정치가 시작되면서 탄압이 완화되자 서학은 다시 백성들에게 활발히 전파되었다.
① 양명학 ② 원불교 ④ 농학에 대한 설명이나.
③ 19세기에 유행한 비기, 도참, 미륵 등의 예언사상에 관한 설명이다.

🎯 13. ② 14. ② 15. ③ 16. ⑤

17 밑줄 친 ㉠, ㉡과 관련된 설명으로 옳은 것은?

> • 바다 건너 오랑캐가 한번 변경을 침범하자 고을들이 모두 바람에 쓸리듯 무너져 종묘사직이 폐허가 되었습니다. 아! 2백 년 동안 조종(祖宗)이 쌓아온 결과가 하루아침에 이 지경이 되었습니다. … ㉠ 파천하는 위태로움이 머리카락 한 올에 매달린 듯했는데 아직 한 번도 백성들의 마음을 위로하고 그들의 귀와 눈을 감동시키신 적이 없었습니다.
> • 전하가 ㉡ 파천한 것은 변고에 대처하는 일시적인 조치라고 여겼는데, 경황없던 그때를 새삼스럽게 생각하면 어찌 위태로움과 두려움을 금할 수 있겠습니까? 옛 임금들도 그러한 경우가 있었지만, 그래도 관리들이 지키는 곳에 있었지 외국의 신하가 있는 곳을 빌려 가지고 세월을 보낸 적이 언제 있었습니까?

① ㉠은 원·명 교체기에 일어났다.
② ㉠을 계기로 비변사가 설치되었다.
③ ㉡은 청의 간섭에서 벗어나는 계기가 되었다.
④ ㉡ 이후 열강의 경제적 이권 침탈이 심해졌다.
⑤ ㉠, ㉡의 상황에서 벗어나기 위해 외국에 원병을 청하였다.

💡 「파천」이란 임금이 거처를 옮긴다는 뜻이다. ㉠은 임진왜란 때 선조가 한양을 떠난 것을 의미하고, ㉡은 1896년의 아관파천(고종이 경복궁을 떠나 러시아공사관으로 거처를 옮긴 사건)을 의미한다.
　① 원과 명의 교체기는 14세기이고, 임진왜란은 16세기 말에 발생하였다.
　② 비변사는 삼포왜란을 계기로 설치되었다. 삼포왜란은 1510년 조선 3포(부산포·제포·염포)의 일본 거류민들이 일으킨 폭동을 말한다.
　③ 청이 아니라 일본이다.
　⑤ ㉠만 해당된다. 당시 조정은 명나라의 원군을 요청했다.

18 (가) 정책이 시행된 시기에 있었던 일제의 식민통치 모습으로 바른 것은?

정책	내용
(가)	• 토지 조사령 공포, 증거·신고주의 원칙 • 토지 소유권, 토지 가격, 지형 및 용도 조사 • 정부·황실 소유지, 미신고 토지 강제 약탈 • 지주의 권리만 일방적으로 인정, 농민의 관습적 경작권 부정

① 내선일체를 강조하여 조선어 교육을 폐지하였다.
② 전시 동원체제를 강화하여 징병과 징용을 실시하였다.
③ 황국 신민화 정책을 추진하여 신사 참배를 강요하였다.
④ 회사령을 통해 한국인의 기업 활동과 자본 축적을 억제하였다.
⑤ 대륙 침략에 따른 전쟁물자 생산을 위해 병참 기지화 정책을 추진하였다.

💡 (가) 정책은 1910년대의 토지 조사사업을 말한다. 또 이 시기 일제는 조선에서 회사를 설립할 경우 조선총독부의 허가를 받도록 한 「회사령」도 시행했다.
　①, ②, ③, ⑤는 1930년대 이후의 식민통치 모습에 해당한다.

19 다음 자료는 어느 집회에 내걸린 구호들이다. 이 집회의 개최 배경으로 가장 적절한 것은?

> • 우리에게 독립이 아니면 원자폭탄을 달라!
> • 유엔 임시위원단 환영, 조선의 독립 없이는 평화도 있을 수 없다.

① 대한민국 임시정부 요인들이 해외에서 귀국하였다.
② 미군과 소련군이 광복을 전후하여 한반도에 진주하였다.
③ 유엔이 남한만의 총선거에 의한 정부 수립을 결정하였다.
④ 김구 등이 통일 정부 수립을 위하여 남북협상에 참여하였다.
⑤ 미국과 소련이 조선 임시정부 수립 방안을 합의하지 못하였다.

💡 제시된 자료는 1946년 1차 미소공동위원회 즈음에 내걸린 구호들이다. 「독립」을 요구하는 표현과 「유엔 임시위원단」을 통해 해방 이후 신탁통치가 논의된 시점이라는 것을 알 수 있다.
⑤ 모스크바 3상회의 결정에 따라 1946년에 1차 미소공동위원회가 개최되었으나, 조선 임시정부 수립 방안은 합의되지 못하고 결렬되었다.

20 밑줄 친 「이 헌법」의 시행 시기에 볼 수 있는 사회 모습으로 적절한 것은?

> 우리나라 헌법은 1948년 7월 17일 제헌 헌법이 선포된 후 수차례에 걸쳐 개정되었다. 그 가운데 이 헌법은 5년 단임의 대통령 직선제가 핵심으로, 여야가 합의하여 개헌이 이루어졌다는 점에서 그 의의가 있다.

① 서울올림픽 개회식을 관람하는 관중
② 반민족행위처벌법이 통과되었다는 뉴스를 듣는 시민
③ 최초의 아파트 준공식을 구성하기 위해 미소에 모인 사람들
④ 새마을 운동이 시작되면서 이를 독려하는 마을 이장
⑤ 식량난 해결을 위한 정부의 지시로 혼식과 분식을 장려하는 교사

💡 「5년 단임의 대통령 직선제」라는 구절에서 1987년 6월 민주항쟁 때 개정된 헌법(현재의 헌법)임을 알 수 있다.
② 1948년 ③ 1960년대. 우리나라 최초의 아파트 준공식은 1962년 서울 마포아파트에서 열렸다.
④⑤ 1070년대이다.

🎯 17. ④ 18. ④ 19. ⑤ 20. ①

국어능력테스트

01 **다음 중 의미의 중복이 없는 문장은?**

① 요즘 같은 때에는 공기를 자주 환기시켜야 감기에 안 걸리는 거야.
② 순간 그의 머릿속에는 뇌리를 스치는 기억 하나가 있었다.
③ 그의 사상이 밖으로 표출되어 있는 것이 바로 이 책이다.
④ 문소리에 달려나가 보니 그는 아니 오고 지나가는 과객이었다.
⑤ 회원 각자가 현재의 상황에 최선을 다하는 것은 매우 중요한 일이다.

💡 ① '환기'는 '공기를 바꿈'의 뜻이므로 '공기를 환기시키다'는 중복된 표현이다.
② '머릿속'과 '뇌리'의 의미가 중복되었다.
③ '밖으로'와 '표출'의 의미가 중복되었다.
④ 과객(過客)은 '지나가는 나그네'라는 뜻이다.

02 **밑줄 친 말의 기능이 다른 하나는?**

① 아차, 깜박 잊었네.
② 민수야, 숙제 다 했니?
③ 네, 제가 하겠습니다.
④ 아니, 너 오늘 또 지각했어?
⑤ 아서라, 일이 더 커지기 전에.

💡 ② '민수(명사)+-야(호격조사)'로 사용된 예인데 반해, 나머지는 모두 감탄사로 사용됐다.

03 **다음에서 서술어의 자릿수는?**

> 할아버지께서 설에 동생에게 인형을 주셨다.

① 한 자리
② 두 자리
③ 세 자리
④ 네 자리
⑤ 다섯 자리

💡 서술어의 자릿수는 서술어의 성격에 따라 필요한 문장성분의 수를 말한다. 제시된 문장에서 서술어 '주셨다'는 '할아버지께서(주어)', '동생에게(부사어)', '인형을(목적어)'의 3가지 문장성분을 필요로 하는 세 자리 서술어이다.

04 밑줄 친 단위어의 쓰임과 뜻풀이가 적절하지 않은 것은?

① 잔칫날 손님이 많이 온다는 소식에 어머니가 북어 두 쾌를 사오셨다. → 40마리
② 할머니가 시장에 들러 굴비 한 갓을 사오셨다. → 20마리
③ 사장님, 김 한 톳만 주세요. → 100장
④ 장작 세 강다리면 올 겨울을 따뜻하게 날 수 있겠구나. → 300개비
⑤ 얘야, 시장에 가서 달걀 세 꾸러미랑 고등어 한 손만 사오너라. → 30개

💡 ② '갓'은 비웃·굴비 따위 10마리, 또는 고사리·고비 따위의 10모숨을 가리키는 단위이다. 따라서 한 갓은 굴비 10마리를 뜻한다.
　① '쾌'는 북어 20마리 또는 엽전 10냥을 뜻하는 단위이다.
　③ '톳'은 김 100장을 한 묶음으로 세는 단위이다.
　④ '강다리'는 쪼갠 장작 100개비 한 단위를 이르는 말이다.
　⑤ '꾸러미'는 달걀 10개를 꾸리어 싼 것을 세는 단위이다.

05 〈보기〉에 따라 '이어진문장'에 해당하는 속담으로 알맞은 것은?

> **보기**
>
> 　홑문장이 이어져 겹문장이 되는 과정은 크게 두 가지로 나뉜다. 하나는 홑문장과 홑문장이 대등하거나 종속적으로 이어지는 것이고, 또 하나는 홑문장이 다른 문장 속의 한 문장성분이 되는 것이다. 이때 전자를 이어진문장, 후자를 안은문장이라고 한다.

① 고양이는 발톱을 감춘다.　　② 중이 제 머리를 못 깎는다.
③ 사촌이 땅을 사면 배가 아프다.　　④ 쇠뿔도 단김에 뺀다.
⑤ 웃는 얼굴에 침 못 뱉는다.

💡 ③은 '사촌이 땅을 산다. 그러면 (나의) 배가 아프다.'의 두 홑문장이 종속적으로 이어진문장이다.
　①, ②, ④, ⑤는 모두 주어와 서술어가 하나뿐인 홑문장이다.

06 다음 한자성어에 해당하는 속담이 잘못 연결된 것은?

① 雪上加霜: 엎친 데 덮치기　　② 草綠同色: 가재는 게 편
③ 識字憂患: 아는 것이 병　　④ 十匙一飯: 수염이 석 자라도 먹어야 양반
⑤ 矯角殺牛: 쥐 잡으려다가 장독 깬다

💡 ④ 十匙一飯(십시일반): 열 사람이 한 술씩만 보태도 한 사람 먹을 밥이 된다는 뜻으로 여러 사람이 힘을 합하면 한 사람쯤은 구제하기 쉽다는 말 → 수염이 석 자라도 먹어야 양반(배가 불러야만 체면도 차릴 수 있다는 말)
　① 설상가상 ② 초록동색 ③ 식자우환 ⑤ 교각살우

🎯 1. ⑤　2. ②　3. ③　4. ②　5. ③　6. ④

07 다음 글을 인용하여 한 편의 글을 쓰려고 할 때, 가장 적절한 글은?

> 한 신하가 화왕께 아뢰었다.
> "두 사람이 왔는데, 임금님께서는 누구를 취하고 누구를 버리시겠습니까?"
> 화왕께서는 이렇게 대답하였다.
> "장보의 말도 도리가 있기는 하나, 그러면 가인(佳人)을 얻기 어려우니 이를 어찌할꼬?"
> 그러자 장부가 앞으로 나와 말하였다.
> "제가 온 것은 임금님의 총명이 모든 사리를 잘 판단한다고 들었기 때문입니다. 그러나 지금 뵈오니 그렇지 않으십니다. 무릇 임금된 자로서 간사하고 아첨하는 자를 가까이하지 않고, 정직한 자를 멀리하지 않는 이는 드뭅니다. 그래서 맹자는 불우한 가운데 일생을 마쳤고, 풍당은 낭관(郎官)으로 파묻혀 머리가 백발이 되었습니다. 예로부터 이러하오니 저인들 어찌하겠습니까?"
> 화왕은 마침내 다음의 말을 되풀이하였다.
> "내가 잘못했다. 잘못했다."

① 부정부패로 개인적 치부를 일삼는 공무원을 지탄하는 글
② 위장전입 등을 서슴지 않는 과열된 교육열을 질책하는 글
③ 흑색선전이 난무하는 정치판을 풍자하는 글
④ 지역이기주의를 비판하는 글
⑤ 직원 채용 시 외모 등을 따지며 차별적 인사를 하는 고용주를 비판하는 글

💡 이 글은 외적으로 드러나는 것에 좌우되어서는 안 된다는 것을 강조하고 있다.

08 다음 중 논리 전개 방식이 다른 것은?

① 범행 현장에 남아 있던 사람은 모두 다섯 명이었다. 이 중 네 명은 무죄가 밝혀졌으므로 나머지 한 명이 범인일 것이다.
② 휴지를 길에 함부로 버리는 사람은 하나는 알아도 둘은 모르는 사람이다. 철수는 휴지를 함부로 버리므로 하나는 알지만 둘은 모르는 사람이다.
③ 철은 열을 받으면 체적이 팽창한다. 구리도 열을 받으면 체적이 팽창한다. 따라서 모든 금속은 열을 받으면 체적이 팽창한다.
④ 우리나라 전통 민요는 애조(哀調)를 많이 띠고 있다. '가시리'가 그렇고 '아리랑 민요'가 또한 그렇다.
⑤ 저녁을 먹고 커피를 마셨더니 마시지 않은 날과 달리 깊이 잠들지 못했다. 커피에는 숙면을 방해하는 성분이 틀림없이 들어 있다.

💡 ②만 연역적 추론을 사용한 문장이고, ①, ③, ④, ⑤는 모두 귀납적 추론을 사용한 문장이다.

09 **다음 중 아래의 원칙과 일치하지 않는 것은?**

정보 보고서 작성 10원칙

1. 보고서의 형태를 이해한다.
2. 정보를 조직화, 체계화한다.
3. 능동적 표현을 사용한다.
4. 생각한 것을 명확하게 표현한다.
5. 결론을 먼저 서술한다.
6. 단어를 경제적으로 사용한다.
7. 동료의 전문 지식 또는 경험을 활용한다.
8. 적합한 언어를 사용한다.
9. 정보 사용자의 수요를 정확히 파악한다.
10. 자기가 작성한 보고서는 스스로 편집한다.

---

① 정보 사용자가 알고 싶어 하는 것이 정확히 무엇인지를 생각하며 작성한다.

② 동료들의 조언을 받되 작성자가 수정을 반복해서 최상의 상태라고 판단될 때 제출한다.

③ 보고 내용에 적합한 언어를 사용하고, 사용자의 이해를 돕기 위해 최대한 전문적이고 자세하게 기술한다.

④ 정보 사용자는 보고서가 무엇을 말하고자 하는지를 빨리 알고 싶어 하므로 결론을 먼저 제시한다.

⑤ 직접적이고 확실하게 의미를 전달하며, 자신이 생각한 점이 분명히 드러나도록 정리한다.

💡 ③ 6번째 원칙 '단어를 경제적으로 사용한다.'와 일치하지 않는다.
　① 9번째 원칙 '정보 사용자의 수요를 정확히 파악한다.'와 일치한다.
　② 7번째 원칙 '동료의 전문 지식 또는 경험을 활용한다.', 10번째 원칙 '자기가 작성한 보고서는 스스로 편집한다.'와 일치한다.
　④ 5번째 원칙 '결론을 먼저 서술한다.'와 일치한다.
　⑤ 4번째 원칙 '생각한 것을 명확하게 표현한다.'와 일치한다.

10 〈보기〉의 대화에 대한 설명으로 옳지 않은 것은?

> **보기**
>
> 직원: 어서오세요. 주문하시겠어요?
> 손님: 네. 아메리카노 1잔과 치즈 케이크 1개 주세요.
> 직원: ㉠ 죄송하지만 지금 치즈 케이크는 품절이세요.
> 손님: 그럼 어떤 케이크가 있나요?
> 직원: ㉡ 지금은 초코 케이크와 당근 케이크를 드실 수 있으십니다.
> 손님: 초코 케이크로 주세요.
> 직원: ㉢ 매장에서 먹고 가죠?
> 손님: ㉣ (고개를 젓는다) 아뇨.
> 직원: 주문하신 음료와 케이크 나왔습니다. ㉤ 좋은 시간 되세요.

① ㉠: '–시–'를 사용해 간접 높임으로 적절한 존재 표현이 이루어지고 있다.
② ㉡: 서술어의 '–시–'는 손님을 존대하는 요소로 쓰이고 있다.
③ ㉢: 높여야 할 대상을 높이지 않아 어색한 느낌을 주는 문장이다.
④ ㉣: 비언어적 표현을 사용하여 자신의 의사를 더 확실히 전달하고 있다.
⑤ ㉤: '좋은 시간 보내시기 바랍니다.' 정도로 고치는 것이 바람직하다.

💡 국립국어원은 간접 높임의 대상을 '높여야 할 대상의 신체 부분, 성품, 심리, 소유물 등과 같이 밀접한 관계를 맺고 있는 대상'으로 한정하여 적용하도록 권하고 있다. 따라서 상품은 높여야 할 대상이 아니므로 높일 필요가 없다. 즉, '죄송하지만 지금 치즈 케이크는 품절입니다.'로 고쳐야 한다.

11 다음 내용을 보고, 이를 바탕으로 양측의 타협을 이끌어낼 수 있는 방안을 가장 잘 제시한 것을 고르면?

> 이번 ○○시는 시 공무원들이 제복을 입도록 하겠다는 발표를 하였습니다. 그러나 이에 대한 찬반 의견이 팽팽히 맞서 결론이 쉽게 나지 않을 전망입니다. 이에 대한 양측의 의견을 들어 보겠습니다.
>
> (가) 제복 착용은 시 공무원이 품위를 지키게 할 뿐 아니라, 자긍심과 소속감을 갖게 함으로써 공무원들의 단합에도 매우 긍정적으로 작용할 것입니다.
>
> (나) 제복 착용은 개인의 개성을 무시하는 처사일 뿐만 아니라 개인의 행복 추구권도 빼앗는 행위로, 도저히 있을 수 없는 일이라고 생각합니다.

① 다양한 맵시의 제복을 개발하면 개인의 개성도 드러낼 수 있다는 취지의 말을 한다.

② 공무원은 개인의 행복 추구권보다 사회적 책임을 더 중시해야 한다는 취지의 말을 한다.

③ 불필요한 논쟁으로 분열을 조장하고 있으므로 이 논쟁은 즉각 중단되어야 한다는 취지의 말을 한다.

④ 개성을 인정하여 개인의 행복을 추구하도록 하는 것이 공무원의 자긍심을 높일 수 있다는 취지의 말을 한다.

⑤ 제복 착용을 통해 품위를 지키는 것은 공무원이 당연히 지켜야 할 기본 소양이라는 취지의 말을 한다.

💡 (가)는 제복 착용에 찬성하고 있는 반면 (나)는 제복 착용이 개인의 개성을 무시하는 처사라고 하고 있다. 따라서 개인의 개성을 드러낼 수 있는 제복 개발을 제시한 ①이 가장 적합하다고 할 수 있다.

🎯 10. ① 11. ①

12 **다음 글에 대한 설명으로 가장 적절한 것은?**

> 보건복지부가 11월 11일 국무회의에서 '장애인차별금지 및 권리구제 등에 관한 법률 시행령' 일부개정령안이 의결됐다고 밝혔다. 이번 개정은 무인정보단말기 설치·운영 현장에서 요구되던 편의 제공 의무를 명확히 정비해 설치 주체의 부담을 줄이는 동시에 장애인의 정보 접근 편의성을 높이기 위한 것이다.
>
> 기존에는 무인정보단말기 설치 시 과학기술정보통신부 '접근성 검증기준 제품' 도입과 휠체어 접근성 등 총 6개 편의 제공 항목을 모두 충족해야 했으나, 앞으로는 검증기준을 준수한 기기와 단말기 위치를 알리는 음성안내장치만 갖추면 된다. 또한 바닥면적 50㎡ 미만의 소규모 근린생활시설, 소상공인 사업장, 테이블오더형 소형 단말기 설치 현장에서는 예외적으로 무인정보 단말기와 호환되는 보조기기·소프트웨어 설치 또는 보조인력 배치·호출벨 설치 중한 가지를 선택해 이행할 수 있게 된다. 이는 임차인이 점자블록 등 구조를 변경하기 어렵다는 현실을 반영한 조치다. 장애인차별금지법에 따른 정당한 편의 제공 의무를 이행하지 않을 경우 누구나 국가인권위원회에 진정을 제기할 수 있다. 시정권고 및 법무부 장관의 시정명령 이후에도 개선되지 않을 경우 3000만 원 이하의 과태료가 부과될 수 있으며, 민형사상 책임도 부담한다.
>
> 개정안은 공포 즉시 시행되며, 모든 무인정보단말기 설치 현장은 내년 1월 28일까지 정당한 편의 제공 조치를 완료해야 한다. 복지부는 향후 관계부처와 협력하여 '접근가능한 무인정보단말기 가이드라인'을 마련 및 배포하고, TV·라디오 등을 통한 인식개선 홍보를 추진할 계획이다.
>
> – 보건복지부 보도자료(2025. 11. 11.)

① 개정안은 장애인 편의성보다는 설치 주체의 부담 완화에 초점을 맞추고 있다.

② 개정안은 장애인 접근 편의성을 높이면서도 현장의 어려움을 고려한 현실적 조치를 포함하고 있다.

③ 개정안에 따라 소규모 사업장도 무인정보단말기 설치 시 6개 편의 제공 항목을 모두 갖춰야 한다.

④ 개정안은 무인정보단말기의 설치 기준을 강화하여 규제를 강화하는 방향을 명시했다.

⑤ 장애인차별금지법에 따른 과태료 제도는 이번 개정으로 폐지되었다.

💡 ② 소규모 매장 등은 무인정보단말기와 호환되는 기기의 선택이 가능하다는 점에서 이를 알 수 있다.

　① 설치 주체의 부담을 줄이는 동시에 장애인의 정보 접근 편의성을 높이기 위함이라고 명시돼 있다.

　③ 기존에는 모두 충족해야 했으나, 개정안에 따르면 검증 기준을 준수한 기기와 음성안내장치만 갖추면 된다.

　④ 무인정보단말기 설치 시 검증기준을 줄여 규제를 완화하는 방향으로 바뀌었다.

　⑤ 시정권고 및 법무부 장관의 시정명령 이후에도 개선되지 않을 경우 3000만 원 이하의 과태료가 부과될 수 있다는 내용이 명시돼 있다.

13 다음 글을 통해 알 수 있는 사실로 적절한 것은?

> 종묘(宗廟)는 조선 왕조 역대 왕과 왕비의 신주를 모신 사당으로서, 조선시대의 가장 장엄한 건축물 중 하나로 꼽는다. 종묘는 태조 3년(1394)에 한양으로 도읍을 옮기면서 짓기 시작해 그 이듬해인 1935년에 완성됐으며, 태조는 4대(목조, 익조, 도조, 환조)의 추존왕을 정전에 모셨다. 그러다 세종 3년(1421) 정종이 승하한 뒤 왕의 신주를 모실 공간이 부족하게 되자, 별묘인 영녕전을 설치하여 추존한 4대 선조의 위패를 옮겨 모시게 되었다.
>
> 종묘는 정면이 매우 길고 수평선이 강조된 독특한 형식을 갖고 있는데, 이는 종묘 제도의 발생지인 중국에서도 그 유례를 찾아볼 수 없는 것이다. 종묘는 본래의 건물인 '정전(正殿)'과 별도의 사당인 '영녕전(永寧殿)'을 비롯하여 여러 부속건물이 있는데, 특히 의례공간의 위계 질서를 반영하여 정전과 영녕전의 기단과 처마, 지붕의 높이, 기둥의 굵기를 달리하였다.
>
> 조선시대에는 정전에서 4계절의 각 첫 달에 정해진 날과 납일을 합쳐 1년에 다섯 번, 영녕전에서는 봄·가을 정해진 날에 두 번의 제례를 행했는데, 이를 '종묘제례'라 한다. 종묘제례는 왕이 직접 행하는 가장 격식이 높고 큰 제사로 왕을 비롯한 왕세자, 종친, 문무백관 등 제관이 참가하였다. 현재도 매년 5월 첫째 주 일요일과 매년 11월 첫째 주 토요일에 종묘제례가 이뤄지고 있다. 특히 종묘제례에 맞춰 '종묘제례악'이 행해지는데, 이는 악기의 연주에 맞추어 왕의 공덕을 칭송하기 위한 노래를 부르며 춤을 추는 것을 말한다. 악기는 편종, 편경, 축, 어, 박, 아쟁, 장구, 절고 등이 있으며, 노래는 보대평 11곡과 정대업 11곡이 있다. 그리고 춤(일무)은 문덕(文德)을 칭송하는 '문무(文舞)'와 무공(武功)을 칭송하는 '무무(武舞)'로 구분된다.
>
> 종묘는 현재 사적으로 지정·보존되고 있으며, 1995년 12월에는 유네스코 세계문화유산에 등재되었다. 그리고 2001년 5월에는 종묘제례와 종묘제례악이 유네스코 인류무형문화유산(옛 인류 구전 및 무형유산걸작)에 등재되었다.

① 영녕전은 태조 때 건립돼 4대 추존왕의 신위를 모시는 데 사용되었다.

② 조선시대 때는 정전에서 매년 봄·가을 정해진 날에 두 번의 제례를 지냈다.

③ 정전과 영녕전은 제사의 위계 질서에 따라 구조와 규모에서 차이를 보인다.

④ 종묘, 종묘제례, 종묘제례악은 모두 같은 해 유네스코 유산으로 지정되었다.

⑤ 종묘제례는 현재 전승이 끊어져 기록으로만 남아 있다.

💡 ③ 종묘는 의례 공간의 위계 질서를 반영하여 정전과 영녕전의 구조적 요소(기단, 처마, 지붕, 기둥 등)를 달리했다.

① 영녕전은 세종 때 건립됐다.

② 조선시대에는 정전에서 4계절의 각 첫 달에 정해진 날과 납일을 합쳐 1년에 다섯 번, 영녕전에서는 봄·가을 정해진 날에 두 번의 제례를 지냈다.

④ 종묘는 1995년에 유네스코 세계문화유산에, 종묘제례와 종묘제례악은 2001년에 유네스코 인류무형유산에 등재됐다.

⑤ 현재도 매년 5월 첫째 주 일요일과 매년 11월 첫째 주 토요일에 종묘제례가 이뤄지고 있다.

14 다음은 2025년 10월 기준 우리나라 농식품 및 농산업 수출 현황에 대한 자료이다. 이 자료를 종합적으로 해석한 내용으로 바르지 못한 것은?

[자료 1] 주요 수출 실적 요약

구분	수출액(달러)	전년 동기 대비 증가율	주요 품목
농식품	85억 9000만	+5.0%	라면, 김치, 포도, 조제품 기타
농산업	26억 4000만	+7.8%	동물용의약품, 농약, 비료, 종자
합계(K-푸드+)	112억 4000만	+5.7%	농식품+농산업 전체

[자료 2] 농식품 수출, 품목별 증가율(7~10월)

품목	증가율	증가 주요 요인
라면	21.7% ↑	매운 볶음면 중심의 소비 확산과 온라인·오프라인 유통망 확대의 영향
커피조제품	21.3% ↑	제품 다양화와 프리미엄·저당 제품 선호 증가
포도	50.9% ↑	생산량 증가, '대만 수출용 포도 사전등록제(ID)' 정착으로 대만 수출 큰 폭 확대
아이스크림	22.1% ↑	하절기 디저트 수요 증가와 현지 유통망 진출

[자료 3] 농산업 수출 품목별 증가율

품목	증가율	증가 주요 요인
동물용의약품	24.9% ↑	유럽에서 중국산 라이신 대체 수요 증가
농약	16.0% ↑	베트남·중국·인도네시아 등 아시아 지역 중심으로 완제품 수요 확대
비료	10.5% ↑	동남아 권역에서 한국산 제품 인지도가 높아짐, 국제 가격 상승 영향
종자	9.9% ↑	한국산 고추 종자를 중심으로 미국·중국 등에서 수출 확대

① 농식품 수출의 전년 동기 대비 증가율(5.0%)은 농산업보다 낮지만, 수출액 규모는 훨씬 크다.

② 7~10월 포도의 수출 증가에는 대만 수출용 포도 사전등록제 정착이 유일한 요인으로 작용했다.

③ 농산업 수출의 주요 증가 요인은 동물용의약품·농약 등 생산재 중심 품목의 인기로 인한 것이다.

④ 7~10월 농식품 품목별 수출에서 가장 큰 증가율을 기록한 것은 포도이다.

⑤ 농산업 품목 중 종자는 미국과 중국 등에서의 수출 확대로 증가했다.

💡 ② 7~10월 포도 수출량 증가는 생산량 증가와 함께 대만 수출용 포도 사전등록제(ID) 정착에 따른 대만 수출 확대가 영향을 미쳤다.

● 다음 글을 읽고, 물음에 답하시오. (15~16)

질병관리청은 쯔쯔가무시증을 옮기는 털진드기의 전국적 발생 밀도 조사 결과, 전주(42주차) 대비 12배 증가함에 따라 가을철 야외 활동 시 털진드기 물림 주의가 필요하다고 강조했다. 이에 가을철 쯔쯔가무시증 유행에 대비해 야외 활동 시 긴 옷을 착용하고, 진드기 기피제를 사용하며, 야외활동 후 반드시 씻는 등의 예방수칙 준수를 권고했다.

(가) 쯔쯔가무시증을 예방하기 위해서는 농작업·야외활동 시 적정 작업복(긴팔·긴바지, 모자, 장화 등) 착용, 농경지 및 거주지 주변 풀 제거, 풀숲에 옷을 벗어 놓지 않고 휴식 시 돗자리 사용, 농작업·야외활동 후 작업복 세탁하기, 귀가 즉시 목욕·샤워를 하는 등 예방수칙을 준수해야 한다.

(나) 쯔쯔가무시증은 보통 10일 이내의 잠복기를 거친 후 급성으로 발생하며, 두통·발열·오한, 구토·발진·근육통·기침 등이 나타나고 털진드기 유충에 물린 부위에 가피가 형성된다. 다만 감염 초기에 적절한 항생제 치료 시 비교적 용이하게 회복되지만 단순 감기몸살로 착각해 치료 시기를 놓치기 쉽기 때문에 주로 가을철에 위의 증상이 있을 경우 즉시 의료기관을 방문해 신속한 진단과 치료를 받아야 한다.

(다) 쯔쯔가무시증은 병원체에 감염된 털진드기의 유충이 사람을 물어서 발생하므로, 연중 발생한다. 특히 여름철에 산란한 털진드기 알이 초가을부터 본격적으로 부화할 때 동물이나 사람의 체액을 섭취하며 성장하기 때문에 털진드기 유충이 활동하는 시기인 가을(9~11월)에 매개체와의 접촉을 통해 쯔쯔가무시증에 걸릴 확률이 높다.

(라) 진드기는 세계적으로 4~5만 종이 확인되어 있으나, 이 가운데 털진드기과에 속하는 진드기류만 쯔쯔가무시증과 관련이 있다. 그중 우리나라에서 확인된 털진드기과는 60종으로, 현재까지 국내에서 확인된 쯔쯔가무시균 매개종은 대잎털진드기, 활순털진드기, 수염털진드기, 동양털진드기, 반도털진드기, 사륙털진드기, 조선방망이털진드기, 들꿩털진드기 등 8종이다. 이 중에서도 쯔쯔가무시균에 감염된 진드기 유충만이 감염을 일으킬 가능성이 있으며, 대표적인 종은 활순털진드기와 대잎털진드기라고 할 수 있다.

– 질병관리청 보도자료(2025. 10. 30.)

15 이 글의 내용을 바탕으로 하여 추론한 내용으로 적절하지 않은 것은?

① 야외활동 후 즉시 샤워하는 것은 쯔쯔가무시증 예방수칙 중 하나이다.
② 쯔쯔가무시증은 감염 초기 증상이 감기와 유사해 진단이 늦어질 가능성이 있다.
③ 국내에 서식하는 모든 털진드기 종이 쯔쯔가무시증을 일으킬 수 있다.
④ 쯔쯔가무시증 감염 초기에 항생제 치료를 받으면 비교적 회복이 쉽다.
⑤ 초가을부터 본격적으로 부화하는 털진드기 알은 동물이나 사람의 체액을 섭취하며 성장한다.

💡 ③ 현재까지 국내에서 확인된 쯔쯔가무시균 매개종은 8종인데, 이 중에서도 쯔쯔가무시균에 감염된 진드기 유충만이 감염을 일으킬 가능성이 있다는 내용이 서술돼 있다.

🎯 14. ② 15. ③

16 (가)~(라)의 중심 내용과 전개 방식에 대한 설명으로 바른 것은?

① (가): 쯔쯔가무시증의 진단 방법을 기술하고 있다.
② (나): 쯔쯔가무시증 감염 이후의 경과를 역시간순으로 서술하고 있다.
③ (다): 털진드기 유충의 활동 시기를 통해 가을에 많이 발생하는 이유를 설명하고 있다.
④ (라): 쯔쯔가무시증의 예방수칙과 매개종의 분포를 대조하여 제시하고 있다.
⑤ (가)~(라): 쯔쯔가무시증 매개체인 털진드기의 특징을 설명하는 데 초점을 두고 있다.

💡 (가): 쯔쯔가무시증 예방법, (나): 쯔쯔가무시증 증상 및 치료법, (라): 쯔쯔가무시증을 일으키는 털진드기 종류에 대해 설명하고 있다.

17 '한글'에 대한 설명으로 옳지 않은 것은?

① 현재의 한글은 현대 사회를 반영하면서 창제 당시에 비해 음운과 어법이 매우 복잡해졌다.
② 제자 원리에 있어서 자음은 발음기관을 상형했고, 모음은 삼재(三才)의 원리를 모방하였다.
③ 한글이라는 이름은 1913년 '한민족의 위대한 문자'라는 뜻으로 주시경에 의해 명명되었다.
④ 세종대왕에 의해 1446년 '훈민정음'이란 이름으로 일반인들에게 반포되어 사용되기 시작했다.
⑤ 한글 자모의 명칭과 순서를 처음으로 규정한 것은 1527년에 간행된 최세진의 《훈몽자회(訓蒙字會)》이다.

💡 현재의 한글은 훈민정음 창제 당시에 비해 음운 수도 줄어들었고 사성 표기, 사잇소리, 한자음 표기 등의 표기 및 문법도 체계화·간략화되었다.

18 다음 글과 관계 깊은 유형적 문체의 요소는?

> 옛날에는 주인을 찾을 때 "이리 오너라." 또는 "주인 계십니까?" 등이 쓰였는데, 오늘날에는 "여보세요."가 더 많이 사용된다.

① 사회구조   ② 사회계층
③ 지역사회   ④ 시대상황
⑤ 사회제도

💡 유형적 문체는 사회계층·구조, 지역, 시대를 반영하는 공통적인 유형의 문체를 말한다. 제시된 지문은 옛날과 오늘날에 주인을 찾을 때 사용하는 말들을 비교·설명한 것으로, 시대 상황을 반영하고 있다.

19 다음 글에 대한 설명으로 바르지 못한 것은?

> 시아버지 호랑새요 시어머니 꾸중새요,
> 동세 하나 할림새요 시누 하나 뾰족새요,
> 시아지비 뾰중새요 남편 하나 미련새요,
> 자식 하나 우는 새요 나 하나만 썩는 샐세.

① 민중에 의해 창작·전승되어 온 구비문학이다.
② 4음보 율격을 띠고 있다.
③ 가부장적인 사회의 모습을 반영하고 있다.
④ 시집살이의 고통을 해학적으로 형상화였다.
⑤ 선조들의 지혜가 담긴 교훈적인 내용이다.

💡 제시된 글은 여인들이 길쌈을 할 때 부르던 경북 경산 지방의 노래로, 시집살이의 괴로움과 어려움을 절실하게 그린 풍자적·해학적 민요다.
　⑤ 내용상 교훈성과는 거리가 멀다.

20 소설에서 서로 다른 공간적 배경을 같은 시간 내에 배치하는 수법을 '동시묘사법'이라 하는데, 이 수법을 사용한 작품을 고르면?

① 김성한의 〈오분간〉
② 김동리의 〈무녀도〉
③ 손창섭의 〈잉여인간〉
④ 이범선의 〈오발탄〉
⑤ 김동인의 〈감자〉

💡 김성한의 〈오분간〉은 신의 세계와 인간 세계를 동시에 제시하는 '동시 묘사법'을 사용하였다.

🎯 16. ③　17. ①　18. ④　19. ⑤　20. ①

상식 요모조모

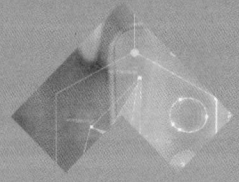

최신시사상식 237집

상식
요모조모

뉴스 속 와글와글 / Books & Movies

상식 파파라치

굿바이 1센트!
238년 만에 역사 속으로 사라지다

11월 12일 CNN 등에 따르면 미국 필라델피아의 한 조폐시설에서 마지막 유통용 1센트 동전 생산이 이뤄지면서, 1793년 처음 생산됐던 1센트 동전(페니) 생산이 238년 만에 종료됐다. 지난 2월 도널드 트럼프 미국 대통령은 페니 생산을 중단하라고 지시했는데, 이는 1센트 동전 제조비용이 액면 가치보다 더 크다는 이유에서다. 재무부는 동전 생산 중단으로 연간 5600만 달러(약 823억 원)를 아낄 수 있을 것으로 기대하고 있다. 다만 생산이 중단돼도 페니는 여전히 법정화폐로 남는데, 현재 약 3000억 개의 1센트 동전이 시중에 유통되는 것으로 추산된다. 페니는 1793년 처음 발행됐는데, 초기 앞면 도안은 「자유의 여신상」이었다가 1909년 링컨 탄생 100주년을 맞은 시점부터 링컨 초상이 사용되기 시작했다.

한편, 캐나다·호주·스위스·아일랜드 등도 앞서 자국 화폐 기준 1센트에 해당하는 동전의 유통을 중단한 바 있다. 우리나라에서도 주조 원가가 약 40원대인 10원 동전을 계속 생산할지 여부에 대한 논란이 이어지고 있는데, 한국은행은 2020년부터 10원 동전 발행을 크게 줄여오고 있다.

2007년 이후 출생자는 평생 노담?
「담배 없는 세대」 시동 켠 몰디브!

11월 1일 AFP통신 등 외신에 따르면 전 세계적 휴양지로 꼽히는 몰디브가 2007년 이후 출생자부터 흡연을 평생 금지하는 「비흡연 세대법」 시행에 들어갔다. 특히 이는 몰디브를 방문하는 외국인에게도 적용된다. 해당 법안은 무하마드 무이즈 몰디브 대통령이 올해 초부터 추진해 온 것으로, 미성년자에게 담배를 판매하면 5만 루피아(약 464만 원)의 벌금이 부과되고 담배를 피우다가 적발될 경우에는 5000 루피아(약 46만 원)의 벌금을 물어야 한다. 몰디브 보건부는 이에 대해 「공중보건을 지키고 담배 없는 세대를 육성하기 위한 것」이라고 밝혔는데, 비흡연 세대를 만들기 위한 법률을 시행하는 것은 전 세계에서 몰디브가 처음이다. 앞서 2022년 뉴질랜드에서는 2009년 이후 출생자들에게 담배 판매를 금지하는 금연법 추진을 추진했으나, 세수 확보 문제 등에 부딪히며 2024년 폐기한 바 있다. 이에 몰디브는 뉴질랜드가 실패한 실험을 현실화한 사례라는 평가도 받게 됐다.

1050원 때문에 법정까지?
초코파이 사건, 소액절도 처벌의 선을 묻다

전주지법 형사2부가 11월 27일 열린 이른바 「1050원 초코파이 절도사건」에 대한 항소심에서 절도 혐의로 기소된 A씨에게 벌금 5만 원을 선고한 원심을 깨고 무죄를 선고했다. 전북 완주군의 한 제조회사 협력업체 직원이었던 A씨는 지난 2024년 1월 사무실 냉장고에서 450원짜리 초코파이와 600원짜리 과자 등 1050원 상당의 식품을 먹은 혐의로 약식기소됐다. 이에 A씨는 정식 재판을 청구했는데, 1심에서 벌금 5만 원을 받자 이에 불복해 항소했다. 무엇보다 이 사건은 재판 과정에서 외부로 알려지며 소액 범죄에 대한 형사처벌의 적정성을 둘러싼 논란과 함께 사회적 파장을 일으켰다. 한편, 이번 무죄 판결로 A씨는 형사처벌 전력에서 벗어나게 됐으며, 벌금형이 확정됐을 경우 경비업법상 결격 사유로 직장을 잃을 뻔한 위기도 벗어나게 됐다.

철강왕 카네기가 쏜다?
美 전역 도서관에 날아든 1만 달러

뉴욕 카네기 재단이 10월 22일 철강왕 앤드루 카네기(1835~1919)가 설립한 미국 전역의 도서관 1280여 곳에 각각 1만 달러(약 1400만 원)씩 기부하기로 했다고 밝혔다. 재단은 이번 프로젝트를 「카네기 도서관 250」이라고 명명하고, 총 2000만 달러(약 287억 원)의 예산을 책정했다. 해당 사업은 누구나 쉽게 지식을 접할 수 있어야 한다는 철학에 따라 생전 도서관 설립에 거액을 기부했던 카네기를 기리기 위해 추진되는 것이다. 1892년 설립한 카네기 철강회사를 세계 최대의 철강 기업으로 성장시킨 카네기는 1901년 회사를 매각한 뒤 공공 도서관 설립 등의 사회 공헌에 매진했다. 1881년 고향 스코틀랜드 던펌린에 첫 도서관을 설립한 카네기는 전 세계 2500여 곳의 공공 도서관 건립에 약 5600만 달러를 기부한 것으로 알려져 있다.

교황청, 「성모는 공동 구세주 아니다」
수백 년 논란 종지부

교황청 신앙교리부가 11월 4일 예수의 모친인 성모 마리아를 「공동 구세수」로 칭하지 말아야 한다는 지침을 가톨릭 신자들에게 내렸다. 이 지침은 교황 레오 14세의 승인을 받은 새 교령에 따른 것으로, 이로써 성모 마리아가 세상을 구원한 예수를 도왔는지를 두고 수백 년간 계속된 기독교 내부 논쟁이 마침표를 찍게 됐다. 그러면서 교황청은 성모 마리아에 대해 「주님의 어머니」 또는 「주님의 충실한 신앙인의 어머니」 등의 칭호를 쓸 것을 권장했다.

덴마크, 400년 편지 배달서비스 종료
빨간 우체통은 역사 속으로

12월 21일 영국 일간 가디언 등에 따르면 덴마크 국영 우편회사인 포스트노르드가 12월 30일을 마지막으로 편지 배달서비스를 중단한다. 이는 급속한 디지털화로 편지 발송량이 급감한 데 따른 것이다. 덴마크에서는 1624년 공식 우편서비스가 도입됐지만, 지난 25년간 편지 발송량이 90% 이상 줄어든 것으로 나타났다. 이처럼 편지 배달서비스가 종료되면서 400년 넘게 덴마크 거리를 지켜온 빨간 우체통도 역사 속으로 사라지게 되는데, 포스트노르드는 이미 우체통 수천 개를 철거한 데 이어 향후 1500개를 추가로 없앨 계획이라고 밝혔다. 다만 덴마크법에 따라 편지를 보낼 수 있는 수단은 반드시 유지되어야 하기 때문에, 민간 배송업체 「다오」가 포스트노르드의 역할을 이어받아 우편 배달서비스를 진행할 예정이다.

화제의 책과 영화
BOOKS & MOVIES

할매 황석영 著

한국문학의 거장 황석영 작가의 장편소설로, 인터내셔널 부커상 최종후보에 올랐던 《철도원 삼대》 이후 5년 만에 내놓은 신작이다. 황석영 작가는 한국 근현대 노동자의 삶을 묵직한 서사로 꿰뚫었던 전작에 이어 이번 작품에서는 장구한 역사와 인간 너머의 생명을 이야기한다.

소설은 팽나무의 씨를 품고 있던 개똥지빠귀 한 마리가 숲 속에 착지하는 장면을 묘사하며 시작된다. 그리고 이 새의 죽음에서 싹터 600년의 세월을 겪어온 팽나무 「할매」를 중심축으로 삼아, 조선 초기부터 근현대까지의 역사와 그 역사 속에서 인간과 자연이 겪어온 비극·번영·소멸을 펼쳐낸다. 이에 조선 건국 초기 이 나무 아래에서 깊은 깨달음을 얻은 승려, 나무

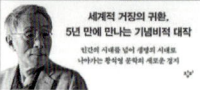

와 영적으로 교감하며 마을의 길흉화복을 빌었던 여인, 천주교에 대한 모진 박해 속에서도 신앙을 지키다 순교한 인물, 우금치 전투에서 산화한 동학농민군, 일제강점기 군산 비행장에서 희생된 노동자 등 우리네 역사를 관통하는 다양한 인간 군상들이 등장한다. 작가는 이처럼 역사책의 행간에 묻혀 있던 민초들의 삶을 생생한 묘사로 복원해 내면서, 이들이 서로 다른 시대를 살았지만 「할매」라는 거대한 생명의 뿌리 아래 하나로 연결돼 있음을 드러낸다.

노 피플 존 정이현 著

소설가 정이현의 신작 소설집으로, 작가가 2016년작 《상냥한 폭력의 시대》 이후 9년 만에 내놓은 작품이다. 〈노 피플 존〉에는 작가의 2017년 발표작 「언니」부터 2025년 최신작 「실패담 크루」 등 9편의 단편이 수록돼 있는데, 이들 단편은 저마다 각기 다른 세대와 계층의 이야기를 담고 있다.

소설집의 시작인 「실패담 크루」는 살아오면서 겪은 실패의 경험들을 고백하는 「실패담 말하기 크루」에 가입한 30대의 변호사이자 모임의 가장 「젊은이」를 맡고 있는 「나」의 이야기이다. 사회적 위치가 확고한 중년의 기성세대들로 이뤄진 구성원들 사이에서 나는 근사한 실패담을 발표해 그들의 인정을 받고자 하나, 그 발표가 거듭 실패하면서 모멸과 패배감에 휩싸인다. 또 다른 작품 「언니」는 20대 초반의 대학 시절 나의 가슴속에 남아 있는 선배인 「인희 언니」를 조명하는 작품으로, 대학교수로 상징되는 강자가 아닌 약자인 언니의 편에 서는 나의 모습이 감동을 안긴다. 이 밖에 「우리가 떠난 해변에」는 연애 예능 프로그램이, 「가속 궤도」는 데이트 폭력 문제가, 「사는 사람」은 부동산과 강남 사교육 등 현재의 사회이슈가 포착돼 있다. 아울러 「이모에 관하여」는 육아휴직을 쓰지 않기 위해 중국인 입주 도우미를 구하는 한 여성의 이야기를 통해 양육과 일, 돌봄 노동에 대해 이야기한다.

영화 MOVIES

세계의 주인

감독 _ 윤가은
출연 _ 서수빈, 장혜진

초등학생의 세계를 담은 〈우리들〉, 〈우리집〉을 선보였던 윤가은 감독의 세 번째 장편영화로, 올해 토론토국제영화제 경쟁 부문에 한국 영화로는 최초로 초청되며 화제를 모은 작품이다. 또 영화는 11월 22일 누적 관객 수 12만 1509명을 기록하며, 2025년 개봉한 한국 독립·예술 실사영화 중 흥행 1위에 오르기도 했다.

영화의 주인공은 반장, 모범생, 학교 인싸인 동시에 연애가 가장 큰 관심사인 18세의 여고생 「이주인」이다. 어느 날 성실한 모범생 수호는 아동 성폭행범이 출소 뒤 학교 인근에 거주할 예정이라는 소식에 전교생을 대상으로 이를 반대하는 서명을 받게 된다. 이 서명운동에는 전교생이 동참하지만, 주인은 수호가 쓴 「평생 씻지 못할 상처를 남기며」 등의 구절을 수정하지 않으면 서명하지 않겠다며 거부한다. 이에 주인을 설득하려는 수호와 절대 하지 않으려는 주인의 실랑이는 결국 말싸움으로 번지게 되고, 「나도 성폭행 피해자다」라고 질러버린 주인은 곧 자신의 말이 농담이었다며 웃어넘긴다. 하지만 이러한 주인의 행동은 친구들 사이에서 오해를 낳고, 소문은 진실이 되어 아이들 사이를 떠돈다.

여기에 설상가상 주인을 추궁하며 그녀를 탓하는 익명의 쪽지까지 배달되기 시작하는 가운데, 수호와의 몸싸움으로 교장실로 불려간 주인은 어쩔 수 없이 본인의 과거를 털어놓게 된다.

영화 속 똑!똑!똑!

"그래! 내가 피해자다, 어쩔래!라고 말하면 당황하잖아. 하하하."

사운드 오브 폴링

감독 _ 마샤 실린스키
출연 _ 한나 헥트, 레아 드린다, 레나 우르첸도프스키

제78회 칸영화제에서 심사위원상을 수상하며 독일 여성감독 최초로 칸 심사위원상 기록을 남긴 작품이다. 영화는 같은 공간에서 각기 다른 시대를 살아갔던 네 소녀(1910년대 알마, 1940년대 에리카, 1980년대 앙겔리카, 2010년대 렌카)의 삶을 교차하면서 보여준다. 각 시대에서는 전쟁, 사회적 억압, 가정 내 갈등 등이 소녀들의 말할 수 없었던 상처를 만들어낸 배경으로 등장한다. 알마는 전쟁과 상실이 지배하던 시대 속에서 어린 마음에 깊은 상처를 안고 살아가고, 에리카는 사회적 금기와 억압 속에서 자신의 정체성과 욕망을 억누르며 자라난다. 앙겔리카는 개인적인 트라우마와 단

절된 인간관계 속에 놓여 있고, 렌카는 고립감과 기억의 결핍 속에서 자신을 찾아 나선다. 그리고 이처럼 말할 수 없는 상처와 아픔을 지닌 소녀들의 삶은 100년의 세월을 뛰어넘어 하나의 기억으로 연결된다.

영화는 이를 통해 전해지지 못한 기억들이 어떻게 세기를 넘어 이어지고, 침묵 속에 묻혀 있던 목소리가 다시 울리는지를 보여준다. 특히 서로 다른 시대의 순간들을 층위적으로 겹치게 편집한 것이 이목을 끄는데, 예컨대 알마가 촛불을 끄는 장면은 에리카의 전등 스위치가 꺼지는 장면과 연결되고, 앙겔리카의 발자국 소리는 렌카의 발자국과 이어진다.

영화 속 똑!똑!똑!

가장 행복할 때란 걸 그때는 모른다.

235

상식 파파라치가 떴다!

궁금한 건 절대 못 참는 상식 파파라치가 우리의
일상 곳곳에 숨어있는 흥미로운 이야깃거리들을
캐내어 시원하게 알려드립니다.

👍「도무지」생각이 나지 않아! 도무지의 시작은 형벌이었다?

국어사전에서 「도무지」를 찾아보면 「아무리 하여도」또는 「이러하고 저러하고 할 것 없이」라는 뜻을 가진 부사로 명시돼 있다. 이는 도저히 어떻게 해 볼 도리가 없다는 뜻으로, 「아무리 궁리해 봐도 도무지 방법이 없어」등으로 사용된다. 그런데 이 「도무지」라는 말이 조선시대 때 행해진 형벌 중 하나인 「도모지(塗貌紙)」에서 유래됐다고 하는데, 과연 형벌이 이러한 뜻을 가진 부사의 어원이 된 이유는 무엇일까?

조선의 형벌, 도모지(塗貌紙)

도모지(塗貌紙)는 조선시대 때 공적기관이 아닌 사적으로 행해지던 형벌 중 하나로 전해지고 있다. 이는 한지를 물에 묻혀 얼굴에 몇 겹으로 올려 놓은 뒤 종이의 물기가 말라가면서 점점 숨이 막히도록 한 것이었다. 이 도모지 형벌을 받는 사람은 눈과 코, 입이 모두 가려진 상태에서 서서히 숨을 쉬지 못하게 되다가 마침내는 죽음에 이르렀다고 한다. 구한말 애국지사 황현이 쓴 《매천야록》에는 집안의 인륜을 어긴 죄를 지은 자식을 부모가 눈물을 머금고 남몰래 죽이는 사형(私刑)을 「도모지」라 기록하고 있다. 특히 조선 후기 천주교 박해 때 도모지가 사용된 것으로 알려지는데, 대표적으로 1860년 대규모 천주교 탄압(경신박해) 당시 도모지 처형 기록이 있다.

젠장도 형벌에서 유래됐다?

「젠장」은 뜻에 맞지 않고 불만스러울 때 혼자 욕으로 하는 말이라는 뜻으로, 「제기, 난장 맞을!」이 줄어든 말이다. 여기서 난장(亂杖)이란 신체 부위를 가리지 않고 마구 매로 치던 조선시대의 형벌이었다. 그러나 이는 영조 46년(1770년)에 불로 지지는 형벌인 「낙형(烙刑)」과 함께 중지된 것으로 전해진다.

조선시대의 형벌, 오형제도(五刑制度)

조선시대 때 형벌은 중국 명나라의 율령(明律)을 기본으로 하여 제정된 《경국대전(經國大典)》과 《대명률직해(大明律直解)》등을 근거로 운영됐다. 이는 태형(笞刑)·장형(杖刑)·도형(徒刑)·유형(流刑)·사형(死刑) 등의 다섯 가지로 구분되는데, 태형과 장형은 죄인의 엉덩이나 등을 곤장으로 치는 형벌이었다. 도형은 태형·장형보다 무거운 노역형으로 일정 기간 관청의 노비처럼 부역을 시키는 형벌이었고, 유형은 정치적 죄인을 먼 지역에 유배 보내는 형벌이었다. 그리고 가장 무거운 처벌인 사형의 경우 교형(교수형)·참형(참수형)·능지처참·효수 등이 행해졌는데, 이 가운데 능지처참의 경우 매우 중한 반역죄나 대역부도죄에 적용된 잔인한 형벌이었다. 다만 사형 같은 중형은 한 번의 판결로 확정되지 않고, 세 번 심사하여 억울한 일이 없도록 했다.

하지만 조선시대 형벌은 신분에 따라 그 정도가 달리 적용됐는데, 양반은 장형 이상을 받는 일이 드물었고 대신 유배형으로 처리되는 경우가 많았다. 반면 상민이나 노비는 태형이나 장형을 자주 받았는데, 특히 장형은 실질적으로 생명에 위협이 될 정도로 가혹했던 것으로 전해진다.

💡 능지처참형이라는 용어는 조선시대 기록에 등장하기는 하지만, 실제로 시행된 적은 드문 것으로 알려진다. 이는 거열형(오체분시)과 동일하게 사용되는 경우가 많은데, 이는 능지처참형이 너무 잔인해 상징적으로만 사용된 데 따른 것이다. 거열형은 사지에 밧줄을 묶고 말이나 소가 끄는 방식으로 사지를 절단하는 형벌을 말한다.

👍 25일에 지급되는 월급, 그 날짜에 숨겨진 비밀이 있다?

직장인들이라면 누구나 손꼽아 기다리는 날, 바로 「월급날」이다. 현재 월급날은 5·10·20일 등으로 다양해지기는 했으나, 과거 대다수의 기업은 25일을 월급날로 채택했고 현재도 많은 기업이 이를 따르고 있다. 그렇다면 25일이라는 월급 날짜에 숨겨진 비밀은 무엇일까?

고종 때 시작된 25일

1899년 대한제국의 고종황제는 현재 우리은행의 전신인 「대한천일은행」을 설립하게 되는데, 이 천일은행은 일본 은행의 관행을 따라 매달 25일을 직원들의 월급일로 정했다. 일본 은행들이 25일을 월급일로 지정한 것은 용이한 계산 때문이었는데, 컴퓨터 전산이 존재하지 않던 당시에는 월급을 봉투에 넣어 현금으로 지급한 데 따른 것이다. 즉, 모든 정산을 수기로 진행했던 만큼 계산이 편리하도록 0이나 5로 끝나는 날짜에 맞춰 계산했고, 매월 10일에 전달 결산을 끝내는 것이 일반적이었다. 이후 은행들은 10일 동안 직원들의 급여를 계산했고, 마지막으로 5일간 검토와 수정을 거쳐 25일에 월급을 지급했다. 이러한 관행에 따라 은행들은 25일마다 직원들의 급여를 지급하기 위해 현금을 확보했고, 다수의 회사들도 은행의 현금 보유량이 많아지는 시기에 맞춰 자연스럽게 25일을 월급일로 맞추게 됐다는 것이다. 그러다 1980년대 초반 은행들의 온라인 전산시스템이 본격화되면서 월급 봉투는 점차 사라지기 시작했고, 이에 용이한 계산을 위해 출발했던 월급 날짜도 각 기업마다 조금씩 달라지기 시작했다.

25일과 10일의 월급일, 그 차이는?

다만 여전히 적지 않은 기업들이 월급날을 25일 또는 10일로 지정해 두고 있다. 우선 월급날이 25일이라면 후시급과 선시급을 절합한 형태로, 근로사가 당월 일한 25일치 급여는 후지급하고 나머지 5일치 급여는 선지급하는 방식이다. 이러한 방식은 보통 여유 자금이 있는 대기업에서 채택하는 경우가 많다. 이와 달리 매달 10일이 월급날이라면 급여 전액을 후지급하는 형태로, 이는 주로 중소기업들에서 택하는 방식이다. 중소기업의 경우 기업에 물건을 납품한 뒤 물품 대금을 지급받기까지 보통 한 달가량의 시간이 소요되기 때문이다.

다만 공무원들의 경우 그 급여일이 제각각인데, ▷군인과 국방부 소속 공무원은 10일 ▷교육공무원은 17일 ▷행정공무원은 20일 등이다. 이는 모든 공무원의 월급이 일시에 빠져나갈 경우 재정에 부담이 생기는 것을 막기 위함이다.

2025년
국내·국제 10대 뉴스

2025년 국내 10대 뉴스

1 '윤석열 탄핵'과 '이재명 정부' 출범

12·3 비상계엄 사태의 혼란이 이어지는 가운데 새해가 시작되면서, 2025년은 윤석열 전 대통령 탄핵정국이 포문을 열었다. 그리고 4월 4일 헌법재판소의 탄핵심판에서 윤 전 대통령 파면이 재판관 전원일치로 결정되면서 국회의 탄핵소추안 가결 111일 만에 탄핵 절차가 마무리됐다. 이에 조기 대선 국면으로 접어든 가운데, 6월 3일 치러진 대선에서 이재명 당시 더불어민주당 후보가 제21대 대한민국 대통령에 당선되면서 이재명 정부가 출범했다.

윤석열 전 대통령 파면과 구속기소 윤석열 전 대통령이 4월 4일 헌법재판소의 탄핵심판에서 재판관 전원일치로 파면되면서 대통령 취임(2022년 5월 10일) 1060일 만에 전직 대통령 신분이 됐다. 이로써 윤 전 대통령은 박근혜 전 대통령에 이어 대한민국 헌정 사상 두 번째로 탄핵으로 물러난 대통령이 됐다. 윤 전 대통령은 파면에 따라 민간인 신분으로 내란 우두머리 혐의 등을 둘러싼 형사재판을 받게 됐다. 그런데 이 과정에서 법원이 「날(日)」이 아닌 「시(時)」로 계산해야 한다며, 윤 전 대통령 구속취소 결정을 내리면서 거센 논란이 일기도 했다. 윤 전 대통령은 이재명 정부 출범 이후 출범한 내란 특검팀(특별검사 조은석)에 의해 석방 124일 만에 재수감됐으며 현재 1심 선고를 앞두고 있다.

이재명 정부 출범 6월 3일 치러진 제21대 대통령 선거에서 이재명(61) 더불어민주당 후보(당시 기준)가 49.42%의 득표율(1728만 7513표)로 당선되며, 4일 대한민국 대통령에 취임했다. 이 후보가 기록한 득표수는 지난 20대 대선 당시 윤석열 전 대통령이 얻은 1639만 4815표를 뛰어넘은 수치로, 역대 대선 최다 득표다. 이로써 1987년 민주화 이후 초유의 비상계엄 사태와 이에 따른 대통령 파면의 여파 속에 치러진 사상 두 번째 조기 대선에서 3년 만에 정권 교체가 이뤄지게 됐다.

대통령직인수위원회 없이 당선 직후 바로 취임한 이 대통령은 12·3 비상계엄 발발 후 6개월여 이어진 극심한 정국 혼란 수습과 민생 안정을 위한 행보를 시작했다. 특히 「코스피 5000 달성」을 공약했던 이재명 정부는 금융시장 활성화에 주력했고, 그 결과 코스피는 새 정부 출범 16일 만에 3000선을 넘은 데 이어 10월에는 4000선을 처음으로 돌파하는 위력을 보였다. 여기에 정부 출범과 동시에 시작된 대미 관세협상에서는 「15%의 관세율과 핵추진 잠수함 건조 승인」이라는 성공적인 결과를 도출해 냈다. 아울러 이 대통령은 취임 11일 만에 주요 7개국(G7) 정상회의 데뷔를 시작으로 아세안·APEC·G20에 이르는 다자 일정을 소화했는데, 특히 경주 APEC 정상회의를 성공적으로 마무리하며 국격을 복원시켰다는 평가를 받았다.

3년 7개월 만에 다시, 청와대 시대 이재명 대통령이 12월 29일 청와대로 처음 출근하면서, 용산 시대 3년 7개월 만에 청와대 시대가 다시 열리게 됐다. 대통령실은 지난 12월 9일부터 순차적으로 청와대로 이전해, 21일까지 부속실과 의전비서관실 등을 제외한 대부분의 이전을 완료한 바 있다. 그리고 용산 대통령실에 걸린 봉황기가 12월 29일 오전 0시를 기해 내려짐과 동시에 청와대에 봉황기가 계양되면서, 대통령실의 명칭도 청와대로 바뀌게 됐다.

2 내란·김건희·채상병, '3대 특검' 출범과 종료

이재명 정부 출범과 함께 3대 특검(내란, 김건희, 채상병)이 가동되면서 본격적인 내란 청산 작업이 시작됐다. 3대 특검 출범에 따라 윤석열 전 대통령 재임 시기 발생한 주요 의혹들에 대한 본격적인 수사가 개시됐고, 이 과정에서 윤 전 대통령과 부인 김건희 씨가 구속기소됐다. 이처럼 대통령 부부가 동시에 구속 상태로 재판을 받는 것은 대한민국 헌정 사상 처음 있는 일이었다.

3대 특검 출범과 종료 내란 특검팀(조은석 특검)은 2024년 12월 3일 윤 전 대통령의 비상계엄 사태와 관련된 내란·외환 행위, 군사 반란, 내란 목적 살인예비 음모 등을 수사 대상으로 하여 출범했다. 이후 180일간 수사를 진행한 내란 특검은 12월 15일 윤 전 대통령 등 총 27명을 기소하는 내용의 수사 결과를 발표하며 수사를 마무리했다. 김건희 특검팀(민중기 특검)은 윤 전 대통령 부인 김건희 씨와 관련된 ▷도이치모터스 주가조작 ▷명품가방 수수 ▷정치 브로커 명태균 씨가 연루된 공천 개입·불법 여론조사 등의 의혹을 수사하기 위해 출범했으며, 180일간의 수사를 마치고 12월 28일 활동을 마무리했다. 그리고 채상병 특검팀(이명현 특검)은 2023년 집중호우 때 발생한 경북 예천군 내성천 일대에서 실종자 수색 중 숨진 채상병 사건을 두고 윤 전 대통령 등 용산 대통령실과 국방부의 수사외압 의혹 등을 수사했다. 150일간 해당 수사를 진행한 채상병 특검팀은 윤 전 대통령을 비롯해 33명을 재판에 넘기고 11월 29일 수사를 마무리하면서 3대 특검 가운데 가장 먼저 수사를 마쳤다.

한편, 수사 종료에 따라 각 특검이 남긴 기록과 공소장은 경찰 국가수사본부로 넘어갔으며, 본안 판단은 법원으로 이어지게 된다. 경찰은 채상병 특검 종료 직후 1호 사건을 이계받았고, 내란·김건희 특검도 종료됨에 따라 이 역시 순차적으로 넘겨받았다.

3 한미 관세협상 타결, '한미 팩트시트'

한미 양국이 11월 14일 양국 관세협상과 안보협의 결과물인 「조인트 팩트시트(Joint Fact Sheet, 공동 설명자료)」를 발표하면서 이를 공식화했다. 이는 올 1월 재집권을 시작한 도널드 트럼프 미국 대통령이 지난 4월 미국의 주요 무역상대국에 기본관세 이상의 상호관세를 부과하는 방안을 공식 발표하면서 시작된 것이다. 한미 팩트시트에는 ▷반도체·장비 관세 최혜국 대우 ▷대미 투자 연 200억 달러 상한 ▷한국산 자동차 관세율 15% 인하 등이 명시됐다. 또 한미 양국은 7월 합의한 대로 미국의 한국에 대한 상호관세를 15%로 확정하고, 대신 총 3500억 달러 규모의 대미 투자를 약속했다. 특히 이 팩트시트에는 지난 10월 29일 한미 정상회담에서 이재명 대통령이 공식 의제로 제기했던 한국의 「핵추진 잠수함」 건조를 미국이 승인한다는 내용이 명시돼 큰 화제가 됐다. 현재 핵잠을 보유하고 있는 국가는 미국·중국·러시아·영국·프랑스 등 5개 공인 핵보유국(P5)과 사실상 핵보유국인 인도 등 6개국에 불과하다는 점에서 핵잠 승인은 전 세계의 이목을 집중시켰다.

4 '코스피 4000 시대' 개막

2024년 글로벌 증시 최하위를 기록했던 코스피는 올해 4월까지도 계엄 정국 등으로 한때 2284.72까지 밀리기도 했다. 그러나 6월 이재명 정부 출범 이후 랠리를 이어가다 10월 27일 전 거래일 대비 2.57% 오른 4,042.83으로 거래를 마치며 사상 처음으로 4000선 고지를 돌파했다. 이는 2021년 1월 7일 종가 기준 3000을 처음 넘은 이후 4년 9개월여 만이자, 100포인트로 잡은 코스피 기준점인 1980년 1월 4일 이후로는 45년 만이었다. 이러한 코스피 상승에는 정치적 불확실성 해소와 새 정부의 주주 친화적 정책 등이 주효했다는 평가인데, 여기에 인공지능(AI) 부상에 따른 반도체 슈퍼사이클 전망이 나오면서 관련 기업들도 증시 상승을 이끄는 견인이 됐다. 무엇보다 코스피는 올해만 68% 상승하면서 미국 나스닥 종합지수(20.2%), 일본 닛케이 225(26.7%) 등 주요 20개국(G20)의 대표 주가지수 중 2025년 상승률 1위를 기록하는 성과도 이뤄냈다.

5 쿠팡·SKT·KT··· 연이은 '개인정보 유출 사태'

올 한해 쿠팡·SKT·KT·롯데카드 등 대형 기업에서 잇따라 개인정보가 유출되는 사고가 발생했다. 지난 4월 국내 1위 이동통신 사업자인 SK텔레콤(SKT)이 해킹 공격으로 가입자의 유심(USIM·가입자식별모듈) 관련 정보가 대규모로 유출되는 사고가 발생한 것을 시작으로 8월에는 KT에서 불법 펨토셀을 통한 무단 소액결제 및 서버 해킹사태가 발생했다. 이에 국내 이동통신업계 전반의 보안체계와 대응능력에 대한 비판이 거세진 가운데, 9월에는 롯데카드에서 해킹사고로 인해 297만 명의 정보가 유출됐다. 그리고 11월에는 쿠팡 고객 계정 약 3370만 개에서 이름·이메일·배송지 주소 등의 개인정보가 유출됐는데, 특히 이용자의 성향까지 파악할 수 있는 주문 정보까지 탈취되면서 2차 피해 우려를 높였다. 무엇보다 일련의 사고 이후 해당 기업들이 사태 파악과 신고, 고객들에 대한 대책 마련이 늦었다는 점이 드러나면서 국내 플랫폼·금융 보안체계 전반에 대한 불신을 더욱 높이고 있다.

6 美 조지아주 '한국인 체포·구금 사태'

미국 국토안보수사국(HSI)과 이민세관단속국(ICE) 등이 9월 4일 미국 조지아주 서배너의 현대자동차그룹과 LG에너지솔루션의 합작 배터리 공장(HL-GA)을 급습해 비자 요건을 갖추지 않은 한국인 317명을 포함해 총 475명을 체포·구금하면서 큰 논란을 일으켰다. 이들 대부분은 ESTA(전자여행허가제)와 B-1 상용비자 등으로 미국으로 들어와 공장 건설을 돕던 기술자들이었다. 미 이민당국은 이들이 미국에 불법적으로 입국했거나 체류자격 요건을 위반한 채 불법적으로 일하고 있었다며, 체포의 정당성을 주장했다. 이후 우리 정부는 긴급히 미국 정부와 석방 교섭을 진행했고, 그 결과 9월 11일 전세기를 통해 구금 한국인들의 일괄 귀국이 이뤄지면서 구금 장기화라는 최악의 사태는 피하게 됐다. 하지만 트럼프 정부가 동맹관계인 한국 국민의 권익과 투자 기업의 경제활동을 침해했다는 비판이 이어지면서, ▷미국 비자제도 ▷외국인 투자자 및 인력들의 체류 안정성 문제가 양국 간 현안으로 부상했다.

7 연이은 한국인 사망, '캄보디아 스캠 사태'

8월 스캠 범죄에 연루된 한국인 대학생이 캄보디아 범죄단체에 의해 고문을 받고 사망한 사건이 뒤늦게 알려지면서, 캄보디아에서 자행된 한국인 대상 취업사기, 감금, 강제노동 등의 문제가 수면 위로 부상했다. 이에 정부는 양국 경찰을 중심으로 수사당국이 참여하는 「한국-캄보디아 스캠 합동 대응 TF」 구성에 합의하고 캄보디아 전역의 여행경보를 상향하는 조치를 취했다. 이어 캄보디아에서 보이스피싱 등의 범죄에 가담했다가 이민 당국에 구금됐던 한국인 64명이 10월 18일 전세기를 통해 국내로 송환됐다. 송환 대상자들은 이른바 「웬치(Wench)」로 불리는 캄보디아 범죄단지에서 보이스피싱이나 로맨스스캠(사기), 도박 등의 범죄에 가담한 혐의를 받고 있는데, 대부분이 한국에서 체포영장이 발부된 피의자 신분인데다 인터폴(국제형사경찰기구) 적색수배자도 포함된 것으로 알려졌다.

8 〈케데헌〉 등 'K컬처'의 여전한 위력

올해도 한국 대중문화의 위력이 빛을 발한 한해였는데, 대표적으로 6월 넷플릭스를 통해 공개된 애니메이션 〈케이팝 데몬 헌터스〉(케데헌)의 인기는 가히 위력적이었다. 한국계 캐나다인 매기 강 감독이 만든 이 작품은 K-POP 걸그룹 헌트릭스를 주인공으로 한 애니메이션으로, 한국 배우들과 제작진이 대거 참여했다. 특히 9월 3일 넷플릭스 공식 사이트 투둠에 따르면 〈케데헌〉은 누적 시청수 2억 6600만으로 영화·쇼 부문 역대 콘텐츠 1위에 오르는 기록을 썼다. 여기에 이 작품의 OST도 큰 인기를 끌었는데, 대표적으로 주인공 헌트릭스가 부르는 메인 테마곡인 〈골든〉의 경우 빌보드 핫100 통산 8주째 1위를 기록하며 2026년 아카데미 주제가상의 유력 후보로까지 부상했다.
여기에 6월에는 한국 창작 뮤지컬 〈어쩌면 해피엔딩(Maybe Happyending)〉이 미국 연극·뮤지컬계의 아카데미상으로 불리는 토니상 시상식에서 연출상·극본상·음악상 등 6관왕을 달성했는데, 한국에서 초연한 창작 뮤지컬이 토니상을 수상한 것은 최초의 일이었다.

9 대전 국정자원 화재 - 국가 행정망 먹통

대전 유성구에 있는 국가정보자원관리원(국정자원) 본원에서 9월 26일 화재가 발생, 정부의 전산 시스템이 대거 중단되는 사태가 벌어졌다. 국정자원은 정부와 지방자치단체의 IT 시스템을 관리· 운영하는 기관으로, 해당 사고는 전산실 내 리튬이온 배터리에서 발화된 것으로 추정됐다. 해당 화재로 709개 정부 행정정보시스템이 중단되며 업무망이 끊기고 국민의 주요 시스템인 우체국 금 융·우편 서비스가 멈췄다. 여기에 공통 클라우드 G드라이브가 전소되면서 중앙부처와 위원회 소 속 12만 5000여 명의 업무자료도 사라졌다. 무엇보다 해당 화재로 데이터 이중화 등 재해복구 (DR·Disaster Recovery) 시스템이 제대로 갖춰지지 않았다는 점이 문제로 지적됐다.

한편, 정부는 화재 49일 만인 11월 14일 대전센터 693개 시스템을 정상화했으며, 전소된 16개 시 스템은 대구센터 민관협력형 클라우드(PPP)로 이전 중인 것으로 전해졌다.

10 영남 지역, '역대 최악 산불'

지난 3월 경남 산청(3월 21일)과 경북 의성(3월 22일)을 시작으로 영남 지역을 중심으로 확산된 대형 산불로 서울 면적(6만 520ha)의 약 80%(4만 8239ha)에 달하는 산림이 초토화되는 피해가 발생했다. 특히 건조한 날씨와 강풍을 타고 불씨가 삽시간에 확산되면서 사 망자 30명을 포함해 총 75명의 사상자가 발생하는 등 역대 최악 의 인명피해까지 이어졌다. 여기에 경남 의성에서는 천년고찰인 고 운사의 보물 연수전과 가운루가 전소되는 피해까지 발생했다. 이와 같은 역대 최악의 산불은 경남 산청 산불의 주불이 3월 30일 오후 1시 진화되면서, 발생 10일 만에 모두 진화됐다.

한편, 이 산불로 큰 피해를 입은 경남 산청군을 비롯해 ▷울산 울주군 ▷경북 의성군 ▷경남 하동군 ▷경북 안동시 ▷경북 청송군 ▷경북 영양군 ▷경북 영덕군 등은 특 별재난지역으로 선포됐다.

> **특별재난지역(特別災難地域)**
>
> 자연재해나 대형 사고와 같은 인적 재난 등으로 극심한 피해를 입었을 때 사고에 대해 시·도의 행정능력이나 재정능 력으로는 수습이 곤란하여 효과적인 수습과 복구를 위한 특별한 조치가 필요하다고 인정되는 경우 대통령이 선포하 는 지역을 말한다. 특별재난지역으로 선포되면 해당 지역에 대해 피해조사를 벌인 뒤 복구계획을 수립하게 되며, 대 통령령이 정하는 응급대책 및 재해 구호와 복구에 필요한 행정·재정·금융·세제 등의 특별 지원이 이뤄진다. 특히 각 종 피해 복구비의 50%가 국비로 지원되므로, 지방자치단체의 재정부담을 줄일 수 있다.

2025년 국제 10대 뉴스

 '도널드 트럼프'의 귀환, 세계 정세 격변

2017년부터 4년간 제45대 미국 대통령을 역임했던 도널드 트럼프 대통령이 1월 20일 제47대 대통령 취임식을 갖고 두 번째 임기를 시작했다. 트럼프 대통령은 이날 취임사에서 집권 1기 때와 마찬가지로 「아메리카 퍼스트(America First, 미국 우선주의)」를 국정 모토로 선언했고, 이에 트럼프 대통령의 복귀가 지구촌의 기존 질서를 뒤흔들 것이라는 전망을 높였다. 실제로 트럼프 2기 행정부는 이전보다 더 강력한 보호주의 통상정책을 단행하며 그 복귀를 알렸는데, 대표적인 것이 교역 상대국 전체에 부과한 고율관세인 이른바 「상호관세」다.

상호관세, 트럼프發 관세전쟁 본격화 트럼프 미 행정부가 4월 2일 한국에서 생산돼 미국으로 수입되는 모든 제품에 25%의 상호관세를 부과하는 등 미국의 주요 무역 상대국(57개국)에 기본관세 이상의 상호관세를 부과하는 방안을 공식 발표하며 본격적인 무역전쟁의 포문을 열었다. 이 상호관세는 그간 국제통상의 기준으로 여겨진 세계무역기구(WTO) 체제의 근간을 흔들 것이라는 우려를 높였다. 이에 더해 당초 상호관세의 명분이었던 무역적자 시정 목적은 점차 사라지고, 이민 통제와 동맹 압박 등 정치적 목적을 위해 관세가 도구화되면서 이에 대한 비판이 높다.

2 **'미중 무역전쟁' 재점화**

「미국 우선주의」를 전면에 내세운 트럼프 2기 행정부는 출범 직후 각국에 고율관세 부과를 예고하고 대중관세 전면 재검토에 나섰으며, 이로써 잠시 가라앉았던 미중 무역전쟁이 재점화됐다. 미국은 중국산 전기차·배터리·태양광 등 전략산업 제품에 추가 관세를 부과하고, 엔비디아의 고성능 인공지능(AI) 칩을 포함해 반도체·AI·양자·배터리 등 전략기술의 대중 수출통제를 대폭 강화했다. 이에 중국은 사실상 공급망을 독점해 온 희토류를 비롯해 흑연·갈륨 등 핵심광물의 수출 통제를 강화하고, 미국 농가를 겨냥해 대두 수입을 중단하는 조치를 내렸다. 이러한 미중 갈등으로 각국과 글로벌 기업들은 공급망 다변화와 재고 확보, 자국 생산 강화, 동맹 중심의 공급망 구축에 서둘러 나섰다.

미중 정상회담 계기로 무역전쟁 진정세 트럼프 미국 대통령과 시진핑(習近平) 중국 국가주석이 경주 아시아태평양경제협력체(APEC) 정상회의를 계기로 10월 30일 부산에서 정상회담을 갖고, 상대를 겨냥한 강경한 무역조치를 완화하기로 했다. 이에 따르면 중국은 희토류 수출통제 조치를 유예하고 펜타닐(좀비마약)의 미국 유입 차단에 협조하기로 했으며, 미국은 중국에 적용하던 「펜타닐 관세」를 기존 20%에서 10%포인트 즉각 인하하기로 했다. 아울러 두 나라는 서로 상대 선박에 부과하던 입항 수수료도 유예하기로 했다. 다만 양국 간의 무역 갈등을 근본적으로 해결하는 수준의 협의가 이뤄지지 않은 데다 잠재적 위험 요소도 많아, 미중 무역전쟁은 언제든 재점화될 수 있다는 관측이 나온다.

3 끝나지 않는 '가자전쟁'과 '우크라이나 전쟁'

2023년 10월부터 시작된 이스라엘과 팔레스타인 무장단체 하마스의 가자전쟁은 지난 9월 미국의 3단계 휴전안에 대한 양측의 합의로 종전 기대를 모았다. 하지만 3단계 중 1단계에서 더 이상 진전이 이뤄지지 않는 데다, 이스라엘의 간헐적 공습도 계속되면서 전쟁은 여전히 진행 중이다. 또 2022년 2월부터 시작된 우크라이나 전쟁 역시 여전히 계속되고 있는데, 특히 트럼프 미 행정부가 해당 전쟁을 중재하며 노골적인 러시아 편향 움직임을 나타내면서 논란을 낳고 있다.

가자전쟁 2023년 10월부터 시작된 이스라엘과 팔레스타인 무장단체 하마스 간의 가자전쟁은 지난 1월 이스라엘과 하마스 간 휴전 발효로 종전에 대한 기대를 높이기도 했으나, 이스라엘의 사실상 합의 철회로 재개됐다. 특히 9월에는 가자 최대도시인 가자시티에 이스라엘 지상군이 진입하면서 가자지구 민간인 피해가 속출했고, 이에 프랑스·영국·캐나다 등 서방 주요국들이 팔레스타인을 독립국가로 인정하는 선언을 잇따라 내놓으면서 이스라엘의 반발을 불렀다. 이러한 상황에서 트럼프 대통령이 9월 29일 「20개 항목의 가자 평화구상」을 내놓았고, 이스라엘과 하마스가 3단계 중 1단계에 합의하면서 10월 13일 양측의 인질 및 수감자 석방이 이뤄졌다. 다만 1단계는 합의됐지만 하마스 무장 해제 및 팔레스타인 과도정부 수립 등이 포함된 2단계를 넘어 최종 평화 공존에 이르기까지는 난관이 많다는 관측이 제기된다.

우크라이나 전쟁 도널드 트럼프 미국 대통령과 블라디미르 푸틴 러시아 대통령이 8월 15일 미국 알래스카에서 6년여 만에 정상회담을 가지면서, 외교적 고립 상태에 놓여 있던 푸틴 대통령의 외교무대 복귀가 이뤄졌다는 평가가 나왔다. 이어 트럼프 행정부는 러시아의 요구가 대폭 반영된 28개 조항의 평화안 초안을 우크라이나에 제시하며 압박 수위를 높였는데, 해당 평화안의 핵심이 우크라이나가 자국이 통제하는 영토를 포함해 동부 돈바스 지역 전체를 포기하는 것이어서 논란이 거세다.

4 '다카이치 사나에', 日 총리 취임과 중일 갈등 최고조

다카이치 사나에(高市早苗·64) 일본 자민당 총재가 10월 21일 치러진 총리 지명선거에서 제104대 총리로 선출되면서, 일본이 1885년 의원내각제를 도입한 이래 첫 여성 총리가 됐다. 하지만 다카이치 총리가 과거사에 대한 반성 부족과 야스쿠니 신사 참배 등의 강경 보수 성향으로 「여자 아베」로 불려왔다는 점에서 우리나라를 비롯한 주변국과의 관계를 둘러싼 우려가 고조됐다. 이러한 상황에서 다카이치 총리가 11월 「대만 유사시 자위대 개입」 가능성을 시사하는 발언을 내놓으면서 중국과의 갈등이 최고조에 이르렀다.
중국은 다카이치 총리가 해당 발언을 철회하지 않자 일본 여행 및 유학 자제령에 이어 일본 수산물 수입 금지, 일본 문화교류 차단 등을 시행하면서 일본에 대한 제재 조치를 이어갔다. 특히 10월 16일에는 함포를 탑재한 중국 해경선 4척이 일본과의 영토분쟁 지역인 오키나와현 센카쿠(尖閣·중국명 댜오위다오(釣魚島)) 인근 영해에 진입해 군사적 긴장이 고조되기도 했다.

5 트럼프의 이민 단속 강화와 '노 킹스 시위'

미국 캘리포니아주 로스엔젤레스(LA)에서 불법 이민자 단속 및 체포에 항의하는 대규모 시위가 6월 6일부터 시작된 가운데, 도널드 트럼프 대통령이 시위 3일 만에 군 투입을 단행하며 사태의 심각성을 높였다. LA에 군대가 투입된 것은 인종차별 문제로 촉발된 1992년 LA 폭동 이후 33년 만이었는데, 군대를 동원할 만큼 시위가 격렬하거나 치안이 위태롭지 않았다는 점에서 트럼프 대통령의 주방위군 투입은 법적·정치적 논란을 일으켰다. 여기에 이민당국에 반발하는 시위는 LA를 넘어 미국 전역으로 확산됐는데, 특히 이는 6월과 10월 트럼프 행정부의 정책에 반대하며 열린 「노 킹스」(No Kings, 왕은 없다) 시위로까지 확대됐다. 노킹스 시위는 트럼프 대통령이 마치 왕이나 절대권력자처럼 행동하고 있다는 비판을 담고 있는 것으로, 시위대는 민주주의 수호와 권위주의적 국가권력 제한 등을 요구하고 나섰다.

6 中 열병식, 66년 만에 모인 북중러 정상

9월 3일 중국 베이징 톈안먼광장에서 전승절 80주년 기념 열병식이 개최된 가운데, 북중러 정상이 나란히 톈안먼 망루에 서는 역사적인 장면이 연출됐다. 북중러 정상이 한자리에 모인 것은 1959년 9월 베이징에서 열린 북중러 정상회담 이후 66년 만이자 탈냉전 이후 처음이었다. 이를 두고 중국을 중심으로 한 북중러 3국이 반미·반서방 연대의 결속을 과시한 것이라는 분석이 제기됐는데, 특히 북한 김정은 위원장의 경우 집권 후 처음으로 다자외교 무대에 데뷔해 정상국가 이미지를 부각했다는 평가가 나왔다. 무엇보다 미국 중심 국제 질서가 흔들리는 상황에서 북중러 정상이 잇따라 양자회담을 가지며 결속을 다지는 상황이 연출되면서, 우리나라를 비롯한 주변 국가들의 긴장을 고조시키기도 했다.

7 네팔·마다가스카르, 'Z세대 시위'로 정권 전복

올 한해 젠지(Generation Z·Z세대)라고 불리는 젊은층이 주도한 시위가 동남아·남미·아프리카 곳곳에서 확산된 가운데, 특히 네팔과 마다가스카르에서는 이들의 시위로 정권 교체가 이뤄졌다. 네팔에서는 9월 8일부터 소셜미디어(SNS) 접속을 차단한 정부의 조치와 부패 의혹에 반발하며 대규모 반정부 시위가 일어났는데, 그 결과 총리 사임과 의회 해산이 이뤄졌다. 마다가스카르에서는 잦은 단수와 정전에 항의하며 Z세대의 주도로 시작된 시위가 내동령의 사임을 촉구하는 반정부 시위로 격화된 가운데, 의회가 대통령 탄핵안을 의결하면서 정권 교체로 이어졌다.
한편, 2022년 스리랑카를 시작으로 방글라데시·인도네시아·네팔에 이르기까지 최근 남아시아에서 Z세대가 주도하는 시위로 정권이 전복되는 사례가 이어지면서, 주요 외신들은 2010년대 초반 중동과 북아프리카를 휩쓴 민주화운동인 「아랍의 봄」에 빗대 「아시아의 봄(The Asian Spring)」이라 칭하기도 했다.

8 **'인도-파키스탄', '태국-캄보디아'의 무력충돌**

지난 4월 22일 인도령 카슈미르 지역 휴양지인 파할감 인근에서 발생한 총기 테러로 인해 인도와 파키스탄의 무력충돌이 6년 만에 발생했다. 이후 7월에는 국경지대 영유권을 놓고 무력충돌을 빚은 태국과 캄보디아가 트럼프 대통령의 중재로 휴전했다가, 12월에 다시 무력충돌을 이어가면서 사태 확산 우려를 높이기도 했다.

인도-파키스탄 충돌 인도령 카슈미르 지역의 파할감 인근에서 4월 22일 총기 테러가 발생한 가운데, 인도가 해당 테러 배후로 파키스탄을 지목한 뒤 관련 제재에 나섰다. 이후 인도가 파키스탄으로 흐르는 인더스강 지류인 체나브강 물줄기를 차단하고 인도와 파키스탄이 서로 미사일 공격을 가하면서 무력충돌로 확대됐다. 양국의 무력충돌은 전면전 직전에까지 이르렀으나, 미국이 중재에 나서면서 충돌 3일 만에 휴전 합의가 이뤄졌다. 다만 휴전 합의가 이뤄진 지 하루도 지나지 않아 국경선에서 교전이 벌어지고 양국이 서로 합의 위반을 주장하는 등의 충돌은 계속돼 양국 간 갈등은 지속될 것이라는 전망이다.

태국-캄보디아 충돌 태국과 캄보디아는 7월 일부 국경지대 영유권을 놓고 무력충돌을 벌였는데, 트럼프 대통령이 양국과의 관세협상을 중단하겠다며 휴전을 촉구하면서 5일 만에 교전을 멈췄다. 그러나 이후에도 간헐적 충돌을 이어간 양국은 10월 아세안(ASEAN) 정상회의가 열린 말레이시아 쿠알라룸푸르에서 트럼프와 함께 휴전협정문에 공동 서명하며 교전을 멈췄다. 그러나 지난 11월 캄보디아군이 매설한 지뢰에 태국군 2명이 중상을 입자 태국은 휴전협정을 이행하지 않겠다고 선언했으며, 결국 12월 7일 양국의 무력충돌이 다시 시작됐다. 다만 양국은 충돌 재개 20일 만인 12월 27일 즉각적인 휴전에 합의하면서 사태 확산 우려는 잦아들게 됐다.

9 **'프란치스코 교황' 선종과 첫 미국인 교황 '레오 14세'**

1282년 만에 즉위한 비유럽 출신 교황이었던 제266대 교황 프란치스코가 즉위 12년 만인 4월 21일 88세로 선종(善終)했다. 2013년 3월 전임 베네딕토 16세(2023년 1월 선종)가 건강상의 이유로 사임하면서 교황에 오른 그는 빈곤층·난민·노숙인 등 사회적으로 소외된 이들을 위해 헌신했다. 또한 교황청 관료주의와 바티칸 은행 등 교황청의 부패 척결에도 힘을 기울였다. 여기에 동성애에 대한 포용적 시각을 드러내면서 가톨릭 내 보수세력과 갈등을 빚기도 했으나, 가톨릭 사제가 동성애 커플을 축복할 수 있도록 허용하는 등 소신을 굽히지 않았다. 아울러 ▷낙태 ▷재혼자에 대한 성체성사 허용 ▷성직자의 독신 의무 등에 대해서도 진보적 입장을 밝혔다. 그의 이러한 행보는 전 세계적으로 종교가 쇠퇴하는 가운데, 가톨릭에 대한 관심을 다시 일으킨 것으로 평가받으며 큰 주목을 받았다.

레오 14세, 267대 교황 즉위 프란치스코 교황이 선종하면서 후임 교황 선출을 위한 콘클라베가 치러졌고, 그 결과 5월 8일 미국 출신의 로버트 프레보스트 추기경이 267대 레오 14세 교황으로 선출됐다. 미국 출신의 교황이 나온 것은 사상 처음으로, 레오 14세는 5월 18일 바티칸 성 베드로 광장에서 열린 즉위미사를 거쳐 교황의 공식 직무를 시작했다. 레오 14세는 전반적으로 온건 성향이지만 환경·빈곤·이주민 등 일부 사회문제에 대해서는 진보적 입장을 취해 전임 프란치스코 교황과 유사하다고 알려져 있다.

10 엔비디아가 이끈 'AI 돌풍'에 '거품론'도 부상

올해 미국을 비롯한 전 세계 증시는 인공지능(AI) 열풍과 거품론이 공존한 한 해였다. 이러한 AI 열풍의 시작은 2023년 오픈AI의 챗GPT 출시가 계기가 됐는데, 이때부터 전 세계 주요 빅테크들은 천문학적인 자본을 인공지능 데이터센터와 클라우드에 투자 중에 있다. 특히 올해 엔비디아를 비롯한 AI 대형주의 실적이 시장 예상치를 크게 웃돌고, 클라우드 기업들의 AI 인프라 투자 확대가 잇따르면서 AI 열풍이 전 세계를 휩쓸었다.

그런데 현재의 AI 산업 및 투자 열풍이 실제 기술적·경제적 가치보다 과장됐으며, 이에 결국 가격·기대·투자 규모가 급격히 붕괴할 것이라는 「AI 거품론」 주장이 제기되면서 그 흐름세가 주춤해지기도 했다. 특히 일본 소프트뱅크가 58억 3000만 달러(약 8조 5160억 원) 규모의 엔비디아 지분을 정리하고, 2008년 글로벌 금융위기를 예측한 투자자 마이클 버리가 엔비디아와 팔란티어 하락에 베팅한다고 밝히면서 엔비디아 등 관련 기업의 주가가 하락하기도 했다. 하지만 다른 한편에서는 강력한 기술 수요와 거대한 시장 잠재력 등을 근거로 산업 초기의 성장 단계라는 낙관론도 제기하고 있다.